◎ 高等院校经济与管理核心课经典系列教材 ◎

国际经济与贸易专业

世界贸易组织概论

INTRODUCTION TO THE WORLD TRADE ORGANIZATION

（第六版）

刘　军　屠新泉　杨凤鸣 ◎ 主　编

首都经济贸易大学出版社
Capital University of Economics and Business Press
·北　京·

图书在版编目（CIP）数据

世界贸易组织概论 / 刘军，屠新泉，杨凤鸣主编.
6版. -- 北京 ： 首都经济贸易大学出版社，2025. 1.
ISBN 978-7-5638-3833-2

Ⅰ. F743

中国国家版本馆CIP数据核字第2025F9S177号

世界贸易组织概论(第六版)

SHIJIE MAOYI ZUZHI GAILUN

刘　军　屠新泉　杨凤鸣　主编

责任编辑　田玉春

封面设计　砚祥志远·激光照排 TEL: 010-65976003

出版发行　首都经济贸易大学出版社

地　　址　北京市朝阳区红庙（邮编 100026）

电　　话　(010)65976483　65065761　65071505(传真)

网　　址　http://www. sjmcb. cueb. edu. cn

经　　销　全国新华书店

照　　排　北京砚祥志远激光照排技术有限公司

印　　刷　北京市泰锐印刷有限责任公司

成品尺寸　170毫米×240毫米　1/16

字　　数　431千字

印　　张　22

版　　次　2002年1月第1版　**2025年1月第6版**

印　　次　2025年1月总第18次印刷

书　　号　ISBN 978-7-5638-3833-2

定　　价　57.00元

第六版前言

经过15年艰苦谈判，我国在新世纪的第一年完成了“入世”谈判，成为世界贸易组织(WTO)的正式成员。加入世界贸易组织是中国对外开放的里程碑，它使中国经济进一步融入国际经济的主流，中国将从与世界的交往中受益，与此同时，我们也面临着扩大开放所带来的风险。但机遇和挑战都是潜在的，只有做好准备才能抓住机遇，并把挑战转化为激励。而最基本的准备就是要深入地了解WTO，了解“入世”给我们带来的影响和变化。

尽管WTO对许多人来说已经不是一个陌生的名词，但对于它的真实含义很少人能有清晰的认识。WTO是拥有166个成员的国际经济组织，其职能是协调其成员的经济贸易政策，制定为各成员所普遍接受的国际规则，共同管理全球贸易。而这些职能都是通过其管辖的各项协定、协议和其他法律文件来实现的，因此，更确切地说，WTO是一个规则体系，代表了各成员对世界贸易体制的基本共识。要了解WTO，就必须对它所涉及的一系列规则进行深入的分析和理解。

本书旨在通过对WTO成员目前所达成的规则的细致剖析，来帮助大家了解WTO的性质、职能和作用。本书的结构根据WTO的基本框架以及关于货物贸易、服务贸易、知识产权的有关规则来安排，对每个部分的相关协议的条款进行了法律和经济上的分析，以使读者对WTO协调管理的性质有更深入的理解。

中国外经贸部首席谈判代表龙永图曾告诫：“‘入世’最大的风险是对游戏规则的无知”，相信本书能够有助于读者化解这种风险。

自本书第五版在2021年修订以来，WTO发生了许多重大变化，多哈发展回合谈判久拖不决，同时WTO也取得重要成果，包括《贸易便利化协定》的签署和生效、消除农业出口补贴、《信息技术产品协议》扩围、《渔业补贴协定》的签署等。中国加入 WTO 已经 24 年,中国也完成了从新成员到核心成员的转变。为此,作者对本书的内容进行了修订,增加了 WTO 的最新动态,同时对上一版中存在的一些错误和疏漏进行了修改和补充。

作者

2025 年 01 月

目　录

第一章　世界贸易组织发展简史 …………………………… 1
　第一节　WTO 的前身:关税与贸易总协定 …………… 1
　第二节　乌拉圭回合谈判与 WTO 的建立 …………… 7

第二章　世界贸易组织规则及运行机制概述 ……………… 11
　第一节　世界贸易组织的宗旨和职能 ………………… 11
　第二节　世界贸易组织的规则框架 …………………… 12
　第三节　世界贸易组织的基本原则 …………………… 19
　第四节　世界贸易组织的组织机构 …………………… 22
　第五节　世界贸易组织的加入和退出 ………………… 27
　第六节　世界贸易组织的决策机制 …………………… 34
　第七节　贸易政策审议机制 …………………………… 35
　第八节　多哈回合谈判 ………………………………… 37

第三章　世界贸易组织争端解决机制 ……………………… 43
　第一节　世界贸易组织争端解决机制的基本框架 …… 43
　第二节　世界贸易组织争端解决机制的适用范围和管理机构 …………………………………………… 46
　第三节　世界贸易组织争端解决机制的一般原则 …… 49
　第四节　争端解决的基本程序 ………………………… 51
　第五节　世界贸易组织争端解决机制运行状况 ……… 58

第四章　关税与贸易总协定——国际货物贸易的基本规则 ………………………………… 64
第一节　《1994 年关贸总协定》的构成和对《1947 年关贸总协定》的修正 ……………… 65
第二节　《1994 年关贸总协定》的基本原则 ………… 70
第三节　《1994 年关贸总协定》的其他主要内容 …… 85
第四节　《1994 年关贸总协定》若干条文解释的谅解 … 102
第五节　涉及《1994 年关贸总协定》的典型争端案例 … 113

第五章　货物贸易多边协议 ……………………… 116
第一节　反倾销协议 ……………………………… 116
第二节　补贴与反补贴措施协议 ………………… 128
第三节　保障措施协议 …………………………… 144
第四节　海关估价协议 …………………………… 154
第五节　装运前检验协议 ………………………… 159
第六节　原产地规则协议 ………………………… 162
第七节　进口许可程序协议 ……………………… 167
第八节　技术性贸易壁垒协议 …………………… 169
第九节　实施卫生与植物卫生措施协议 ………… 175
第十节　与贸易有关的投资措施协议 …………… 182
第十一节　贸易便利化协定 ……………………… 188

第六章　货物贸易的部门协议 ………………… 205
第一节　农业协议 ………………………………… 205
第二节　纺织品与服装协议 ……………………… 218

第七章　服务贸易总协定 ……………………… 225
第一节　乌拉圭回合服务贸易谈判 ……………… 225
第二节　《服务贸易总协定》条款解析 …………… 227
第三节　若干具体服务部门的规则 ……………… 243
第四节　服务贸易具体承诺的分析 ……………… 249

第五节 典型争端案例评析 …………………………… 253

第八章 与贸易有关的知识产权协定 ………………… 261
第一节 乌拉圭回合与《与贸易有关的知识产权协定》 …………………………………………………… 261
第二节 《与贸易有关的知识产权协定》条款解析 … 265
第三节 典型争端案例分析 …………………………… 296

第九章 诸边和展边贸易协议 ………………………… 298
第一节 政府采购协议 ………………………………… 298
第二节 民用航空器贸易协议 ………………………… 304
第三节 信息技术协议 ………………………………… 307

第十章 中国加入WTO——历程、结果及影响 ………… 311
第一节 中国复关/入世的历程 ………………………… 312
第二节 中国入世承诺简析 …………………………… 321
第三节 入世承诺履行及其影响 ……………………… 332

主要参考文献 ………………………………………… 342

第一章

世界贸易组织发展简史

★ 本章要点 ★

本章从世界贸易组织的发展历史入手，简要阐明世界贸易组织及其前身关税与贸易总协定之间的关系，包括：关税与贸易总协定产生的历史背景、发展历程及其对世界经济贸易所产生的影响；乌拉圭回合谈判与世界贸易组织的建立；世界贸易组织与关税与贸易总协定之间的关系等内容。

根据关税与贸易总协定（General Agreement on Tariffs and Trade，GATT，简称关贸总协定）乌拉圭回合谈判达成的《建立世界贸易组织马拉喀什协定》（简称《建立世界贸易组织协定》），1995 年 1 月 1 日起世界贸易组织（World Trade Organization，WTO，简称世贸组织）正式运转。WTO 是世界上唯一处理国与国①之间贸易关系的国际组织，WTO 及其管辖下的协定、协议是当今世界贸易运行的组织基础和法律基础。

第一节　WTO 的前身：关税与贸易总协定

一、《1947 年关贸总协定》产生的背景与过程

20 世纪 30 年代，发生了世界性的经济危机，各国经济贸易普遍衰退，主要

---

① 本书中所提到的“国家”“各国”“本国”等与国家有关的表述，不具体区分主权国家和单独关税区。

资本主义工业国工业生产急剧下降,生产停顿及大批企业破产,失业人数高达3 500万人。较工业生产而言,全球贸易的萎缩更为惊人,全世界国际贸易量下降70%;资本输出从1905年的10亿美元降为1930年的10万美元;货币方面,黄金大量外流,客户纷纷向银行提取存款,整个银行信贷体系濒于崩溃。第二次世界大战后期,美国及其他国家的国际政治学家及经济学家认为,30年代以邻为壑的政策带来了各国经济和政治上的损失,两次大战间隙的贸易保护主义不仅导致了经济灾难,也带来了国际性战争。国家间必须进行国际经济合作和政策协调,建立一个开放的贸易体系。所以,各国政府便开始起草和平时期的国际贸易和国际货币支付的自由化计划。尤其在美国,其国务卿霍尔(Cordell Hull)认为:自由贸易将会带来经济繁荣和国际和平。他关于建立一个更为开放的国际贸易体系的理论被引用到美国国务院的政策中。美国国务院的备忘录中说:“战后国际贸易的健康发展,对于维护美国和其他地区充分和有效的就业,对于保护私人企业,对于成功地建立起一个防止将来战争爆发的国际安全体系都极为重要。”1941年,美英两国在《大西洋宪章》中写道:“希望达成各国在经济方面的充分合作……致力于促进所有国家,不论大小、战胜或战败,在同等条件下,都享受进行贸易或获取用以发展经济繁荣所需原料的途径。”

1944年7月,美国、英国等44个国家在美国新罕布什尔州的布雷顿森林召开会议,讨论国际货币金融体系问题,建立了以稳定国际金融、间接促进世界贸易发展为目标的国际货币基金组织和国际复兴开发银行(又称世界银行)。当时设想建立一个处理国际贸易与关税问题的专门组织,以铲除贸易限制和关税壁垒,促进贸易自由化。1945年11月,美国提出了一个计划,主张缔结一个制约和减少国际贸易限制的多边公约,以补充布雷顿森林会议决议,该方案被称为“扩大世界贸易与就业方案”或者“国际贸易与就业会议考虑方案”。该方案将确定国际贸易所有方面的各项规则,包括关税、优惠、数量限制、补贴、国营贸易企业、国际商品协定等。公约规定,还将成立国际贸易组织(International Trade Organization),作为贸易领域中与国际货币基金组织、国际复兴开发银行相对应的组织。值得指出的是,在该方案的“一般商业政策”一章中,美国在与其他国家双边贸易协定的基础上,提出了建立新的国际贸易体系的一系列基本原则:削减关税,消除贸易壁垒,取消数量限制和外汇管制等措施;解散导致贸易歧视待遇的经济贸易集团;特别强调要在最惠国待遇和国民待遇的基础上建立多边贸易体系。1946年2月,美国正式拟定《国际贸易组织宪章》草案,并提请联合国经济与社会理事会第一次会议通过决议。联合国将《国际贸易组织宪章》草案印发各国,并于1946年10月在英国伦敦召开国际贸易与就业会议,会议邀请了包括当时中国政府在内的19个国家共同组建一个筹备委员会。筹委会于1946年10~11月和1947年1~2月,分别在伦敦和纽约两次讨论和审议了

《国际贸易组织宪章》草案。纽约会议除对伦敦会议所草拟的宪章草案做了内容及文字上的修改、补充了若干条款外,同时还由与会国选派专家起草并通过了一项关税与贸易协定纲要,该协定纲要即关税与贸易总协定的雏形。协定纲要采纳了《国际贸易组织宪章》中能够保证贸易谈判和关税减让的条款,使这些条款在关贸总协定条款中具体化。

1947年4~10月,筹委会的主要会议在日内瓦召开。日内瓦会议内容主要分为三部分:第一部分拟订完成《国际贸易组织宪章》的起草工作。会议对先前内容并未做实质性修改,仅就国际贸易组织大会表决权、执行理事会组织及成员国与非成员国关系等问题分别拟订三种不同方案以备选用。第二部分主要涉及在互惠基础上进行的多边关税减让协议谈判。第三部分集中讨论起草与关税义务相关的一般义务的条款。绝大部分工作用于第二、第三部分。1947年4~10月,23个国家在双边谈判基础上,签订了100多项双边关税减让协议,并把这些协议与联合国经社理事会第二次筹备会通过的有关商业政策的部分加以合并。为区别于上述的双边协议,将合并修改后的协议取名为"关税与贸易总协定"(General Agreement on Tariffs and Trade)。1947年10月30日,筹委会在日内瓦结束,23个缔约国签订了《关税与贸易总协定》(以下简称《1947年关贸总协定》)。鉴于《国际贸易组织宪章》草案生效之日尚不可知,会议期间,美国提议将《关税与贸易总协定》以"临时"适用议定书的形式,联合英国、法国、比利时、荷兰、卢森堡、澳大利亚、加拿大7国于1947年11月15日前签署《关贸总协定临时适用议定书》,从而使关贸总协定提前在上述8个国家领土范围内实施。

与此同时,国际贸易组织的建立却面临困境。1947年11月,在哈瓦那召开的世界贸易和就业会议上通过了《国际贸易组织宪章》(即《哈瓦那宪章》)。但由于各国针对美国草案提出了大量的修正案,以致宪章中的一些规定与美国国内立法产生矛盾,不符合美国的利益;加之美国国会当时正在就总统是否有权签署宪章进行辩论,尽管杜鲁门政府先后3次将宪章提交美国国会,但由于国会不打算批准,3次均无结果,于是美国政府便放弃了这一努力。1950年12月6日,美国国务院发言人在新闻发布会上宣布:"经有关部门建议并经总统同意,由于《国际贸易组织宪章》将不再提交国会批准,政府将请求国会考虑使美国能更有效地参加关贸总协定的立法。"由于美国是当时的经济强国,其他国家也持观望态度,宪章没有得到必要数量的国家批准,国际贸易组织的建立从此夭折。这样,关贸总协定就实际上替代了国际贸易组织而临时生效,这一临时生效长达近50年。

二、关贸总协定的发展历程

自1948年1月1日关贸总协定临时适用至1995年1月1日世界贸易组织

成立,在47年的历程中,关贸总协定主持了八轮多边贸易谈判,使缔约方之间的关税与非关税水平大幅度下降。

(一)第一轮多边贸易谈判

关贸总协定第一轮多边贸易谈判于1947年4~10月在瑞士日内瓦举行。根据国际贸易组织筹委会伦敦会议所制定的关税减让谈判原则,进行削减关税谈判。关税减让的原则是坚持互惠、互利并在缔约方之间平等、非歧视的基础上加以实施。谈判规则规定,谈判参加方只考虑对另一参加方提出减让要求的主要产品部分予以关税减让。关贸总协定的23个创始缔约方参加了谈判,并正式创立了关贸总协定。

第一轮谈判共达成双边减让协议123项,涉及应税商品45 000项,影响近100亿美元的世界贸易额,使占应税进口值约54%商品的平均关税降低35%。

(二)第二轮多边贸易谈判

关贸总协定第二轮谈判于1949年4~10月在法国的安纳西进行,29个国家参加了谈判。在谈判期间,瑞典、丹麦、芬兰、意大利、希腊、海地、尼加拉瓜、多米尼加、乌拉圭、利比亚等10国就其加入关贸总协定问题进行谈判。谈判达成了147项双边协议,增加关税减让5 000多项,使占应税进口值5.6%的商品平均降低关税35%。

(三)第三轮多边贸易谈判

关贸总协定第三轮多边贸易谈判于1950年9月至1951年4月在英国托奎举行,共32个国家参加,后来又有4个国家加入关贸总协定。黎巴嫩、叙利亚及利比里亚不再是关贸总协定缔约方,中国"台湾当局"非法地以中国的名义退出了关贸总协定。

(四)第四轮多边贸易谈判

关贸总协定第四轮多边贸易谈判于1956年1~5月在瑞士日内瓦举行,日本加入了关贸总协定。由于美国国会对美国政府的授权有限,谈判受到严重影响,参加谈判的国家只有33个,共达成3 000多项商品的关税减让,涉及25亿美元的贸易额,使占应税进口值16%的商品平均降低关税15%。

(五)第五轮狄龙回合谈判

关贸总协定第五轮多边贸易谈判于1960年9月至1962年7月在日内瓦举行,共39个国家参加。因为根据1958年美国贸易协定法,建议发动本轮谈判的是美国副国务卿道格拉斯·狄龙,故命名为狄龙回合。谈判达成了4 400多项商品的关税减让,涉及49亿美元贸易额,使占应税进口值20%的商品平均降低关税20%。

（六）第六轮肯尼迪回合谈判

关贸总协定第六轮多边贸易谈判于 1964 年 5 月至 1967 年 6 月在日内瓦举行，共 46 个国家参加，而实际缔约方在该轮谈判结束时达到 74 个。由于该轮谈判是当时美国总统肯尼迪根据 1962 年美国贸易扩大法提议举行的，故称肯尼迪回合。这轮谈判确定了削减关税采取一刀切的办法，在经合组织成员间工业品一律平均削减 35%的关税，涉及贸易额 400 多亿美元，对出口产品较集中、单一的国家，如加拿大、澳大利亚、新西兰等做出了特殊安排。对 17 个发展中国家根据特殊的、非互惠的优惠待遇原则，要求发达国家对其给予优惠关税待遇。41 个最不发达国家缔结可以按最惠国待遇原则享受其他国家削减关税的利益，但其本身不对其他国家降低关税。

这一轮谈判，关贸总协定缔约方的组成发生了较大变化，发展中国家和最不发达国家缔约方占了大多数。有鉴于此，关贸总协定正式将给予发展中国家的优惠待遇纳入其具体条款中，列在关贸总协定的第四部分，并命名为“贸易与发展”，旨在通过给予发展中国家一定的贸易优惠待遇而促进其贸易和经济发展。

肯尼迪回合第一次涉及非关税措施的谈判，尽管谈判主要涉及美国的海关估价制度及各国的反倾销法。在海关估价制度方面，美国承诺废除以美国国内市场最高价格作为标准征收关税的制度。在反倾销措施方面，在吸收各国反倾销立法的经验和教训的基础上，各国最终达成《反倾销守则》，并于 1968 年 7 月 1 日生效。美国、英国、日本等 21 个国家签署了该守则，为关贸总协定第 6 条“反倾销与反补贴税”的实施提供了坚实的基础。

（七）第七轮东京回合谈判

东京回合谈判是 1973 年 9 月在日本首都东京举行的部长级会议上发动的，1979 年 4 月谈判结束。数以千计的工业品和农产品的关税得以削减，削减的结果在 8 年内实施，使世界 9 个主要工业国家市场上工业制成品的加权平均关税降到 6%左右，完税额下降了 34%，并达成了一系列具体的协议，包括使给予发展中国家的和发展中国家之间的优惠关税和非关税措施待遇合法化，以及一系列关于非关税措施或具体产品的守则。守则涉及：①补贴与反补贴；②技术性贸易壁垒（产品标准）；③政府采购；④海关估价；⑤进口许可证程序；⑥修订反倾销守则。另外，还达成牛肉协议、奶制品协议、民用航空器协议等。

鉴于发展中国家反对关贸总协定规则适用范围的扩展，修改关贸总协定条款所需的 2/3 多数票没达到，东京回合达成的上述协议只能以“守则”的方式实施。达成共识的国家可以进行合作，而不需要所有关贸总协定缔约方参加，即有选择地参加这些守则，守则只对参加的缔约方有约束力，没有参加守则的缔约方不受其制约。

(八)第八轮乌拉圭回合谈判

1986 年 9 月在乌拉圭的埃斯特角城举行了关贸总协定部长级会议,决定进行一场旨在全面改革多边贸易体制的新一轮谈判,又称乌拉圭回合谈判。经过 7 年多艰苦的谈判,于 1994 年 4 月 15 日在摩洛哥的马拉喀什结束。参加乌拉圭回合谈判的国家和地区从最初的 103 个,增加到 1993 年底的 117 个和 1995 年初的 128 个。

八轮多边谈判的时间、地点及主要议题等参见表 1-1。

表 1-1 多边贸易谈判(1947—1995)

回合名称	时间及参加缔约方数量	题日及方式	结果
日内瓦	1947 年,23 个	关税:产品对产品的谈判	45 000 个税号的减让
安纳西	1949 年,29 个	关税:产品对产品的谈判	5 000 个税号的减让
托奎	1950—1951 年,32 个	关税:产品对产品的谈判	8 700 个税号的减让,比 1948 年降低 25%
日内瓦	1956 年,33 个	关税:产品对产品的谈判	有限的关税降低
狄龙	1960—1962 年,39 个	关税:产品对产品的谈判;欧共体关于工业制成品 20%线性削减的建议未被通过	1957 年欧共体建立后进行关税调整,4 400 个税号的相互减让,涉及 49 亿美元的世界贸易
肯尼迪	1964—1967 年,74 个	关税:公式法减让,辅之以产品对产品的谈判 非关税措施:反倾销、海关估价	发达国家平均降税 35%,3 000 个税号被约束,涉及 400 亿美元的世界贸易;《反倾销守则》和《海关估价协议》
东京	1973—1979 年,99 个	关税:公式法减让 非关税措施:反倾销、补贴、海关估价、政府采购、进口许可证程序、产品标准、保障条款	发达国家平均降低 1/3(制成品降至 6%),涉及 3 000 亿美元的世界贸易;所谓有关非关税措施的行为守则,适用于相关缔约方
乌拉圭	1986—1994 年,1986 年 103 个,1993 年末 117 个,1995 年初 128 个	关税:产品对产品和公式法谈判相结合 非关税措施:所有东京回合议题加上装船前检验、TRIMS、原产地规则 新议题:服务贸易和与贸易有关的知识产权、争端解决程序、贸易政策和监督的透明度	发达国家平均降税 1/3;农产品和纺织品被列入 GATT;创立 WTO;服务贸易协议和知识产权协议;许多东京回合的守则得到加强并成为《1994 年关贸总协定》的一部分,即适用于 WTO 的所有成员

三、关贸总协定对世界经济贸易发展的影响

关贸总协定自实施以后，其内容和活动涉及的领域不断扩大，缔约方不断增多，对国际贸易的影响日益加强，主要表现在以下几个方面。

（一）促进了国际贸易的发展和规模的不断扩大

在关贸总协定的主持下，经过八轮贸易谈判，各缔约方的关税均有了较大幅度的降低。发达国家加权平均关税从1947年的平均35%下降至4%左右，发展中国家的平均税率则降至12%左右。在第七和第八轮谈判中，就一些非关税措施的逐步取消达成协议，这对于促进贸易自由化和国际贸易的发展起到了积极作用。国际贸易规模从1950年的607亿美元，增加至1995年的43 700亿美元，世界贸易的增长速度超过世界生产的增长速度。

（二）形成了一套国际贸易政策体系，成为国际贸易的基本规则

关贸总协定的基本原则及其谈判达成的一系列协议，形成了一套国际贸易政策与措施的规章制度和法律准则，这些都成为各缔约方处理彼此间权利与义务的基本依据，并具有一定的约束力。关贸总协定要求缔约方在制定或修改其对外贸易政策措施、处理缔约方间经贸关系时，均需遵循这些基本原则和相关协议。因此，关贸总协定成为各缔约方进行贸易的基本规则。

（三）缓和了缔约方之间的贸易摩擦和矛盾

关贸总协定及其一系列协议是各缔约方之间谈判相互妥协的产物，协议执行产生的贸易纠纷通过协商、调解、仲裁方式解决，这对缓和或平息各缔约方的贸易摩擦起到了一定的积极作用。

（四）对维护发展中国家利益起到了积极作用

关贸总协定条款最初是按发达资本主义国家的意愿拟订的，但是，随着发展中国家的壮大和纷纷加入关贸总协定，也增加了有利于发展中国家的条款。所以，关贸总协定为发达国家和发展中国家提供了贸易政策对话的场所，并为发展中国家维护自身利益和促进其对外贸易发展起到了一定的作用。

第二节　乌拉圭回合谈判与WTO的建立

一、乌拉圭回合谈判的成果

1986年9月发动的乌拉圭回合谈判历时7年多，于1994年4月15日在摩洛哥的马拉喀什结束。在乌拉圭回合部长宣言中，明确了谈判的主要目标：

①在货物贸易方面，促进国际贸易的进一步自由化和规模的扩大，加强关贸总协定的作用，改善多边贸易体制；增强关贸总协定对不断变化的国际经济环境的适应能力，鼓励合作，以加强国际经济政策决策的一致性。②在服务贸易方面，明确了服务贸易规则新框架的目标。

谈判的结果使发达国家和发展中国家平均降税 1/3，发达国家工业制成品平均关税水平降为 3.6%左右；农产品和纺织品重新回到关贸总协定贸易自由化的轨道；创立了世界贸易组织并将关贸总协定的基本原则延伸至服务贸易和与贸易有关的知识产权，达成了《服务贸易总协定》和《与贸易有关的知识产权协定》（以下简称《知识产权协定》）；修订和完善了东京回合的许多守则并将其作为货物贸易协议的一部分；谈判结果采取"一揽子"方式加以接受，协定、协议对世界贸易组织成员均适用。

二、世界贸易组织——乌拉圭回合的意外成果

在 1986 年 9 月乌拉圭回合发动时，15 项谈判议题中没有关于建立世界贸易组织的问题，只是设立了一个关于修改和完善总协定体制职能的谈判小组。但是由于乌拉圭回合谈判不仅包括了传统的货物贸易问题，还涉及知识产权保护和服务贸易以及环境等新议题，关贸总协定如何有效地贯彻执行乌拉圭回合形成的各项协议就自然而然地提到了多边贸易谈判的议事日程上。无论从组织结构还是从协调职能来看，关贸总协定面对庞杂纷繁的乌拉圭回合多边谈判协议均显示出其"先天"不足性，有必要在其基础上创立一个正式的国际贸易组织来协调、监督和执行新一轮多边贸易谈判的成果。1990 年初，时任欧洲联盟轮值主席国的意大利首先提出建立多边贸易组织（MTO）的倡议，同年 7 月，欧洲联盟把这一倡议以 12 个缔约方的名义向乌拉圭回合体制职能谈判小组正式提出来，随后得到了加拿大、美国的支持。由于主要西方贸易大国的动议和支持，1990 年 12 月，乌拉圭回合布鲁塞尔部长级会议正式做出决定，责成体制职能小组负责"多边贸易组织协议"的谈判起草工作。体制职能小组经过 1 年的紧张谈判，于 1991 年 12 月形成一份"关于建立多边贸易组织协议"的草案，并成为同年年底"邓克尔最后案文（草案）"的一个整体部分。后经过两年的修改、完善和充实，最终于 1993 年 11 月乌拉圭回合结束（1993 年 12 月 15 日）前，形成了"建立多边贸易组织协定"，并根据美国的动议，把"多边贸易组织"改名为"世界贸易组织"。《建立世界贸易组织协定》于 1994 年 4 月 15 日在马拉喀什部长级会议上获得通过，与其他附件协议和部长宣言与决定共同构成了乌拉圭回合多边贸易谈判的一揽子成果，并采取"单一整体"义务和无保留例外接受的形式，被 104 个参加方政府代表所签署。

世界贸易组织取代关贸总协定，主要是由于关贸总协定在组织机构和运行

机制上已不适应世界经济的发展和现状。

第一,从严格的法律意义上讲,关贸总协定并不是一个真正意义上的国际组织。我们从关贸总协定第 29 条"本协定与《哈瓦那宪章》的关系"中可知:一旦《哈瓦那宪章》生效,关贸总协定就作为国际贸易组织的一个部分而存在,其历史使命也就终结。然而,《哈瓦那宪章》的夭折,使关贸总协定处于没有国际组织可以依托的境地。于是,在 1955 年召开的缔约方全体大会对关贸总协定的条文做过一次重要修改,并决定成立一个名为"贸易合作组织"的国际组织来取代关贸总协定,后因美国国会的反对而被迫搁置。直到乌拉圭回合后期为成立"多边贸易组织"制定了一个章程草案,最后,又正式议定了《建立世界贸易组织协定》作为乌拉圭回合一揽子协议的统领文件,为世界贸易组织的建立确立了重要的法律基础。

第二,关贸总协定既不是一个正式生效的国际条约或协定,也没有在关贸总协定的条款中为缔约方全体设立秘书处的规定。任何国际组织,尤其是政府间组织都有设立它的国际条约或公约作为法律基础。这些国际条约中,有些是专门为设立该国际组织而订立的,如设立联合国有《联合国宪章》,设立国际货币基金组织也有《国际货币基金协定条款》作为设立的条约依据。关贸总协定原有的 35 个条款中,没有专门章节或条款作为设立组织的规定。另外,在关贸总协定运行初期,是借用联合国经济与社会理事会为筹备成立"国际贸易组织"的"临时委员会"的秘书班子处理日常事务的。1955 年,缔约方全体会议上决定把"国际贸易组织"的"临时委员会"的秘书班子改组为关贸总协定的秘书处。

《哈瓦那宪章》规定总干事是国际贸易组织的最高行政官员。关贸总协定则不同,关贸总协定原来的条文规定应把某些事情通知关贸总协定法律文件保管人——联合国秘书长。这些职能于 1957 年由执行秘书担任。1965 年 3 月 23 日,缔约方全体才决定设立总干事这一头衔,并由总干事兼任执行秘书的职务。从 1965 年以后,缔约方全体通过的许多决定与程序规则都提到总干事,并授予他在某些情况下进行活动的权利,在事实上成为管理秘书处和关贸总协定日常事务的最高行政官员。尽管如此,由于关贸总协定在法律上仍不是一个国际组织,其秘书处的法律地位仍未确定,从法律上讲,这个秘书处仍是联合国下属的"临时委员会"的秘书处。秘书处工作人员的外交特权、豁免权及所用公务护照均是联合国的,而关贸总协定始终又不是联合国的专门机构。它在法律及组织形式上,始终不同于联合国贸发会议、联合国粮农组织等联合国下设的专门机构。

《哈瓦那宪章》未能生效,则关贸总协定原定的组织依托就完全不存在了。为了关贸总协定的运行并促进其目标的实现,在 1959 年的缔约方全体大会上,通过对第 25 条“缔约方联合行动”相关条文的解释，务实地做出了设立“代表理事会”的决定，并赋予其在“缔约方全体”休会期内，代行“缔约方全体”的职责，使其获得较为广泛的权利，并在事实上促进关贸总协定向国际组织方向演变。

第三，关贸总协定管辖的范围仅限于货物贸易，并且纺织品服装、农产品长期偏离贸易自由化的轨道，不能适应迅速变化的世界经济贸易的要求。服务贸易、国际投资、知识产权保护及区域经济一体化等的发展客观上要求创新关贸总协定制度，把这些议题纳入关贸总协定。

第四，关贸总协定在争端解决机制及决策程序方面也存在一定局限性。一方面，关贸总协定争端解决程序费时太多，有些案子拖了一年半，甚至更长。从案子提交到代表理事会，再到代表理事会采纳专家小组意见，历时较长，不利于争端解决。另一方面，也是最重要的，各缔约方对争端解决专家组的授权范围及代表理事会通过专家小组报告时要达成“协商一致”才能做出决策。在涉及某一具体的贸易争端时，争端当事方中的任何一方极有可能为维护自身利益，而拒绝接受专家小组的报告或对专家小组的职权范围提出异议，从而时常导致争端很难客观、公正地解决，也就严重地影响了关贸总协定的权威。

1994 年 4 月 15 日，各缔约方主管外经贸事务的部长及官员聚会摩洛哥的马拉喀什，正式签署乌拉圭回合协议，并通过了《马拉喀什宣言》。根据《马拉喀什宣言》第二项规定：“各国部长宣告世界贸易组织的成立，将为全球经济合作开创新纪元，它广泛反映了各方期望以更加公平开放的多边贸易体制来为其人民谋福利的愿望。部长们表示，他们决心抵制各种保护主义压力。他们认为，乌拉圭回合贸易自由化和加强了的贸易规则，将会带来一个更加逐步开放的世界贸易环境。”

思考题

1. 简述关贸总协定产生的历史背景及其动机。

2. 关贸总协定一共主持了多少轮多边贸易谈判？这些谈判的主要成果是什么？

3. WTO 与关贸总协定的区别是什么？

第二章

世界贸易组织规则及运行机制概述

★ 本章要点 ★

本章概括介绍了世界贸易组织的规则框架和运行机制，包括世界贸易组织的宗旨和职能、世界贸易组织的规则框架、世界贸易组织的基本原则、世界贸易组织的组织机构和运行机制、多哈回合谈判等。

第一节 世界贸易组织的宗旨和职能

《建立世界贸易组织协定》是世界贸易组织成立和运行的法律基础，并对世界贸易组织的宗旨和基本职能做出了明确的规定。

一、世界贸易组织的宗旨

《建立世界贸易组织协定》序言规定了世界贸易组织的宗旨：

第一，提高生活水平，保证充分就业，保证实际收入和有效需求的大幅度稳定增长。

第二，扩大货物、服务的生产和贸易。

第三，依照可持续发展的目标，各成员应促进对世界资源的最优利用，保护和维护环境，并以符合不同经济发展水平下各自成员需要的方式，加强采取各种相应的措施。

第四，积极努力地保证发展中国家，尤其是最不发达国家，在国际贸易增长中获得与其经济发展水平相适应的份额和利益。

为此，世界贸易组织期望各成员应通过达成互惠互利的安排，大幅度削减关税和其他贸易壁垒，在国际经贸竞争中，消除歧视性待遇，坚持非歧视贸易原则，对发展中国家给予特殊和差别待遇，扩大市场准入程度及提高贸易政策和法规的透明度，以及实施通知与审议等原则。

二、世界贸易组织的职能

《建立世界贸易组织协定》第3条规定了世界贸易组织的职能，包括：

第一，组织实施世界贸易组织负责管辖的各项贸易协定、协议，积极采取各种措施努力实现各项协定、协议的目标，并对所辖的不属于“一揽子”协议项下的诸边贸易协议(《政府采购协议》《民用航空器贸易协议》等)的执行管理和运作提供组织保障。

第二，为成员提供处理各协定、协议有关事务的谈判场所，并为世界贸易组织发动多边贸易谈判提供场所，准备框架草案。

第三，解决各成员间发生的贸易争端，负责管理世界贸易组织争端解决机制。

第四，对各成员的贸易政策、法规进行定期审议。

第五，协调与国际货币基金组织和世界银行等国际经济组织的关系，以保障全球经济决策的凝聚力和一致性，避免政策冲突。

第二节　世界贸易组织的规则框架

根据《建立世界贸易组织协定》第2条的规定，世界贸易组织应当为其所有成员制定一套普遍适用的贸易规则，这些规则将涉及国际货物贸易、服务贸易、与贸易有关的知识产权和国际投资领域。此外，世界贸易组织还将建立一套行之有效的争端解决机制，解决成员之间在执行上述规则过程中发生的争议。

根据上述规定，各成员在乌拉圭回合谈判中达成的多边贸易协议以附件形式成为《建立世界贸易组织协定》的组成部分，受世界贸易组织管辖。这些协议也构成了世界贸易组织的规则框架，具体包括以下内容(参见图2-1和表2-1)。

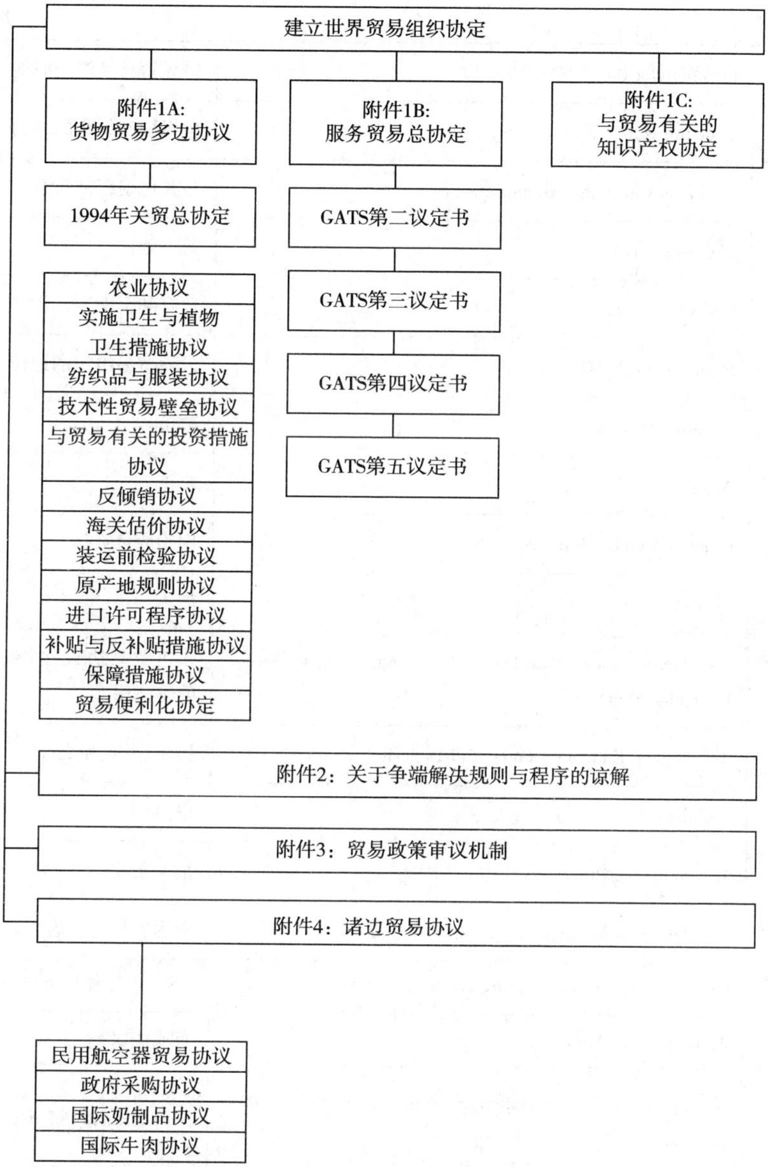

图 2-1　世界贸易组织的法律框架

表 2-1　《建立世界贸易组织协定》的结构

序言	Preamble	
第 1 条	Establishment of the Organization	世界贸易组织的建立
第 2 条	Scope of the WTO	世界贸易组织的范围

续表

第 3 条	Functions of the WTO	世界贸易组织的职能
第 4 条	Structure of the WTO	世界贸易组织的结构
第 5 条	Relations with Other Organizations	与其他组织的关系
第 6 条	The Secretariat	秘书处
第 7 条	Budget and Contributions	预算和会费
第 8 条	Status of the WTO	世界贸易组织的地位
第 9 条	Decision-Making	决策
第 10 条	Amendments	修正
第 11 条	Original Membership	创始成员资格
第 12 条	Accession	加入
第 13 条	Non-Application of Multilateral Trade Agreements between Particular Members	多边贸易协议在特定成员间的不适用
第 14 条	Acceptance, Entry into Force and Deposit	接受、生效和交存
第 15 条	Withdrawal	退出
第 16 条	Miscellaneous Provisions	杂项条款
附件 1A	Multilateral Agreements on Trade in Goods	货物贸易的多边协议
	General Agreement on Tariffs and Trade 1994	1994 年关税与贸易总协定
	Agreement on Agriculture	农业协议
	Agreement on the Application of Sanitary and Phytosanitary Measures	实施卫生与植物卫生措施协议
	Agreement on Textiles and Clothing(ATC)	纺织品与服装协议
	Agreement on Technical Barriers to Trade	技术性贸易壁垒协议
	Agreement on Trade-Related Investment Measures	与贸易有关的投资措施协议
	Agreement on Implementation of Article VI of the General Agreement on Tariffs and Trade 1994	关于实施 1994 年关贸总协定第 6 条的协议(反倾销协议)

续表

	Agreement on Implementation of Article VII of the General Agreement on Tariffs and Trade 1994	关于实施 1994 年关贸总协定第 7 条的协议(海关估价协议)
	Agreement on Preshipment Inspection	装运前检验协议
	Agreement on Rules of Origin	原产地规则协议
	Agreement on Import Licensing Procedures	进口许可程序协议
	Agreement on Subsidies and Countervailing Measures	补贴与反补贴措施协议
	Agreement on Safeguards	保障措施协议
	Agreement on Trade Facilitation	贸易便利化协定
附件 1B	General Agreement on Trade in Services and Annexes	服务贸易总协定及其附件
附件 1C	Agreement on Trade - Related Aspects of Intellectual Property Rights	与贸易有关的知识产权协定
附件 2	Understanding on Rules and Procedures Governing the Settlement of Disputes	关于争端解决规则与程序的谅解
附件 3	Trade Policy Review Mechanism	贸易政策审议机制
附件 4	Plurilateral Trade Agreements	诸边贸易协议
	Agreement on Trade in Civil Aircraft	民用航空器贸易协议
	Agreement on Government Procurement	政府采购协议
	International Dairy Agreement	国际奶制品协议
	International Bovine Meat Agreement	国际牛肉协议

一、附件 1

附件 1 包括三个部分,即多边货物贸易规则、服务贸易规则和与贸易有关的知识产权规则。

(一)多边货物贸易规则

多边货物贸易规则是在《1947 年关贸总协定》及八轮多边贸易谈判基础上建立的,是《建立世界贸易组织协定》中最成熟的部分,也是包含内容最多、最全面的部分,具体包括以下协议:

1.《1994 年关税与贸易总协定》(以下简称《1994 年关贸总协定》)。它是

《1947年关贸总协定》的继承和发展，包括三个部分——《1947年关贸总协定》、《1947年关贸总协定》下生效的法律文件的各项条款、乌拉圭回合就《1947年关贸总协定》若干条款达成的谅解。

2.《农业协议》。在关贸总协定的运作过程中，农产品贸易一直是一个复杂的问题，虽然每次谈判都涉及这一问题，但在前七轮谈判中始终未就农产品贸易达成一项协议，关贸总协定确定的若干货物贸易规则也始终不适用于农产品贸易。乌拉圭回合谈判中，经过多方努力，最终就农产品贸易问题达成一致，各成员就农产品的市场准入、国内支持措施、出口补贴等主要方面做出承诺，极大地推动了农产品贸易自由化的进程。

3.《纺织品与服装协议》。纺织品服装贸易是另一个一直游离于关贸总协定之外的国际货物贸易领域。在乌拉圭回合谈判前，国际纺织品、服装贸易主要受《多种纤维协定》的约束，各国主要通过签订双边协议，以纺织品配额形式约束进出口行为，这种非关税措施的实施严重阻碍了纺织品、服装贸易的发展。乌拉圭回合谈判中，发展中国家作为纺织品、服装的主要出口国，强烈要求将纺织品、服装贸易纳入多边自由贸易体制之下，经过艰苦的谈判，最终达成了《纺织品与服装协议》，作为乌拉圭回合一揽子协议的一部分，纳入世界贸易组织统一管辖之下。

4.《关于实施1994年关税与贸易总协定第7条的协议》，即《海关估价协议》。一直以来，海关估价方法都是各国管理对外贸易活动的重要措施，但实践中存在对海关估价方法的畸形使用，使海关估价成为阻碍国际贸易发展的一项壁垒。关贸总协定体制下的《海关估价协议》最早产生于1979年东京回合谈判，在乌拉圭回合谈判中进一步得到补充和修改。

5.《装运前检验协议》。该协议是乌拉圭回合谈判达成的新协议。20世纪80年代以来，发展中国家为了保障国际贸易中的利益不受损失，雇用私人公司对从发达国家进口的货物在装船前进行检验。发达国家出口商认为这是一种不公正的做法，有碍国际货物贸易的发展。为此，乌拉圭回合谈判中，就装运前检验行为制定了统一的纪律，使这一行为受到有关法律、法规的约束。

6.《进口许可程序协议》。进口许可证的使用是各国管理对外贸易的另一项主要措施，对于保护某些特定行业具有一定意义，但其滥用则会成为阻碍国际贸易发展的障碍。为了统一规范各成员的进口许可制度，减少其对国际贸易的负面影响，1979年东京回合达成了《进口许可程序协议》，该协议在乌拉圭回合谈判中得到进一步的改进和完善。由于该协议是一揽子协议的一部分，其适用的成员范围得到了扩大。

7.《原产地规则协议》。在国际贸易中，各国通过制定和实施原产地规则，一方面方便进出口贸易和消费者选购商品；另一方面，通过对原产于不同国家和地区的商品给予不同的待遇,也易产生不公正的贸易歧视做法。为了规范各国采取原产地措施的行为,乌拉圭回合谈判中达成了《原产地规则协议》。

8.《关于实施1994年关税与贸易总协定第6条的协议》,即《反倾销协议》。20世纪70年代以来,特别是进入80年代后,随着关税的不断降低和某些非关税措施的减少,世界各国越来越多地采取反倾销措施对他国以低价倾销方式进口的商品予以处罚,以保护国内相关产业。反倾销措施同其他管制进出口的措施一样,也具有双重作用:一方面,它可以制止低价进口的倾销行为,保护成员国内相关产业的发展;另一方面,对它的过度使用又会阻碍国际贸易自由化的进程。因而,在东京回合谈判中,各缔约方就反倾销问题达成一项协议。在乌拉圭回合谈判中,根据国际贸易发展的新形势、新问题,又对该协议进行了修改、补充,形成现行有效的、所有成员均应遵守的《反倾销协议》。

9.《补贴与反补贴措施协议》。世界各国政府往往通过对国内某些产品的生产和出口提供补贴,以达到扶持某些产业部门、发展本国经济的目的。一般来说,补贴会对国际贸易产生扭曲和限制作用。因而,东京回合谈判中各方达成了《补贴与反补贴措施协议》,规范各缔约方采取补贴措施的行为。但由于只有20多个缔约方接受该协议,协议的适用范围大受影响,实际作用不大。乌拉圭回合谈判中,该协议经补充、修改后,作为一揽子协议的一部分对所有世界贸易组织成员生效,扩大了适用范围,对贸易产生了促进作用。

10.《技术性贸易壁垒协议》。技术性贸易壁垒是指各国通过技术法规、技术标准、产品认证、环保要求等对进口产品予以限制,这一措施的滥用也将导致对国际贸易的阻碍。东京回合谈判中,各缔约方就此问题已达成协议,乌拉圭回合在原有协议基础上经过修改和补充,形成了新的《技术性贸易壁垒协议》。

11.《实施卫生与植物卫生措施协议》。从广义上讲,动植物卫生检疫应属于贸易技术壁垒的一种。从适用对象上说,它主要适用于农畜产品的进出口。由于农产品贸易在国际贸易中的敏感性和重要性,动植物卫生检疫措施成为各国保护本国农业、畜牧业发展的一项重要措施。为了防止这一措施的滥用,乌拉圭回合谈判就此问题达成协议,协议对所有成员广泛适用。

12.《保障措施协议》。关贸总协定自产生时起,就包含了许多的"例外",这些"例外"可以使某些缔约方不承担关贸总协定规定的某些义务,保障条款就是这许多"例外"之一。为了规范各国采取保障措施的行为,使其发挥应有的作用,防止对它的过度使用,谈判各方最终达成了《保障措施协议》。

13.《与贸易有关的投资措施协议》。这是乌拉圭回合谈判达成的新协议,是第一次将与贸易有关的投资措施纳入关贸总协定多边贸易体制中。该协议通过确定与贸易有关的投资领域的国民待遇原则、取消数量限制原则、透明度原则等,规范投资东道国采取的投资措施。

(二)服务贸易规则

服务贸易规则体现在一个协议中,即《服务贸易总协定》。服务贸易领域在乌拉圭回合中第一次被纳入世界贸易组织体系之中,这与近年来服务贸易的迅速发展不无关系。进入20世纪90年代以来,国际服务贸易额每年达8 100多亿美元,约占世界贸易总额的20%。由于以往关贸总协定调整的范围仅限于国际货物贸易,因而服务贸易领域内所制定的各种政策、措施不受关贸总协定确定的贸易自由化原则约束,这些政策、措施不同程度地影响了外国服务业的进入,限制了国际服务贸易的自由流动。在服务贸易较发达的国家的极力倡导下,乌拉圭回合就服务贸易问题达成了一项协议,即《服务贸易总协定》,将这一重要贸易领域纳入世界贸易组织的多边规则管辖之下。

(三)与贸易有关的知识产权规则

与贸易有关的知识产权规则体现在《与贸易有关的知识产权协定》中。国际知识产权保护本不属关贸总协定管辖范围,国际社会为保护知识产权已订立了多项国际协议。但随着科技的发展,知识产权保护对贸易的影响越来越大,关贸总协定的各缔约方特别是科技领先的发达国家要求就知识产权保护达成协议,将与贸易有关的知识产权问题也纳入多边贸易体制之中。经过努力,乌拉圭回合谈判最终达成了《与贸易有关的知识产权协定》。该协议作为一揽子协议文件之一适用于世界贸易组织所有成员。

二、附件2

《建立世界贸易组织协定》附件2是《关于争端解决规则与程序的谅解》。《1947年关贸总协定》只在第22条和第23条规定了有关贸易争端解决的程序,由于它们只是一些原则性规定,作为解决争端的程序规则显然不具操作性。关贸总协定在其运行的47年间,虽形成了一套有关争端解决的实际做法,但并未达成一项专门的协议。乌拉圭回合通过的《关于争端解决规则与程序的谅解》,第一次就争端解决问题制定了专门的规定。世界贸易组织建立后,其解决国际贸易争端的能力与以往相比得到了加强,通过严格遵守争端解决规则,提高了争端解决的效率,增强了有关裁决的强制力。

三、附件3

《建立世界贸易组织协定》附件3是《贸易政策审议机制》。对各国贸易政策的审议是世界贸易组织的三大职能之一,通过对各成员贸易政策的审议,一方面提高了各成员贸易政策的透明度,另一方面通过审议纠正各成员贸易政策中与世界贸易组织规则不相符的内容,保证有关规则的贯彻执行。

四、附件 4

《建立世界贸易组织协定》附件 4 包括四个诸边贸易协议:《民用航空器贸易协议》《政府采购协议》《国际奶制品协议》《国际牛肉协议》。所谓诸边贸易协议,是指并不包括在一揽子协议中、并不自动地对全体成员生效的协议,只对明确表示接受协议的成员有效。由于这些协议适用范围有限,并且其中有些协议现在已经失效(《国际奶制品协议》和《国际牛肉协议》已于 1997 年底终止),本书将不再详细解释其具体内容。

第三节　世界贸易组织的基本原则

世界贸易组织的基本原则是指贯穿于其各个协定和协议中,具有普遍意义的规则和精神。这些原则在关贸总协定时期逐步形成,并为世界贸易组织所继承。

一、非歧视原则

非歧视原则是世界贸易组织的基石,是各国平等地进行贸易的重要保证,也是避免贸易歧视、贸易摩擦的重要基础。非歧视原则包括最惠国待遇原则和国民待遇原则。

最惠国待遇的基本含义是:缔约一方现在或将来给予任何第三国的在贸易上的特权、优惠和豁免,也同样给予缔约对方。《1947 年关贸总协定》首次使最惠国待遇建立在多边协议的基础上。在世界贸易组织中,最惠国待遇扩及新的协议,与此同时,世界贸易组织也保留和扩大最惠国待遇的例外。

国民待遇是指缔约国保证另一方缔约国的公民、企业和船舶在本国国境内享受与本国公民、企业、船舶所享受的国民待遇。实施国民待遇必须对等,不得损害对方国家的主权,并且只限制在一定的范围之内。《1947 年关贸总协定》所规定的国民待遇适用范围较窄,只适用于货物贸易及由此而产生的其他经济行为,并未涉及外国直接投资。世界贸易组织则把国民待遇拓宽到货物贸易中的原产地规则、技术法规和动植物卫生检疫、与贸易有关的投资措施、服务贸易总协定和与贸易有关的知识产权协定中。

二、互惠原则

世界贸易组织管理的协议是以权利与义务的综合平衡为原则的,这种平衡是通过互惠互利的开放市场的承诺而获得的。互惠互利是多边贸易谈判、建立世界贸易组织共同的行为规范和准则过程中的基本要求。尽管在关贸总协定及世界贸易组织的协定、协议中没有十分明确地规定“互惠贸易原则”,但在实践中,只有平等互惠互利的减让安排才可能在成员间达成协议。

世界贸易组织的互惠原则主要通过以下几种形式体现:①通过举行多边贸易谈判进行关税或非关税措施的削减,对等地向其他成员开放本国市场,以获得本国产品或服务进入其他成员市场的机会。②当一国或地区申请加入世界贸易组织时,由于新成员可以享有所有老成员过去已达成的开放市场的优惠待遇,老成员就会一致地要求新成员必须按照世界贸易组织现行协定、协议的规定缴纳“入门费”——开放申请方商品或服务市场。③互惠贸易是多边贸易谈判及一成员贸易自由化过程中与其他成员实现经贸合作的主要工具。任何一个成员在世界贸易组织体系内不可能在所有领域都是最大的获益者,也不可能在所有领域都是最大的受害者。

三、逐步实现贸易自由化

世界贸易组织一系列协定或协议都要求成员分阶段逐步实行贸易自由化,以此扩大市场准入水平,促进市场的合理竞争和适度保护,主要表现在以下几个方面。

(一)《1994 年关贸总协定》要求各成员逐步开放货物贸易市场

《1994 年关贸总协定》第 2 条“减让表”和第 11 条“一般取消数量限制”要求其成员降低关税和取消对进口的数量限制,以允许外国商品进入本国市场与本国产品进行竞争。这些逐步开放的承诺具有约束性,并通过非歧视贸易原则加以实施,而且一成员要承诺不能随意把关税重新提高到超过约束的水平,除非得到世界贸易组织的允许。

其他货物贸易协议也要求各成员逐步开放市场。如《农业协议》要求各成员将现行的对农产品贸易的数量限制(如配额、许可证等)进行关税化,并承诺不再使用非关税措施管理农产品贸易和逐渐降低关税水平,从而使农产品贸易更多地由国内外市场的供求关系决定价格,不至于造成农产品价格的过度扭曲。《纺织品与服装协议》要求发达国家成员分阶段用 10 年时间取消对纺织品、服装的进口配额限制,用关税保护国内纺织、服装业,以避免国内纺织品、服装贸易市场的过度保护,让投资者有较为透明、稳定的市场环境,而不是由政府过多的干预造成的不确定性来决定其投资行为。《进口许可程序协议》要求各成员尽量不要使用许可证管理贸易,如果授权允许使用,则尽量使用可以扩大而不是缩小该领域贸易的方式来管理。《海关估价协议》要求对进口商品征收关税时要公平合理、客观地确定商品的价值,不能武断或歧视性地确定商品的价值或分类。

（二）《服务贸易总协定》要求各成员逐步开放服务市场

《服务贸易总协定》要求各成员在非歧视原则基础上，通过分阶段谈判，逐步开放本国服务市场，以促进服务及服务提供者间的竞争，减少服务贸易及投资的扭曲。这些分阶段逐步开放市场的承诺涉及商业服务、金融、电信、分销、旅游、教育、运输、医疗与保健、建筑、环境、娱乐等服务领域，亦即第三产业。这无疑会对促进国际服务贸易发展起到积极作用。

（三）有利于扩大市场准入的其他基本原则

各成员还可利用争端解决机制解决在开放市场方面的纠纷和摩擦，积极保护自己。同时贸易体制的透明度也有利于扩大市场准入。

四、促进公平竞争与贸易

世界贸易组织认为各国发展对外贸易不应该采取不公正的贸易手段进行竞争，尤其是不能以倾销和补贴的方式销售本国的商品。《1994年关贸总协定》第6条和第16条规定，某一缔约方以倾销或补贴方式出口本国的产品而给进口国国内工业造成了实质性的损害，或有实质性损害的威胁时，受损害的进口国可以征收反倾销税和反补贴税来对本国工业进行保护。倾销是指以低于正常价格或不合理的低廉价格向外出口本国商品；补贴是指进口商品在生产、制造、加工、买卖、输出过程中所接受的直接或间接的奖金或补贴，不管这种奖金和补贴是来自政府还是同业协会，均应征收反补贴税。尽管如此，受损害的进口国在征收反倾销税、反补贴税时也应该遵循一定的程序进行，征收反倾销税和反补贴税的条件必须是有倾销或补贴的事实存在，并且倾销或补贴造成了进口国国内工业的实质性损害或实质性损害威胁，才能征收不超过倾销差额或补贴数额的反倾销税或反补贴税。同时，世界贸易组织也反对各国为了达到贸易保护主义的目的滥用反倾销和反补贴措施。

除了上述第6条、第16条外，对货物贸易中可能产生扭曲竞争行为、造成市场竞争“过度”的状况，一成员政府，在世界贸易组织授权下，为维护公平竞争，维持国际收支平衡，或出于公共健康、国家安全等目的可采取措施，以维护市场竞争秩序。如《农业协议》目的在于给农业贸易提供更高的公平程度；知识产权方面的协议，将改善智力成果和发明的竞争条件；《服务贸易总协定》将进一步规范国际服务贸易的竞争环境，促进服务贸易的健康发展。

五、鼓励发展和经济改革

多边贸易体制高度重视发展问题，也认识到发展中国家成员，尤其是最不发达国家成员履行义务的灵活性和特殊需要，WTO沿袭了关贸总协定关于发展中国家和最不发达国家优惠待遇的相关协议和条款,并在 WTO 的相关协定、协议或条款中加以完善。WTO 成员 80%以上是发展中国家和转型经济国家,其中 60 多个发展中国家成员自主实行贸易自由化改革,对多边贸易体制的稳定和发展起到了积极作用,也促进了本国经济的发展。

六、透明度原则

透明度原则是 WTO 的重要原则,它体现在 WTO 的主要协定、协议中。根据该原则,WTO 成员须公布有效实施的、现行的贸易政策法规,包括:①海关法规;②进出口管理的有关法规和行政规章制度;③有关进出口商品征收国内税的法规和规章;④进出口商品检验、检疫的有关法规和规章;⑤有关进出口货物及其支付方面的外汇管理和对外汇管理的一般法规和规章;⑥利用外资的立法及规章制度;⑦有关知识产权保护的法规和规章;⑧有关出口加工区、自由贸易区、边境贸易区、经济特区的法规和规章;⑨有关服务贸易的法规和规章;⑩有关仲裁的裁度规定;⑪成员方政府及其机构所签订的有关影响贸易政策的现行双边或多边协定、协议;⑫其他有关影响贸易行为的国内立法或行政规章。

以上这些规则的公布应该是迅速的,但如果公开后会妨碍法令执行、违反公共利益,或损害某一企业的利益,则可以不要求公开。透明度原则规定各成员应公正、合理、统一地实施上述的有关法规、条例、判决和决定。统一性要求在成员领土范围内管理贸易的有关法规不应有差别待遇,即中央政府统一颁布有关政策法规,地方政府颁布的有关上述事项的法规不应与中央政府有任何抵触,但是中央政府授权的特别行政区地方政府除外。公正性和合理性要求成员对法规的实施遵循非歧视原则。

透明度原则还规定,鉴于对海关行政行为进行检查和纠正的必要,要求各成员应保留或尽快建立司法的或仲裁的或行政的机构和程序。这类法庭或程序独立于负责行政实施的机构之外。除进口商在所规定允许的上诉期内可向上级法庭或机构申诉外,其裁决一律由这些机构加以执行。

第四节　世界贸易组织的组织机构

根据《建立世界贸易组织协定》第 4 条的规定,世界贸易组织设立了以下几个机构。

一、部长级会议

部长级会议由所有成员的代表组成,至少每两年召开一次会议。部长级会议是 WTO 的最高决策机构，负责履行 WTO 的各项职能，并为此采取必要的行动。部长级会议有权对有关多边贸易协议的事项做出决定。到 2024 年年底，WTO 共召开过 13 届部长级会议。即新加坡第一届部长级会议（1996 年），日内瓦第二届部长级会议（1998 年），西雅图第三届部长级会议（1999 年）、多哈第四届部长级会议（2001 年）、坎昆第五届部长级会议（2003 年）、香港第六届部长级会议（2005 年），日内瓦第七届部长级会议（2009 年），日内瓦第八届部长级会议（2011 年），巴厘岛第九届部长级会议（2013 年），内罗毕第十届部长级会议（2015 年），布宜诺斯艾利斯第十一届部长级会议（2017 年），日内瓦第十二届部长级会议（2022 年），阿布扎比第十三届部长级会议（2024 年）。历届部长级会议简况见表 2-2。

表 2-2　世界贸易组织历届部长级会议

	时间	地点	主要成果
第一届	1996 年 12 月 9~13 日	新加坡	·通过新加坡部长宣言，包括评估 WTO 各项协定和协议的承诺执行情况；回顾谈判和工作框架；讨论世界贸易发展；解决世界经济面临的挑战 ·通过《信息技术产品贸易新加坡宣言》
第二届	1998 年 5 月 18~20 日	瑞士日内瓦	·回顾多边贸易体制建立 50 周年 ·通过《全球电子商务宣言》
第三届	1999 年 11 月 30 日至 12 月 3 日	美国西雅图	·启动“千年回合”
第四届	2001 年 11 月 9~13 日	卡塔尔多哈	·通过《多哈部长宣言》，启动多哈回合谈判 ·通过《TRIPS 协定与公共健康宣言》 ·《关于执行的事项和问题的决定》 ·《补贴第 27 条第 4 款程序的扩展》 ·《关于欧盟共同农业政策伙伴协议的豁免》 ·《关于欧盟香蕉进口的过渡性机制》 ·批准中国和中国台北加入 WTO
第五届	2003 年 9 月 1~14 日	墨西哥坎昆	WTO 成立后，首次有最不发达国家柬埔寨、尼泊尔加入
第六届	2005 年 12 月 13~18 日	中国香港	·重申多哈部长级会议的各项宣言和决定 ·重申多哈回合以“发展”为中心的各项议题和内容
第七届	2009 年 11 月 30 日至 12 月 2 日	瑞士日内瓦	·讨论 WTO、多边贸易体制和全球经济环境等

续表

	时间	地点	主要成果
第八届	2011年12月15~17日	瑞士日内瓦	·讨论多边贸易体制和WTO的重要性 ·讨论贸易和发展 ·讨论多哈回合议程
第九届	2013年12月3~6日	印度尼西亚巴厘岛	·通过《巴厘岛一揽子协定》,旨在贸易便利化,允许发展中国家有更多选择可以保证食品安全、振兴最不发达国家成员贸易、援助计划等 ·也门成为WTO成员
第十届	2015年12月15~18日	肯尼亚内罗毕	·通过《内罗毕一揽子协定》,包括关于农业(发展中国家成员特殊保障机制、保证粮食安全的公共储备、出口竞争)、棉花,以及与最不发达国家有关的原产地规则、增强最不发达国家服务贸易竞争力和参与度的六项部长级宣言 ·通过《内罗毕部长宣言》,规划未来WTO的工作框架
第十一届	2017年12月10~13日	阿根廷布宜诺斯艾利斯	达成了关于渔业补贴、电子商务工作计划、小经济体工作计划、知识产权非违反之诉和情景之诉、关于设立南苏丹加入工作组等一系列部长决定
第十二届	2022年6月12~17日	瑞士日内瓦	·发布《MC12成果文件》 ·达成《关于〈与贸易有关的知识产权协定〉的部长决定》和《关于世贸组织新冠肺炎疫情应对和未来疫情应对准备的部长宣言》 ·达成《渔业补贴协定》 ·达成《关于紧急应对粮食安全问题的部长宣言》和《关于世界粮食计划署购粮免除出口禁止或限制的部长决定》 ·达成《关于电子商务的工作计划》
第十三届	2024年2月26日至3月2日	阿联酋阿布扎比	·通过《阿布扎比部长宣言》 ·达成《促进发展的投资便利化协定》 ·通过《关于争端解决改革的部长决定》 ·通过《电子商务工作计划》 ·实现服务贸易国内规制谈判结果生效 ·批准科摩罗和东帝汶加入世贸组织 ·通过《关于世贸组织有利于自最不发达国家类别毕业成员平稳过渡支持措施的部长决定》 ·会议还就监管合作、小经济体、非违反之诉和情势之诉等议题取得成果

二、总理事会

总理事会是世界贸易组织的常设决策机构，在部长级会议休会期间执行部长级会议的各项职能。总理事会也由所有成员代表组成，在它认为适当的时候召开会议。它的主要职能包括：①在适当时候召开会议，履行争端解决机构的职责；②在适当时候召开会议，履行贸易政策审议机构的职责；③下设三个专门理事会，即货物贸易理事会、服务贸易理事会和与贸易有关的知识产权理事会，并指导其工作。其中，货物贸易理事会应监督多边货物贸易协议的执行情况，服务贸易理事会应监督《服务贸易总协定》的执行情况，与贸易有关的知识产权理事会应监督《与贸易有关的知识产权协定》的执行情况。这些理事会的成员应从全体成员代表中产生。这些理事会在必要时可召开会议，根据需要设立自己的辅助机构，并制定各自的程序规则。

三、向总理事会报告的专门委员会

根据《建立世界贸易组织协定》的规定，部长级会议下设三个专门委员会，它们均对总理事会负责：贸易与发展委员会，负责与发展中国家成员特别是最不发达国家成员有关的事务；国际收支限制委员会，负责在一成员根据《1994 年关贸总协定》第 12 条和第 18 条为解决其收支平衡困难而采取贸易限制措施时，协调该成员与其他成员之间的关系；预算、财务与行政管理委员会，负责世界贸易组织财政和预算方面的事务。此外，总理事会在认为适当的时候还可以另设具有此类特定职能的委员会，如 1996 年 2 月，总理事会曾设立了区域贸易协议委员会，负责审查区域贸易协议，并考察这类协议对于多边贸易体制的影响。上述各委员会的成员从所有成员的代表中产生。

图 2-2 是 WTO 的组织机构。

四、秘书处

秘书处是世界贸易组织的日常办事机构，由总干事领导。总干事的人选由部长级会议任命，其权力、职责、服务条件和任期也由部长级会议决定。秘书处的其他工作人员由总干事任命，并根据部长级会议的规定确定他们的职责和服务条件。总干事及秘书处工作人员的职责具有完全的国际性，即其工作不代表任何国家的利益，只代表世界贸易组织的利益，服从部长级会议和总理事会的安排，他们不能接受任何政府及其他组织的指示。各成员应当尊重总干事及秘书处工作人员职责的国际性，不应对他们履行职责施加任何影响。

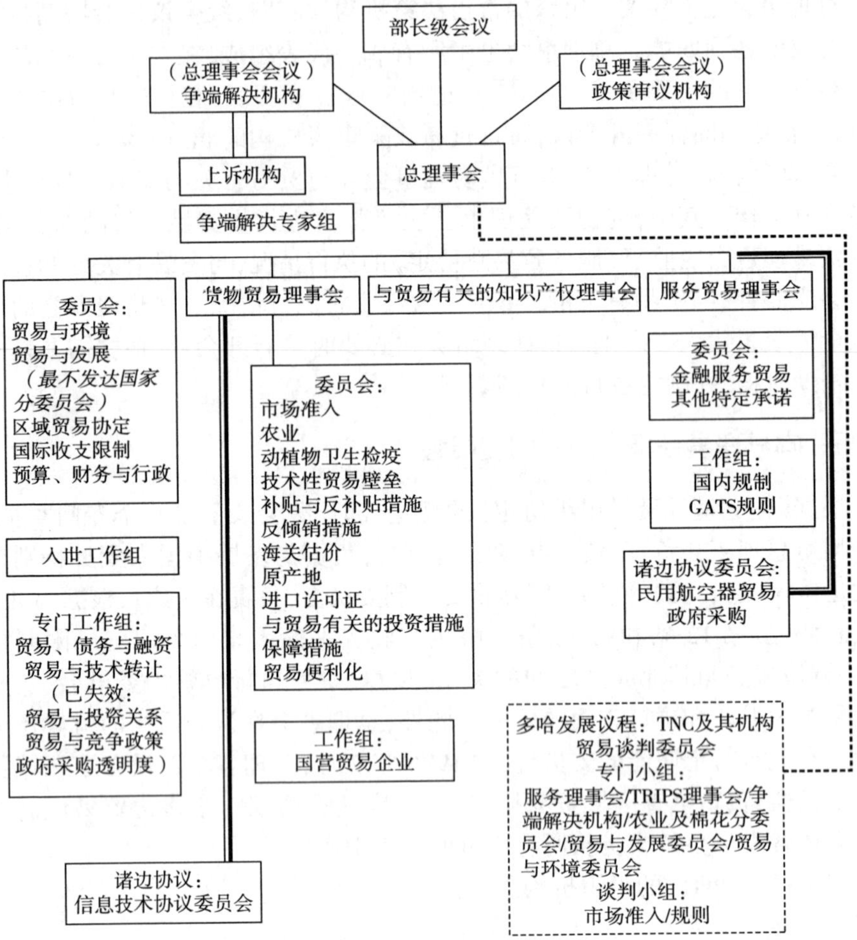

图 2-2　WTO 组织机构

—— 向总理事会（或其下属机构）报告　　▭ 向争端解决机构报告

----- 诸边贸易协议委员会将其活动通知总理事会或货物理事会（虽然只有部分 WTO 成员签署这些协议）

═ 贸易谈判委员会向总理事会报告

资料来源：http://www.wto.org/english/thewto_e/whatis_e/tif_e/org2_e.htm。

第五节 世界贸易组织的加入和退出

一、世界贸易组织的加入

世界贸易组织的成员分为原始成员和加入成员。

根据《建立世界贸易组织协定》第 11 条的规定,成为世界贸易组织原始成员应符合以下条件:①在世界贸易组织成立时已是《1947 年关贸总协定》的缔约方;②在规定的期限内(世界贸易组织成立后两年内)完成接受世界贸易组织有关协议的程序;③按各多边货物贸易协议规定做出减让承诺表,并附于《1994 年关贸总协定》之后;④按《服务贸易总协定》规定,做出具体的市场准入承诺表,并附于协定之后。按照上述条件规定,到 1996 年 12 月 31 日的截止日期,共产生了 128 个创始成员。

加入世界贸易组织应首先向世界贸易组织提出加入申请。根据《建立世界贸易组织协定》第 12 条的规定,申请加入世界贸易组织的主体包括两种:一是主权国家;二是单独关税区,即在对外商务及世界贸易组织规则规定的其他事项的处理方面拥有完全自主权的地区。申请加入的步骤有两个:一是与世界贸易组织达成加入议定书;二是必须在部长级会议上由 2/3 成员表决通过。其中,第一个步骤的完成是比较复杂的,如中国的加入申请(从 1986 年申请复关,1995 年改为申请入世,2001 年加入世界贸易组织)共历时 15 年。在实际操作中,这一步骤可分为以下几个阶段:

第一,提出申请。申请加入世界贸易组织的国家或单独关税区,应首先向世界贸易组织提出正式申请。在提出申请的同时,应递交有关其对外贸易政策的备忘录。

第二,贸易制度的审议。世界贸易组织接受加入的申请后,将成立专门的工作组对其贸易政策进行审议。在审议中,如对其备忘录内容有疑问,申请者应进行解释。在审议期间,如申请者的对外贸易政策发生了重大变化,应做出补充说明。

第三,双边谈判。世界贸易组织各成员可提出要求与申请者进行双边谈判,双方就履行世界贸易组织的各项协议做出承诺,达成双边协议。根据世界贸易组织的非歧视原则,申请者在这些协议中所做承诺将同时适用于其他成员。

第四,订立“加入议定书”。在完成双边谈判以及贸易政策的审议后,工作组将进行最终加入议定书的制作阶段。

第五,工作组将工作报告、加入议定书和减让表等文件提交部长级会议或总理事会审议。

二、世界贸易组织的退出

根据《建立世界贸易组织协定》第15条的规定,任何成员可自愿退出世界贸易组织。对其退出没有实体条件的约束,但应符合程序条件,即成员的退出在世界贸易组织总干事收到退出的书面通知之日起6个月期满时方能生效。截至目前,世界贸易组织的成员还没有退出的先例。至2024年12月31日,世界贸易组织的成员见表2-3。

表2-3　WTO的成员(截至2024年12月31日)

序号	中文名称(简称)	英文名称(简称)	加入时间
1	阿富汗*	Afghanistan	2016-07-29
2	阿尔巴尼亚*	Albania	2000-09-08
3	安哥拉	Angola	1996-11-23
4	安提瓜和巴布达	Antigua and Barbuda	1995-01-01
5	阿根廷	Argentina	1995-01-01
6	亚美尼亚*	Armenia	2003-02-05
7	澳大利亚	Australia	1995-01-01
8	奥地利	Austria	1995-01-01
9	巴林	Bahrain	1995-01-01
10	孟加拉国	Bangladesh	1995-01-01
11	巴巴多斯	Barbados	1995-01-01
12	比利时	Belgium	1995-01-01
13	伯利兹	Belize	1995-01-01
14	贝宁	Benin	1996-02-22
15	玻利维亚	Bolivia	1995-09-12
16	博茨瓦纳	Botswana	1995-05-31
17	巴西	Brazil	1995-01-01
18	文莱	Brunei Darussalam	1995-01-01
19	保加利亚*	Bulgaria	1996-12-01
20	布基纳法索	Burkina Faso	1995-06-03

续表

序号	中文名称(简称)	英文名称(简称)	加入时间
21	布隆迪	Burundi	1995-07-23
22	柬埔寨*	Cambodia	2004-10-13
23	喀麦隆	Cameroon	1995-12-13
24	加拿大	Canada	1995-01-01
25	佛得角*	Cape Verde	2008-07-23
26	中非	Central African Republic	1995-05-31
27	乍得	Chad	1996-10-19
28	智利	Chile	1995-01-01
29	中国*	China	2001-12-11
30	中国台北*	Chinese Taipei	2002-01-01
31	哥伦比亚	Colombia	1995-04-30
32	科摩罗*	Comoros	2024-08-31
33	刚果(布)	Congo	1997-03-27
34	哥斯达黎加	Costa Rica	1995-01-01
35	科特迪瓦	Côte d'Ivoire	1995-01-01
36	克罗地亚*	Croatia	2000-11-30
37	古巴	Cuba	1995-04-20
38	塞浦路斯	Cyprus	1995-07-30
39	捷克	Czech Republic	1995-01-01
40	刚果(金)	Democratic Republic of the Congo	1997-01-01
41	丹麦	Denmark	1995-01-01
42	吉布提	Djibouti	1995-05-31
43	多米尼克	Dominica	1995-01-01
44	多米尼加	Dominican Republic	1995-03-09
45	厄瓜多尔*	Ecuador	1996-01-21
46	埃及	Egypt	1995-06-30
47	萨尔瓦多	El Salvador	1995-05-07
48	爱沙尼亚*	Estonia	1999-11-13
49	欧盟(前欧共体)	European Community	1995-01-01

续表

序号	中文名称(简称)	英文名称(简称)	加入时间
50	斐济	Fiji	1996-01-14
51	芬兰	Finland	1995-01-01
52	法国	France	1995-01-01
53	加蓬	Gabon	1995-01-01
54	冈比亚	The Gambia	1996-10-23
55	格鲁吉亚*	Georgia	2000-06-14
56	德国	Germany	1995-01-01
57	加纳	Ghana	1995-01-01
58	希腊	Greece	1995-01-01
59	格林纳达	Grenada	1996-02-22
60	危地马拉	Guatemala	1995-07-21
61	几内亚	Guinea	1995-10-25
62	几内亚比绍	Guinea-Bissau	1995-05-31
63	圭亚那	Guyana	1995-01-01
64	海地	Haiti	1996-01-30
65	洪都拉斯	Honduras	1995-01-01
66	中国香港	Hong Kong, China	1995-01-01
67	匈牙利	Hungary	1995-01-01
68	冰岛	Iceland	1995-01-01
69	印度	India	1995-01-01
70	印度尼西亚	Indonesia	1995-01-01
71	爱尔兰	Ireland	1995-01-01
72	以色列	Israel	1995-04-21
73	意大利	Italy	1995-01-01
74	牙买加	Jamaica	1995-03-09
75	日本	Japan	1995-01-01
76	约旦*	Jordan	2000-04-11
77	哈萨克斯坦*	Kazakhstan	2015-11-30
78	肯尼亚	Kenya	1995-01-01
79	韩国	Republic of Korea	1995-01-01

续表

序号	中文名称(简称)	英文名称(简称)	加入时间
80	科威特	Kuwait	1995-01-01
81	吉尔吉斯斯坦*	Kyrgyz Republic	1998-12-20
82	老挝*	Lao People's Democratic Republic	2013-02-02
83	拉脱维亚*	Latvia	1999-02-10
84	莱索托	Lesotho	1995-05-31
85	利比里亚*	Republic of Liberia	2016-07-14
86	列支敦士登	Liechtenstein	1995-09-01
87	立陶宛*	Lithuania	2001-05-31
88	卢森堡	Luxembourg	1995-01-01
89	中国澳门	Macao, China	1995-01-01
90	马达加斯加	Madagascar	1995-11-17
91	马拉维	Malawi	1995-05-31
92	马来西亚	Malaysia	1995-01-01
93	马尔代夫	Maldives	1995-05-31
94	马里	Mali	1995-05-31
95	马耳他	Malta	1995-01-01
96	毛里塔尼亚	Mauritania	1995-05-31
97	毛里求斯	Mauritius	1995-01-01
98	墨西哥	Mexico	1995-01-01
99	摩尔多瓦*	Moldova	2001-07-26
100	蒙古*	Mongolia	1997-01-29
101	黑山*	Montenegro	2012-04-29
102	摩洛哥	Morocco	1995-01-01
103	莫桑比克	Mozambique	1995-08-26
104	缅甸	Myanmar	1995-01-01
105	纳米比亚	Namibia	1995-01-01
106	尼泊尔*	Nepal	2004-04-23
107	荷兰	Netherlands	1995-01-01
108	新西兰	New Zealand	1995-01-01

续表

序号	中文名称(简称)	英文名称(简称)	加入时间
109	尼加拉瓜	Nicaragua	1995-09-03
110	尼日尔	Niger	1996-12-13
111	尼日利亚	Nigeria	1995-01-01
112	挪威	Norway	1995-01-01
113	阿曼*	Sultanate of Oman	2000-11-09
114	巴基斯坦	Pakistan	1995-01-01
115	巴拿马*	Panama	1997-09-06
116	巴布亚新几内亚	Papua New Guinea	1996-06-09
117	巴拉圭	Paraguay	1995-01-01
118	秘鲁	Peru	1995-01-01
119	菲律宾	Philippines	1995-01-01
120	波兰	Poland	1995-07-01
121	葡萄牙	Portugal	1995-01-01
122	卡塔尔	Qatar	1996-01-13
123	罗马尼亚	Romania	1995-01-01
124	俄罗斯*	Russian Federation	2012-08-22
125	卢旺达	Rwanda	1996-05-22
126	圣基茨和尼维斯	Saint Kitts and Nevis	1996-02-21
127	圣卢西亚	Saint Lucia	1995-01-01
128	圣文森特和格林纳丁斯	Saint Vincent and the Grenadines	1995-01-01
129	萨摩亚*	Samoa	2012-05-10
130	沙特阿拉伯*	Saudi Arabia	2005-12-11
131	塞内加尔	Senegal	1995-01-01
132	塞舌尔*	Seychelles	2015-04-26
133	塞拉利昂	Sierra Leone	1995-07-23
134	新加坡	Singapore	1995-01-01
135	斯洛伐克	Slovakia Republic	1995-01-01
136	斯洛文尼亚	Slovenia	1995-07-30
137	所罗门群岛	Solomon Islands	1996-07-26

续表

序号	中文名称(简称)	英文名称(简称)	加入时间
138	南非	South Africa	1995-01-01
139	西班牙	Spain	1995-01-01
140	斯里兰卡	Sri Lanka	1995-01-01
141	苏里南	Suriname	1995-01-01
142	斯威士兰	Swaziland	1995-01-01
143	瑞典	Sweden	1995-01-01
144	瑞士	Switzerland	1995-07-01
145	塔吉克斯坦*	Tajikistan	2013-03-02
146	坦桑尼亚	Tanzania	1995-01-01
147	泰国	Thailand	1995-01-01
148	东帝汶*	Timor-Leste	2024-08-30
149	北马其顿*	The Republic of North Macedonia	2003-04-04
150	多哥	Togo	1995-05-31
151	汤加*	Tonga	2007-07-27
152	特立尼达和多巴哥	Trinidad and Tobago	1995-03-01
153	突尼斯	Tunisia	1995-03-29
154	土耳其	Turkey	1995-03-26
155	乌干达	Uganda	1995-01-01
156	乌克兰*	Ukraine	2008-05-16
157	阿联酋	United Arab Emirates	1996-04-10
158	英国	United Kingdom	1995-01-01
159	美国	United States	1995-01-01
160	乌拉圭	Uruguay	1995-01-01
161	瓦努阿图*	Vanuatu	2012-08-24
162	委内瑞拉	Bolivarian Republic of Venezuela	1995-01-01
163	越南*	Viet Nam	2007-01-11
164	也门*	Yemen	2014-06-26
165	赞比亚	Zambia	1995-01-01
166	津巴布韦	Zimbabwe	1995-03-05

注:* 表示新加入成员。

第六节　世界贸易组织的决策机制

根据《建立世界贸易组织协定》第 9 条的规定，世界贸易组织的决策有两种形式：一是协商一致，二是投票表决。协商一致是指出席会议的成员对拟通过的决议不正式表示反对，就视为同意。其中，保持沉默、弃权或进行一般的评论等都不能构成反对意见。协商一致是世界贸易组织主要的决策方式，这种方式最大限度地保证了世界贸易组织的规则和决策能够得到成员的认同。

当协商一致不能做出决定时，该议题应由所有成员投票表决。除另有规定外，部长级会议和总理事会的决定应以多数票的表决通过。在投票表决时，每一成员具有一票表决权，其中欧盟的表决权数与其成员国中已经是世界贸易组织的成员的数目相同。有关的投票规则如下。

部长级会议和总理事会在下述情况下，应由成员 3/4 的多数通过。

第一，部长级会议、总理事会对世界贸易组织管辖的协定、协议的解释。

第二，部长级会议决定免除某一成员根据世界贸易组织规则规定应履行的义务。具体规定是：①涉及《建立世界贸易组织协定》的免除义务，应提请部长级会议做出决定。部长级会议应首先遵循协商一致原则通过免除义务的决定，但如果在 90 天内不能达成一致，则必须经过成员 3/4 多数同意才可通过。②涉及《建立世界贸易组织协定》附件 1A、附件 1B 和附件 1C 中各项多边贸易协议及其附录的免除义务，应分别提请货物贸易理事会、服务贸易理事会和与贸易有关的知识产权理事会做出决定。上述理事会在 90 天内向部长级会议提出报告，由部长级会议按协商一致原则通过。如不能达成一致，则经成员 3/4 同意通过。

对于规则的修改，根据《建立世界贸易组织协定》第 10 条的规定，应遵循以下的程序和决策方式：

第一，任何成员均可主动向部长级会议提出修改《建立世界贸易组织协定》或其附件 1 所列多边贸易协议条款的建议。此外，总理事会下设的 3 个专门理事会也可向部长级会议提出修改附件 1 中由他们监督运行的多边贸易协议条款的建议。

第二，部长级会议在接受上述建议后 90 天内决定是否将该修改建议提请成员接受。这一决定应协商一致通过。如果未达成一致，部长级会议应根据成员 2/3 多数意见决定是否将修改建议案提请成员接受。

第三，对下述条款的修改，必须经全体成员接受方能生效：①《建立世界贸易组织协定》有关规则的制定和修改的规定（第 9 条、第 10 条）；②《1994 年关贸总协定》第 1 条（最惠国待遇）和第 2 条（关税减让）；③《服务贸易总协定》第 2 条第 1 款（最惠国待遇）；④《与贸易有关的知识产权协定》第 4 条（最惠国待遇）。

第四，对《建立世界贸易组织协定》及其附件 1A 和附件 1C 多边贸易协议各条款的修改，如果其性质属于改变成员的权利义务的，应在 2/3 成员接受后对已接受的成员生效，对其他成员则在其表示接受时生效；如果上述修改属于不改变成员的权利义务的，则在 2/3 成员接受后对所有成员生效。

第五，对《服务贸易总协定》第一、第二、第三部分及各自附录的修改，应在 2/3 成员接受后对已接受修改的成员生效，对其他成员则在其表示接受修改时生效；对《服务贸易总协定》第四、第五、第六部分及其各自附录的修改，在 2/3 成员接受后对所有成员生效。

第六，接受上述修改的成员应在部长级会议规定的接受期间内将接受文书交由总干事保存。

第七，任何成员可主动向部长级会议提出修改《关于争端解决规则与程序的谅解》和《贸易政策审议机制》的条款。对其修改应由部长级会议全体一致通过后做出。

第八，对于仅适用于部分成员的诸边贸易协议，应其全体成员的请求，部长级会议可经全体一致同意，将该协议从《建立世界贸易组织协定》附件 4 中删除；也可应某一新的诸边协议全体成员请求，将该协议增列于附件 4 中。

第七节　贸易政策审议机制

世界贸易组织的贸易政策审议机制创立于乌拉圭回合，是在 1979 年东京回合达成的《关于通知、协商、争端解决与监督的谅解书》的基础上形成的。《贸易政策审议机制》共 7 条，作为《建立世界贸易组织协定》的附件 3，内容包括审议的目标、透明度、审议程序、提交审议的报告等。

一、目标

根据《贸易政策审议机制》第 1 条的规定，贸易政策审议机制的目标是：通过定期的、集体的审议和监督，增强各成员贸易政策与措施的透明度，检查成员贸易政策与做法对多边贸易体制的影响，促进各成员更好地遵守多边贸易协议及其接受的诸边贸易协议所确定的规则与纪律，更好地履行其所做出的各项承诺。但它并不能强制成员履行具体义务,也不能作为争端解决程序的一部分,仅为解决贸易争端提供基础。

二、透明度

根据《贸易政策审议机制》第 2 条的规定,鼓励各成员在贸易政策的公布上实现更高的透明度。但它同时也承认各成员贸易政策对其经济、贸易发展的内在价值,贸易政策的公布应受成员国内法律制度、政治体制的约束,因而实现更高的透明度应建立在成员自愿的基础上。

三、审议程序

根据《贸易政策审议机制》第 3 条的规定,审议程序包括以下内容。

第一,成立贸易审议机构,负责执行贸易政策的审议。贸易政策审议机构的职能由总理事会担任。

第二,所有成员都应接受定期的审议,但根据其在世界贸易中所占比重的不同,接受审议的周期也不一样。具体审议周期的规定是:在世界贸易中所占份额居前 4 位的成员每两年接受一次审议;在世界贸易中所占份额为第 5~16 位的成员每四年接受一次审议;其他成员每六年审议一次;对于最不发达国家审议周期可以再适当延长一些①。上述周期规定也有“例外”:当某一成员的贸易政策与做法发生了对其他成员可能造成重大影响的变更时,受其影响的成员可请求贸易审议机构提前审议该成员的贸易政策与做法。

第三,贸易审议机构应根据以下文件进行审议工作:①由受审议的成员提供的完整的报告;②由秘书处根据收集的资料起草的报告。秘书处应尽量提供机会让有关成员自己阐明其贸易政策与做法。

第四,由成员和秘书处提供的报告以及审议机构的所有会议记录应在审议结束后迅速予以公布。

四、报告

根据《贸易政策审议机制》第 4 条的规定,各成员应定期向贸易审议机构提供报告。报告应按贸易审议机构规定的统一格式描述有关成员的贸易政策与做法。在两次审议之间的时期,成员的贸易政策如发生重大变动,应向审议机构提供简要报告,并根据统一的格式提供最新年度的统计数据。由于发展中国家和最不发达国家成员在编纂报告时可能存在困难,秘书处应根据请求,向它

① 根据 2017 年的规则修订(WT/L/1014),自 2019 年 1 月起,审议频次相应调整为 3 年、5 年和 7 年。

们提供力所能及的技术帮助。

五、贸易审议机制的评议

根据《贸易政策审议机制》第6条的规定，贸易审议机构应在《建立世界贸易组织协定》生效后5年内对贸易政策审议机制的运行进行一次评议。其评议结果应提交给部长级会议。在此之后，贸易审议机构可以自行决定或根据部长级会议的要求，对贸易政策审议机制的运作进行评议。

第八节 多哈回合谈判

2001年在多哈举行的世界贸易组织第四届部长级会议上取得了两个重要成果：一是接纳中国加入世界贸易组织；二是启动了世界贸易组织框架下的第一次多边贸易谈判，即多哈回合，因其特别关注发展问题，也称“多哈发展回合”。

一、多哈回合的启动

（一）西雅图会议

世界贸易组织第三届部长级会议于1999年11月30日在美国西雅图举行。会议原计划发起新一轮全球多边贸易谈判，即“千年回合”谈判。发达国家成员希望，“千年回合”谈判应考虑把国际标准运用在各成员的经济体制上，将环境、劳工标准、投资、竞争和反贿赂政策、电子商务等议题，从国际范围向国内范围延伸，并以世界标准来确定规则。发展中国家成员则主张应集中讨论各成员履行现行的《多边贸易协定》中实施不平衡的问题，反对增加新的议题，拒绝接受发达国家成员提出的新议题。为此，世界贸易组织成员围绕着会议计划通过的《部长级会议宣言》的内容展开了激烈的争论。争论主要集中在三个方面：一是关于现有协议的实施问题；二是“既定议程”问题；三是加入新议题的问题。西雅图会议终因发达国家成员之间以及发达国家成员与发展中国家成员之间在一系列问题上分歧太大而告失败。

（二）多哈部长级会议

为准备多哈会议，世界贸易组织总理事会举行了多次正式和非正式会议，期望能在此次会议上解决西雅图会议所未能解决的问题。经过多方努力，2001年11月，世界贸易组织第四届部长级会议在卡塔尔首都多哈举行，并发表《多哈部长宣言》，发动了新一轮多边贸易谈判，命名为“多哈发展议程”，简称多哈回合。经过艰难的谈判,明确了该轮谈判的七个谈判领域,即农业、非农产品市场准入、服务、知识产权、规则、争端解决以及贸易与环境。

《多哈部长宣言》决定在总理事会指导和监督下设立贸易谈判委员会(简称TNC),组织和协调各领域谈判。TNC下设八个谈判机构,分别进行上述领域的谈判。《多哈部长宣言》规定全部谈判应从2002年开始,到2005年1月结束。

多哈回合的主要目标是:抑制全球经济减缓下出现的贸易保护主义,加大贸易在促进经济发展和解除贫困方面的作用,处理最不发达国家出现的边缘化问题,理顺与区域贸易协定之间的关系,把多边贸易体制的目标与可持续发展有机地结合起来,改善世界贸易组织的外部形象,实现《建立世界贸易组织协定》中的原则和目标。

(三)启动多哈回合的原因

世界贸易组织成员决定启动新一轮谈判主要基于以下原因:

第一,世界贸易组织成立以来,世界经济和国际贸易有了进一步的发展,提出了许多新的问题,需要通过谈判予以解决。世界贸易组织的工作重点正从边境措施转向国内市场壁垒,从货物贸易扩展至服务和智力贸易,从货物市场准入扩展至投资市场准入,从政策法规壁垒转向转基因等科技壁垒。在这种情况下,世界贸易组织成员要求制定新的规则来管理这些问题,发达国家成员则想借助世界贸易组织来巩固其在这些领域中的优势地位。

第二,世界经济发展缓慢,贸易保护主义增强,需要举行新的多边贸易谈判,加强贸易自由化的共识,进一步推动贸易自由化,增强抑制贸易保护主义的能力。

第三,世界贸易组织的成立虽然对世界经济贸易的发展起了积极的作用,但也暴露出了多边贸易体制中的许多问题,要求世界贸易组织改革的呼声日益高涨。广大发展中成员在世界贸易组织规则的制定中常常处于边缘状态,它们的改革呼声最为强烈。

第四,随着经济全球化的发展,经济全球化的一些消极影响进一步暴露出来,公众在揭示这些问题的时候,也把矛头指向包括世界贸易组织在内的国际经济组织。反全球化运动的蓬勃发展是促使世界贸易组织成员发动新一轮多边谈判、解决多边贸易体制中存在问题的一个不可忽视的原因。发动新一轮回合谈判是改善世界贸易组织形象的最好途径。

第五,纠正世界贸易组织原有协定和协议实施上的失衡。由于经济发展不平衡和竞争力强弱差距的原因,世界贸易组织成员在实施原有的贸易协定与协议中出现了不平衡,要求通过多边贸易体制解决贸易公平和平衡发展的呼声日高。美国和欧洲指责日本把自己的商品销往世界各地,却不愿意购买别国商品。欧洲和日本则谴责美国动辄动用"301条款"对别国进行制裁。同时,发展中国家也认为美国等发达国家履行义务力度不够。乌拉圭回合虽然对许多问题达成了协议,但即使达成协议的问题,执行中仍然出现偏差。在这种情况下,世界贸易组织多数成员要求在新议题的谈判启动之前,首先要对乌拉圭回合有关协议的执行情况进行一次总体的检查,采取弥补措施使乌拉圭回合有关协议真正得到执行。

第六,从世界贸易大局出发,在着眼共同利益的基础上,世界贸易组织成员(无论是发达国家成员还是发展中国家成员)都应相互做出让步,进行相互的妥协,才能发起新的多边贸易谈判,从而解决贸易与经济发展中遇到的问题,并争取实现发达国家成员和发展中国家成员“共赢”的局面。

二、多哈回合的主要议题

根据《多哈部长宣言》,与会的 142 个成员一致同意自 2002 年 1 月 31 日起启动新的多边贸易谈判,并在 2005 年 1 月 1 日前结束所有谈判。其主体“工作计划”主要包括以下议题。

(1)与执行相关的问题。达成了《关于乌拉圭回合协议执行问题的决定》,决议充分考虑到发展中国家在实施世界贸易组织协议中遇到的问题和困难。

(2)农业。呼吁成员限制采用冒险性措施以促进农业的发展和加强食品安全,在日内瓦世界贸易组织总部开始的协调农业贸易的谈判将包括在新的贸易谈判中。新的谈判目标是:大幅度提高农产品市场准入机会,逐步降低并最终取消农业出口补贴;大幅度削减造成贸易扭曲的国内支持措施;发展中国家可以采取特殊措施和区别对待。

(3)服务业。与农业贸易谈判相似,于 2000 年开始的扩大服务贸易政策协调的谈判将成为多哈谈判的一部分,主要涉及银行业、保险业、电信业和旅游业。成员将在 2003 年 3 月底做出首次建议。

(4)非农产品的市场准入。这是发达国家新的多边贸易谈判的一个主要目标,该领域的主要目的是进一步降低并最终取消关税,进一步降低或最终取消从不发达国家出口到发达国家的半制成品的关税。

(5)世界贸易组织规则。这一领域涉及争议较多的是反倾销和反补贴措施。美国是反倾销措施的最大受益者,尤其是在保护其处于困境的钢铁工业免受国外廉价产品的冲击方面,日本和其他经济发展迅速的国家(如巴西)强烈要求严格限制这两类措施的应用。新谈判的另一目标是关于渔业补贴的世界贸易组织规则。美国、澳大利亚和发展中国家以及一些环保政策的积极拥护者,都强烈要求欧盟和日本取消其渔业补贴,以免过度捕鱼造成产品产量过剩,并造成市场价格扭曲。

(6)争端解决机制。自 1995 年以来,有一些案件充分暴露了目前争端解决体系的漏洞和弱点。因此,必须改革目前的争端解决程序和条款,并在2003年5月前拿出方案。

(7)贸易与环境问题。各成员同意就现行世界贸易组织条款与多边环境协议中有关贸易与环境问题条款的关系举行谈判,并削减或消除环境产品和服务的关税与非关税壁垒。

(8)政府采购。在目前的世界贸易组织工作小组中进行谈判,目标是提高政府采购的透明度。

(9)贸易便利化。该领域的主要目标是澄清和改善影响海关程序和海关文件的世界贸易组织规则。下一届部长级会议将对具体的新规则进行谈判。

(10)贸易与投资。这是欧盟和日本想在新的谈判中充分讨论的问题之一,以制定相关规则保护在世界贸易组织成员中投资的外国投资者,但这一提议遭到部分发展中国家的强烈反对。《多哈部长宣言》决定由现行的世界贸易组织委员会继续研究这一问题,并在两年内做出决议是否在这一领域启动充分谈判。

(11)贸易与竞争政策。欧盟是这一议题的主要发动者,欧盟提议制定调整国内竞争政策的规则,以约束地方卡特尔对货物和服务贸易的限制。但这一提议遭到发展中国家的强烈反对。对这一问题的处理方式与投资相同。

(12)与贸易有关的知识产权问题。各成员同意在重视与贸易有关的知识产权协议的情况下支持公众健康,既要让发展中国家能得到有用的药品,也要照顾新药的研究与开发。会议为此通过了一个单独的宣言——《TRIPS与公共健康多哈宣言》。宣言中承认了各国在实施协议时的自由度,以应付公共卫生问题,并进一步明确了“与贸易有关的知识产权理事会”的职责。这一宣言是为了满足一些国家尤其是印度的要求。

(13)贸易与债务、融资。探讨发展中国家和最不发达国家外部债务解决问题,并向第五届部长级会议报告进展情况。

(14)贸易和技术转让。发展中国家和最不发达国家强烈要求在这一领域进行谈判,为此还设立了独立的工作组,并在下一届部长级会议上做出报告。

(15)电子商务。同意电子商务工作组继续工作,并向第五届部长级会议报告情况。

(16)技术合作与能力建设。世界贸易组织技术援助要特别关心发展中国家和最不发达国家以及转型经济国家。

(17)小成员经济。不使其成为下属成员,研究其融入世界经济一体化中。

(18)最不发达国家。对它们免关税、免配额,更快吸收它们入世。

(19)特殊与差别待遇。特殊与差别待遇是世界贸易组织协议不可分割的一部分,工作计划注意到了一部分国家提出的关于特殊与差别待遇框架协议的建议。

三、多哈回合的进展

尽管多哈回合被寄予很高的期望，但其进展却并不顺利。2003 年 9 月，在墨西哥坎昆召开的世界贸易组织第五届部长级会议原计划对多哈回合谈判进行中期评估，并推动谈判进入下一个阶段，但由于谈判各方特别是发达国家与发展中国家之间在农产品补贴等问题上的尖锐矛盾，谈判不欢而散。

坎昆会议失败后，在世界贸易组织秘书处、美国及欧盟的推动下，谈判在 2004 年 3 月重新激活。在各方努力下，2004 年 8 月 1 日，世界贸易组织达成“总理事会关于多哈议程工作计划的决议”（即“七月套案”），其主要成就体现在农业、非农产品市场准入、发展问题以及贸易便利化方面，具体包括：第一次同意在截止日期之前取消所有形式的农业出口补贴，并同意实质性削减扭曲贸易的农业国内支持措施；在棉花贸易方面实现重要突破，为西非和发展中国家的棉农提供了机遇；同意启动谈判建立新的规则以便利贸易和海关程序；签署了雄心勃勃的指导纲领以开放制成品贸易，并为改善对发展中国家具有较大利益方面的规则制定了明确的议事日程。

这些成果确保了多哈回合的继续发展。“七月套案”最主要的突破是在农业谈判领域，成员承诺取消所有形式的出口补贴并实质性削减扭曲贸易的国内支持。对于发展中国家来说，这可以认为是一次胜利，有利于其改善在多边贸易体系中的境况。“七月套案”的象征意义要大于实际意义，它一方面说明世界贸易组织多边贸易体制尚能有效运作，各主要成员仍然重视这一平台；另一方面，这并不能掩盖“七月套案”仅是框架性协议的事实，“七月套案”之后的多哈回合已经大打折扣。“七月套案”削减了三个议题，仅在农业、非农产品市场准入、贸易便利化三个议题有所进展和收获，其他议题没有取得实质性进展。

2005 年 12 月，世界贸易组织在中国香港召开第六届部长级会议，取得了一定成果，但许多关键问题仍未取得突破。2009 年和 2011 年，世界贸易组织又在日内瓦举行第七届和第八届部长级会议，由于谈判依然缺乏基础，未在谈判方面取得重大突破。然而，成员在第八届部长级会议上就“早期收获”达成一致，同意在已有基础的议题上先行一步。在 2012 年 12 月 11 日举行的 WTO 总理事会上，有成员提出 2013 年将《贸易便利化协定》纳入“早期收获”范围。2013 年 9 月，新上任的 WTO 总干事阿泽维多敦促成员展开密集谈判，并挑选了贸易便利化、农业和发展三个议题作为“早期收获”的目标，大力推动成员在这三个领域开展技术工作。

2013 年 12 月，WTO 第九届部长级会议在印度尼西亚巴厘岛召开。印度在粮食安全上的立场强硬，要求给予发展中国家成员作为公共储备项目补贴的灵活度,美印双方在WTO总干事及其他核心成员的斡旋下,最终达成一致。巴厘岛部长级会议成功达成了“巴厘一揽子协议”,包括贸易便利化、部分农业议题以及发展三个部分的10份决定。

巴厘岛部长级会议的成功极大地鼓舞了WTO成员士气。WTO成员立即着手两方面的工作:一方面,进一步落实巴厘岛成果;另一方面,开始谈判“后巴厘”工作计划。然而2015年第十届部长级会议发布的《内罗毕宣言》承认,在如何推进多哈发展议程方面,成员并未达成一致,他们一致认为,所有成员都致力于推进解决剩余多哈问题的谈判。落实巴厘岛会议成果的重点在于《贸易便利化协定》,经过不懈的努力,《贸易便利化协定》于2017年2月22日生效。《渔业补贴协定》的谈判历时21年,最终在2022年第十二届部长级会议上成功达成,并开放议定书共各成员接受。

思考题

1. 世界贸易组织有哪些组织机构?
2. 世界贸易组织的基本原则有哪些?
3. 贸易政策审议机制如何运行?
4. 多哈回合谈判发动的背景是什么?主要讨论哪些议题?

第三章

世界贸易组织争端解决机制

★ 本章要点 ★

争端解决机制是世界贸易组织规则得以实施的重要保障,本章介绍了争端解决机制的基本内容,包括其实体性内容和相关的程序,并以典型案例的方式阐述了争端解决机制的运作过程。

第一节　世界贸易组织争端解决机制的基本框架

世界贸易组织新的争端解决机制除了继续沿用《1947 年关贸总协定》第 22 条和第 23 条的规定外,乌拉圭回合所达成的《关于争端解决规则与程序的谅解》(DSU)最集中地体现了对关贸总协定争端解决机制的突破性发展。此外,《1994 年关贸总协定》中的有关规定、《建立世界贸易组织协定》以及各有关多边贸易协定和诸边贸易协议的有关条款也是世界贸易组织争端解决的法律依据。

《关于争端解决规则与程序的谅解》包括 27 个条款和 4 个附件(参见表 3-1),谅解书及其附件就世界贸易组织争端解决机制的适用范围、管理与运作、一般原则、基本程序、建议与裁决的实施和监督、补偿与减让的中止、涉及最不发达成员的特殊程序、专家组的工作程序、专家复审等,分别做出了较为系统的规定。

《关于争端解决规则与程序的谅解》的附件 1 是本谅解所适用的协议;附件 2 是各适用协定所包括的特别或另外的规则和程序;附件 3 规定了争端解决专家组的工作程序;附件 4 是有关专家组领导下的各技术专家评审组的工作范围、

工作权限和工作程序。

《关于争端解决规则与程序的谅解》附件1中所列的适用协议实际上是乌拉圭回合最后文件的各项主要协议，分别是：①《建立世界贸易组织协定》；②各多边贸易协定，即货物贸易的各多边协定、《服务贸易总协定》、《与贸易有关的知识产权协定》和《关于争端解决规则与程序的谅解》（谅解书本身）；③各诸边贸易协议，即《民用航空器贸易协议》《政府采购协议》《国际奶制品协议》《国际牛肉协议》。

《关于争端解决规则与程序的谅解》附件2中所包括的特别或另外的规则和程序中涉及的协议主要是乌拉圭回合所达成的新协议或经修改的一些贸易协议，包括：《实施卫生与植物卫生措施协议》第11条第2款；《纺织品与服装协议》第2条第14款、第21条、第4条第4款、第5条第2款、第4条、第6条、第6条第9款至第11款、第8条第1款至第12款；《技术性贸易壁垒协议》第17条第4款至第7款；《海关估价协议》第19条第3款至第5款，附件第2条F款和第3条、第9条、第21条；《补贴与反补贴措施协议》第4条第2款至第3款、第6条第6款、第7条第2款至第10款、第8条第5款、脚注35、第24条第4款、第27条第7款、附件5；《服务贸易总协定》第22条第3款、第23条第3款；《关于金融服务的附件》第4条；《关于空运服务的附件》第4条；还有在乌拉圭回合部长级会议宣言中的"关于服务贸易总协定某些争端解决程序的决定"第1条至第5条。

除了上述《关于争端解决规则与程序的谅解》附件中所列的适用《关于争端解决规则与程序的谅解》的各项协定外，《关于争端解决规则与程序的谅解》第4条脚注1中还列举了涉及协商的各协议条款，包括《农业协议》第19条、《与贸易有关的投资措施协议》第8条、《技术性贸易壁垒协议》第14条第1款等。

根据《关于争端解决规则与程序的谅解》第3条第1款和第12款的规定，《1989年改进措施》和1966年《关于第23条程序的决定》（发展中国家投诉发达国家的特别程序）在某些条件下也是世界贸易组织争端解决机制的基础。

1996年2月15日，世界贸易组织缔约方全体又通过了《世界贸易组织常设上诉机构上诉审查工作程序规则》，对上诉机构审理上诉案件的程序做出了规定。为确保争端解决程序的公正性，1996年12月还通过了《关于争端解决规则与程序的谅解行为守则》，对专家组成员、仲裁员和上诉机构成员、秘书处、总干事等工作人员履行公正、独立、保密义务做了进一步的规定。

表3-1《关于争端解决规则与程序的谅解》的结构

第1条	Coverage and Application	范围和适用
第2条	Administration	管理

续表

第 3 条	General Provisions	总则
第 4 条	Consultations	磋商
第 5 条	Good Offices, Conciliation and Mediation	斡旋、调解和调停
第 6 条	Establishment of Panels	专家组的设立
第 7 条	Terms of Reference of Panels	专家组的职权范围
第 8 条	Compositon of Panels	专家组的组成
第 9 条	Procedures for Multiple Complainants	多个起诉方的程序
第 10 条	Third Parties	第三方
第 11 条	Function of Panels	专家组的职能
第 12 条	Panel Procedures	专家组的程序
第 13 条	Right to Seek Information	寻求信息的权利
第 14 条	Confidentiality	保密性
第 15 条	Interim Review Stage	中期审议阶段
第 16 条	Adoption of Panel Reports	专家组报告的通过
第 17 条	Appellate Review	上诉审议
第 18 条	Communications with the Panel or Appellate Body	与专家组或上诉机构的联系
第 19 条	Panel and Appellate Body Recommendations	专家组和上诉机构的建议
第 20 条	Time-frame for DSB Decisions	DSB 决定的时限
第 21 条	Surveillance of Implementation of Recommendations and Rulings	对执行各项建议和裁决的监督
第 22 条	Compensation and the Suspension of Concessions	补偿和减让的中止
第 23 条	Strengthening of the Multilateral System	多边体制的加强
第 24 条	Special Procedures Involving Least-developed Country Members	涉及最不发达国家的特殊程序
第 25 条	Arbitration	仲裁
第 26 条		
第 27 条	Responsibilities of the Secretariat	秘书处的职责

续表

附件 1	Agreement Covered by the Understanding	本谅解适用的协议
附件 2	Special or Additional Rules and Procedures Contained in the Covered Agreements	适用协议所含特别或附加规则和程序
附件 3	Working Procedures	工作程序
附件 4	Expert Review Groups	专家审议小组

第二节　世界贸易组织争端解决机制的适用范围和管理机构

一、对成员的适用范围

《关于争端解决规则与程序的谅解》主要适用于世界贸易组织成员。世界贸易组织成员可分为创始成员与加入成员。

(一)创始成员

根据《建立世界贸易组织协定》第 11 条的规定,原来的关贸总协定缔约方并不当然属于世界贸易组织的创始成员。要成为世界贸易组织创始成员还必须符合以下条件:①必须按章程规定的程序和期限履行接受《建立世界贸易组织协定》和乌拉圭回合的各项多边贸易协定的手续;②必须按乌拉圭回合各项多边贸易协定做出关税减让表和各种非关税承诺表;③必须在服务贸易领域做出具体的市场准入承诺表。

(二)加入成员

根据《建立世界贸易组织协定》第 12 条的规定,世界贸易组织成员资格和关贸总协定基本上相同,包括主权国家和单独关税区。当然,由于世界贸易组织覆盖面扩大,加入世界贸易组织的主体将会更复杂。

(三)不适用于援引"互不适用"条款的成员

根据《建立世界贸易组织协定》第 13 条的规定,《建立世界贸易组织协定》及其附件 1 和附件 2 中的多边贸易协定,在下面两种情况下对有关世界贸易组织成员不适用:①在《1947 年关贸总协定》第 35 条仍对有关各国有效的情况下;②有关世界贸易组织成员在世界贸易组织部长级会议批准加入议定书之前已经就“互不适用”事宜通知了部长级会议。

二、对物的适用范围

如前所述，在不损害争端解决规则与程序的前提下，《关于争端解决规则与程序的谅解》适用于与世界贸易组织体系所有法律文件有关的任何争端。一般认为，《关于争端解决规则与程序的谅解》主要适用于世界贸易组织成员相互之间因解释和适用世界贸易组织一揽子协议所产生的各种争端，关贸总协定缔约方的投诉主要是基于《1947年关贸总协定》的有关条款，世界贸易组织成员的投诉则可涉及各种多边贸易协定的事项。

三、对时的适用范围

《关于争端解决规则与程序的谅解》第3条第11款对协议谅解的适用范围做了规定，具体内容有两点：

第一，世界贸易组织争端解决机制只适用于《建立世界贸易组织协定》生效后世界贸易组织成员之间因适用上述国际法律文件所发生的争端。《建立世界贸易组织协定》生效前，根据《1947年关贸总协定》或其他前身协定所做出的协商要求的争端，分别继续适用世界贸易组织生效前直接有效的有关争端解决规则和程序。这表明，在某些条件下，《1947年关贸总协定》争端解决机制即便在世界贸易组织成立后仍可处理其未了结的争端。

第二，为解决过渡时期的管辖问题，《1994年12月8日过渡安排》规定，世界贸易组织和关贸总协定分别适用下列争端解决规则解决争端：①《关于争端解决规则与程序的谅解》运用于1995年1月1日以后提起的与《关于争端解决规则与程序的谅解》附件1所列《建立世界贸易组织协定》有关的所有争端。②《1947年关贸总协定》争端解决机制适用于1995年1月1日及以后与关贸总协定和东京回合守则有关的未了结的争端和新提起的争端。实际上，在1995年1月1日以后，《1947年关贸总协定》争端解决机制未受理任何投诉。

四、管理机构

世界贸易组织争端解决机制专门设立了争端解决机构。实际上，争端解决机构是世界贸易组织总理事会在行使争端解决机构职责时的称谓，其成员资格与总理事会一样，包括世界贸易组织所有成员代表，但它可以有自己的主席（现行做法是主席任期1年），并且应有行使其职能所必要的程序规则。

根据《关于争端解决规则与程序的谅解》第2条的规定，争端解决机构有权设立专家组，通过专家组和常设上诉机构的报告维持对执行裁决的监督、授权中止减让各适用协定下的义务。它应向世界贸易组织有关理事会和委员会通报与各适用协定有关的争端的任何进展,且应在《关于争端解决规则与程序的谅解》规定的时间内举行履行其职能所必要的经常会议。因此,争端解决机构是世界贸易组织争端解决的最高权力机构和管理机构。

协助或监督争端解决或与争端解决有关的机构还有常设上诉机构、货物贸易理事会、服务贸易理事会、与贸易有关的知识产权理事会,以及6个由部长级会议设立并向总理事会报告的专门委员会。世界贸易组织多边贸易协定和单项贸易协定中的某些专门机构,也负责具体争端的解决,但最终都要经争端解决机构建议或裁决。顺带提及的是,世界贸易组织的最高领导机构是由全体成员代表组成的部长级会议,每两年举行一次,有权决定多边贸易协定的所有问题,包括达成有关具体领域的争端解决程序与规则的决议。

五、争端解决机制的决策方式

争端解决机制的决策方式是以协商一致的方式做出决定,即如果出席会议的成员没有正式反对所提出的决定,则视为已对提请审议的事项做出了决定。

除了传统的协商一致的决策方式外,争端解决机构在通过专家组和上诉机构报告及授权中止减让时采取了反向协商一致的办法。《关于争端解决规则与程序的谅解》第16条第3款规定:“在一份专家组报告分发给各成员之日后的60天内,除非争端一方正式通知争端解决机构其上诉决定或争端解决机构经协商一致不通过该报告,否则,该报告应在争端解决机构会议上予以通过。”同样,《关于争端解决规则与程序的谅解》第17条第11款规定,在一份上诉机构报告分发给各成员之日后的30天内,除非争端一方正式通知争端解决机构其上诉决定或争端解决机构经协商一致不通过该报告,否则该报告应在争端解决机构会议上予以通过,并且应由争端当事方无条件接受。由于胜诉一方必然会通过裁决报告,因此,反向协商一致的决策方式事实上使专家组或上诉机构的报告自动得以通过,从而保证了争端解决机制的公正性,也避免了协商一致的决策方式可能导致被诉成员阻挠报告通过的情况发生。

《关于争端解决规则与程序的谅解》第22条第6款规定:“当第2款所述情况发生时,争端解决机构根据请求应在合理期限到期后的30天内授权中止减让或其他义务,除非争端解决机构经协商一致决定驳回该请求”。该条第7款则规定了对经要求确定减让水平的仲裁决定做出后,“当事方应接受仲裁员的决定为终局且有关各方不得谋求第二次仲裁。争端解决机构应迅速被告知该仲裁决定且应根据符合该仲裁决定的请求给予中止减让或其他义务的授权,除非争端解决机构以协商一致的方式决定驳回该请求”。

第三节　世界贸易组织争端解决机制的一般原则

世界贸易组织争端解决机制的一般原则,是该机制据以建立的基本原则,是指导该机制运作的一般性规定。对这些原则进行深入了解,可以把握世界贸易组织争端解决机制的主要精神。

一、继续遵循《1947 年关贸总协定》处理争端的各项原则

《建立世界贸易组织协定》第 16 条第 1 款就体现了世界贸易组织争端解决机制的一般原则。《关于争端解决规则与程序的谅解》第 3 条也明确了世界贸易组织争端解决的原则是对关贸总协定处理争端原则的继续和发展,在《1947 年关贸总协定》第 22 条和第 23 条基础上形成和建立的争端解决实践和惯例,包括一些规则和程序,继续具有重大指导和参考作用,特别是专家组断案具有先例先行性和一定的约束力。此外,《关于争端解决规则与程序的谅解》第 24 条还进一步规定了对最不发达国家成员运用的特别规则和程序,要求各成员对特殊情况给予"特别考虑",保持应有的节制,并要求总干事或争端解决机构主席给予协助。

二、禁止成员单方面采取行动的原则

要求各成员承诺,不对已发现的各种违反贸易规则行为采取单方面的行动,而应诉诸多边争端解决制度,并遵守其规则和裁决。这意味着像美国一样动辄使用单方面报复的行为是违背世界贸易组织规定的。

三、确保迅速、积极、公正、平等地解决争端的原则

世界贸易组织争端解决机制的目的是确保对贸易争端的积极解决。一项可为争端各方相互接受且符合适用协定的解决办法显然是优先谋求的目标。迅速解决一成员认为另一成员采取的措施正在对其依照各适用协定直接或间接享受的任何利益造成损害的问题,是世界贸易组织有效运行和维护成员权利与义务适当平衡的必要条件。世界贸易组织争端解决机制对争端解决的规则和程序做了一系列改进,特别在各程序环节规定了严格的时间限制,旨在提高争端解决效率。为保证争端解决的公正性和公平性,世界贸易组织争端解决机制对争端解决程序的参加人员还做出了要求,具体体现在《建立世界贸易组织

协定》、《关于争端解决规则与程序的谅解》、《世界贸易组织常设上诉机构上诉审查工作程序规则》(1996 年 2 月 15 日通过)、《关于争端解决规则与程序的谅解行为守则》(1996 年 12 月争端解决机构会议通过)。

四、维护 WTO 有效运行和维护成员权利与义务适当平衡的原则

世界贸易组织的争端解决机制是向多边贸易体系提供安全性和可预见性的一种核心要素,是确保世界贸易组织有效运作必不可少的。其作用是维护成员在各项协定下的权利和义务,并根据国际公法解释的习惯规则澄清此等协定的各项既存规定。争端解决机构做出的建议和裁定,旨在按照《关于争端解决规则与程序的谅解》和有关协定下的权利和义务就所涉事项取得满意的解决,不得增加或减少有关协定的权利和义务,而应维护成员的权利和义务之间的适当平衡。所有的解决方法(包括仲裁裁决)所应遵循的原则应与有关协定相符,不应使任何成员依这些协定而取得的利益受到损害或丧失,亦不应阻碍这些协定目标的实现。

五、谨慎、善意地使用 WTO 争端解决机制的原则

与《1947 年关贸总协定》所秉持的宗旨一样,《关于争端解决规则与程序的谅解》要求成员在诉诸争端解决程序时持谨慎与善意的态度,即要求“各成员在投诉前应对这些程序下的行动是否有效做出判断”“调解和使用争端解决程序不应旨在作为或视为诉讼行为,而且一项争端发生,所有成员应善意参与这些程序,以谋求解决该争端。投诉和对截然不同事项的反诉不应有任何联系。”做出这些要求是为了防止成员特别是发达国家恶意滥用争端解决程序,破坏成员之间权利与义务的脆弱平衡。由于引起国际贸易争端的因素不仅仅是经济性的,还有政治性的,因而在考虑政治及其他现实的同时,有效地实现法律权利和义务,更有助于国际贸易领域争端解决机制的逐渐演进。

六、对发展中国家给予特别考虑的原则

《关于争端解决规则与程序的谅解》在涉及发展中国家的争端方面又做了一些改进,如要求专家组报告明确说明已对发展中国家成员在争端解决程序中提出的各适用协定中有关给予发展中国家成员差别待遇和更优惠待遇的规定进行了考虑。另外,在审查一项针对发展中成员的投诉时,专家组应给予发展中国家充分时间来准备和陈述其答辩。

《关于争端解决规则与程序的谅解》第 24 条还规定了处理与最不发达成员有关的争端的一般原则是应考虑他们的特殊情况,无论该成员是投诉方还是被诉方,在争端解决程序的所有阶段,应对最不发达成员的特殊情况予以特别考

虑,保持应有的节制。

为进一步鼓励发展中成员更大程度地坚持和维护多边贸易规则,《关于争端解决规则与程序的谅解》把 1966 年《关于第 23 条程序的决定》扩大到该谅解可以运用的全部领域和法律文件。因此,1966 年《关于第 23 条程序的决定》规定的特别程序仍然适用于发展中国家作为投诉方的争端解决。

以上原则绝大多数是对《1947 年关贸总协定》争端解决机制的原则的重述,但强调了禁止争端解决机构的造法功能,以及成员有权向世界贸易组织请求做出权威解释,并明确规定以国际公法解释的习惯规则来进行,这一规定的深刻含义在于强调以争端解决规则为基础,标志着关贸总协定的实用主义向世界贸易组织的法律主义的一个进步。

第四节　争端解决的基本程序

在关贸总协定一般程序的基础上,世界贸易组织争端解决机制发展了一套更加完备、有效的程序,主要包括下列基本阶段或程序:协商;斡旋、调解和调停;仲裁;专家组程序;上诉程序;对执行争端解决机构的建议或裁决的监督;制裁;等等。

一、协商

与关贸总协定争端解决机制一样,协商在世界贸易组织争端解决程序中成为首要的强制性阶段。《关于争端解决规则与程序的谅解》对协商程序做了一些改进和完善,如紧急情况下的协商期限比《关贸总协定争议解决规则及程序的改进措施决定》(简称《1989 年改进措施》)的规定期限要短;对第三方参与协商程序提供了更明确的规则;强调协商的保密性和协商活动不得损害任何成员在任何进一步程序中的权利;注重成员在协商阶段对有关争端问题达成满意的调整;倡导善意协商,并把"各成员确认其决心加强和改进成员所使用的协商程序的效能"作为首要条款列入该条文,对于在特定期限内不理睬协商请求,或虽然接受协商请求但不进行协商的被要求协商的成员,请求协商方可以直接向争端解决机构要求设立专家组。

二、斡旋、调解和调停

与《关于通知、协商、争端解决与监督的谅解书》中规定的在协商失败后才能提出斡旋、调解和调停的要求不同,《关于争端解决规则与程序的谅解》对此没有设定任何先决条件。争端任何一方可以在任何时候提出斡旋、调解或调停的要求,甚至经争端各方同意,斡旋、调解或调停程序可以在专家组程序进行期间继续进行。显然,这是因为世界贸易组织争端解决的目的在于使当事各方达成一项可相互接受的结果。

至于终止这一程序的条件,虽无明文规定,但有学者分析,应该是经双方协商同意后就可终止。"若未援用该条文的争端当事方有权单方面终止上述程序,这显然是不合理的"。《关于争端解决规则与程序的谅解》第 5 条还规定,"如在自收到协商请求之日后 60 天内进行斡旋、调解或调停,则投诉方必须在接到协商请求之日后和在要求成立专家组之前给予 60 天的期限。如果争端当事各方共同认为斡旋、调解和调停程序不能解决争端,则投诉方可以在 60 天内要求设立专家组。""涉及斡旋、调解和调停的程序,特别是争端各方在这些程序中所持的立场应该保密,且不得损害任何一方在这些程序下采取进一步行动的权利。"

三、仲裁

(一)适用阶段

快速仲裁在世界贸易组织争端解决中仍是一种可选择的手段。与关贸总协定不同的是,仲裁可用于不同目的和不同阶段,特别在确定争端各方将执行争端解决机构建议和裁决的期限、确定中止减让或其他义务的原则和程序的方法方面,即在监督实施阶段可以广泛适用。与其他仲裁不同的是,对执行争端解决机构通过的裁决和建议的"合理期限"的仲裁是强制性仲裁,可以有效杜绝关贸总协定程序中拖延、阻挠等情况的再次发生,有利于建议和裁决的执行。

(二)仲裁员组成

仲裁员由原专家组成员担任,或由总干事任命的仲裁员担任(一人或一个小组)。

(三)仲裁员权限

仲裁员应把握执行期限不超过争端解决机构通过专家组报告或上诉机构报告后的 15 个月。仲裁员不审核要中止的减让或其他义务的性质,只判断该中止的水平是否与所受的抵消或损害相当,是否遵守了《关于争端解决规则与程序的谅解》第 22 条第 3 款的原则与程序。

(四)仲裁期限及效力

仲裁应在合理期限到期后的 60 天内结束。仲裁裁决为终局决定,当事方就同一事项不得要求第二次仲裁。仲裁期间减让或其他义务不得中止。除《关于争端解决规则与程序的谅解》另有规定外,诉请仲裁应按双方协议的程序来进行。当事双方在此前的充分时间内,还应将仲裁协议通知所有成员。诉诸仲裁的当事方应同意遵守仲裁的裁决。

(五)仲裁裁决的执行

按照《关于争端解决规则与程序的谅解》第21条和第22条的有关规定,仲裁裁决的执行与专家组报告通过后的执行基本上是一致的。《关于争端解决规则与程序的谅解》对仲裁裁决要求通知争端解决机构或任何有关部门协定的理事会或委员会,以便任何成员可向它们查询与此有关的任何问题。

(六)第三方参加仲裁

《关于争端解决规则与程序的谅解》第25条第3款规定:"其他成员只有在同意提交仲裁的当事各方的同意下,才能成为仲裁程序的当事方。"

四、专家组程序

作为世界贸易组织争端解决机制的核心,专家组程序在《关于争端解决规则与程序的谅解》中得到进一步改进和强化。

(一)专家组的设立

专家组的设立几乎是"一俟请求,即可成立"。《关于争端解决规则与程序的谅解》第6条第1款规定:"如果投诉方请求,专家组最终应在该请求被首次列入争端解决机构议程后的会议上予以设立,除非在该次会议上,争端解决机构以协商的方式决定不成立专家组。"实际上,这不大可能,所以,专家组的设立几乎是自动的。这种从"肯定式一致"(Positive Consensus)向"否定式一致"(Negative Consensus)的转变,使得关贸总协定时期一再遭到批评的一方阻挠专家组设立的情形不复存在,专家组设立的程序大大加快。

(二)专家组成员资格

世界贸易组织继承了关贸总协定对专家组成员"独立性、公正性、合格性"的要求,并重申了秘书处协助专家组工作的职责。与关贸总协定有所不同的是,《关于争端解决规则与程序的谅解》第8条规定的专家资格十分广泛,不仅有通晓国际贸易的在政府供职的人员和非政府人员,而且包括"讲授国际贸易法律或政策,或是发表过这方面论著,或曾任某成员关于贸易政策的高级官员"。

在专家组组成方面,发展中国家的特别利益亦被考虑到。《关于争端解决规则与程序的谅解》规定:"当一争议系一发展中成员与一发达成员之间的争端,如该发展中成员要求,该专家组应至少包括一名发展中成员的成员。"

为加速争端解决进程,《关于争端解决规则与程序的谅解》第3条还规定,争端当事方除有令人信服的理由外,不得反对秘书处向它们提出的专家组成员人选。如果就专家组人选不能达成一致,则由总干事与争端解决机构主席或有关理事会或委员会主席协商后任命,由争端解决机构主席通知各成员。

(三)专家组的职能

《关于争端解决规则与程序的谅解》第7条与《1989年改进措施》的不同之处在于:①法律依据是争端当事各方援引的涵盖协议名称的有关规定;②专家组做出调查改为“审理,做出客观的评价”等;③专家组协助缔约国改为协助争端解决机构。

(四)专家组程序的改进

专家组职权和职能的强化标志着争端解决机制司法化特征进一步加强。专家组程序中的多投诉方程序和第三方投诉程序与关贸总协定规定基本相同。《关于争端解决规则与程序的谅解》对专家组程序所做的其他重大改进表现在以下几个方面。

1. 严格规定专家组工作各阶段的期限。与关贸总协定不同的是,世界贸易组织对专家组设立前的协商期限做了明确规定:“被要求协商国应在10天内做出答复,并应在收到该请求之日后30天内进行协商,协商必须在收到协商请求之日后60天内结束。”专家组设立后的工作期限与《1989年改进措施》中的规定一致。《关于争端解决规则与程序的谅解》还规定,根据投诉方的要求,专家组程序可暂停,但不能超过12个月。专家组工作的其他阶段,如听取争端各方陈述和收受争端各方答辩,准备报告初稿和听取争端各方的意见和评议,最后准备最终报告并首先提交给争端各方之后再提交给争端解决机制,都有较严格、明确的期限规定。

2. 引入“中期审议程序”。《关于争端解决规则与程序的谅解》第15条引入了“中期审议程序”。具体程序是:在审议了书面答辩和口头陈述后,专家组可以将报告初稿的叙述部分(事实和理由)散发给争端当事各方。在专家组规定的时间内,当事各方就此提出书面评论。当收取争端当事方评论的截止时间过后,专家组应向争端当事方发布中期报告(Interim Report),其中既有事实部分,又有调查与结论。当事各方可在专家组确定的期限内,书面请求专家组就书面意见中的问题再举行会议。如果当事各方在规定的期间内未发表意见,中期报告应被视为最终报告,并立即向各成员发送。

3. 专家组领导技术专家评审组工作。对于争端当事方所提出的科技方面的事实问题,专家组可以要求技术专家评审组提供书面咨询报告。附件4具体规定了技术专家评审组的规则和程序。技术专家评审组的组成人员限于具有相关职业、地位和经验的人士。对技术专家的工作要求具有独立、公正、保密、排除争端方的特点。由专家组决定技术专家评审组的职权范围和具体工作程序,技术专家评审组应向专家组报告。技术专家评审组的最终报告也只是咨询性质的。

4. 专家组报告。专家组报告的结构、内容与关贸总协定时期相同,但是专家组报告的通过采取“否定式协商一致”的方式,并缩短了审议期限。《关于争端解决规则与程序的谅解》第 16 条规定,专家组报告在已分发给各成员后的 20 天内应由争端解决机构会议审议通过。在一份专家组报告分发给各成员之日后的 60 天内,除非争端一方正式通知争端解决机构其上诉决定或争端解决机构经协商一致决定不通过该报告,否则,该报告应在争端解决机构会议上予以通过。该通过程序不妨碍各成员对专家组发表意见的权利。

五、上诉程序(Appellate Review)

一般认为,上诉机构的设立和对专家组的审查是世界贸易组织的最大创新,是对《1947 年关贸总协定》争端解决机制的最大发展之一。

(一)常设上诉机构的组成

《关于争端解决规则与程序的谅解》第 17 条规定,常设上诉机构(Standing Appellate Body)由争端解决机构设立,由 7 人组成,其中 3 人应担任审理任何案件的成员。上诉机构成员由争端解决机构任命,任期 4 年,可连任 1 次。上诉机构成员与专家小组成员的资格要求基本相同,须有专业上的权威性、工作上的独立性和广泛的代表性,且不应与世界贸易组织争端解决活动及其他有关活动有任何联系,不得参与对可能产生直接影响或间接利益冲突的任何争端的审议。

(二)上诉机构工作规则与程序

上诉机构只对专家组报告所涉及的法律问题及专家组所做的法律解释进行审议。上诉机构可以维持、修订或推翻专家组在法律方面的调查结果和结论。有实质利益的第三方,上诉机构应听取其意见。1996 年 2 月 15 日,上诉机构工作程序被正式通过并生效。该工作程序正文包括定义、上诉机构成员和程序等 32 个条文以及 2 个附件。附件 1 为上诉程序时间表,附件 2 是《世界贸易组织争端解决规则与程序的谅解行为守则》。1996 年 2 月 21 日,上诉机构成功地受理了第一个上诉案件,即“美国修订汽油标准案”。由于世界贸易组织争端解决机制对一些关键问题的决策(如报告的通过)采取了反向协商一致的方式,上诉机构实际上起着控制争端的作用。上诉机构的组成成员中有法律专家,上诉机构的主要职能是进行法律问题的解释,因此,对同一案件所涉及的条款的解释,上诉机构往往比专家组更具有权威性。

上诉机构工作程序自争端一方通知其上诉决定之日到上诉机构散发其报告为止,不得超过 60 天。因特殊原因需延期,上诉机构应提交书面理由,但最长不得超过 90 天,为防止干扰,上诉机构工作也要保密。

上诉机构及其工作程序代表了自 1952 年专家组程序产生以来对《1947 年关贸总协定》争端解决机制进行的最根本性的改革。上诉机构无疑使世界贸易组织争端解决机制更具有“国际司法机关”的主要特征。

(三)上诉机构报告

与专家组报告通过的程序一样,上诉机构报告的通过也几乎是自动的,即除非争端解决机构在向成员散发上诉机构报告后 30 天内协商一致,决定不通过该上诉机构报告,否则,该报告应由争端解决机构通过,争端当事方应无条件接受。

(四)上诉程序的期限

《关于争端解决规则与程序的谅解》第 20 条规定,除非争端当事方另有约定,从争端解决机构设立专家组到审议通过专家组或上诉机构报告的期限,作为一般原则,如专家组报告未被提交上诉机构,则不得超过 9 个月;如上诉,则不得超过 12 个月。如专家组或上诉机构已按照有关规定延长其提供报告时间,则应在上述期限上加上所花费的时间。这比关贸总协定《1989 年改进措施》所规定的 15 个月要短且严格,从而加快了争端解决进程。

六、对执行争端解决机构的建议或裁决的监督

《关于争端解决规则与程序的谅解》第 21 条规定,迅速执行争端解决机构的建议或裁决,是确保有效解决影响全体成员利益的争端的必要条件。在专家组或上诉机构报告通过之日后 30 天内,有关成员应通知争端解决机构其履行争端解决机构建议或裁决的意愿。如不能立即执行建议和裁决,该成员应在合理时间内履行。

上述合理时间亦有一定限制,《关于争端解决规则与程序的谅解》第 21 条对此做出的规定如下:

第一,有关成员提出的且获得争端解决机构批准的时间。

第二,如未获得上述批准时间,争端当事方在该建议和裁决通过之日后 45 天内相互同意的时间。

第三,如没有达成上述相互同意的时间,则在建议或裁决通过之日后 90 天内经仲裁所确定的时间。

第四,但无论如何,合理期限最多不得超过专家组或上诉机构报告通过之日后的 15 个月,除非争端当事各方另有约定,则整个时间不得超过 18 个月。这一条文隐含着如果双方协商一致,处理争端的时间可以超过 18 个月。

第五,新的争端解决机制对建议和裁决的执行加强了力度。根据《关于争端解决规则与程序的谅解》第 21 条的规定,如果对执行措施存在分歧,仍可作为一种新的争端诉诸上述争端解决程序,包括可随时提交原专家组予以决定。

所不同的是，专家组应在该问题提交之日后更短的期限内（90天）分发报告。

争端解决机构在专家组报告通过后应继续对实施情况进行监督。《关于争端解决规则与程序的谅解》第21条第6款规定，除非争端解决机构做出另外决定，实施建议或裁决的问题应该列入根据第3款确立的合理期限之日后6个月的争端解决机构会议议程，且在该问题解决前一直保留在争端解决机构议程中。至少在争端解决机构每次召开此类会议前10天，有关成员应向争端解决机构提供关于执行建议或裁决的书面进展报告。

在监督建议或裁决的实施中，《关于争端解决规则与程序的谅解》对发展中国家也给予特别考虑，发展中成员可以要求违法成员加速执行争端解决机构的建议或裁决。

七、制裁（补偿与报复手段）

根据《关于争端解决规则与程序的谅解》第22条的有关规定，如果有关成员在“合理期限”内没有按照争端解决机构的建议或裁决终止或修改一项已被确认违反某适用协定的措施，它可以与原告方谈判，以达成相互接受的补偿。如果在合理期限到期后的20天内未能达成一项满意的补偿协议，援引争端解决程序的任何当事国，可以要求争端解决机构授权中止适用对有关成员依照各适用协定承担的减让或其他义务。

争端解决机制的首要目标是撤销违反适用协定的措施。补偿是自愿性的，也是一种临时手段，只有在对补偿协议未达成一致意见时，方可援用报复手段。与完全执行使某项措施符合各适用协定的一般建议相比，补偿或者中止减让或其他义务都不是优先谋求的目标。

行使报复权利是世界贸易组织争端解决程序中的最终救济手段（亦有不少著述认为，退出关贸总协定或世界贸易组织是成员的最终救济手段）。成员要求授权行使报复权利需谨慎，必须满足以下基本条件。

第一，已通过的专家组报告或上诉机构报告中断定一成员的某项措施违反某适用协定。

第二，违法成员在合理期限内没有执行争端解决机构的建议或裁决。

第三，争端当事方在合理期限到期后的20天内没有达成相互满意的补偿办法。

报复权的授予及行使必须遵守以下原则和程序：首先，投诉方应该谋求中止涉及专家组或上诉机构已确认存在违法或其他丧失或损害相同部门的减让或其他义务；其次，如果上述措施没有作用或毫无效果，则可以谋求中止同一适用协定的其他部门的减让或其他义务；再次，在上述措施仍无效且情况十分严重时，可以谋求中止另一适用协定下的减让或其他义务。这就是世界贸易组织争端解决机制中独具特色的“交叉报复手段”。在《关于争端解决规则与程序的谅解》第 22 条第 1 款、第 8 款和第 9 款中，一再重申和强调了报复的临时性和不得已方可为的原则。除了作为不得已的救济手段以及须考虑《关于争端解决规则与程序的谅解》第 3 条第 4 款所指出的相关因素外，在程序上，请求授权采取“交叉报复”的一方在向争端解决机构提出此种要求的同时，也应向有关理事会或有关部门机构提出要求，并说明理由；在报复程度上，应采取与丧失或损害水平相当的措施，并且争端解决机构不得授权中止一适用协定所禁止中止的减让或其他义务。

第五节　世界贸易组织争端解决机制运行状况

世界贸易组织一揽子协议中的大多数协议是多边贸易体制的实体性内容，而《关于争端解决规则与程序的谅解》(简称 DSU)规定的争端解决机制是其程序性内容，争端解决机制的作用在于更有效地实施世界贸易组织各项协议。

自 1995 年 1 月 1 日世界贸易组织成立至 2023 年 12 月 31 日，世界贸易组织成员在争端解决机制下共提起了 621 起争端解决案件。下面，我们将就这 621 起案件的总体情况、起诉方、被诉方、案件涉及的协议内容、主要的涉案成员情况、裁决情况、上诉情况、专家组成员等几方面进行详细介绍与分析。

一、总体情况

一般而言，争端解决的起诉方是指在 WTO 争端解决机制下提起与另一成员就某事项进行磋商的成员，根据 DSU 的规定，每一个起诉方正式向 WTO 争端解决机构(简称 DSB)提起磋商请求后，会获得一个该争端的案件编号。在特殊情况下，如果有几个成员分别就同一事项、对同一被诉成员提起磋商请求，每一起诉方会获得一个单独的案件编号，即使这几个案件可能会在随后的专家组程序合并审理。但也存在以下情况：几个起诉方联合起来在同一时间就同一事项共同向同一被诉方提出磋商请求，此时该请求将仅获得一个案件编号。

1995—2023 年，WTO 成员共提起了 621 起争端解决案件，具体年度分布情况见图 3-1。

由图 3-1 可见，在 WTO 成立后的头三年，争端解决案件数呈逐年上升趋势，之后几年呈逐渐回落的走势。2002 年再次出现一个小的高峰(与当年众多成员投诉美国钢铁保障措施案有关)，之后几年案件数一直保持在较低水平，2018 年又出现一个小高峰。

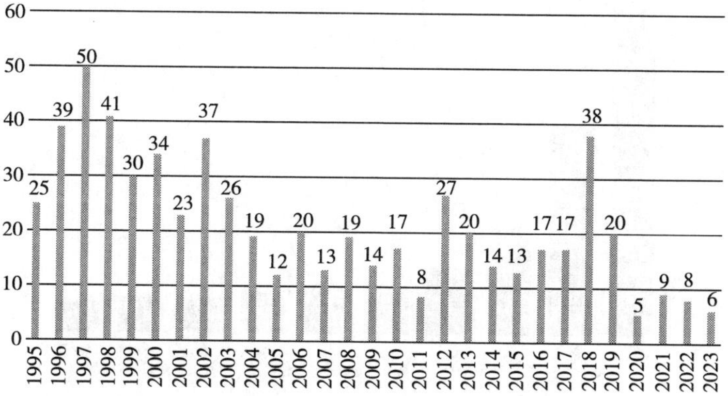

图 3-1　WTO 争端解决案件数年度统计(1995—2023 年)

资料来源:http://www. wto. org。

二、主要的起诉方、被诉方

WTO 争端解决的主要当事方包括起诉方与被诉方,起诉方是在 WTO 争端解决机制下提起磋商请求的成员,被诉方是其相关贸易措施遭到起诉方指控的成员。截至 2023 年底,至少有 53 个世贸组织成员发起了至少一起争端,61 个成员则作为被诉方参与了至少一起争端。此外,共有 90 个成员作为第三方参与了两个或更多其他世贸组织成员之间的诉讼程序。总体而言,共有 111 个成员在争端解决中积极参与,无论是作为当事方还是第三方。

从 WTO 争端解决机制运行以来的情况看,大多数案件的起诉方与被诉方相对集中于少数成员(参见图 3-2 和图 3-3)。其中,发起贸易争端案件数量居前 10 位的 WTO 成员申诉次数约占 WTO 所有争端案件的 74. 1%;被诉成员被诉次数居前 10 位的 WTO 成员约占所有争端案件的 73. 1%。

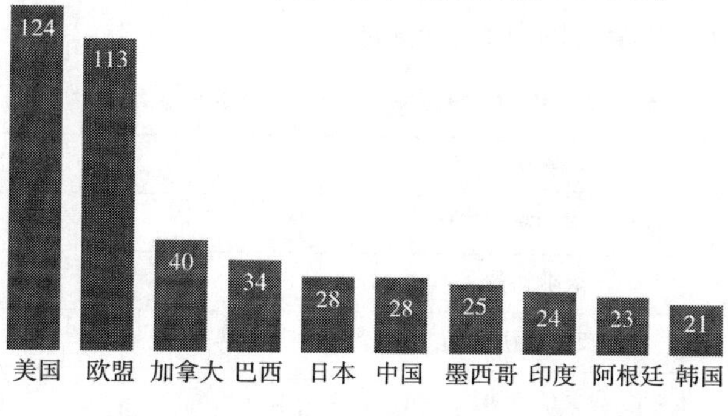

图 3-2　主要起诉方国家及地区发起 WTO 争端案件的数量①

资料来源:根据 WTO 官方网站资料整理。

① 由于某些案件是由多个成员共同提起的,因此此处基于投诉方统计的案件数超过了案件总数。

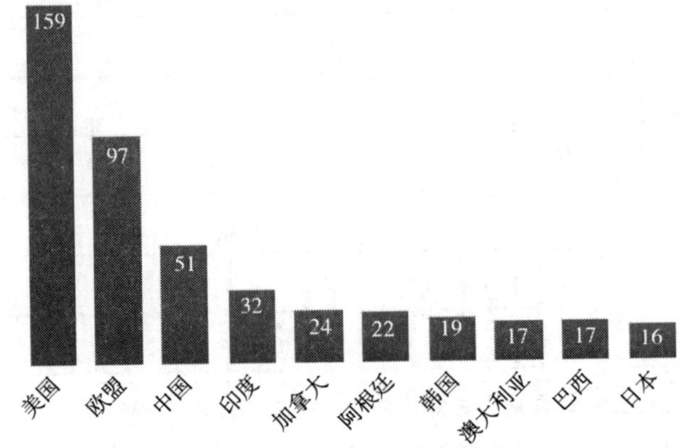

图 3-3　WTO 争端解决案件的主要被诉方国家及地区的数量

资料来源：根据 WTO 官网数据整理。

由图 3-2、图 3-3 可以清楚地看出，参与 WTO 争端解决最多的两个成员是美国和欧盟。这两个成员作为起诉方的案件共 237 起，占总数的 38.2%；其他成员起诉美国、欧盟共有 256 起，占总数的 41.2%；此外，有 55 个案件直接发生在美欧之间。中国自 2001 年加入 WTO 以来，随着经贸实力的增强，无论是起诉还是被诉的案件数量攀升的速度非常快。2001 年以前，发达国家及地区利用争端解决机制进行申诉的次数远超过发展中国家，但在 2001 年后，发展中国家开始重视利用争端解决机制，两者申诉次数的差距逐步缩小。

三、案件涉及的协议

根据 DSU 的规定，《建立世界贸易组织协定》及其附件 1、附件 2、附件 4 的所有协议均属于 WTO 争端解决机制的管辖范围，各成员因履行上述协议而发生的争议均可通过争端解决机制予以解决。但在 WTO 所有管辖协议中，某些协议较多地成为争端指向的对象，详见表 3-2。

表 3-2　WTO 争端解决案件涉及的协议统计①

涉案协议	案件数量
建立世界贸易组织协定	70
农业协议	89
反倾销协议	144
海关估价协议	18

① 由于争端解决案件一般会涉及多个协议，所以分协议统计的案件数要大于实际的案件数。此表依据截至 2021 年 1 月 15 日的 WTO 官网数据整理。

续表

涉案协议	案件数量
争端解决谅解	23
GATT 1947	1
GATT 1994	524
GPA	4
进口许可程序协议	49
TRIPS	44
装运前检验协议	5
原产地规则协议	8
保障措施协议	62
SPS	54
GATS	34
SCM	141
TBT	57
ATC	16
TRIMs	49
加入议定书	40
TFA	4

资料来源:根据 WTO 官方网站资料整理。

从表 3-2 可见,WTO 争端解决案件涉及的协议范围很广,其中涉及案件最多的协议是 GATT 1994(这是因其规定了 WTO 法律体制中的一系列基本原则决定的),《建立世界贸易组织协定》涉案数量也很高。此外,争端案件较多地涉及贸易救济措施——反倾销、反补贴和保障措施的实施,其中涉及反补贴的案件数量上升最快。值得注意的是,涉及《农业协议》的案件数量很高,达 89 起,排在第四位。与技术性贸易措施有关的 TBT、SPS 涉及的争端也较多发生。

四、WTO 争端解决机构的裁决

WTO 争端解决机构对案件进行审理后做出的裁决主要包括专家组报告和上诉机构报告。截至 2023 年 12 月 31 日,已就 372 起争端案件(占总案件数的

60%)成立了专家组。其中,265 起争端产生了专家组报告[①],191 起争端提出了上诉(即在最初的诉讼程序中散发了专家组报告的所有案件中,66%的案件提出上诉),具体见图 3-4。上诉机构经过对提起上诉的案件进行审理后做出并散发上诉机构报告,上诉机构共散发 166 份上诉机构报告。[②]

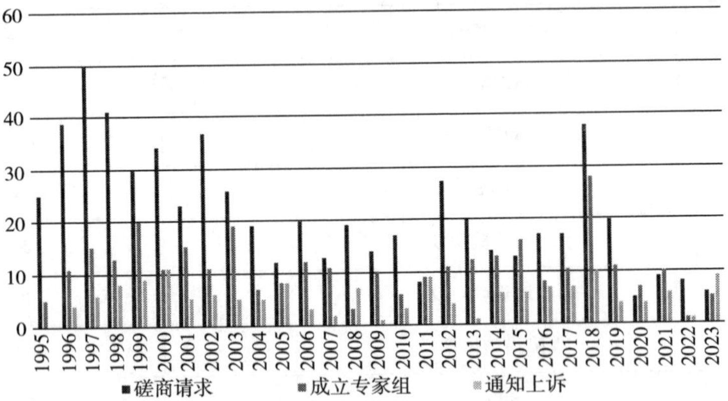

图 3-4　向 WTO 提起磋商请求、成立专家组和通知上诉的案件数量
(1995 年 1 月 1 日—2023 年 12 月 31 日)

资料来源:WTO 官方网站,http://www.wto.org。

五、专家组成员

DSU 第 8 条第 3 款规定:"政府为争端方或为第 10 条第 2 款规定的第三方成员的公民不得在与争端有关的专家组中任职,除非争端各方另有议定。"根据该条的注解,在涉及关税同盟或共同市场的情况下,其所有成员的公民均应回避。如前所述,美国和欧盟是 WTO 争端解决机制的最大使用方,但是由于上述规定导致美国和欧盟成员国的公民不得在涉及美国和欧盟的争端案件中担任专家组成员,因此美国和欧盟成员国的公民担任专家组成员的比例相应地较少。结果是在 WTO 中较活跃的成员(而其又不是争端解决案件的当事方)的公民较多地成为专家组成员。1995—2007 年,担任专家组成员较多的公民如表 3-3 所示。

表 3-3　1995—2007 年 WTO 争端解决专家组成员属性

排序	国家或地区	担任专家组成员案件数
1	新西兰	35

① 并非所有设立专家组的案件都产生专家组报告,因为即使设立了专家组,当事各方也可能解决其争端。

② 数据来源于 WTO 官方网站,访问日期 2024 年 1 月 20 日。

续表

排序	国家或地区	担任专家组成员案件数
2	澳大利亚	34
3	瑞士	32
4	巴西	20
5	加拿大	19
6	中国香港	17
7	印度	16
8	波兰	14
8	南非	14
10	智利	13
10	德国	13

资料来源：转引自 Kara Leitner and Simon Lester. WTO Dispute Settlement 1995—2007：A Statistical Analysis. Journal of International Economic Law，2008，11(1)：179-192。

据统计，美国公民只有 11 人次担任了专家组成员，欧盟的情况比较复杂，因为最近几年有多个新成员加入欧盟，在其加入后，这些新成员国的公民将不能参加有关欧盟案件的专家组，如表 3-3 中的波兰在 2004 年之前其国民较多地担任专家组成员，在 2004 年波兰加入欧盟后这一情况就发生了显著的变化。

思考题

1. 争端解决机制下的磋商和普通的谈判有什么区别？

2. 上诉机构对专家组报告的审议重点关注哪些内容？上诉机构可以要求专家组重审案件吗？

3. 专家组工作的程序如何？

4. 专家组报告和上诉机构报告的裁决有法律效力吗？有强制执行力吗？

第四章

关税与贸易总协定
——国际货物贸易的基本规则

★ 本章要点 ★

本章详细介绍了关税与贸易总协定——国际货物贸易基本规则的有关内容,涉及《1994年关贸总协定》的主要内容、基本原则、保障措施、若干法律条文解释的谅解等一系列具体规定和内容。

关税与贸易总协定有两个含义:一是指一个国际协议,其中包含了制定国际贸易政策所应遵守的规则;二是指后来建立的用来支持该协议的国际组织。

正如前面所讲述的,20世纪40年代,国际社会做出的建立一个全面的国际贸易机构的尝试最终以失败而告终,但是关贸总协定作为一个临时性的组织却发挥了建立多边贸易体制的作用,并且,这一临时组织持续存在了近半个世纪。

现在作为国际组织的关贸总协定已经不再存在,取而代之的是世界贸易组织。但是,作为协议的关贸总协定仍然存在。原来的关贸总协定文本被称为《1947年关贸总协定》,而现在新的文本被称为《1994年关贸总协定》。我们在这一章里将讨论作为协议而存在的关贸总协定。

关贸总协定是一项调整世界上大多数国家和地区之间贸易关系中有关关税和贸易政策的多边国际条约。经过40多年的发展、八个回合的多边谈判,关贸总协定达成了一系列多边贸易协议,为稳定世界贸易环境、规范国际贸易交易活动和加速全球贸易自由化提供了体制保证,并逐渐建立了以多边贸易协议为核心内容的一整套调整国际经济贸易关系的法律体系。这些协议及其法律框架后来成为世界贸易组织最终得以建立的基础,它的一些基本原则,也延伸到《服务贸易总协定》和《与贸易有关的知识产权协定》中。

第一节 《1994年关贸总协定》的构成和对《1947年关贸总协定》的修正

一、《1994年关贸总协定》的构成

《1994年关贸总协定》在法律上区别于1947年10月30日签订的《1947年关贸总协定》，成为《建立世界贸易组织协定》的组成部分，以多边货物贸易协定形式纳入附件之一。所以，《1994年关贸总协定》是适用于货物贸易的多边协定，是其他多边货物贸易协议①的法律与原则基础。同时，在《1994年关贸总协定》基础上制定的其他解决若干具体问题的多边货物贸易协议相对于总协定而言，又具有特别法与一般法的关系，按照对附件——多边货物贸易协定的一般解释性注释，当《1994年关贸总协定》某一规定与上述协议的"某一规定发生冲突时，另一协议的规定应当在冲突涉及的范围内具有优先效力"，即特别法优于一般法。根据《1994年关贸总协定》的规定，协定由以下协议和法律文件构成。

第一，《1947年关贸总协定》的各项规定（不包括临时适用议定书），《建立世界贸易组织协定》生效前所实施的经核准修正和修订的法律文件文本。

第二，在《建立世界贸易组织协定》生效之前，根据《1947年关贸总协定》生效的法律文件如下：有关关税减让的议定书或证明书；加入议定书；在《建立世界贸易组织协定》生效之日仍在生效的根据《1947年关贸总协定》第25条授予的豁免义务的决定；《1947年关贸总协定》缔约方全体做出的其他规定。

第三，《1994年关贸总协定》做出的谅解。其中包括：《关于解释1994年关税与贸易总协定第2条第1款b项的谅解》《关于解释1994年关税与贸易总协定第17条的谅解》《关于1994年关税与贸易总协定国际收支条款的谅解》《关于解释1994年关税与贸易总协定第24条的谅解》《关于1994年关税与贸易总协定豁免义务的谅解》《关于解释1994年关税与贸易总协定第28条的谅解》。

第四，《1994年关贸总协定马拉喀什议定书》。

---

① 其他的货物贸易协议包括：《农业协议》《实施卫生与植物卫生措施协议》《纺织品与服装协议》《技术性贸易壁垒协议》《与贸易有关的投资措施协议》《关于实施1994年关税与贸易总协定第6条的协议》《关于实施1994年关税与贸易总协定第7条的协议》《装运前检验协议》《原产地规则协议》《进口许可程序协议》《补贴与反补贴措施协议》《保障措施协议》。这些协议的法律基础和原则与《1994年关贸总协定》的规定一致。

《1994 年关贸总协定》的结构见表 4-1。

表 4-1 《1994 年关贸总协定》的结构

条款	标题	《建立世界贸易组织协定》中的相关协议和谅解
序言		
第一部分		
第 1 条	General Most-favoured Nation Treatment 普遍最惠国待遇	
第 2 条	Schedules of Concessions 减让表	《关于解释 1994 年关税与贸易总协定第 2 条第 1 款 b 项的谅解》
第二部分		
第 3 条	National Treatment on Internal Taxation and Regulation 国内税与国内规章的国民待遇	
第 4 条	Special Provisions relating to Cinematograph Films 有关电影片的特殊规定	
第 5 条	Freedom of Transit 过境自由	
第 6 条	Anti-dumping and Countervailing Duties 反倾销税和反补贴税	《关于实施 1994 年关税与贸易总协定第 6 条的协议》(《反倾销协议》)、《补贴与反补贴措施协议》
第 7 条	Valuation for Customs Purposes 海关估价	《关于实施 1994 年关税与贸易总协定第 7 条的协议》(《海关估价协议》)
第 8 条	Free and Formalities connected with Importation and Exportation 进出口规费和手续	
第 9 条	Marks of Origin 原产地标记	《原产地规则协议》
第 10 条	Publication and Administration of Trade Regulations 贸易条例的公布与实施	
第 11 条	General Elimination of Quantitative Restrictions 普遍取消数量限制	
第 12 条	Restrictions to Safeguard the Balance of Payments 为保障国际收支而实施的限制	《关于 1994 年关税与贸易总协定国际收支条款的谅解》

续表

<table>
<tr><th>条款</th><th>标题</th><th>《建立世界贸易组织协定》中的相关协议和谅解</th></tr>
<tr><td>第 13 条</td><td>Non-discriminatory Administration of Quantitative Restrictions
数量限制的非歧视管理</td><td></td></tr>
<tr><td>第 14 条</td><td>Exceptions to the Rule of Non-discrimination
非歧视原则的例外</td><td></td></tr>
<tr><td>第 15 条</td><td>Exchange Arrangements
外汇安排</td><td></td></tr>
<tr><td>第 16 条</td><td>Subsidies
补贴</td><td>《补贴与反补贴措施协议》</td></tr>
<tr><td>第 17 条</td><td>State Trading Enterprises
国营贸易企业</td><td>《关于解释 1994 年关税与贸易总协定第 17 条的谅解》</td></tr>
<tr><td>第 18 条</td><td>Governmental Assistance to Economic Development
政府对经济发展的援助</td><td>《关于 1994 年关税与贸易总协定国际收支条款的谅解》</td></tr>
<tr><td>第 19 条</td><td>Emergency Action on Imports of Particular Products
对某些产品进口的紧急措施</td><td>《保障措施协议》</td></tr>
<tr><td>第 20 条</td><td>General Exceptions
一般例外</td><td>《技术性贸易壁垒协议》《实施卫生与植物卫生措施协议》</td></tr>
<tr><td>第 21 条</td><td>Security Exceptions
安全例外</td><td></td></tr>
<tr><td>第 22 条</td><td>Consultation
磋商</td><td rowspan="2">《关于争端解决规则与程序的谅解》</td></tr>
<tr><td>第 23 条</td><td>Nullification or Impairment
利益的丧失或减损</td></tr>
<tr><td colspan="3">第三部分</td></tr>
<tr><td>第 24 条</td><td>Territorial Appllication - Frontier Traffic - Customs Unions and Free-trade Areas
适用的领土范围、边境贸易、关税同盟和自由贸易区</td><td>《关于解释 1994 年关税与贸易总协定第 24 条的谅解》</td></tr>
<tr><td>第 25 条</td><td>Joint Action by Contracting Parties
缔约方的联合行动</td><td>《关于 1994 年关税与贸易总协定豁免义务的谅解》</td></tr>
</table>

续表

条款	标题	《建立世界贸易组织协定》中的相关协议和谅解
第 26 条	Acceptance, Entry into force and Registration 接受、生效和登记	
第 27 条	Withholding or Withdrawal of Concessions 减让的停止或撤销	
第 28 条	Modification of Schedules 减让表的修改	《关于解释 1994 年关税与贸易总协定第 28 条的谅解》
第 28 条之二	Tariff Negotiations 关税谈判	
第 29 条	The Relation of this Agreements to the Havana Charter 本协定与《哈瓦那宪章》的关系	
第 30 条	Amendments 修正	
第 31 条	Withdrawal 退出	
第 32 条	Contracting Parties 缔约方	
第 33 条	Accession 加入	
第 34 条	Annexes 附件	
第 35 条	Non - application of the Agreement between Particular Contracting Parties 本协定在特定缔约方之间的不适用	
第四部分　贸易与发展		
第 36 条	Principle and Objectives 原则与目标	
第 37 条	Commitments 承诺	

续表

条款	标题	《建立世界贸易组织协定》中的相关协议和谅解
第 38 条	Joint Action 联合行动	

二、《1994 年关贸总协定》对《1947 年关贸总协定》的主要修正

《1994 年关贸总协定》继承了《1947 年关贸总协定》的整体,但对《1947 年关贸总协定》的某些细节进行了修正。《1947 年关贸总协定》由 4 个部分 38 个条款组成。《1994 年关贸总协定》改进和加强了以规则为基础的多边国际货物贸易体制,目的在于促进国际贸易平稳和有序地发展,有关修正也是基于上述考虑做出的。在《1994 年关贸总协定》解释性说明中,对有关修正做了说明。

(一)称谓的修正

《1994 年关贸总协定》对《1947 年关贸总协定》的名称及其中的若干概念做了修正。根据解释性说明 a 项的说明,修正内容见表 4-2。

表 4-2　《1994 年关贸总协定》对《1947 年关贸总协定》中名称和概念的修正

1947 年关贸总协定	1994 年关贸总协定
缔约方	成员
欠发达缔约方	发展中国家成员
发达缔约方	发达国家成员
执行秘书	世界贸易组织总干事
缔约方联合行动	世界贸易组织

(二)条款内涵的修正

《1994 年关贸总协定》通过解释的谅解方式对《1947 年关贸总协定》的一些条款内涵做了修正:

1. 对第 2 条(减让表)第 1 款 b 项的补充,核心内容是将该条款中所指的"其他税费"载入减让表,以使其具有稳定性和透明度。

2. 对第 17 条(国营贸易企业)内容的修正,主要加强对国营贸易企业及其活动情况的通报要求。若成员发现他方通报的情况不实,可自己反向通报。对国营贸易企业,1994 年确定的定义为:"被授予包括法定的和宪法规定的权利在内的专营权或特殊的权利或特权的政府和非政府企业,其中包括销售局。这些

企业行使这些权利时通过其购买或销售影响进出口的水平或流向。”

3. 对有关国际收支条款的谅解。谅解所指的国际收支条款系指第 12 条(为保障国际收支而实施的限制),第 18 条(政府对经济发展的援助)第 2 款和 1979 年关于国际收支的宣言。总的精神是严格使用国际收支条款的纪律和要求。它要求实施国际收支限制要尽快公布取消限制的时间表;实施国际收支限制要采取价格措施(如进口附加费和进口押金等),而不要采取新的数量限制措施;实施国际收支限制要负举证责任和说明理由,并明确进行限制的产品及这种限制的标准;对国际收支委员会主持的国际收支限制、磋商、谅解也规定了一系列严格的要求。

4. 对第 24 条(适用的领土范围、边境贸易、关税同盟和自由贸易区)的修正。谅解的主要内容是加强建立关税同盟的纪律性,包括重申第 24 条关于建立关税同盟引起约束关税变动,须履行第 28 条的谈判程序,以及建立关税同盟要有透明度。成立工作组对关税同盟和自由贸易区进行审议,关税同盟和自由贸易区组成成员应定期向世界贸易组织货物贸易理事会报告有关协议的执行情况。

5. 关于第 28 条(减让表的修改)的谅解。谅解的主要内容是:在修改或撤销关税减让时,若出口方那些占第一位的出口产品受到影响,则该出口方被视同有与主要供应者一样的关税谈判权。谈判新产品的关税或撤销时,对新产品前身所在的税目享有初谈权的成员仍被视为有初谈权。

第二节 《1994 年关贸总协定》的基本原则

《1947 年关贸总协定》和《1994 年关贸总协定》的一些核心原则已经被世界贸易组织所继承,这一点前文已经进行了阐述。但是,因为这些原则非常重要,所以这里还需要再进一步论述。这些原则包括最惠国待遇原则、国别关税减让与约束原则、国民待遇原则、禁止使用除关税外的保护措施原则(对这种禁止还规定了例外)以及透明度原则。《1994 年关贸总协定》还继承了这些原则的两项主要例外:一项是区域贸易安排,另一项是为国际收支目的而采取的限制措施,这两项例外将与乌拉圭回合中达成的有关谅解一起介绍,这些谅解对这两项例外进行了修改。

一、最惠国待遇原则

最惠国待遇原则(Most-favored-nation Treatment)是整个关贸总协定的基

础。这一原则包含在关贸总协定第 1 条中①，它是这样规定的：如果关贸总协定一缔约方（现在是 WTO 成员）给予另一方“更优惠的待遇（More-favorable-treatment）”，比如削减某一具体产品的进口关税，那么这个国家就应该立即无条件地给予所有缔约方相同的待遇。换言之，所有 WTO 成员都有权接受任何成员给予的最优惠待遇，反过来说就是它们有权不受到歧视。这种最惠国或称非歧视义务，适用于与进出口有关的海关关税和任何税费以及国内税费，也同样适用于征收这些关税和税费的法规。有关最惠国待遇的最重要的例外现在仍然有效，即《1994 年关贸总协定》第 24 条，该条款允许关税同盟和自由贸易区的成员对进口产品相互给予更优惠的待遇，还有 1979 年达成的一项谅解②，允许给予发展中国家以优惠待遇和允许发展中国家相互给予优惠待遇。

（一）《1994 年关贸总协定》有关最惠国待遇若干原则的理解与运用

《1994 年关贸总协定》承袭《1947 年关贸总协定》的规定，规定了成员之间应相互给予最惠国待遇。《1994 年关贸总协定》第一部分第 1 条第 1 款规定：最惠国待遇是指一成员对于原产于或运往其他成员的产品所给予的利益、优惠、特权或豁免，都应当立即无条件地给予原产于或运往所有任一成员的相同产品。换言之，一国（或地区）根据条约给予另一国（或地区）的利益、优惠、特权或豁免，无论在现在或将来，都不应低于其给予任何其他第三国（或地区）的各种优惠待遇。

运用最惠国待遇条款，还必须正确理解最惠国待遇条款中有关具体原则的确切含义。

1. “原产于”。关贸总协定最惠国待遇是直接给予原产于（Originating in）各成员的产品，其目的是使各种优惠待遇只给予成员生产或加工的产品，而不涉及非成员的产品。这就是说，凡属原产于成员境内生产或加工（这里的加工必须达到一定标准）的产品，即使转经非成员关境进入另一成员境内，仍然享受关贸总协定规定的最惠国待遇；反之，若是非成员境内生产或加工的产品，即使通过另一成员进入进口成员境内，还是享受不到最惠国待遇。所以，最惠国待遇与原产地规则密切相关，确定进口产品原产地成为是否适用关贸总协定最惠国待遇原则的重要前提条件。

应当指出的是，《1994 年关贸总协定》的最惠国待遇只适用于原产于成员之间生产或加工的产品，这一原则区别于关贸总协定任一缔约方通过双边条约

① 本书以下内容讨论的条款是《1994 年关贸总协定》直接从《1947 年关贸总协定》继承而来的，在文字上没有任何改变。因此，除非必要，在本节正文和脚注中不再区分《1994 年关贸总协定》和《1947 年关贸总协定》。

② 《关于发展中国家差别和更优惠待遇、互惠和更充分参与的决定》，缔约方全体于 1979 年 11 月 28 日通过，GATT 文件 L/4903，BLSD26 册，第 203~205 页。

提供给任何非关贸总协定缔约方的最惠国待遇。非关贸总协定缔约方通过双边贸易协议享受到的最惠国待遇是有限的。非关贸总协定缔约方生产或加工的产品只能享受到与其签订含有最惠国待遇条款的双边协议的关贸总协定的缔约方已经给予或即将给予关贸总协定其他缔约方的各种优惠待遇，但享受不到关贸总协定其他缔约方已经给予或即将给予的各种优惠待遇。如果非关贸总协定缔约方想要获得这些优惠待遇，就必须分别与其他关贸总协定缔约方签订含有最惠国待遇条款的双边贸易协议。

2.“任何其他国家”。《1994 年关贸总协定》第 1 条第 1 款使用了“任何其他国家”（Any Other Country）一词，这里的“任何其他国家”不仅指世界贸易组织的任何成员之间相互给予的各种优惠待遇应立即地、无条件地给予其他成员，而且也包括世界贸易组织任一成员已经或将要给予非成员的各种优惠待遇应立即地、无条件地给予世界贸易组织的其他成员。“任何其他国家”这一规定使世界贸易组织成员享受的最惠国待遇可以因一部分成员通过双边贸易协议向非成员提供最惠国待遇而呈现扩大的趋势。因此，最惠国待遇制度所带来的影响实际上超出了调整其成员之间贸易关系的范畴，使得在优惠的基础上发展国际贸易成为世界性的原则和方向，最惠国待遇原则也因此成为世界贸易自由化的基础和原则。

3.“相同产品”。《1994 年关贸总协定》第 1 条第 1 款中的“相同产品”（Like Products）与其他条款中类似的表述如“相同商品”（Like Commodity）、“相同或竞争产品”（Like or Competitive Products）等，这些表面看起来意思相近的词，其实在不同的条款具有不同的含义，在理解时应根据其具体的条款中所表达的目的与宗旨来取意。《1994 年关贸总协定》第 1 条第 1 款中的“相同产品”的含义是根据有关成员的海关关税税则及商品分类目录或有关成员之间的双边或多边关税减让表以及有关的商品分类目录的条约等作为确定的依据。

（二）《1994 年关贸总协定》最惠国待遇原则的特点

普遍性、互惠性、优惠性和无条件性是《1994 年关贸总协定》最惠国待遇的显著特点。

1. 普遍性。所谓普遍性，是指最惠国待遇适用于一切符合规定的产品的贸易，适用于所有根据关贸总协定成为贸易伙伴的成员间的相同产品的贸易。它主要体现在下述几个方面：

（1）任何成员给予另一成员或与另一成员有确切关系的贸易商或贸易货物的各种优惠待遇，都应立即地、无条件地给予所有其他成员或与其他成员有确切关系的贸易商或贸易货物同等的优惠待遇。

（2）任何成员给予任何非成员或与该非贸易条约成员有确切关系的贸易商或贸易货物的各种优惠待遇，也应立即地、无条件地给予所有其他成员或与其他成员有确切关系的贸易商或贸易货物同等的优惠待遇。

(3)非成员可以通过与任何一成员签订含有双边最惠国待遇条款的贸易协定,要求对方将给予多边的贸易条约成员或与这些成员有确切关系的贸易商或贸易货物的各种优惠待遇,也提供给该多边贸易条约非成员或与该非成员有确切关系的贸易商或贸易货物。当然,如在条约中另有特别规定的除外。

2. 互惠性。互惠性是指最惠国待遇是贸易条约成员之间相互给予的,不是单方面提供或享受的。最惠国待遇通常是通过双边或多边国际条约相互给予彼此在一定范围内(如贸易、投资、航海、服务等领域)的利益、优惠、特权或豁免,不是单方面只承担义务(只为对方提供各种优惠)而不享受相应的权利。

3. 优惠性。优惠性是指这种待遇的性质是以提供利益、优惠、特权或豁免为内容,得到最惠国待遇的国家或进出口产品可以为有关国家或企业带来利益。

4. 无条件性。无条件性是指最惠国待遇的提供应当不附加任何条件。这里的无条件的最惠国待遇是与有条件的最惠国待遇相对应的。这里的"条件"是指"相应的补偿",换言之,受惠国若想要享受给惠国现在或将来给予任一第三国的各种优惠或特权,受惠国必须提供"相应的补偿"回报给惠国,否则就享受不到各种优惠和特权。世界贸易组织的最惠国待遇原则强调无条件的最惠国待遇,即受惠国在享受各种优惠或特权时不需要提供"相应的补偿",只要符合最惠国待遇原则的规定,就可以自动地得到有关优惠或特权。

(三)最惠国待遇原则的适用范围

根据《1994 年关贸总协定》的规定,货物贸易最惠国待遇原则主要适用于下列范围:

1. 关税和有关费用。根据《1994 年关贸总协定》第 1 条第 2 款的规定,一切与进出口商品有关的关税和费用,适用最惠国待遇原则。除关税外,这些费用包括:①对进出口本身征收的任何形式的费用,如进口附加费、变动关税或出口税等;②与进出口相关的任何形式的费用,如海关手续费、领事发票税、质量检验费等。

2. 与进出口有关的国际支付转账所征收的关税和费用。例如,由政府对进出口国际支付征收的一些税金或费用。

3. 征收上述税、费的方法。例如,征收关税时需要对进口商品的价值进行评估,所使用的评估标准、程序和方法均应以相同的待遇标准在所有成员间平等地实施。

4. 与进出口相关的所有规章与手续方法。例如,对进出口在一定时间内规定特定的信息披露要求或说明,一旦规定这种要求,就必须是对所有成员的平等的要求。

5. 与进出口商品有关的国内税或其他国内费用的征收,如销售税、由当地政府征收的有关费用等。

6. 任何影响进口商品在进口国国内销售、购买、提供、运输、分销等方面的法律、规章及要求等。例如,对进口产品的品质证书的要求、对进口产品移动或运输或储藏或零售渠道的要求、对产品的特殊包装及使用的限制等。

总之,《1994年关贸总协定》货物贸易最惠国待遇原则意味着各成员同意提供最惠国待遇,在成员间开展贸易、加强经济往来和合作中秉承非歧视的原则,并且在涉及货物贸易的所有问题上也不给予一个成员较另一个成员更优惠的待遇。

(四)最惠国待遇的例外

《1994年关贸总协定》以货物贸易协定的形式规定一成员必须主动给予关贸总协定其他成员无条件的、永久的、普遍的、多边的最惠国待遇。但是,随着世界经济集团化、全球化和一体化的发展,各国经济的相互依存达到前所未有的水平,发达国家和发展中国家经济不平衡发展状况加剧。为了适应经济全球化形势下的新特点,减轻各国经济发展不平衡带来的问题,各成员认识到:在特定情况下,尤其是发展中国家成员和少数成员为了特殊利益的需要,可以对最惠国待遇提出例外请求,经世界贸易组织许可后,暂时背离最惠国待遇原则。这就形成了最惠国待遇的例外。

1. 历史性安排。历史性安排主要体现在《1994年关贸总协定》第1条第2、3、4款之中,即《1994年关贸总协定》附件1至附件6所列国家和关税领土之间实施的优惠待遇,具体指:①英联邦内的特惠安排;②法兰西联邦内的特惠安排;③美国与其海外领土之间的特惠安排;④比、荷、卢关税同盟及其联系国之间的特惠安排;⑤智利与阿根廷、玻利维亚和秘鲁之间的优惠安排;⑥黎巴嫩、叙利亚与巴勒斯坦和外约旦之间的优惠安排。

这些安排属于从《1947年关贸总协定》继承下来的既有规定,现大部分已失去意义或改变了原来的性质。

2. 发达国家成员对发展中国家成员提供的单方面优惠,主要有以下几个方面:

(1)普惠制。根据1979年11月28日关贸总协定缔约方全体大会《关于差别和更优惠的待遇、互惠及发展中国家的进一步参与》的决定,发达国家向发展中国家提供普惠制下的优惠安排有了相对长期稳定的法律依据。发达国家根据普惠制实行单方面的自由贸易安排,对于原产于发展中国家和地区的工业制成品和半成品给予普遍非歧视性的、非互惠的优惠关税待遇。允许来自发展中国家的所有工业品和部分农产品适用更优惠的税率和免税待遇安排。

(2)《洛美协定》。欧盟成员国允许一些来自非洲和加勒比海地区及太平洋地区的最不发达国家的进口货物免税进入欧盟市场。

(3)加勒比海盆地安排。美国允许免税进口来自加勒比海地区国家的货物。

此外,发达国家还在非关税措施方面给予发展中国家更为优惠的差别待遇,并允许发展中国家之间实行优惠关税而不给予发达国家。

3. 区域安排。《1994 年关贸总协定》第 24 条主要规定各种区域安排。关贸总协定认识到,区域贸易协定下成员可以在优惠的基础上削减关税和其他贸易壁垒。区域安排使得成员间贸易所适用的更低或免税的税率并不需要扩展至关贸总协定的其他成员。因此,区域优惠安排就构成了对最惠国待遇规则的一项重要例外。为了保护非区域安排成员的贸易利益,关贸总协定对建立区域优惠安排限定了严格的条件,这些条件规定如下:

(1)区域安排的成员必须消除影响它们之间几乎所有贸易的关税和其他壁垒。

(2)这种区域优惠安排不应导致对其他成员实施新的贸易壁垒。

上述安排可采取关税同盟或自由贸易区的形式。在这两种形式下,区域安排成员间的贸易是免税的,与区域外的关贸总协定成员间的贸易则继续适用最惠国待遇税率,如欧盟内部成员零关税待遇可不给予美国、加拿大等国家。在关税同盟国家与区外成员的贸易中,对从区外进口的货物采取统一的税率。在自由贸易区内,成员继续使用各自国别减让表中所载明的未经协调的关税税率。

此外,关贸总协定区域优惠安排还允许边境贸易优惠安排,即在指定的边境区域一定范围内,相邻国家之间相互给予的各种优惠待遇,可以不对关贸总协定其他成员提供。

4. 一般例外。《1994 年关贸总协定》规定一成员为保障动植物及人民的生命、健康、安全或一些特定目的对进出口采取的所有措施可以享受例外。根据《1994 年关贸总协定》第 20 条的规定,为维护公共道德所必需的措施,为保护专利权、商标及版权,以及防止欺诈行为等可以采取必要的措施均在其列。另外,《实施卫生与植物卫生措施协议》也规定,出口成员客观地向进口成员表明其所采取的动植物卫生检疫措施达到了进口成员适当的动植物卫生检疫保护水平,即使这些措施不同于进口成员自己的措施,或不同于从事同一产品贸易的其他成员所采取的措施,各成员也应平等地接受其他成员的动植物卫生检疫措施。该协议第 10 条规定,根据发展中国家成员的要求,并视其财政贸易和发展的需要,允许这些国家对于有关义务的全部或部分享有具体和有时限的例外。

5. 国家安全例外。《1994 年关贸总协定》第 21 条是安全例外条款,根据安全例外条款,当一国的国家安全受到威胁时,可不履行世界贸易组织最惠国待遇的义务。例如,美国对南斯拉夫联盟的经济制裁,使其不能享受美国给予的最惠国待遇。

6. 世界贸易组织允许采取的其他措施。其他措施主要包括反补贴、反倾销及在争端解决机制授权下采取的报复措施。有关措施的实施可以使有关国家在一定情况下背离《1994 年关贸总协定》第 1 条最惠国待遇的原则规定。例如，1999 年 4 月下旬，世界贸易组织授权美国可以对欧盟的少数产品中止给予最惠国待遇关税。

7. 不属世界贸易组织管辖范围的诸边贸易协议中的义务，主要指在政府采购、民用航空器贸易等方面，世界贸易组织成员间彼此可不给予最惠国待遇。

需要指出的是，在《建立世界贸易组织协定》中，规定对于最惠国待遇原则的修改必须经由所有世界贸易组织成员批准。

二、约束关税水平

《1994 年关贸总协定》的第二个基本原则是，各成员需要承诺具体进口产品的进口关税、其他税费或最高限制水平。这些承诺或称“约束”(Binding)，是最初双边谈判的结果，在谈判中有关国家政府接受另一国政府的要价(Request)，同意削减某些产品的进口关税。这些承诺随后记录在各国的减让表(Schedules of Concessions)中，根据关贸总协定第 2 条的规定，这些减让表成为各国在关贸总协定中承担的义务，又根据最惠国待遇原则，这些义务适用于来自任何国家的进口产品。第 2 条和第 28 条的技术性规则形成了关税谈判的基础。在此基础上，大多数发达国家参加了关贸总协定一轮接一轮的谈判，削减关税，并将谈判结果约束在减让表中，减让表的约束力因而随之不断增大。发展中国家在很大程度上没有参加这一过程，许多国家甚至根本就没有约束关税的减让表。前面已经提到，在世界贸易组织中，所有成员都要有减让表，而且受制于约束关税的产品比例一般来讲比以前提高许多，第 2 条和第 28 条的规则仍将继续指导世界贸易组织有关削减货物贸易壁垒的谈判。

《1994 年关贸总协定》的第 2 条主要是各国的关税减让表。我们这里着重介绍第 28 条，一旦一成员承诺约束某产品的关税，在准备将关税水平提高至约束水平以上时，必须经过规定的程序，并同意对其他一些产品进行关税减让。为此，它(申请国)须经过下面几个步骤：

第一，通知世界贸易组织货物贸易理事会(Council Trade in Goods)，建议修改或收回某项减让，理事会授权该成员就此进行谈判。

第二，与下列成员进行谈判：

(1)最初参与该减让谈判的成员。这些成员被认定具有最初谈判权(Initial Negotiating Right，INR)。

(2)理事会认定的有主要供应利益的成员。只有在关于修改减让的谈判开始前的一段合理时期内,该成员在申请国市场所占份额比某个最初参与减让谈判的成员所占的份额更大,理事会才会认定该成员有此种利益。一般来说,最多只有一个成员会被确认为有主要供应利益。只有在一些例外情况下,当几个成员所占份额相差不多时,才可以最多再增加一个成员为主要供应利益成员。

(3)若某成员的相关出口产品在该成员的总出口中占有最大的份额,这个成员将被认定有主要供应利益,并因此自动享有谈判权。

此外,若全体成员认定某成员有重大利益,那么,申请国也需要与该成员进行磋商。对这种说法没有明确的定义,但按照规定,它只包括那些在申请国市场上占有重要份额的成员。

第三,与上述国家谈判,决定将进行降税的产品以及降税的幅度,它所提供的(补偿性)减让应与它拟撤销或修改的减让大致相等。

第四,谈判和磋商最终达成了协议,那么将对产品实施修改后的关税水平。虽然谈判和磋商是在有限范围的成员之间进行的,根据最惠国待遇原则,就具体产品所达成的关税水平将适用于所有成员。

第五,若未能达成协议,申请国可以按自己所提建议采取行动,而有最初谈判权或者被认定为有主要供应利益或重大利益的成员将可以自由地撤销大致相等的减让。

三、国民待遇原则

国民待遇原则(National Treatment)包含在《1994年关贸总协定》第3条中,它对最惠国待遇原则起着补充作用。《1994年关贸总协定》第1条要求实施的最惠国待遇原则,使所有贸易伙伴的产品处在相同的条件下,而国民待遇原则要求将这些进口产品与进口国的国内产品处在相同的条件下。国民待遇原则规定:一旦进口产品跨过国境,并已经支付进口关税,那么它们受到的待遇就不能低于国内产品。对进口产品征收的国内税和其他费用不得高于国内产品,在影响进口产品销售、运输、分销或使用的法规方面所享受的待遇也不得低于国内产品。国民待遇原则的含义是,保护国内某一产品的供应商只能通过在边境采取的措施。

(一)《1994年关贸总协定》国民待遇原则的基本内容

《1994年关贸总协定》国民待遇原则集中体现在协定第3条的规定中,又称国内税与国内规章的国民待遇。根据该协定第3条第1款的规定,世界贸易组织各成员承诺:国内税和其他国内费用,影响产品的国内销售、推销、购买、运输、分配或使用的法令、条例和规定,以及对产品的混合、加工或使用须符合特定数量或比例要求的国内数量限制条例,在对进口产品或国内产品实施时,不应用来对国内生产提供保护。国民待遇原则要求成员平等地对待进口产品和本国生产的类似产品,因此,当进口产品在一个成员的边境支付了关税、国内税(如销售税)以后,该成员就不能再随意对它征收高于对类似国内产品征收的税额。同样的,在国内市场销售和购买产品时,也不能对进口产品适用更为严格的规定。

《1994年关贸总协定》国民待遇原则的主要规定有如下内容:

1. 根据该协定第3条第2款的规定,一成员领土的产品输入到另一成员领土时,不能以任何直接或间接的方式对进口产品征收高于本国相同产品所征收的国内税或其他费用。并且,不能违背各成员对进口产品实施国民待遇达成的承诺、采用与按照国民待遇原则有抵触的办法来实施国内税或其他国内费用。例如,世界贸易组织成员对本国产品和进口产品均可以征收消费税,但是,进口成员不能对进口产品征收高于本国产品的消费税。

2. 根据该协定第3条第4款的规定,各成员给予进口产品的有关国内销售、分销、购买、运输、分配或使用的全部法令、规章和条例等待遇,不能低于给予国内相同产品的待遇。据此,如果没有对国内产品在上述方面做出任何规定,则不能规定进口产品必须满足某些方面的要求。例如,如果没有规定国内产品必须储藏于某一特定仓库,或由某种特定的交通工具运输,则不能对进口产品做出此类规定,否则视为违背国民待遇原则。协议还在该条款规定,允许各成员在国内实施差别运输费用,但是这种差别运输费用应纯属于运输工具的经济使用而与进口产品的国别无关。

3. 根据该协定第3条第5款的规定,任何成员不能以直接或间接方法对产品的混合、加工或使用有特殊数量或比例的国内数量限制的规定,也不能直接或间接地强制规定要求优先使用国内来源供应满足特定数量或比例要求的混合或加工产品。例如,在某种化学药品的生产中,不能规定某种成分必须使用一定比例的国内原材料或国内成分。国产化要求、进口替代要求均被视为直接或间接地对国外产品构成歧视,是违背国民待遇原则的规定。

4. 根据该协定第3条第7款的规定,对产品的混合、加工或使用须符合特定数量或比例要求的国内数量限制条款,在实施时不能把这种数量或比例在不同的国外供应来源之间进行分配,而应当遵守最惠国待遇原则。

5. 根据该协定第3条第1款的规定,任何成员不能用国内税、其他国内费用或定量规定等方式,从某种意义上对国内工业提供保护。这意味着,即使对进口产品和相同的国内产品适用同样的税收或费用,但对两者的征收方法不同,也可能构成对国内生产的保护。类似数量限制规定也不能以为国内生产提供保护的方式加以运用。

6. 根据该协定第3条第9款的规定,各成员所规定的国内物价最高限额的管理办法,即使符合本条的其他规定,在实施时,也应考虑出口成员的利益,以求在最大可能限度内,避免对其产品造成损害。

(二)与执行国民待遇原则有关的若干规则

要正确掌握国民待遇原则的主要精神,就必须正确理解协议条款中有关概念和规则的确切含义。同时,在长期的国际贸易实践中,国民待遇原则的实施逐渐形成了一些基本原则。

1. 原产地规则。国民待遇原则仅适用于原产于多边协议成员境内的产品,因此,原产于非成员境内的产品,即使是经某一成员加工或改装但没有达到原产地规则要求的产品,仍属于非成员的产品,不能享受国民待遇。相反,原产于某一成员境内的产品,即使通过非成员进入另一成员关境内(通过转口贸易进口的原产于成员的进口产品),也应当享受国民待遇。

2. 产品。这里的产品应做广义解释,国民待遇不仅适用于"相同产品",也适用于"直接竞争产品或替代产品"。这是因为在国际贸易实践中,不仅相同的产品之间产生竞争,相类似的产品之间也产生竞争。如果不将国民待遇原则适用于直接竞争产品或替代产品,那么进口成员就有可能对进口产品的直接竞争产品或替代产品采取歧视措施,而给国内产品提供各种优惠,从而造成不公平竞争,最终有利于国内产品。

3. 国内税。世界各国都对流通领域的产品征收国内税。然而,究竟何为"国内税"?由于各国税收制度中的税收机构、税项划分等不尽相同,因此,对国内税下一个定义是非常困难的。1947 年在日内瓦筹备起草会议上,有关缔约方代表曾试图给国内税下一个定义,即国内税是指除海关征收的关税以外的税款。这一定义立即遭到来自法国代表的反驳,因为在法国,营业税和奢侈品税是由其海关负责征收的。同时,1948 年哈瓦那会议报告中指出,虽然进口国法律规定某税目为国内税,但该国并没有给予这种税以国内税相同的地位,则可能是关税。可见,对国内税的定义,不仅仅要看到表面现象,而且要看这种税收的实在内容。总之,对一项税收是否为国内税,不能机械地以成员征税机构的名称和性质为标准,也不能完全以成员法律的有关规定为唯一依据,而应根据实际情况来确定。但有一点是肯定的,即关税仅适用于进口产品,换言之,国内税不仅适用于国内产品,也适用于进口产品。因此,《1994 年关贸总协定》第 3 条中的国内税定义为:成员有关机构代表其国家,为实现国家一定的职能,凭借国家政治权力,按照法定标准,对所有产品强制性无偿征收的税款。

4. 国内规章。由于国民待遇要求任一成员在本国市场上对来自其他任何一个成员的进口产品,从其入境到被最终消费的整个过程所给予的一切优惠都不得低于本国生产的同类产品,而国内优惠往往是通过法律、法规措施等规定的,因此,若对进口产品在海关、推销、销售、运输、购买、分配、使用、国内税收以及对进口产品混合、加工等环节,以法律、法规、措施等形式给予低于本国同类产品所享受的待遇,其实质是阻碍进口和保护国内生产的歧视性做法,除非这些做法符合关贸总协定的例外规定,否则应被列入禁止之列。所以,这里的国内规章也应当做广义解释。

5. 关税约束。国民待遇不表示某一产品是否受到关税约束的事实。任一成员不能以某种产品不受关税约束为由对其征收更高的国内税。换言之,不能以某种进口产品获得了优惠关税待遇或免税待遇为理由拒绝对其实施国民待遇。

6. 当某种产品在国内不同地区享有不同待遇时,其中最优惠的待遇应给予进口相同产品。

(三)货物贸易国民待遇的例外

《1994 年关贸总协定》在规定国民待遇原则的适用范围时,也对不适用国民待遇原则的情况做了例外规定。国民待遇例外规定主要集中在《1994 年关贸总协定》第 20 条"一般例外"、第 21 条"安全例外"和第 3 条"国内税与国内规章的国民待遇"中的例外。

1. 政府采购的例外。《1994 年关贸总协定》第 3 条第 8 款 a 项规定,国民待遇原则不适用于有关政府采购的管理法令、条例或规定,但此处的"政府采购"指的是政府日常费用的商品采购,而不是为了商业性的再出售,也不能用于商业性再出售商品的生产。

2. 祖父条款的例外。美国国内法有关保护已获得的既得权利的立法内容,使之不受其后立法影响的法律规定,称为"祖父条款"或"祖父权利"。关贸总协定为使更多的国家参加该协定,也借鉴了"祖父条款",并作为其他一些条款执行的前提。"祖父条款"的基本含义是,各成员在申请加入关贸总协定时,其议定书指定之日期现有正式立法并具有措辞或明文表达的普遍强制性的法律、法规若与关贸总协定的规定相冲突,前者优先适用。

《1994 年关贸总协定》第 3 条第 3 款、第 6 款均为"祖父条款"。这两个条款的主要内容依照"祖父条款"的有关精神,分别规定了:在一定时间前已经实行的国内税如果与关贸总协定国民待遇原则有抵触,可以推迟实施国民待遇条款(第 3 款);或在某些特定日期前已经实施的国内数量限制条例,如果与国民待遇原则相违背,不应采取损害进口货物利益的办法加以修改,而应当把它们当做关税来进行谈判后取得一致意见再实行国民待遇原则(第 6 款)。不过,在乌拉圭回合中,各成员已经采取一揽子方式接受了乌拉圭回合通过的协议,这表明,这些协议一旦生效后,就在各成员中具有宪法性正式法律效力。这也意味着,当各成员国内法的规定与世界贸易组织协议规定发生冲突时,世界贸易组织协议优先适用,所以,《1994 年关贸总协定》第 3 条第 3 款和第 6 款实际已失去其法律效用。

3. 差别运费的例外。《1994 年关贸总协定》第 3 条第 4 款规定了国民待遇原则不妨碍各成员实施差别运费,但是差别运费的使用必须纯属基于运输工具的经济使用而与所运输的产品的国别无关。

4. 特殊补贴的例外。根据《1994 年关贸总协定》第 3 条第 8 款 b 项的规定,国民待遇义务并不禁止单独支付给国内生产者的补贴,包括从按照国民待遇原则的规定征收国内税费所得收入中以及通过政府购买国内产品的办法,为国内生产者提供补贴。这种补贴不是对国内生产的产品进行直接销售或生产补贴,而是对生产者给予补贴,补贴的目的往往是让生产者改善环境,消除自然环境污染,鼓励生产者向特定地区或产业投资,属于间接性补贴,因而不能视为违背了关贸总协定中的国民待遇原则。

5. 电影片的例外。《1994 年关贸总协定》第 3 条第 8 款规定,如果成员建立或维持有关电影片的国内数量限制条例,并且这种数量限制符合《1994 年关贸总协定》第 4 条内容的要求,国民待遇原则不禁止这种数量限制。

基于电影片作为商业产品的特殊性,关贸总协定允许各成员对其他成员的电影片实施国内数量限制,免除其国民待遇义务。根据《1994 年关贸总协定》第 4 条的规定,各成员对进口电影片实施数量限制,应当采取符合以下要求的放映限额办法:①放映限额可以规定,在一定时期(通常为 1 年)国产电影片的商业性放映时间在所有电影片放映时间内的一定最低比例,放映限额以每年或其相当时间内每一电影院的放映时间作为计算基础。②确立了国产影片的放映限额后(放映时间比例的最低限额),其他的放映时间不能依照影片的不同来源进行分配。③任一成员应对来自其他任一成员的影片保留一定最低比例的放映时间。④放映限额的限制、放宽或取消,须经过谈判确定而且要遵守最惠国待遇的规定。

四、禁止除关税外的保护措施原则

《1994 年关贸总协定》的其他条款有一个共同的目标,就是要将边境保护尽可能限制在进口关税这一唯一手段上。根据第 11 条的规定,普遍禁止对进口产品和出口产品实行数量限制,虽然该条款和其他条款[例如《1994 年关贸总协定》第 11 条第 2 款 a 项(为防止或减轻严重短缺而采取的出口限制措施)、第 12 条和第 18 条 B 节(为保护国际收支而采取的限制)、第 18 条 C 节(幼稚产业的发展)、第 19 条(保障措施)、第 20 条(保护健康和安全)、第 21 条(国家安全)、第 11 条第 2 款 c 项(在国内生产受到同等比例的限制时,限制农产品进口)]中有一些规定允许对这一总体原则实行例外。其中的两项例外是国际收支限制措施和保障措施,均受到了乌拉圭回合的影响。但是,乌拉圭回合保留了将进口关税作为唯一贸易限制手段的目标。

（一）《1994年关贸总协定》对禁止数量限制的规定

《1994年关贸总协定》中与数量限制有关的条款为第11条、第12条、第13条、第14条、第15条、第18条和第19条，其中第11条和第13条是核心条款。

1. 一般禁止数量限制。《1994年关贸总协定》第11条第1款规定，任何成员除征收关税或其他税费外，不得设立或维持配额、进口许可证或其他措施以限制或禁止其他成员领土的产品的输入，或者禁止或限制向其他成员领土输出或销售出口产品。关贸总协定禁止数量限制原则因此又可称为一般禁止数量限制原则。

2. 非歧视性地使用数量限制。在关贸总协定一般禁止数量限制原则基础上，对于按照关贸总协定的规定，确需实行数量限制的，各成员在实施有关行政管理措施时，也必须遵循非歧视性原则。《1994年关贸总协定》第13条第1款规定：除非对所有第三国的相同产品的输入或相同产品向所有第三国的输出予以禁止或限制以外，任何成员不得限制或禁止另一成员领土产品的输入，也不得禁止或限制产品向另一成员领土输出。

3. 实施数量限制必须遵循关贸总协定的规定和要求。在根据关贸总协定的例外规定，对来自其他成员的进口产品实施数量限制时，必须遵循关贸总协定的具体实施规定，主要包括下述几个方面：①在可能时，各成员应固定其准许进口的配额（无论是否在供应国成员之间分配），并应按本条款的有关规定对外公告其数额（《1994年关贸总协定》第13条第2款a项）。②如不能采用配额办法，可采用无配额的进口许可证方式或进口凭证方式（《1994年关贸总协定》第13条第2款b项）。③如果配额是在各成员之间进行分配，实施限制的成员应就配额分配方案与有关利益各方达成协议。如果不能采取这种办法，在考虑了可能已经影响或正在影响有关产品的贸易特殊因素的情况下，有关成员应根据前一有代表性的时期供应产品的成员在扩大这种产品进口总量或进口总值中所占的比例，将配额分配给与供应该产品有利害关系的供应成员。此外，除这一份额应在配额所定的限制内进口以外，有关成员不得设立任何条件或手续来阻碍任何其他成员充分利用其从这一总额或总值中所分得的份额（《1994年关贸总协定》第13条第2款d项）。④除了按该条款有关规定分配配额外，各成员不得只规定从某一特定国家或来源输入有关产品须用进口许可证或进口凭证（《1994年关贸总协定》第13条第2款c项）。

（二）《1994年关贸总协定》对禁止数量限制的例外规定

禁止数量限制条款考虑国际贸易的一些特殊情况和要求，以该条款不适用于某些情况的形式规定了禁止数量限制的例外。这些例外规定集中在第11条第2款。此外，第12条规定了为保障一国国际收支和发展中国家的某些特别需要可以在一定情况下实施数量限制。

1. 三种一般例外。根据《1994 年关贸总协定》第 11 条第 2 款的规定,在下述情况下,各成员可以不适用禁止数量限制条款的规定:

(1)为防止或缓和输出成员的粮食或其他必需品的严重缺乏而临时实施的禁止出口或限制出口。

(2)出于下述目的对任何形式的农渔产品有必要实施的进口限制:①限制相同的本国产品允许生产或销售的数量,或者,如果相同的本国产品产量不大,限制能够直接代替进口产品的本国产品的允许生产或销售数量的政府措施。②通过采取免费或低于现行市场价格的办法,将剩余产品供国内某些阶层消费以消除相同的本国产品的暂时过剩,或者,在相同的本国产品的产量不大的情况下,能够消除直接代替进口产品的本国产品的暂时过剩的政府措施。③限制生产全部或主要地直接依赖于进口原料而生产的动物产品的数量的政府措施,如果本国生产的那种原料的数量可以忽略不计。

(3)为实施国际贸易商品分类、分级和销售的标准及条例而必须实施的禁止进出口或限制进出口。这里的"商品"为天然形态的农、林、渔、矿产品,或者习惯上在国际贸易中要经过加工才能销售的上述产品。各国(或地区)为了便于对进出口贸易进行管理,通常都对商品进行分类、分级,若进出口商品不符合要求,应该被禁止或限制。

2. 为保障国际收支而实施的限制。《1994 年关贸总协定》第 12 条规定,虽然有本协定第 11 条的规定,但是,任何成员为了维持其对外金融地位和平衡国际收支,可以限制商品准许进口的数量或价值,但须遵守下述的规定,即一成员建立、维持或加强的进口限制,不得超过:

(1)为了预防货币储备严重下降的迫切威胁或制止货币储备严重下降所必须的程度。

(2)对货币储备很低的成员,为了使储备合理增长所必须的程度。

该条款还规定,在以上两种情况下,对可能正在影响这一成员储备或其对储备需要的任何特殊因素,包括在能够得到特别国外信贷或其他资源的情况下,安排适当使用这种信贷或资源的需要,都应加以适当考虑。

为了不让各成员滥用该条款,该条第 2 款还规定,成员在其国际收支已经改善时,应该逐步放宽限制,若已无必要建立或维持限制,应立即取消限制。

在实施限制过程中,成员还要承担相应的义务:①对任何其他成员的贸易或经济利益,避免造成不必要的损害;②实施的限制不应无理地阻碍任何完全禁止其输入即会损害正常贸易渠道的那种最低贸易数量的输入;③实施的限制不阻碍商业货样的输入或阻碍专利权、商标、版权或类似程序的遵守。

3. 发展中国家成员为保障国际收支平衡和建立特定产业可实施数量限制。通常,在国际贸易实践中,因保障国际收支平衡而实施数量限制时,发达国家成员引用《1994年关贸总协定》第12条作为依据，发展中国家成员则引用《1994年关贸总协定》第18条作为依据。《1994年关贸总协定》第18条第2款规定，为了实施目的在于提高人民一般生活水平的经济发展计划和政策，发展中国家成员可能有必要采取影响进口的保护措施或其他措施。而且，只要这些措施有助于实现本协议的宗旨，它们就有存在的理由。因此，各成员同意，发展中国家应该享受额外的便利，即包括在充分考虑它们的经济发展计划可能造成的持续高水平的进口需求的条件下，能够为国际收支目的而实施数量限制。《1994年关贸总协定》第18条第3款和第4款还规定，一个经济处于发展阶段的成员，为了提高人民的一般生活水平，允许为加速建立某些特定产业而实施进口数量限制，这种数量限制的作用相当于促进其经济发展的一种政府援助。

4. 在意外情况下的限制。《1994年关贸总协定》第19条第1款规定，如因意外情况的发生或因一成员承担本协议义务（包括关税减让在内）而产生的影响，使某一产品输入到这一成员领土的数量大为增加，对这一领土内相同产品或与它直接竞争的产品的国内生产者造成重大的损害或产生重大的威胁时，这一成员在防止或纠正这种损害所必须的程度和时间内，可以对上述全部产品或部分产品暂停实施其所承担的义务，或撤销或修改减让。

《关于1994年关税与贸易总协定国际收支条款的谅解》要求成员避免采取数量限制保障其国际收支平衡地位。谅解要求，无论是发达国家成员或发展中国家成员，在发生国际收支困难时应优先采取价格措施而不是数量限制，因为针对进口货物价格的措施（如进口附加税、进口押金等），要求是透明的和可衡量的。只有当国际收支出现紧急情况、价格机制不能抑制对外支付状况的急剧恶化时，才可以求助于数量限制措施。

五、透明度原则

《1994年关贸总协定》继承的另一项原则是透明度原则（Transparency）。透明度原则是指各成员一切影响贸易活动的政策和措施都必须及时公开，以便于各成员政府和企业了解和熟悉。关贸总协定和世界贸易组织都把透明度原则作为基本原则之一，要求各成员严格遵守，在公平、公正的基础上发展相互之间的经济贸易关系，组织和从事有关贸易交易活动。

《1994年关贸总协定》第10条“贸易条例的公布与实施”是关贸总协定透明度原则的主要规则。

（一）透明度原则的主要精神

按照《1994年关贸总协定》的规定，海关有关规定（诸如产品分类、估价、税捐和其他费用的征收率等，影响货物销售、分配、保险、仓储等的法规以及政府机构之间缔结的影响国际贸易政策的规定）都必须及时公布。不公布的贸易政策,不得实施。各成员应该维持并尽快建立司法的、仲裁的法庭和程序,并向所有成员提供有关调查程序的详细资料。

(二)透明度原则的具体要求

根据《1994年关贸总协定》第10条的规定,透明度原则的具体要求包含下述内容:

1. 根据该协定第10条第1款的规定,成员有效实施的关于海关对产品的分类或估价,关于税捐和其他费用的征收率,关于对进出口货物及其支付转账的规定、限制和禁止,以及关于影响进出口货物的销售、分配、运输、保险、存仓、检验、展览、加工、混合或使用的法令、条例与一般援用的司法判决及行政决定,都应迅速公布,以使各国政府及贸易商了解和熟悉。根据该条第2款的规定,各成员采取的按照既定统一办法提高进口货物关税或其他费用的征收率,或者对进口货物及其支付转让实施新的或更严的规定、限制或禁止的普遍适用的措施,非经正式公布,不得实施。

2. 根据该协定第10条第1款的规定,一成员政府或政府机构与另一成员政府或政府机构之间缔结的影响国际贸易政策的现行协定,也应予以公布。

3. 根据该协定第10条第3款a项的规定,各成员应以统一、公正和合理的方式实施与贸易有关的法令、条例、判决和决定。

4. 根据该协定第10条第3款b项的规定,各成员应维持或尽快建立司法的、仲裁的或行政的法庭或程序,以便对涉及海关事项的行政行为迅速进行检查和纠正。并且,这种法庭或程序应独立于负责行政实施的机构之外。由上述法庭或经过上述程序做出的决定,除进口商于规定上诉期间向上级法院或法庭提出申诉以外,应由上述这些机构予以执行,并作为今后实施的准则。

5. 根据该协定第10条第3款c项的规定,如果在成员领土内实施的某一程序事实上能够对行政行为提供客观公正的检查,即使这种程序不是全部或正式的独立于负责行政实施的机构以外,该成员也可以继续使用这种程序。但在被请求的情况下,有关成员应向成员全体提供有关这一程序的详细资料,以便成员全体决定这种程序是否符合关贸总协定透明度原则的规定和要求。

6. 根据该协定第10条第1款的规定,各成员可以不公开那些妨碍法令的贯彻执行、违背公共利益或损害某一公私企业的正当商业利益的机密资料。

第三节 《1994年关贸总协定》的其他主要内容

《1994年关贸总协定》除了为国际货物贸易制定了若干基本的原则,还对某些具体问题制定了规则。这是因为当初在起草关贸总协定时,还没有协调国际反倾销、反补贴、海关估价、原产地、保障措施等问题的具体协议,而这些又是国际贸易中经常会遇到的问题。因此,关贸总协定对这些影响国际贸易发展的若干问题分别做出了规定。关贸总协定规定这些具体问题的条款后来经过8轮的多边谈判,有许多都逐渐发展成了单独的、内容具体完备的协议,如《反倾销协议》《补贴与反补贴措施协议》《保障措施协议》等,但关贸总协定中的有关规定不仅是形成这些具体协议的基础,而且它们本身也仍对国际贸易的实践具有指导作用。这些规定与有关的具体协议相互作用与补充,共同构成调整相关领域法律关系的规则。

一、反倾销税和反补贴税

反倾销税和反补贴税是《1994年关贸总协定》的重要条款。针对国际贸易中倾销和补贴对贸易造成的损害,《1994年关贸总协定》第6条、第16条第2款对确认倾销和补贴、征收反倾销税和反补贴税做了具体规定。

(一)对倾销的确认

根据《1994年关贸总协定》第6条第1款的规定,倾销是指一成员将本国产品以低于正常价值的方法挤入另一国境内,并因此对该成员领土内已建立的某种工业造成重大损害或产生重大威胁,或者对该国国内工业的新建产生严重阻碍。各成员认为这种倾销应该受到谴责。

认定倾销是否存在,关键在于确定产品的正常价值。根据《1994年关贸总协定》第6条第1款的规定,出口产品的正常价值应为:①相同产品在出口国用于国内消费时在正常贸易情况下的可比价格;②相同产品在正常贸易情况下向第三国出口的最高可比价格;③产品在原产国的生产成本加合理的推销费用和利润。

各成员不应以低于上述正常价值的出口价格向另一成员出口产品。凡是以低于其出口产品正常价值的价格向另一成员销售产品,并对有关进口国相关产业造成重大损害或产生重大损害威胁的,即构成倾销。

(二)对补贴的规定

在《1994年关贸总协定》第16条第二节对出口补贴的附加规定中,该条第2款规定,一成员对某一出口产品给予补贴,可能既对进口的其他成员,又对出口的其他成员造成有害的影响,对它们的正常贸易造成不适当的干扰,并阻碍关贸总协定目标的实现。

考虑到初级出口产品的特性及要求,根据第16条第3款的规定,《1994年关贸总协定》一方面要求各成员应力求避免对初级产品的输出实施补贴,另一方面允许一成员直接或间接给予某种补贴以求增加从它的领土输出某种初级产品。但又规定,可以给予补贴的“初级产品”,是指天然形态的农业、林业、渔业或矿业产品,或为要在国际贸易中能大量销售并按习惯需要加工的这种产品(参见《1994 年关贸总协定》附件 9 注释和补充规定对第 16 条第二节的补充说明)。并且,根据第 16 条第 3 款的规定,给予补贴的成员在实施补贴时不应使它自己在这一产品的世界出口贸易中占有不合理的份额,应适当注意前一有代表性的时期各成员在这种产品的贸易中所占的份额及已经影响或正在影响这种产品的贸易的特殊因素。

根据第 16 条第 4 款的规定,对除初级产品以外的任何产品,各成员不应再直接或间接给予使这种产品的出口价格低于同样产品在国内市场出售时的可比价格的任何形式的补贴。

(三)反倾销税和反补贴税的征收

根据《1994 年关贸总协定》第 6 条第 2 款的规定,成员为了抵消或防止倾销,可以对倾销的产品征收数量不超过这一产品的倾销差额的反倾销税。所谓倾销差额,是指按照本条第 1 款确定的倾销价格与产品正常价值之间的价格差额。

根据《1994 年关贸总协定》第 6 条第 3 款的规定,“反补贴税”应理解为:为了抵消商品于制造、生产或输出时所直接或间接接受的任何奖金或补贴而征收的一种特别关税。

根据该条款的规定,一成员领土的产品输入到另一成员领土时,对这种产品征收的反补贴税,在金额上不能超过这种产品在原产国或输出国制造、生产或输出时所直接或间接得到的奖金或补贴的估计数额。一种产品在运输时得到的特别补贴,也应包括在这一数额以内。

根据《1994 年关贸总协定》第 6 条第 6 款 b 项的规定,为了抵消倾销或补贴对另一个向进口成员领土输出某一产品的成员的某一工业造成的重大损害或产生的重大威胁,成员全体允许这一进口成员对有关产品的进口征收反倾销税或反补贴税。根据《1994 年关贸总协定》第 6 条第 6 款 e 项的规定,在某些例外的情况下,如果延迟会造成难以补救的损害,一成员虽未经成员全体事前批准,也可以为上述目的而征税,但采取行动后应立即向成员全体报告,如未获批准,这种征税应立即予以撤销。

(四)其他有关规定

1. 防止滥用本条款的规定。为了防止滥用反倾销税,根据《1994 年关贸总协定》第 6 条第 1 款的规定,在确认某一成员的出口是否为倾销时,应对每一具体事例的销售条件的差异、赋税的差异以及影响价格可比性的其他差异,予以适当考虑。根据《1994 年关贸总协定》第 6 条第 6 款 a 项的规定,一成员对另一成员领土产品的进口,除了断定倾销或补贴的后果会对国内某项已建的工业造成重大损害或产生重大威胁,或者严重阻碍国内某一工业的新建以外,不得征收反倾销税或反补贴税。

2. 不得以其他原因为由征收反倾销税或反补贴税。根据《1994 年关贸总协定》第 6 条第 4 款的规定,一成员领土的产品输入到另一成员领土,不得因其免纳相同产品在原产国或输出国用于消费时所需缴纳的税捐或因这种税捐已经退税,即对这种产品征收反倾销税或反补贴税。

3. 不得对同一进口产品同时征收反倾销税和反补贴税。根据《1994 年关贸总协定》第 6 条第 5 款的规定,一成员的产品输入到另一成员领土,不得因抵制倾销或出口补贴,而同时对其既征收反倾销税又征收反补贴税。

4. 审慎审查出口价格及必要的磋商程序。在确认一成员出口价格是否为倾销价格或补贴价格时,应采取客观、审慎的态度。根据《1994 年关贸总协定》第 6 条第 7 款的规定,凡与出口价格变动无关、为稳定国内价格或为稳定某一初级产品生产者的收入而建立的制度,即使有时会使出口商品的售价低于相同产品在国内市场销售时的可比价格,也不应认为造成了本条第 6 款所称的重大损害。如果与有关商品有实质利害关系的各成员协商后确认存在以下情况,就不应该对该成员的有关出口征收反倾销税或反补贴税:①这一制度也曾使商品的出口售价高于相同产品在国内市场销售时的可比价格;②这一制度的实施,由于对生产的有效管制或其他原因,不至于不适当地刺激出口,或在其他方面严重损害其他成员的利益。

二、海关估价

《1994 年关贸总协定》第 7 条是关于海关估价的条款。海关估价条款是《海关估价协议》(又称《关于实施 1994 年关税与贸易总协定第 7 条的协议》)的原则和基础。《1994 年关贸总协定》第 7 条海关估价条款主要是对海关估价一般原则的规定。

(一)各成员承担海关估价和海关管理的责任

《1994 年关贸总协定》第 7 条第 1 款指出:各成员承认该条款所规定的海关估价的一般原则。而且,各成员还承担义务,保证对所有以价值(价格,或称按从价税作为完税价格)作为输出/输入征收关税和其他费用(不包括对进口产品或有关进口产品所征收的内地税或相当于内地税的费用)或实施限制的依据的产品,实施这些规则。另外,经另一成员提出要求,各成员应根据这些原则检查各自国家有关海关估价的法令或条例的执行情况,成员全体可以要求各成员就执行本条规定所采取的步骤提供报告。

(二)海关估价的一般原则

1. 以"实际价格"作为海关估价的原则。根据第 7 条第 2 款的规定,海关对进口商品的估价,应当以进口商品或相同商品的实际价格,而不得以国内产品的价格或者以武断的或虚构的价格作为计征关税的依据。另根据附件 9 对第 7 条第 2 款的注释和解释,凡以发票价格,加上正当成本(指构成价格的合理因素)的任何未列费用,再加上从一般竞争价格扣除的不正常折扣或其他削价作为"实际价格"的,应当视为符合第 7 条的规定。

2. "实际价格"的范围与标准。根据第 7 条第 2 款 b 项的规定,"实际价格"是指,在进口国立法确定的某一时间和地点,在正常贸易过程中,在充分竞争条件下,某一商品或相同商品出售或兜售的价格。为了进一步明确"实际价格"的范围和标准,该条款具体规定下列数量之一的价格属于"实际价格":①可比数量;②与出口国或进口国贸易出售较多商品数量相比,不致使进口商不利的那种数量。

根据第 7 条第 2 款 c 项的规定,在不能按照本条款的上述有关规定确定实际价格时,海关的估价应以可确定的最为接近实际价格的相当价格为依据。

根据附件 9 对第 7 条第 2 款的有关解释和补充说明,对进口商品的海关估价,允许一成员统一以进口商品的特定出口价格为基础,或者以相同商品的一般价格水平为基础,来决定海关估价。

3. 海关估价的范围。根据第 7 条第 3 款的规定,海关对进口产品的估价,不应包括原产国或输出国所实施的但对进口产品已予免征,或已经退税,或将要予以退税的任何国内税。

4. 对海关估价货币及其汇率的规定。根据第 7 条第 4 款的规定,当一成员为了进行海关估价,须将另一国货币表示的价格折算成本国货币时,该成员使用的外汇折算率,应当以国际货币基金协定条款规定的平价或以基金认可的汇率为依据,或以符合《1994 年关贸总协定》第 15 条要求签订的特别外汇协定规定的平价为依据。如果没有规定的平价或认可的汇率,则折算率应有效地反映这种货币在商业交易中的现行价值。对按照国际货币基金协定条款的规定可以保留多种折算率的外币,成员全体在取得国际货币基金组织的同意后,应制定管理各成员折算这种外币的规则。成员为了进行海关估价,可以对这种外币实施按管理规则进行的外币折算率,以代替平价的使用。在成员全体未通过这些有关规则以前,成员为了海关估价的目的,可以对有关货币采用旨在有效反映这种货币在商业交易上的价值而指定的折算规则。

5. 成员公告其海关估价规则的责任。根据第 7 条第 5 款的规定,各成员进行海关估价的方法和规则必须保持稳定,并应广为公告,以便贸易商能够相当准确地估计海关的估价。

三、原产地标记

原产地规则是国际贸易中的一项重要规则,几乎所有的货物贸易都涉及产品的原产地。关贸总协定的许多基本原则(如最惠国待遇原则、反倾销反补贴条款、保障条款)也都离不开产品原产地的规则。《1994年关贸总协定》第9条较为详细地规定了原产地标记,为澄清和规范贸易产品原产地制定了统一的标准。

《1994年关贸总协定》第9条主要规定了以下内容:

(1)在原产地标记方面应实施最惠国待遇原则。根据第9条第1款的规定,一成员在有关标记规定方面对其他成员领土产品所给的待遇,应不低于对第三国的相同产品所给的待遇。

(2)原产地标记不应成为阻碍国际贸易发展和保护主义的工具。根据第9条第2款的规定,在采用和贯彻实施原产国标记的法令和条例时,应使这种措施对出口国的贸易和工业可能造成的困难及不便减少到最低程度;但应适当注意防止欺骗性的或易引起误解的标记,以保护消费者的利益。

(3)原产地标记予以明示,易于识别。根据第9条第3款的规定,只要行政上许可,各成员应允许所要求的原产国标记在进口时贴在商品上。

(4)各成员关于原产地规则的法规应当合理。根据第9条第4款的规定,各成员的有关进口产品标记的法令和条例,应不至于在遵守时会使产品受到严重损害,或大大降低它的价值,或不合理地增加它的成本。

(5)各成员不得以不按规定办理原产地标记为由对进口产品收取额外税费。根据第9条第5款的规定,各成员对于输入前未依照规定办理标记的行为,除不合理地拖延不更正、贴欺骗性的标记、有意不贴要求的标记以外,原则上不得征收特别税或课以特别处罚。

(6)各成员在原产地标记方面应进行合作。根据第9条第6款的规定,各成员应通力合作,制止滥用商业名称假冒产品原产地的行为,勿使某一成员领土产品受到当地立法保护的特殊区域名称或地理名称受到损害。此外,该条款还规定,每一成员对其他成员提出的有关对产品名称适用上述义务的要求或陈述,应予以充分考虑。

四、国营贸易企业

国营贸易是指被政府控制的企业所从事的贸易活动。国营贸易与政府采购有所不同,对于政府采购而言,政府机构购买本国产品或进口产品是为了自己使用或消费。在国营贸易中,进口产品主要是用来在国内市场上销售,购买本国产品也是为了在本国市场上销售或对外国市场出口。

《1994年关贸总协定》第17条对国营贸易企业及其贸易活动应遵循的原则做了规定。鉴于国营贸易企业与政府的特殊关系以及在贸易中的特殊地位和作用,协定中该条款的规定注重对国营贸易企业经营活动的要求和规范,注重政府对企业管理责任的规定，注重对政府执行协定应负的有关责任和义务的规定，其目的是坚持关贸总协定与世界贸易组织的非歧视原则和透明度原则，促进贸易自由化。

《1994年关贸总协定》第17条对国营贸易企业的定义、国营贸易企业在经营活动中应遵守的基本原则、政府对国营贸易企业的责任，以及政府应如何管理国营贸易企业的贸易活动都做了规定。

（一）国营贸易企业的定义

《1994年关贸总协定》第17条没有对国营贸易企业给出一个明确的定义，这一定义后来在《关于解释1994年关税与贸易总协定第17条的谅解》中得以明确。但是，仅就第17条，还是可以根据关贸总协定的规定给国营贸易企业下一个定义。根据《1994年关贸总协定》第17条第1款的规定，各成员建立或维持的企业（无论这一企业位于何处），或对于一个企业正式或事实上给予独占权或特权并且从事进出口贸易活动，即是国营贸易企业。

（二）国营贸易企业的义务

国营贸易企业应当按照非歧视原则进行经营。根据《1994年关贸总协定》第17条第1款的规定，国营贸易企业的基本义务是"按本协定中关于影响私人商业进出口货物的政府措施所规定的非歧视待遇的一般原则办理"，即国营贸易企业也应当遵守世界贸易组织一般规则的约束，按照非歧视的原则组织经营活动，这一目的应当通过以下两种方式达到：

1. 只以商业上的考虑（包括价格、质量、货源多少、推销难易、运输和其他购销条件）作为依据进行购买或销售。

2. 根据商业上的惯例对其他成员的企业提供参与其购买或销售活动有关的适当竞争机会。

（三）政府对国营贸易企业的管理责任

根据《1994年关贸总协定》第17条第1款c项的规定，一成员政府不得阻止其所管辖下的企业（无论是否是国营贸易企业）按照商业原则开展贸易活动和实施非歧视原则。

（四）政府谈判的责任

根据《1994年关贸总协定》第17条第3款的规定，鉴于国营贸易企业可能对贸易造成严重损害，因此，要求各成员在互惠互利的基础上进行谈判以限制或减少这种损害，谈判内容可涉及关税减让或其他形式，以促进国际贸易的扩展。

（五）政府通知的责任

根据《1994年关贸总协定》第17条第4款的规定，为保持国营贸易企业经营的透明度,各成员应将从事国际贸易活动的国营贸易企业及其经营的产品(进口或出口)通知成员全体。并且,如果成员对本协定第2条减让范围以外的某一产品建立、维持或授权实施进口垄断,在对这一产品有大量贸易的另一成员提出请求后,它应将最近有代表性时期内产品的进口加价(指进口垄断对进口产品所定的价格,不包括内地税、运输、分配和其他有关购买、销售或进一步加工的费用,以及合理的赢利与进口产品的到岸价格之间的差额),或者(如不能办到的话)产品的转售价格,通知成员全体。

(六)政府申诉和请求的责任

根据《1994年关贸总协定》第17条第4款e项的规定,当一成员有理由认为,它按本协定可享受的利益由于国营贸易企业的活动正在受到损害,它可以向成员全体提出请求,成员全体可以据此要求建立、维持或授权建立这种国营贸易企业的那个成员,就其执行本协定的情况提供资料。

(七)免除责任的范围

根据《1994年关贸总协定》第17条第2款的规定,以上对于国营贸易企业经营活动及义务的规定,不适用于政府为目前或今后公用而非为出售或生产供销售的商品而进口的产品。此外,根据该条第4款d项的规定,在涉及成员的通知责任时,政府不要求成员公布那些妨碍法令贯彻执行或在其他方面有损于公共利益或对某具体企业正当商业利益会造成损害的机密资料。

五、关贸总协定的保障机制

《1994年关贸总协定》保障措施的条款主要包括以下几个方面。

(一)促进特定产业调整,避免大量进口冲击的安全阀

《1994年关贸总协定》第19条"对某些产品进口的紧急措施"作为主要的例外条款,用以准许在贸易自由化以后,面对大量进口产品和日益增加的进口压力,对国内生产同类产品的产业提供临时性保护。

1. 引用第19条的前提条件。引用第19条必须满足以下条件:

(1)某一产品进口大量增加。

(2)产品进口大量增加的原因必须是:①不可预见的情况发生;②承担包括关税减让在内的《1994年关贸总协定》的义务。

(3)存在"严重损害"或"严重损害威胁"的事实。

(4)这种"严重损害"或"严重损害威胁"是由于进口大量增加造成的。

这4个前提条件是一成员采取紧急措施必须满足的要求。其中条件(1)和条件(2)是一组因果关系,条件(3)和条件(4)又是一组因果关系,同时条件(1)、(2)与条件(3)、(4)又构成一组因果关系。

2. 可引用的保护手段。在符合上述条件后，经世界贸易组织授权，某成员可引用数量限制或修改及撤销关税减让义务的方式保护国内受损害或损害威胁的产业。此时，数量限制可以是进口配额，也可以是进口许可证或其他进口数量限制措施。修改或撤销关税减让义务则指可以重新修改降低的关税或完全撤销最初做出的关税减让。

3. 引用第 19 条时必须履行的相应义务。相应义务包括：

第一，适用产品有针对性。就产品范围而言，第 19 条原文是“任何产品”，但是，具体案例中，实施措施是针对造成某成员进口损害的那种产品，不应该是针对其他进口品。因此，第 19 条措施是针对造成损害或有损害威胁的某一特定产品。

第二，实施措施与程度的适度性。第 19 条要求在采取措施方面，可以“全部或部分地暂停实施其所承担的义务，或者撤销或者修改减让”。所以，允许行使此权利的国家可以提高关税、采取数量限制等其他措施。在采取措施允许的程度方面，应该在“防止或纠正这种损害所必须的程度和时间内”。

实施措施的时间应该是临时性的、暂时的，在估计能消除损害造成的影响内实施，一旦损害消失，这类措施应该立即取缔。

第三，实施时的非歧视性。一成员采取紧急措施时，应当按最惠国待遇原则，在非歧视基础上适用于所有进口的同类产品，不能有选择地针对某一特定国家采取第 19 条措施。

第四，优惠关税减让中止。

第五，磋商的义务。

4. 第 19 条实施的情况。到 1994 年止，关贸总协定缔约方实施了 150 例官方保障措施。1950—1984 年有 124 次行动，平均每年 3.6 次；1985—1994 年共 26 次行动，平均每年 2.6 次，其中 20 例涉及支付或提供补偿（实施保障措施的国家向出口国）；由于与进口方没有达成协议，关贸总协定授权出口方对引用保障措施的国家实行报复的有 13 例。

从救济方式看，20 世纪 70 年代中期前，各缔约方倾向于采用修改或撤销关税减让；70 年代中期以来，越来越多的国家都比较愿意采用数量限制，尤其是采用配额、许可证的方式限制进口。

（二）政府对某些特定产业的发展提供援助

《1994 年关贸总协定》第 18 条规定，发展中国家政府可以对经济发展，尤其是对特定产业的兴建与发展提供支持，具体内容如下。

第 18 条的内容包括 5 个部分：前言，解释本条的目标和范围；第 1 节，关于关税减让的重新谈判问题；第 2 节，关于国际收支方面的进口限制；第 3 节，解释背离总协定条款的允许条件，即为了建立某一特定产业以提高有关国家总的生活水平；第 4 节，允许不属于只能维持低生活水平、经济处在发展初期阶段的成员有权按本条款第 1 节、第 2 节、第 3 节而暂时背离本协定其他各条的规定采取某些措施。

1. 原则和标准。第 18 条前言规定了本条的目标在于促进世界贸易组织宗旨的实现，即有利于帮助那些只能维持生活水平、处在发展初期阶段的成员的经济增长，继而提高各国人民的生活水平。第 18 条也规定了适用的国家类型和适用范围，即仅以下两种类型成员可援引：第一种是只能维持低生活水平、经济处于发展初期阶段的成员，它有权依本条第 1 节、第 2 节、第 3 节暂时背离本协定其他各条的规定；第二种是经济处在发展过程、但又不属于第一种类型的成员，可以根据本条第 4 节的规定向世界贸易组织提出申请。

考虑到发展中国家是一个较为广泛的概念，世界贸易组织并没有对什么是发展中国家做出具体判断的标准。事实上，这也是较困难的。因为经济活动本身是动态的，每个国家的经济活动总是处于变化之中。一国在一定阶段可能是发展中国家，而在另一阶段经济发展后便步入准发达国家或发达国家行列。世界贸易组织采取解释性说明的方式认定某成员是否处于经济发展初期阶段或只能维持低生活水平。在解释性说明中认为，在判断某成员是否“只能维持低生活水平”时，世界贸易组织应考虑这一成员经济的正常状态，而不应该以该成员的某项或某几项主要出口产品暂时存在着特别有利条件的特殊情况作为判断的基础。“处在发展初期阶段”这一概念，不仅适用于经济刚开始发展的各成员，也适用于经济正在经历工业化的过程、已改变过分依靠初级产品的成员。

符合以上两种类型的成员，为实施目的在于提高人民一般生活水平的经济发展计划和政策，这些成员可能有必要采取影响进口的保护措施或其他措施，只要这些措施有助于实现本协定的宗旨便可以存在。具体可以采取：①为某一特定产业的建立提供关税保护，使其在关税结构方面保持足够的弹性；②满足经济发展计划，为国际收支目的而实施数量限制。经济处于发展初期阶段的成员，可依据第 18 条第 3 节和第 4 节规定的特别程序处理。

应指出的是，关贸总协定及世界贸易组织条文并没有对“幼稚产业”做出定义，而是使用“特定产业”的提法。特定产业的范围包括：①某一新产业；②在现有产业中建立一项新的分支生产部门；③对现有产业进行重大改造；④对只能少量供应国内需要的现有产业进行重大扩建；⑤对因战争或自然灾害而遭到破坏或重大损坏的产业的重建。

2. 为经济发展可修改关税减让。第 18 条第 1 节规定，只能维持最低生活标准、经济处于发展初期阶段的成员，为加速某一特定产业的建立，以提高人民的一般生活水平，当它认为有必要修改或撤销有关减让表中所列的某项关税减让时，在向世界贸易组织提出要求，并与原来跟它谈判的成员和世界贸易组织认为对此有重大利益关系的任何其他成员进行谈判，如果谈判达成协议，则关税的修改可按协议规定进行。一般认为，关税的修改可以在不同的产品税率之间做出调整，即可以提高某些产品的关税、撤销某些减让或降低某些关税。以上这些是受关税减让表约束的关税的调整，至于没有受关税减让表约束部分产品的关税是可以自行决定提高的。如果谈判达不成协议，则该问题可提交给世界贸易组织，授权在一定条件下允许提出申请的成员提高关税。

3. 为维持国际收支平衡实施数量限制，第 18 条第 2 节为此做了以下规定：

（1）援引国际收支实行限制的标准或前提。引用国际收支实施限制的国家需满足：①只能维持最低生活水平标准或处于经济发展初期阶段的成员；②当它们的经济迅速发展时，由于努力扩大国内市场和贸易条件不稳定会面临国际收支困难；③为保护其对外金融地位和保证有一定水平的储备以满足实施经济发展计划。满足以上三个要求的成员可以采取限制进口商品数量或价值的办法来控制进口。

（2）实施数量限制时的义务。以国际收支不平衡为由实施数量限制时，要求一成员做到如下几点：①应避免对任何其他成员的贸易或经济利益造成不必要的伤害；②不能不合理地完全禁止任何商品的输入，即不能损害正常贸易渠道的那种最低贸易数量的商品输入；③不应阻碍商业样品的输入及专利权、商标、版权或类似程序的遵守；④一成员国内政策应适当注意国际收支平衡的重要性；⑤有关成员应逐步放宽按本节规定而实施的限制，当无必要实施限制时，要立即取消这种限制；⑥实施限制的成员应与有关方面进行简单或全面的磋商。

发展中国家援引第 2 节的情况比较普遍，1983 年有巴西、匈牙利、以色列、葡萄牙、韩国等 11 国引用；1989 年有韩国、巴西、印度、秘鲁等 9 国引用；1992 年有以色列、孟加拉国、埃及、印度等 7 国使用。

4. 以发展经济为目的实施限制。第 18 条第 3 节规定，属于经济发展的初期阶段、只能维持最低生活水平的成员为促进“特定产业”的建立，可采取关税或数量限制促进该特定产业的发展。一成员援引此节时必须符合：①引用的成员必须提出“政府援助是必要的”证据。②促进某一特定产业的建立。③目的在于提高人民的一般生活水平。④采取符合本协定其他规定的措施无法实现这一目标。⑤将计划采取的特定措施通知世界贸易组织。⑥如果没有收到磋商的请求需等待 30 天，或如果收到磋商的请求，世界贸易组织没有对申请援引的成员做出解除义务，需要等待 90 天。如果任何受到贸易影响的成员向世界贸易组织提出磋商的要求，世界贸易组织要进行磋商。⑦必须是非歧视地实施这些措施，不能违背最惠国待遇、国民待遇原则。⑧如果引用该节的成员所采取的措施影响了该成员在其减让表中所列产品的进口,那么其采取的措施仅限于与利益相关的成员达成协议的措施,或者是世界贸易组织同意的豁免措施。

曾援引第18条第3节的国家有印度、海地、古巴、斯里兰卡、希腊、印度尼西亚、马来西亚等。

5. 为经济发展实施限制。第18条第4节适用的对象不属于仅能维持最低生活标准、处于经济发展初期阶段的成员。这类成员处于经济发展过程之中、在世界贸易组织同意的情况下,可采取第18条规定的某些措施。

第18条第4节规定的范围与制度条款与第3节相同,如可采取关税或数量限制,但是,所有措施均应得到世界贸易组织同意后方能实施。没有得到世界贸易组织的同意,如果某成员实施限制,则受该成员实施限制措施影响的成员可以进行报复。

(三)允许其成员反对不公平贸易

《1994年关贸总协定》第6条及第16条规定,一成员如果认为某一成员出口的商品价格低于其在国内市场正常贸易情况下的销售价格(或得到政府的补贴而出口),并因这种倾销或补贴行为给某一进口方成员造成国内工业的损害(或有损害威胁)时,可以征收反倾销税或反补贴税,以抵制这种不公平贸易。

(四)在世界贸易组织授权下不执行关贸总协定的特定规则

《1994年关贸总协定》第25条规定,在该协定其他部分没有规定的特殊情况下,某一个或几个成员可能有必要暂时背离关贸总协定所承担的义务。但这一决定应以所投票数的3/4多数通过,而且这一多数应包括全体成员的半数以上。在有的情况下,需全体成员一致同意才可做出豁免某一成员的义务。部长级会议在做出给予某成员豁免的决定时,应说明给予这种豁免的实质原因,陈述实施豁免的条件。任何豁免如果期限超过1年,均需由部长级会议进行审议,以便决定延长、修改或终止该项豁免。

在执行关贸总协定的历史上,引用第25条的例子非常多,仅在1991年以前就有42个缔约方先后90多次引用此条并获豁免。最著名的是1955年允许美国实施《农业调整法》实行数量限制,1971年允许发达国家给发展中国家普惠制。

值得指出的是,依第25条规定,某成员只有在按照其他关贸总协定条款享有的救济或例外不能向其提供援助的情况下,方可引用第25条。

(五)当国际收支不平衡时可实施限制

《1994年关贸总协定》第12条规定,任何成员为了保障其对外金融地位和国际收支、预防货币储备严重下降的迫切威胁,或制止货币储备严重下降所必须的程度、货币储备很低的成员可使储备合理化地增长,可以限制准许进口的商品数量或价值,但是必须得到国际货币基金组织的证实和由世界贸易组织成立工作组进行讨论和审查。在实施数量限制时必须遵循以下原则:①限制措施在情况得到改善时应逐步予以放宽;②限制措施要避免生产资源的非经济使用;③只要有可能,限制措施最好尽可能采取扩大而不是缩小国际贸易的方式;④避免对任何其他成员的贸易或经济利益造成不必要的损害,凡实施限制的各成员,尤其应尽可能避免对那些大部分经济严重依赖某种商品出口的成员造成严重损害;⑤实施的限制不能损害正常贸易渠道的那种最低贸易数量的输入;⑥允许作为商业样品的进口;⑦避免阻碍专利权、商标、版权或类似程序的遵守;⑧可以对不同进口产品或进口产品的不同类别确定不同程度的限制,使比较需要的产品能够优先进口。

为避免某些成员的企业过分依赖保障条款,世界贸易组织还规定:①当数量限制能够合法地维持的期限结束后,如果没有这种保护企业就不能生存时,应该避免对该企业的投资进行鼓励;②经常向以国际收支为理由实行限制的企业说明这样的事实:国际收支平衡困难期过后,这些限制将不能维持,并且这种限制也不是永久性的;③灵活地实施国际收支平衡的限制并加以调整,以适应变化着的经贸环境,从而使受保护企业认识到这种限制所提供保护的非永久性特点;④即使在保护期内,仍可允许一定数量的外国产品进口,让其与国内生产相同产品的生产商进行竞争,因而使国内生产商经常意识到任何时刻都有外来竞争的压力;⑤只要国际收支平衡和技术操作允许,应避免配额在供应国之间按无数量限制的一般许可证方式进行分配,对未分配的配额应尽可能在更多的国家中非歧视地实施;⑥在既定配额的情况下,尽可能避免对限制的产品做较窄的定义和分类。

在关贸总协定历史上,引用国际收支不平衡实行限制的案例很多。战后初期,西欧国家曾引用此条实行进口数量限制,日本、美国、法国、瑞典、澳大利亚等国在20世纪60年代初宣布不再以国际收支为由实行限制。

第12条的规定既适用于发达国家,也适用于发展中国家。在实施中,发达国家引用第12条、发展中国家引用第18条第2节的情况较多。

(六)可援引的普遍例外

《1994年关贸总协定》第20条规定,世界贸易组织成员在下列情况下,可以不履行《1994年关贸总协定》项下的所有义务。这些条件主要包括:

第一,政府为了维护公共道德采取必要的措施。

第二,政府为了保障本国人民、动植物的生命或健康采取必要的措施。

第三,黄金、白银进出口管理措施。

第四,在与本协定义务不冲突的法规的实施中,有可能要采取一些必要的措施,这类措施应该得到允许。

第五,有关劳改犯产品进出口的措施。

第六,本国政府为保护本国具有艺术、历史或考古价值的文物所采取的措施。这些措施即使与关贸总协定规定的义务有抵触也应该得到允许。

第七,为有效保护本国可能用竭的自然资源,以及与国内限制生产与消费的措施相结合而采取的措施。

第八,如果世界贸易组织的成员参加了某一商品协定,该商品协定所遵守的原则已向部长级会议提出,部长级会议也没表示任何异议,或商品协定本身的执行机构已向部长级会议提出,并且部长级会议也并没有表示异议,则该成员在履行这种国际商品协定所承担的义务时,采取的措施应该是合理的,也是允许的。

第九,当一成员国内原料价格过低,或为了保证本国加工工业对该原料的基本需要,在作为政府稳定计划的一部分时间内,政府可以采取必要的措施限制这些原料出口。但是,不能把这些措施用于对本国国内工业提供保护或对增长此种国内工业的出口提供保护。

第十,当出现普遍的或局部的产品供给不足时,为获取或分配产品所必须采取的措施同样可作为世界贸易组织原则的例外。但是所有成员在这类产品的国际供应中都有权获得公平合理的份额,当这类措施与世界贸易组织的其他义务相抵触或者这类措施需要的条件不复存在时,则应停止实施。

(七)维护国家安全的例外

《1994年关贸总协定》第21条是关贸总协定中最为敏感的条款,它授予一成员为国家安全可以不履行关贸总协定项下的义务。即该协定不能:①要求任何成员提供它根据国家基本安全利益认为不能公布的资料;②妨碍任何成员为保护国家基本安全利益而对核材料、武器交易或战时采取的行动;③阻止任何成员根据联合国宪章维持国际和平和安全而采取行动。

在以上关于货物贸易的例外中,前四项允许对某一特定产业进行保护,后三项则是针对整个经济发展采取的政策措施。所有针对特定产业的手段互为替代物,因为在很大程度上它们都要解决同样的问题(即保护国内企业免受来自国外的竞争压力)。在实践中,国际收支平衡条款也常被发展中国家用来保护特定产业。

上述货物贸易保障措施中,反倾销、反补贴是解决所谓"不公平贸易"的保障措施,而国际收支不平衡、保护幼稚产业、紧急保障措施以及按第25条采取的一般豁免属于不必证明"不公平性"就可适用的保障措施,这些措施均属发生预先规定的一系列情况而使进口壁垒的临时增加合法化时可以使用的保障措施,属于临时性暂时偏离关贸总协定原则。关于关贸总协定一般义务的永久例外主要涉及第 20 条普通例外、第 21 条国家安全例外、第 28 条之二关税重新谈判。

六、发展中国家的优惠待遇

给予发展中国家差别和更优惠的待遇,经历了一个演变的过程。在《1947 年关贸总协定》中,提出给予“只能维持最低生活水平、经济处于发展初级阶段”的缔约方,在关税减让和数量限制方面具有一定的酌处权,从整个总协定的结构来看,第 18 条规定是关贸总协定诸项基本原则的一种例外规定。1965 年,关贸总协定增补第四部分“贸易与发展”,鼓励发达国家支持发展中国家,第 36 条明文规定,发达国家成员在贸易谈判中对发展中国家成员所承诺的降低或消除关税及其他贸易壁垒的义务不能指望互惠,即所谓“发达国家与发展中国家之间的非互惠安排”。1979 年东京回合多边贸易谈判达成《对发展中国家的差别和更为优惠的待遇、对等及更全面的参与》的协议,确立和通过了著名的“授权条款”。“授权条款”的实施使对发展中国家实行“差别和更优惠的待遇”作为最惠国待遇的一项重要例外而在关贸总协定的法律框架内取得了合法地位。在乌拉圭回合中,由于广大发展中国家的共同努力,最后达成的一揽子协议中,由关税与贸易总协定第四部分和“授权条款”等有关规定所确立的对发展中国家实行差别和更优惠待遇的原则得到了更广泛、更全面的体现。几乎每个多边贸易协议都明确规定了给予发展中国家以优惠待遇。

(一)发展中国家差别和更优惠待遇的主要体现

关贸总协定对发展中国家给予差别和更优惠的待遇具体体现在下述几个方面:

1. 允许发展中国家承诺较低水平的贸易自由化义务。例如,按照乌拉圭回合多边贸易谈判达成的协议,世界贸易组织全体成员的平均关税水平将降低 34.3%,其中发达国家成员降低 40.5%,而发展中国家成员只降低 29.7%。发达国家的平均关税降至 4%,发展中国家的平均关税降至 13%。

2. 允许发展中国家适用更灵活的实施时间表,即有较长的过渡期。例如,根据乌拉圭回合达成的协议,在关税减让和取消数量限制措施方面,发达国家的过渡期为 5~6 年,发展中国家的过渡期一般为 10 年。

3. 允许发展中国家在履行义务时有较大的灵活性。例如,发展中国家在市场开放过程中可以较为宽松地援引有关条款而暂缓或暂时中止履行某些义务。

4. 发达国家成员对发展中国家成员提供资金、技术援助和培训人力资本。例如,在海关措施、环境保护等方面,发达国家成员有义务向发展中国家成员提供资金、技术援助和人员培训。

5. 发达国家成员应给予最不发达国家成员特别优惠。例如,实施普惠制安排及其他单方面的优惠安排等。

(二)世界贸易组织的鼓励与发展原则

《1994 年关贸总协定》的第四部分(贸易与发展部分)特别体现了世界贸易组织的鼓励与发展原则,其主要内容包括如下几个方面:

1. 贸易与发展的原则和目的。《1994 年关贸总协定》第 36 条规定了制定第四部分条款的原则与目的。关税与贸易总协定的目的包括提高所有成员的生活水平和不断发展所有成员的经济,而且承认发展中国家成员对实现上述目的特别迫切,考虑到发展中国家成员的出口收入在其经济发展中起着重要作用,特别是其出口收入对进口的作用,以及发展中国家成员与发达国家成员在生活水平上的差距,认为单独和联合行动对促进发展中国家成员的经济发展、使这些国家的生活水平迅速提高是必要的;作为取得经济和社会发展的手段的国际贸易,应该按与本条规定的目的相符的规则与程序以及符合这些规则程序的措施加以管理;成员全体能使发展中国家成员采取特别措施,以促进它们的贸易和发展。

为促进发展中国家成员的贸易与发展,该条款规定:

(1)发展中国家成员须迅速和持久地发展其出口收入。

(2)有必要做出积极努力,以保证发展中国家成员在国际贸易中占有与它们经济发展需要相适应的份额。

(3)应最大可能地对发展中国家成员严重依赖的初级产品出口提供更为满意的条件,拟订措施以稳定和改善这些产品在世界市场的地位(特别是稳定其价格的措施),以使发展中国家成员出口的实际收入有一个不停顿和稳定的增长。

(4)对与发展中国家成员目前或潜在的出口利益特别有关的某些加工品或制成品,要在有利的条件下,尽最大可能增加其进入市场的机会。

(5)加强对发展中国家成员的贸易和财政援助,以减轻发展中国家成员在发展经济中的负担。

(6)开展合作,加强国际组织在支持发展中国家贸易与经济发展方面的合作。

(7)发达国家成员在贸易谈判中对发展中国家成员所承诺的减少或撤除关税和其他壁垒的义务,不能希望得到互惠。

(8)各成员应单独和联合做出自觉和有目的的努力,为实现这些原则和目的而采取措施。

2. 发达国家成员承诺的义务。《1994 年关贸总协定》第 37 条规定了发达国家成员在促进发展中国家成员贸易与发展中应承担降低和撤除贸易壁垒的义务，具体包括下列几个方面：

（1）优先降低和撤除与发展中国家成员目前或潜在的出口利益特别有关的产品的壁垒，包括初级产品和加工品之间的不合理的差别关税和其他限制。

（2）对与发展中国家成员目前或潜在的出口利益特别有关的产品，不建立新的关税或非关税进口壁垒，或加强已有的这些壁垒。

（3）不实施新的财政政策。

（4）在调整财政政策时，优先放宽和撤除财政措施。

（5）在由政府直接或间接决定产品转售价格的情况下，对完全或主要来自发展中国家成员领土的产品，尽量将贸易利润维持在公平的水平上。

（6）积极考虑采取其他措施，为扩大从发展中国家成员进口提供更大的范围，并为此在有关的国际活动中予以合作。

（7）在考虑采取本协定所许可的其他措施以解决某项特殊问题时，应特别注意发展中国家成员的贸易利益，而且，如采取的措施将影响发展中国家成员的根本利益，在实施之前，应研究一切可能的积极的纠正办法。

除此之外，该条款还对发达国家成员与发展中国家成员在世界贸易组织范围内就有关发展中国家成员贸易与发展问题进行磋商做了规定。

3. 联合行动。《1994 年关贸总协定》第 38 条以联合行动的规定，保障在世界贸易组织与其他国际组织的共同努力下，促进发展中国家成员的贸易与发展。

第 38 条第 2 款规定了在怎样的情况下，以及如何为支持发展中国家成员的贸易与发展与其他国际组织采取联合行动，主要规定如下：

（1）在适当的情况下，采取措施，包括通过国际安排，为发展中各成员利益特别有关的初级产品进入世界市场，提供改进和满意的条件，并拟订旨在稳定和改善这些产品的世界市场状况的措施，包括为这些产品的出口获得稳定、公平和有利价格所采取的措施。

（2）在贸易与发展政策方面，同联合国及其附属机构（包括根据联合国贸易与发展会议的建议而产生的任何机构）谋求适当合作。

（3）与发展中国家成员共同分析它们的发展计划和政策，共同研究贸易和援助的关系，以便拟订具体措施，以促进出口潜力的增长，便利因此发展起来的工业品进入出口市场，并在这方面同各国政府和各个国际组织（特别是同主管财政援助以发展经济的国际组织）进行适当合作。

（4）从发展中国家成员贸易增长的角度，经常检查世界贸易的发展情况，并在必要时向各成员提供建议。

（5）通过国际性的协调，调整各国的政策和规章制度，通过影响生产、运输和销售的技术和商业标准，以及通过建立机构来便利交流贸易情报和发展市场调研,共同谋求开展贸易、发展经济的可行办法。

(6)建立某些必要的机构以促进实现本协定第 36 条所规定的目标和贯彻实施本协定第四部分的规定。

第四节 《1994 年关贸总协定》若干条文解释的谅解

《1994 年关贸总协定》以对法律条文解释的谅解形式修改了《1947 年关贸总协定》的 6 个条款。这些有关条款的修订,或针对迅速发展的新情况明确有关规定,如第 17 条的谅解规定了用于透明度目的的"国营贸易企业"工作定义,并通过制定严格的通知和审议程序来加强对国营贸易企业活动的监督;或在原有规定的基础上完善有关规章,如第 18 条谅解,澄清并明确了使用国际收支保障措施的纪律和程序,第 2 条谅解明确了列入减让表的"其他税费"。总之,关于解释若干条款的谅解是《1994 年关贸总协定》的重要内容,也是研究关贸总协定乃至世界贸易组织规则变化的重要条款。

一、减让表

《关于解释 1994 年关税与贸易总协定第 2 条第 1 款 b 项的谅解》对原协定第 2 条第 1 款内容进行了补充。原协定第 2 条第 1 款 b 项,是关于对进口产品实施国民待遇原则的规定,根据第 2 条第 1 款 b 项的规定,一成员领土的产品如在另一成员减让表的第一部分内列明,当这种产品输入到这一减让表所适用的领土时,除应依照减让表的规定、条件或限制,对它免征超过减让表所列的普通关税外,"对这种产品,也应免征超过于本协定签订之日对输入或有关输入所征收的任何其他税费,或免征超过本协定签订之日进口领土内现行法律规定以后要直接或授权征收的任何其他税费"。该条款制定了对来自其他成员的进口产品免征其他税费、实施国民待遇的基本规定,但没有明确应当如何列出免征的税费。

(一)免证的"其他税费"的列明

根据《关于解释 1994 年关税与贸易总协定第 2 条第 1 款 b 项的谅解》第 1 条的规定,为了保证由第 2 条第 1 款 b 项所产生的法律权利和义务的透明度,对该规定中所指的对约束的关税项目所征收的任何"其他税费"的性质和水平,都应载入《1994 年关贸总协定》所附的适用于这些关税项目的减让表中。该条款强调,这种"载入"并不改变"其他税费"的法律特征。该谅解第 3 条进一步申明,就所有关税约束而言,“其他税费”应载入减让表。

(二)“其他税费”的载入日期和适用水平

根据《关于解释1994年关税与贸易总协定第2条第1款b项的谅解》第2条的规定,“其他税费”的约束日期应为1994年4月15日。因此,“其他税费”应以该日适用的水平载入关税减让表。对以后每一减让的重新谈判或一项新的减让谈判所涉及关税项目的适用日期,应成为关税减让表中载入新减让的日期。

对于载入减让表的“其他税费”的水平,根据该谅解第4条的规定,作为先前一项减让主题的关税项目,其载入减让表的“其他税费”的水平,不得高于表内首次并入关税减让表所达到的水平。

(三)例外规定

根据《关于解释1994年关税与贸易总协定第2条第1款b项的谅解》第7条的规定,在建立世界贸易组织的协议生效以前,把作为《1994年关贸总协定》文件组成部分的减让表,交存于《1947年关贸总协定》全体缔约方的总干事,或在世界贸易组织建立以后,交存于世界贸易组织总干事时,因忽略而未载入表内的“其他税费”,以及以低于适用日通行水平载入的任何“其他税费”,不得随后增订入表或恢复到通行的水平,除非这些增订或变化在文件存入之日6个月之内做出。另根据第4款的规定,在建立世界贸易组织的协议生效后的3年期间,或在作为《1994年关贸总协定》文件组成部分的减让表存入世界贸易组织总干事以后的3年期间,如果这一日期较“其他税费”的载入日期更迟的话,任何成员都可以以在所涉及的项目实施约束时不存在此类“其他税费”为由,或者以任何“其他税费”的载入水平应与先前的约束水平相一致为由,对某一现存的“其他税费”提出异议。

(四)争端解决

根据《关于解释1994年关税与贸易总协定第2条第1款b项的谅解》第6条的规定,对于该谅解的争端解决适用《1994年关贸总协定》的第22条与第23条。

二、国营贸易企业

《关于解释1994年关税与贸易总协定第17条的谅解》针对原协定第17条对国营贸易企业的规定做了补充。原第17条主要规定了国营贸易企业义务、政府对国营贸易企业的管理责任、通知的责任、谈判的责任、申诉和请求的责任等,但始终没有能够给国营贸易企业下一个明确的定义。《关于解释1994年关税与贸易总协定第17条的谅解》对此进行了补充规定,给国营贸易企业确定了固定的范围和明确的性质。

《关于解释1994年关税与贸易总协定第17条的谅解》共包括前言和5项条款:前言,申明制定该谅解的意义;第1条,规定国营贸易企业的定义,即国营贸易企业条款的适用范围;第2条,规定政府通知和评估国营贸易企业政策的责任;第3条,规定通知书的制作;第4条,规定反向通知的程序和做法;第5条,规定货物贸易理事会和世界贸易组织秘书处审议各成员有关国营贸易企业政策的原则和程序。

(一)关于第17条谅解的制定原则

根据《关于解释1994年关税与贸易总协定第17条的谅解》的前言规定,为了使各成员更好地实施世界贸易组织为国营贸易企业活动所规定的义务,要求各成员影响私营贸易企业的进出口政府措施与总协定制定的普遍、非歧视待遇相一致,并受到《1994年关贸总协定》项下义务的约束。

(二)国营贸易企业的定义

根据《关于解释1994年关税与贸易总协定第17条的谅解》第1条的规定,为了确保国营贸易企业活动的透明度,国营贸易企业的工作定义应包括下述两个方面的内容:

1. 具有专营权或特权。国营贸易企业是被授予了包括法定的和宪法规定的权利在内的专营权或特殊权利的企业,这样的企业可以是政府拥有所有权的贸易企业,也可以是非政府企业的私营贸易企业,但必须是政府实施直接控制并赋予其在对外贸易中的专营权或特权。而且,国营贸易企业也应包括营销企业。

2. 国营贸易企业的经营活动(购买或销售)可以影响进口水平和流向。该条款还明确:适用该条款的国营贸易企业的经营活动不包括上述企业自己正在使用的或最终消费的进口产品,也不包括用于非再售或用于销售目的的商品生产所使用的进口产品,即政府采购。

(三)通知和审议程序

《关于解释1994年关税与贸易总协定第17条的谅解》制定了严格的通知、评估和审议程序,加强对国营贸易企业的监督和管理,其目的是使各成员对国营贸易企业的管理更具透明度,对其经营方式及经营活动对国际贸易的影响做出明确的评估。

该谅解第1条规定,各成员应将国营贸易企业通知世界贸易组织货物贸易理事会,以便根据该谅解的第5条成立的工作组审议。

第2条规定,各成员应对其向货物贸易理事会通知的国营贸易企业事项的有关政策,结合本谅解的规定进行审议。

第 3 条规定，通知书应按照 1960 年 5 月 24 日通过的国营贸易调查表（BISD9S/84—185）制作。不论进出口业务是否已实际发生，各成员都应通知国营贸易企业。

第 4 条规定，如果一成员有理由认为另一成员未适当履行其通知义务，可以提请该成员对这一问题加以关注。如果该问题没有得到满意的解决，它可以向货物贸易理事会提出反向通知，以供工作组考虑，并同时通知有关成员。

第 5 条规定，专门成立一个工作组代表货物贸易理事会审议通知和反向通知的事项，其审议的结果，将作为货物贸易理事会在不损害第 17 条第 4 款有关规定[世界贸易组织可以就某一成员（受到另一成员国营贸易企业的损害）提出的请求，要求建立、维持或授权建立这一国营贸易企业的成员，就其执行本协定提供资料]的情况下，决定通知是否适当和有关成员是否应进一步提供资料的依据。该工作组还将根据收到的通知，审议上述国营贸易企业调查表的适当性和其开展国营贸易的范围，并列示一份清单，以展示政府和国营贸易企业以及企业经营活动的关系。工作组向愿意参加该工作组的全体成员开放。工作组在建立世界贸易组织的协议生效后 1 年内召开会议。其后，至少每年召开 1 次会议，并每年向货物贸易理事会汇报情况。

三、维护国际收支的贸易限制措施

《关于 1994 年关税与贸易总协定国际收支条款的谅解》，其解释和适用对象是《1994 年关贸总协定》第 18 条有关发展中国家成员为保持国际收支平衡采取限制措施的国际收支条款，涉及的内容包括《1994 年关贸总协定》第 12 条、第 18 条以及“为收支平衡的目的而采取贸易措施的宣言”的规定等。该谅解规定了紧急情况下采取限制措施的纪律与条件。

（一）采取限制的时间表

《1994 年关贸总协定》第 12 条规定，任何成员为了保障其对外金融地位和国际收支，可以限制商品准许进口的数量和价值；第 18 条第 2 款也规定，发展中国家成员可以在一定情况下采取影响进口的保护措施或其他措施，并制定了实施限制措施的原则，但对采取措施的时间安排没有做出具体规定。《关于 1994 年关税与贸易总协定国际收支条款的谅解》第 1 条明确规定：各成员承诺尽快公布取消以国际收支为目的而采取贸易措施的时间表，并规定，这些时间表可结合国际收支的变化情况适当修改。如果某成员任何时候都未公布时间表，则应为此提供正当理由，说明原因。

（二）优先使用对贸易不利影响最小的措施

《关于 1994 年关税与贸易总协定国际收支条款的谅解》第 2 条规定，各成员要承诺优先使用对贸易不利影响最小的措施。这些措施（又称价格机制措施)应包括进口附加税、进口押金要求或对进口货物价格有影响的其他等同措施。

(三)避免以国际收支为目的而实施新的数量限制

根据《关于1994年关税与贸易总协定国际收支条款的谅解》第3条的规定,除非国际收支出现紧急情况,采取以上价格机制措施不能抑制对外支付的急剧恶化,方可采用数量限制措施。否则,各成员必须力求避免以国际收支为目的而实施新的数量限制。在必须采取数量限制的情况下,采取数量限制的成员,应当提出正当的理由说明价格机制措施不能处理国际收支状况;必须在随后的磋商中,说明这些数量限制措施对缓和紧急状态的进展和这些措施的限制结果;而且,因国际收支目的而采取的限制进口措施,对同一种产品只能采用一种形式。

(四)采用最低保护程度和透明的方式

根据《关于1994年关税与贸易总协定国际收支条款的谅解》第4条的规定,以国际收支为目的而采取的限制进口措施,只能用来控制进口总水平,而不能超出缓和国际收支所需要的程度。为了使因此出现的保护作用的加强减少到最低程度,还必须以透明的方式实施限制。如对某些必需品,各成员可以排除或限制使用跨境征收的附加税,或者排除或限制使用以国际收支为目的而采取的其他措施。在数量限制的管理中,只有在不可避免时,成员才允许使用任意许可制,并应逐步取消任意许可制。成员必须提供适当的理由,用以说明决定允许进口的数量和价值的标准。

(五)磋商与审议程序

《关于1994年关税与贸易总协定国际收支条款的谅解》的第5~8条明确规定了国际收支磋商和审议程序,其基本原则是,实行全面的磋商程序安排,对最不发达国家成员适用简化磋商程序。

根据该谅解第5条的规定,为国际收支目的而实施的进口限制由国际收支委员会安排磋商和进行审议。该委员会成员向所有愿意参加委员会的成员开放。委员会遵循1979年4月28日通过的程序(BISD18S/48—53),即全面磋商程序。

该谅解第6条规定,如果一成员采用新的限制或以实质化强制措施提高其现有的限制总水平,必须在实施这些措施的4个月内与委员会进行磋商。采取这些措施的成员,可以根据情况,分别要求按《1994年关贸总协定》第12条第4款a项或第18条第12款a项规定进行磋商。如果实施限制的成员没有这样的要求,国际收支委员会主席将邀请该成员举行这种磋商。磋商中可能要审议的要素,除个别情况外,应特别包括说明为国际收支目的而采取新形式限制措施、所提高的限制水平,以及所扩大限制的产品范围。

另根据该谅解第 7 条的规定,为国际收支目的而采取的所有限制,在选择了磋商程序后,还必须按《1994 年关贸总协定》第 12 条第 4 款 b 项或第 18 条第 12 款 b 项选择相应的审议程序,具体规定如下。

1. 按《1994 年关贸总协定》第 12 条第 4 款 a 项规定进行磋商,并按照第 12 条第 4 款 b 项进行审议。即建立新的限制或大幅度加强按本条(第 12 条是为保障国际收支而实施限制的条款)实施的措施,因而提高现行限制一般水平的任何成员应在建立或加强限制后(如能事先协商,则应于建立或加强前),立即与世界贸易组织就自己国际收支困难的性质、可能采取的其他补救办法以及这些限制对其他成员的经济可能造成的影响进行协商。该成员按照第 12 条第 4 款 b 项的规定,接受国际收支委员会的年度审议,并按照参与磋商的成员可能对磋商时间做变动达成的协议,或按照总理事会可能推荐的任何特别审议程序办理。

2. 按《1994 年关贸总协定》第 18 条第 12 款 a 项规定进行磋商。即建立新的限制或者大幅度加强按本节(第 18 条第 12 款是关于发展中国家成员政府为保障国际收支而实施限制的条款)实施的措施,因而提高现行限制一般水平的任何成员应在建立或加强限制后(如能事先协商,则应于建立或加强前),立即与世界贸易组织就自己国际收支困难的性质、可能采取的其他补救办法以及这些限制对其他成员的经济可能造成的影响进行协商,并按照第 18 条第 12 款 b 项的规定,接受国际收支委员会的定期审议。该审议程序为两年一次,并按照参与磋商的成员可能对磋商时间做变动达成的协议,或按照总理事会可能推荐的任何特别审议程序办理。

另按照该谅解第 8 条的规定,对于最不发达国家成员或按先前磋商中已提交委员会的时间表而正力求自由化的发展中国家成员的进口限制的磋商,可按 1972 年 12 月 19 日通过的简化程序举行。当发展中国家成员的贸易政策审议的预定日期与其固定的磋商日期在同一公历年时,其磋商也可按简化磋商程序举行。在这种情况下,是否应当举行全面磋商的决定,要以 1979 年宣言第 8 款中所列的因素为基础来做出。除了最不发达国家成员的这种例外,按简化程序举行的磋商,连续不能超过两次。

（六）通知与文件

根据《关于 1994 年关税与贸易总协定国际收支条款的谅解》第 9 条的规定,一成员实施或改变以国际收支为目的而采取的限制措施,以及对取消措施的时间表的改动,都必须通知总理事会。重大变动必须在变动宣布 30 天前或不晚于 30 天通知总理事会。各成员还必须每年向秘书处递交一份综合通知,包括法律、规定、政策条文或政府文告等方面的变动情况,供各成员审阅。通知必须包括尽可能全面的情况，如关税水平、限制措施类型、措施的实施准则、受影响的产品范围及贸易流量。

根据该谅解第10条的规定，委员会可以就任何成员的要求对通知进行审议。审议只限于澄清通知提出的特别问题，或者检查磋商是否属于第12条第4款a项或第18条第12款b项的规定所要求的。

根据该谅解第11条的规定，磋商成员必须为磋商准备一个基本文件，该文件应包括如下几项内容。

1. 国际收支状况和前景的概况，包括与国际收支状况有联系的国内外因素，以及为在可靠持久基础上恢复平衡而采取的各项国内政策措施。

2. 对以国际收支为目的而采取的限制措施的全面描述，包括其法律基础和为减少伴随的保护作用而采取的步骤。

3. 上一次磋商根据委员会做出放宽进口限制决定以来所采取的措施。

4. 取消和逐步放松剩下的限制措施的计划。

在简化磋商程序的磋商中，该磋商成员还必须提交一份反映基本文件主要内容的书面声明。

此外，根据规定，世界贸易组织秘书处应为磋商准备有关的背景文件。

（七）国际收支磋商的结论

《关于1994年关税与贸易总协定国际收支条款的谅解》第13条规定，国际收支委员会必须向总理事会报告磋商情况。若使用全面磋商程序，该报告应当阐明国际收支委员会对磋商计划中各个问题的结论，同时对作为这些结论基础的事实和理由予以说明。当使用简化磋商程序时，该报告必须含有国际收支委员会讨论主要问题的纪要和是否需要全面磋商程序的决定。

四、关税同盟与自由贸易区

《关于解释1994年关税与贸易总协定第24条的谅解》针对经济全球化加速发展情况下区域经济扩张加快的现实，澄清和加强了对新的或扩大的关税同盟或自由贸易区的审议标准和程序。它不仅确立了对区域贸易安排形成前后所实施的关税和有关条例的评估办法，还明确了关税同盟成员在其领土内由区域或地方当局采取相应措施的义务。

《关于解释1994年关税与贸易总协定第24条的谅解》由前言和15个条款组成。

（一）《关于解释1994年关税与贸易总协定第24条的谅解》的基本原则

前言部分阐述了制定该谅解的主要原因和原则。原因是关税同盟和自由贸易区无论在数量上还是在重要性上都有了极大的增加，并覆盖了当今国际贸易的重要部分。而且，随着区域经济一体化的发展，关税同盟和自由贸易区经济进一步一体化对世界经济和国际贸易带来了双重影响：一方面，“成员之间经济的进一步一体化可以对扩大世界贸易做出贡献”，而且，“如果组成领土之间税收和其他限制性商业规定的取消，扩展至所有贸易，这样的贡献将会增加”；另一方面，成员之间的经济一体化，税收和其他限制性商业规定的取消“如果未扩展至主要部门的贸易，这类贡献则会减少”，可能对其他成员的贸易造成不利的影响。因此，“重申此类协议的目的应当是促进组成领土之间的贸易，并不得增加其他成员与这些领土之间的贸易壁垒；在组成或扩大其区域时，此类协议的成员应在最大可能程度上避免对其他成员的贸易造成不利的影响”。

（二）对关税同盟和自由贸易区的审议

根据《关于解释1994年关税与贸易总协定第24条的谅解》第1条的规定，关税同盟、自由贸易区和导致组成关税同盟或自由贸易区的临时协定，应与《1994年关贸总协定》第24条一致，特别是要符合该条第5款、第6款、第7款、第8款的规定。

1. 对《1994年关贸总协定》第24条第5款的补充：对关税和商业规章的评估。根据《1994年关贸总协定》第24条第5款的规定，关税与贸易总协定的各项规定，不阻碍各成员在其领土之间建立关税同盟或自由贸易区，或为建立关税同盟或自由贸易区的需要采用某种临时协定。但是，建立关税同盟或过渡到关税同盟的临时协定对未参加联盟或临时协定的各成员的贸易所实施的关税和其他贸易规章，大体上不得高于或严于未建立联盟或临时协定时各组成领土所实施的关税和贸易规章的一般限制水平（参见第24条第5款a项规定）。为了更加明确关税同盟和自由贸易区对外贸易政策规定，《关于解释1994年关税与贸易总协定第24条的谅解》的第2条对此做出了更为具体的规定，其主要内容如下：

（1）对一关税同盟组成之前或以后关税的一般征收方式和所适用的其他商业规定的评估，在关税和费用方面，应基于加权平均税率及所征收关税的总体评估。具体来说，应根据关税同盟提供的前一有代表性时期的进口统计数据，按税号价值数量以及世界贸易组织的原产国分类进行。

（2）世界贸易组织秘书处根据乌拉圭回合多边贸易谈判评估关税出价所用方法，计算加权平均税率和所征关税，并且应当使用已适用的税率进行评估。

（3）在评估过程中，可以要求检查每项措施、规定、所涉及的产品及受影响的贸易流量。

2. 对“合理的时限”的补充规定。根据《关于解释1994年关税与贸易总协定第24条的谅解》第3条的规定，《1994年关贸总协定》第24条第5款c项所指的关税同盟或自由贸易区如需要一段过渡期才能完成，其“合理的时限”在例外情况时才允许超过10年。而且,当一项临时协定缔约方的成员认为10年不够而需要更长时间时,应向货物贸易理事会做出充分的解释。

3. 根据《1994年关贸总协定》第24条第6款的安排:补偿性调整的程序安排。根据《关于解释1994年关税与贸易总协定第24条的谅解》第4条的规定,在《1994年关贸总协定》第24条第6款规定的基础上,当一成员组建关税同盟,计划提高约束税率时,必须遵守《1994年关贸总协定》第24条第6款所制定的程序,即如果关税同盟提高约束税率,而此项提高并不符合《1994年关贸总协定》第2条的规定,则必须适用《1994年关贸总协定》第28条的规定(按该条规定调整关税时对受影响的成员应予以补偿),以及《关于解释1994年关税与贸易总协定第28条的谅解》的补充规定。该程序在为组建关税同盟或签订一项导致组建关税同盟的临时协定而修改或撤回关税减让前必须开始。

《关于解释1994年关税与贸易总协定第24条的谅解》第5条规定,在这种谈判中,应以诚信的方式进行,以达成双方满意的补偿办法。应将关税同盟其他成员于建立关税同盟时在同一关税类别的调降关税纳入考虑,倘若此种降税的调整并不足以提供必要的补偿,则关税同盟将提供补偿。其补偿形式为:降低其他关税类别的关税水平。如这种补偿和调整仍不能被接受,则应继续谈判。倘若尽管做出了这类努力,根据《关于解释1994年关税与贸易总协定第28条的谅解》修改过的第28条的规定,谈判自一开始并在一合理阶段内未能就补偿调整达成一致,关税同盟可以修改或撤销减让。按照第28条的规定,受影响的成员也有权撤回实质上相等的减让作为报复。

另根据《关于解释1994年关税与贸易总协定第24条的谅解》第6条的规定,《1994年关贸总协定》对因组建关税同盟或签订一项导致组建关税同盟临时协定,而从减税中获益的成员,不要求关税同盟内部成员提供补偿的义务。

4. 对关税同盟和自由贸易区的审议程序。根据《关于解释1994年关税与贸易总协定第24条的谅解》第7条的规定,所有根据《1994年关贸总协定》第24条第7款a项做出的通知(任何成员决定加入关税同盟或自由贸易区,或签订成立关税同盟或自由贸易区的临时协定)应由一个工作组根据《1994年关贸总协定》有关条款和本谅解的第1条予以审议。

根据《关于解释1994年关税与贸易总协定第24条的谅解》第8条的规定,关于临时协定,工作组可以在报告中就拟订完成组建关税同盟或自由贸易区的时间框架提出适当建议。如果有必要,工作组可就临时协定进一步审查。

根据该谅解第9条的规定,一项临时协定的成员应将协议中所包含的计划和时间表的实质性变化通知货物贸易理事会,若有必要,应由理事会审议。

根据该谅解第10条的规定,如果申请建立关税同盟或自由贸易区的成员没有订立计划或时间表,工作组应该在其报告中提出此类计划和时间表的建议,如果有关成员不接受建议,则不得保留或实施该协议。

该谅解第 11 条规定,关税同盟和自由贸易区组成成员应定期向货物贸易理事会报告有关协定运行情况,协议中有任何重大变化和发展,都必须报告。

(三)争端解决

根据《关于解释 1994 年关税与贸易总协定第 24 条的谅解》第 12 条的规定,对《1994 年关贸总协定》第 24 条关于关税同盟、自由贸易区或导致组建关税同盟或自由贸易区的临时协定的争端,可适用由《关于争端解决规则与程序的谅解》解释和适用的《1994 年关贸总协定》第 22 条和第 23 条。

(四)对《1994 年关贸总协定》第 24 条第 12 款的补充——地区或地方政府的义务

根据《1994 年关贸总协定》第 24 条第 12 款的规定,成员应采取一切可能采取的合理措施,保证它的领土内的地区、地方政府和主管机关能遵守本协定的各项规定。《关于解释 1994 年关税与贸易总协定第 24 条的谅解》第 13 条重申这一原则,要求地区或地方政府在其管辖区内遵守这些条款。

根据该谅解第 14 条的规定,对一方领土内由地区、地方政府和主管机关采取的影响遵守的措施,可适用《关于争端解决规则与程序的谅解》及《1994 年关贸总协定》第 22 条和第 23 条。

该谅解第 15 条强调,每一成员都应保证对另一成员在前者领土内采取了影响《1994 年关贸总协定》运行的有关措施给予同情的考虑,并提供足够的协商机会。

五、义务豁免

《关于 1994 年关税与贸易总协定豁免义务的谅解》是对《1994 年关贸总协定》第 25 条联合行动的有效补充。该谅解就义务豁免做出了进一步的规定,主要内容如下。

(一)豁免的提出

根据《关于 1994 年关税与贸易总协定豁免义务的谅解》第 1 条的规定,申请豁免或延长豁免义务,应该说明成员所想采取的措施,所追求的具体的政策目标,以及妨碍成员采取符合《1994 年关贸总协定》的措施仍难以实现政策目标的原因。

(二)《建立世界贸易组织协定》与豁免的失效和延期

根据《关于 1994 年关税与贸易总协定豁免义务的谅解》第 2 条的规定,任何在《建立世界贸易组织协定》生效之日有效的豁免都应中止,除非根据《建立世界贸易组织协定》第 9 条的程序和上诉程序,在期满时或《建立世界贸易组织协定》生效后2年内(以早者为准)已经延期。

(三)关于豁免的争端解决

根据《关于1994年关税与贸易总协定豁免义务的谅解》第3条的规定,由于:①获得豁免义务的成员未能遵守豁免义务的时间和条件;②运用某项与豁免义务的期限和条件不相一致措施,任一成员认为其在关贸总协定下的利益正在丧失或受到损害时,可以援引由《关于争端解决规则与程序的谅解》解释和适用的《1994年关贸总协定》第23条。

六、减让表的修改程序

《关于解释1994年关税与贸易总协定第28条的谅解》补充了《1994年关贸总协定》第28条关于修改和撤回约束关税并予以补偿的规则。该规则的制定主要考虑到中小出口成员在某些产品出口中占有较高的出口份额,修改或撤回约束关税对其具有重大影响,因此,在获得谈判权问题上应通过个别程序安排保护其应享受的利益。

(一)适用原则

根据《关于解释1994年关税与贸易总协定第28条的谅解》第1条的规定,为修改或撤回一项减让,在其总出口中,具有最高出口份额的产品受减让影响的成员,若未如《1994年关贸总协定》第28条第1款规定(关于关税减让谈判的一般规定)已经享有最初谈判权或主要供应者利益,应被视为享有主要供应者利益。

该谅解第4条规定,确定主要供应者利益和实质利益以及计划补偿时,应特别考虑受影响产品在出口成员的生产能力、投资和估计的增长,以及该产品在进口成员的预计需求。

(二)适用日期

《关于解释1994年关税与贸易总协定第28条的谅解》第1条申明,各成员同意,本条款自建立世界贸易组织协议生效起5年后,应由货物贸易理事会审议,以确定适用上述这一标准的规定,目的是保证中小出口成员谈判权能够很好地重新分配与使用。如果不能够最终确定这样的一个标准,也应考虑其他改进方法,包括根据可得到的适当的数据,并基于受关税减让影响的产品出口到该产品的所有市场的比率,而制定一个标准。

(三)最初谈判权的提出

根据《关于解释1994年关税与贸易总协定第28条的谅解》第2条和第5条的规定,当一成员认为,根据《关于解释1994年关税与贸易总协定第28条的谅解》第1条的规定,其享有主要供应利益或实质性供应利益时,应准备充足的有关证据，并以书面形式提出申请，通知计划修改或撤回某一减让的成员，同时通知世界贸易组织秘书处。其谈判程序应适用 1980 年 11 月 10 日通过的《1994 年关贸总协定》第 28 条谈判程序(BISD27S/26—28)的第 4 款规定。

(四) 适用标准与范围

根据《关于解释 1994 年关税与贸易总协定第 28 条的谅解》第 3 条的规定，该规则的实施只考虑最惠国待遇范围内的产品贸易。在决定各成员是否享有主要供应者利益(无论是按第 1 条规定或关贸总协定第 28 条第 1 款规定)或是实质利益时，只考虑在最惠国待遇基础上发生的受影响产品的贸易。但是对根据非契约性优惠而发生的受影响产品的贸易，在谈判修改或撤销减让时如果涉及的贸易终止了从应优惠待遇中获得利益，而变为最惠国贸易，则也应予以考虑。

根据该谅解第 4 条的规定，减让表修改或撤销时，如果涉及的是一项新产品(即无法提供 3 年贸易统计数字的产品)，在谈判其关税减让时，对该产品所在或所曾在的税号，现有初谈权的成员，应被视为在减让中享有初谈权。“新产品”应理解为包括从现行税号中细分出的税目。

(五) 补偿的规定

根据《关于解释 1994 年关税与贸易总协定第 28 条的谅解》第 6 条的规定，当一项非约束性的关税减让由一项关税配额所取代时，由此所提供的补偿额，应超出由修改减让而实际受到影响的贸易额。补偿计算的基础，应是超出配额水平的将来贸易的期望值。将来贸易期望值的计算，应在下述计算的基础上大于：①最近 3 年期间，具有代表性的年平均贸易的同期上升的年平均进口增长率，或 10%，以高者为准；②在最近 1 年增长达 10%的贸易。

一成员补偿的责任，不得超出由该项减让完全撤回所应承担的范围。

另根据《关于解释 1994 年关税与贸易总协定第 28 条的谅解》第 7 条的规定，享有主要供应者利益的任何成员，在一项修改或撤销的减让中无论按《关于解释 1994 年关税与贸易总协定第 28 条的谅解》第 1 条或按《1994 年关贸总协定》第 28 条第 1 款规定，在补偿减让中都有最初谈判权，除非有关成员同意用另一种方式补偿。

第五节　涉及《1994 年关贸总协定》的典型争端案例

美国与印度、马来西亚、巴基斯坦和泰国部分虾产品禁止进口案(The United States Import Prohibition of Certain Shrimp and Shrimp Products from India,

Malaysia, Pakistan and Thailand, WT/DS58)是由美国修改其国内法《濒危物种法案》引起的、主要围绕《1994 年关贸总协定》(GATT 1994)第 20 条"一般例外"原则产生的争端案件。

1973 年,美国通过《濒危物种法案》,将在美国海域内出没的海龟列为法案的保护对象之一。之后,美国科学家研制出一种海龟隔离器(Turtle Excluder Device, TED),它能有效减少误捕、误杀海龟。1989 年,美国通过修正《濒危物种法案》,增加了第 609 条,禁止所有为使用装备而捕获的虾产品进入美国市场。最初,第 609 条款只适用于加勒比海及西大西洋地区的 14 个国家的出口,并给予这些国家 3 年过渡期。1995 年 12 月,美国通过制定新的实施细则,将该措施适用于所有外国,且过渡期只有 4 个月。

投诉方认为,美国的上述立法违反了《1994 年关贸总协定》的以下规定:①第 11 条有关取消数量限制的规定;②第 1 条最惠国待遇原则;③第 13 条禁止成员采取歧视性贸易限制措施的规定。对此,美国提出的抗辩主张是:《1994 年关贸总协定》第 20 条"一般例外"原则,特别是其中第 b 项、第 g 项有关可以作为关贸总协定一般原则例外的环保措施的规定。

本案专家组要审查的主要问题是美国根据《1994 年关贸总协定》第 20 条的抗辩是否成立。专家组认为:①某一具体措施如依据第 20 条获得正当性,不仅应属于第 20 条所列举的各项例外,还必须满足第 20 条前言部分的要求。②美国采取的措施不能保证世界贸易组织多边贸易体制的实现,即与世界贸易组织的目标和宗旨不符;美国在采取措施前,没有充分寻求通过谈判达成协议的途径以实现保护环境的目的,这也不符合第 20 条前言部分"不在情形相同的成员之间构成任意或不合理歧视的手段或构成对国际贸易的变相限制的要求前提下"的规定。因此,专家组最终裁定美国的措施不符合《1994 年关贸总协定》第 20 条前言的规定,并且认为没有必要再审查其是否符合第 20 条第 b 项、第 g 项的规定。

上诉机构认为,专家组以审查世界贸易组织宗旨和目标来代替审查第 20 条前言部分宗旨和目标的方式过于宽泛;判断某措施是否符合第 20 条规定,应依次审查其是否符合第 20 条的具体例外规定和是否符合前言部分规定,且二者顺序不能颠倒。上诉机构认为:①《濒危物种法案》第 609 条所保护的海龟是"可用竭的自然资源",其措施是"与保护可用竭的自然资源有关的",且"与限制国内生产或消费一同实施",因此《濒危物种法案》第 609 条符合第 20 条 g 项的要求。②《濒危物种法案》第 609 条"在情形相同的成员之间构成任意或不合理歧视的手段或构成对国际贸易的变相限制"。其中,"不合理歧视"体现在:要求他国政府制定与美国要求相同的措施而对可能保护海龟的其他政策及措施概不考虑;在实施进口禁止前,未与有关成员进行全面谈判以达成保护海龟的多边或双边协议,但美国却与本地区国家进行区域性谈判并达成协议;不同成员给予的过渡期不同。同时,“任意”体现在:美国采取措施前未与相关国家磋商、合作;美国的做法也拒绝了基本的公平和正当的程序。因此,上诉机构最终裁定美国采取的措施构成了任意的或不合理的歧视,并最终得出结论,虽然美国采取的措施符合第 20 条 g 项规定,但不符合第 20 条前言规定,因而总体上不符合第 20 条规定。

本案发生在世界贸易组织成立之后,该案的裁决体现着贸易与环境关系方面的巨大进步。与此前对待贸易与环境问题的谨慎态度不同的是,世界贸易组织争端解决机构(DSB)并非对成员的国内环境规定一概否定,开始在一定程度上承认成员国内环境规定的域外效力,并开始考虑积极协调贸易与环境间的关系。同时,争端解决机构也开始接受并将环境组织提供的材料和报告作为争端解决的法律依据,这对正确对待各成员国内环境规定及协调贸易与环境的关系意义重大。

思考题

1. 关贸总协定有几种含义?
2. 最惠国待遇原则的适用范围和内容是什么?
3. 国民待遇原则的适用范围和内容是什么?
4. 什么是国营贸易企业?关贸总协定关于国营贸易企业有何规则?
5. 关贸总协定对关税同盟和自由贸易区有何约束?

第五章

货物贸易多边协议

★ 本章要点 ★

本章介绍了世界贸易组织管辖下的货物贸易协议，这些协议是对关贸总协定的补充和完善，具体包括各项协议的基本框架、主要内容、相关措施的实施条件和程序等。

第一节　反倾销协议

最初的反倾销规则只是《1947 年关贸总协定》第 6 条一个条款的规定。该条款规定：某一产品以倾销方式，即以低于正常价值的价格输出到其他国家，使得输入国的国内产业蒙受损害，输入国可以征收不超过倾销差额的反倾销税。由于该条款只是一条原则性规定，关贸总协定各缔约方在依此进行反倾销调查时易导致混乱，因而在 1967 年的肯尼迪回合谈判中缔结了专门的反倾销协议，后经东京回合、乌拉圭回合的两次修改，就形成了现在的《关于实施 1994 年关税与贸易总协定第 6 条的协议》(Agreement on Implementation of Article Ⅵ of GATT 1994，简称《反倾销协议》)。《反倾销协议》共包括 3 部分 18 个条款(参见表 5-1)。第一部分内容包括：总则、倾销的确定、损害的确定、国内产业的定义、发起和后续调查、证据、临时措施、价格承诺、反倾销税的征收、追溯效力、反倾销税和价格承诺的期限及复审、公告和裁决的解释、司法审议、代表第三国的反倾销诉讼、发展中国家成员等；第二部分内容包括：反倾销措施委员会、协商和争端解决等；第三部分是最后条款。此外还有两个附件：关于反倾销的现场调查程序和反倾销调查中的最佳资料提供。根据《反倾销协议》第 1 条“总则”的规定,各成员只有在符合《1994 年关贸总协定》第 6 条规定的情况下方可采取反倾销措施,并且应当按照该协议规定的程序发起和进行调查。

表 5-1 《反倾销协议》的结构

第一部分		
第 1 条	Principles	总则
第 2 条	Determination of Dumping	倾销的确定
第 3 条	Determination of Injury	损害的确定
第 4 条	Definition of Domestic Industry	国内产业的定义
第 5 条	Initiation and Subsequent Investigation	发起和后续调查
第 6 条	Evidence	证据
第 7 条	Provisional Measures	临时措施
第 8 条	Price Undertakings	价格承诺
第 9 条	Imposition and Collection of Antidumping Duties	反倾销税的征收
第 10 条	Retroactivity	追溯效力
第 11 条	Duration and Review of Antidumping Duties and Price Undertakings	反倾销税和价格承诺的期限及复审
第 12 条	Public Notice and Explanation of Determination	公告和裁决的解释
第 13 条	Judicial Review	司法审议
第 14 条	Antidumping Action on behalf of a Third Country	代表第三国的反倾销诉讼
第 15 条	Developing Country Members	发展中国家成员
第二部分		
第 16 条	Committee on Antidumping Practices	反倾销措施委员会
第 17 条	Consultation and Dispute Settlement	协商和争端解决
第三部分		
第 18 条	Final Provisions	最后条款
附件 1	Procedures for On-spot Investigations Pursuant to Paragraph 7 of Article 6	根据第 6 条第 7 款规定的现场调查程序
附件 2	Best Information Available in terms of Paragraph 8 of Article 6	第 6 条第 8 款关于可获得的最佳资料的规定

一、倾销的确定

（一）倾销的概念

根据《反倾销协议》第2条第1款的规定，一项产品从一国出口到另一国，如果该产品的出口价格低于出口国国内“同类产品”的价格，即低于其正常价值，该产品就被认为是倾销。这里的同类产品是指在所有方面都跟出口产品相似的产品，或虽在所有方面与出口产品不尽相同，但具有与该产品非常类似的特性的其他产品。由此可见，认定倾销是否存在取决于两个价格的比较：“正常价值”与“出口价格”。如果经调查认定倾销成立，二者之间存在的差额即是倾销幅度。

（二）“正常价值”的确定

根据《反倾销协议》第2条第2款的规定，确定“正常价值”有三种方法。其中，第一种方法是最主要、最常用的方法，只有第一种方法存在特殊情况不能使用时，才使用另外两种方法。

1. 如果出口国国内有该产品的销售价格，并且产品的销售是用于国内消费，该销售价格即是“正常价值”。但当存在下述情况时，出口国国内虽有该产品的销售，其售价却不能作为确定“正常价值”的依据：①在出口国国内市场的销售太少（按《反倾销协议》的注解，如果该产品在出口国国内市场的销售量低于向进口成员销售的5%，将不足以用于确定正常价值）。②在出口国国内市场上同类产品的销售价格低于每单位生产成本加上行政管理费、销售费和一般费用，即低于成本销售。这种销售不是在正常贸易过程中进行的，因而不能作为确定“正常价值”的依据。

2. 以产品出口到第三国市场销售的价格作为“正常价值”。由于实践中可能存在许多除出口国与进口国之外的“第三国”，因而就存在选择哪一个国家作为“第三国”的问题。选择第三国的标准如下：①向第三国出口的产品应是向进口成员国出口的相同或类似产品；②产品在第三国的销售是用于其国内消费；③向第三国出口该产品的数量不得小于向进口成员国出口数量的5%；④在第三国的销售不存在低于成本销售的非正常贸易情况。

3. 以结构价格作为确定“正常价值”的依据。所谓结构价格是指产品原产地国的生产成本加上合理数额的管理费、销售费、一般费用和利润。这里的生产成本费用应根据受调查的出口商或生产商存有的记录计算，这些记录应符合出口国普遍接受的会计原则，合理反映与生产有关的成本以及有关产品的销售。反倾销调查当局应考虑全部现有的成本适当分配的证据，该分配应是在历史上一直被出口商或生产商所使用的。关于管理费、销售费、一般费用和利润的计算，应以与生产有关的实际数据以及出口商或生产商在正常贸易过程中相关产品的销售为根据。

（三）“出口价格”的确定

一般情况下，出口价格指出口商将产品出售给进口商的价格。具体到每一笔交易，出口价格的确定取决于交易双方使用的价格术语，不同的价格术语代表着不同的价格条件。

在特殊情况下，例如交易属于易货贸易或补偿贸易，不存在出口价格或者出口价格是不真实、不可靠的。根据《反倾销协议》第2条第3款的规定，如果不存在出口价格，或者由于出口商与进口商或第三者之间有某种特殊关系（如有联合或补偿安排）使出口价格不可靠时，确定出口价格的方法是：①出口产品首次转售给无特殊关系的独立购买人的价格；②调查当局可在合理的基础上确定出口价格（具体方法可见《海关估价协议》）。

（四）“正常价值”与“出口价格”的比较

正常价值与出口价格比较的目的，是为了最终确定进口产品是否存在倾销及其倾销幅度的大小。由于通常情况下正常价值与出口价格是两个不同国家市场的销售价格，正常价值一般不包括出口所必需的税费等，但出口价格包括出口税费。因此，在对二者进行比较前，首先需要对两个价格进行适当的调整。根据《反倾销协议》第2条第4款的规定，对二者的比较应体现公平合理的原则，应尽可能在出厂价的基础上进行比较，并对运输费、保险费等一些因素予以考虑和调整，同时应尽可能就同一时期的销售进行比较。

在对正常价值和出口价格进行比较时，涉及以下几个问题：

1. 货币兑换。在比较中需要进行货币兑换时，该兑换应按销售日（通常指购买订单、订单确认或发票的日期）使用的外汇汇率做出。假如在期货市场上出售外币与有关的出口销售有直接联系，应使用期货销售的外汇汇率。

2. 比较的方式包括三种：①在加权平均正常价值与全部可比的出口交易的加权平均价格之间进行比较；②正常价值与每项交易的出口价格进行比较；③加权平均正常价值与单独出口交易的价格进行比较。通常情况下应采用第一种方式进行比较。

3. 如果产品不是直接从原产地国进口，而是通过一个中间国向进口成员出口，该产品从出口国向进口成员销售的价格既可以与出口国的可比价格进行比较，也可以与原产地国的价格进行比较。例如，出口国国内不存在该产品的生产，也没有国内销售价格，这时的价格比较应以原产地国的国内价格为准。

二、损害的确定

确定进口国“国内产业”遭到了损害是进口国对倾销产品征收反倾销税的另一个主要条件。

(一)"国内产业"的认定

根据《反倾销协议》第4条的规定,"国内产业"是指进口国国内生产相同或类似产品的生产者全体,或虽不构成全体,但构成其国内生产相同或类似产品产业的大部分生产者。所谓"相同或类似产品",是指那些与被调查的进口产品同样的产品,即在所有方面都跟该产品相似的产品;如果不存在所有方面都跟该产品相似的产品,则指那些虽在所有方面与其不尽相同,但在物理性质与功能上一样或最接近的进口国其他产品,而且必须能从进口厂商的资料和数据上分辨出来。

根据《反倾销协议》第4条第1款第2项的规定,在符合下述条件时,"国内产业"也可以以位于某一成员境内的一个地区为范围构成:①该地区已形成一个相对独立的竞争市场;②该地区生产者生产的相同或类似产品的全部或绝大部分在本地区销售;③该市场的需求在很大程度上不是由成员境内其他地方的有关产品生产者供给的。根据《反倾销协议》第4条第2款的规定,当"国内产业"被这样解释为某一地区的生产者时,反倾销税就应只对该地区进行最终消费的有关产品征收,而不能对销往其他地区的产品征收反倾销税。根据《反倾销协议》第4条第3款的规定,当两个或两个以上的国家按照《1994年关贸总协定》第24条第8款的规定已达到一体化程度时,即它们具有一个单一的统一市场的性质特点,则该地区的整个产业应被视为"国内产业"。

(二)损害的定义

反倾销中的损害指因倾销的存在对某一"国内产业"造成了重大损害、形成重大损害的威胁或对某一产业的建立造成严重的阻碍,即《反倾销协议》规定的损害有三种情况:重大损害、重大损害威胁和严重阻碍。

根据《反倾销协议》第3条第1款和第2款的规定,确定损害应包括对以下三个方面的客观审查:①倾销进口产品的数量是否存在大量增加的情况。进口产品数量的大量增加包括绝对数量的大量增加和相对数量的大量增加,无论存在哪一种情况,都可认定存在进口产品的大量增加。②倾销进口产品对价格的影响。通过对倾销进口产品与进口成员同类产品价格进行比较,确定是否存在导致同类产品大幅度地降价销售的情况,或者是否在很大程度上阻碍国内同类产品价格提高的情况。③倾销进口产品对国内相同产品生产商造成的影响。审查倾销的进口产品对有关国内产业的冲击程度,应包括对有关产业状况的所有有关的经济因素和指数的评估,包括销量实际或潜在的下降,利润、产量、市场份额、生产率、投资收益、生产设备的利用,影响国内价格的因素,倾销幅度大小,对现金流动、库存、就业、工资、增长率等方面的副作用。

(三)累积评估

根据《反倾销协议》第3条第3款的规定,如果受到调查的产品来自多个国家,在符合下列条件时,调查当局应对所有进口产品对国内产业造成的影响进行累积评估,即对所有该产品的进口对国内产业造成的影响相加的总和进行评估:①从这些国家进口产品的倾销幅度都大于2%;②从其中一个国家进口倾销产品的数量被确定为占进口成员国内市场上同类产品数量的3%以上,或者从单个国家进口数量不足3%,但从几个国家进口产品数量之和超过了该进口成员同类产品进口量的7%;③这些来自不同国家的进口产品之间的竞争条件基本相同,并且这些进口产品与国内同类产品之间的竞争条件也基本相同。

(四)倾销与损害的因果关系

如果经过调查,认定既存在倾销,也存在损害,并不能当然导致反倾销措施的实施,还应证明倾销与损害之间的因果关系。因为有时国内相关产业的损害可能是由其他原因造成的。如果损害的发生同时也受到其他因素的影响,这种损害不能单单归咎于倾销。《反倾销协议》第3条第5款规定,调查当局必须证明倾销是造成损害的原因。证明这个因果关系的存在应当基于对所有相关证据的审查。同时,当局也应审查倾销以外的其他因素,包括:①未以倾销价格出售的进口产品的数量和价格;②进口国需求的减少和消费模式的变化;③外国与国内生产商之间的竞争以及限制贸易竞争的行为;④技术的发展;⑤进口国相关产品出口的下降和生产能力的下降。这些因素的存在,将导致排除倾销与损害间的因果关系。

(五)重大损害威胁

重大损害威胁是指实际的实质性损害尚未发生,但如果倾销产品继续进口,则在不久的将来将有发生实质性损害的趋势或极大的可能性。由于在做出裁定时,实质性损害并没有实际发生,因此在认定损害威胁时应十分慎重,否则可能会因主观判断的失误导致反倾销措施的滥用。《反倾销协议》第3条第7款规定,在确定损害威胁时,调查当局应特别考虑以下因素:①倾销的进口产品以极大的增长比例进入进口国国内市场,表明由此引起进口巨大增加的可能性;②出口商能充分自由处置迫近的大量增长的情况,表明存在着倾销产品向进口成员市场出口大量增长的可能性;③进口产品是否会对国内价格带来重大的压抑或抑制性影响,以及可能会增加进一步进口的需求;④受调查产品的库存情况。

三、反倾销调查程序

(一)申请人的资格

发起反倾销调查可以有两种方式:一是由国内受到倾销影响的产业提起申请;二是由反倾销调查当局自主决定进行反倾销调查。前一种形式在实际中运用较多。

提出发起反倾销调查的申请人必须能够代表国内相关产业。根据《反倾销协议》第 5 条第 4 款的规定，审查申请人是否具有代表国内产业的资格，应考虑以下标准：①申请人的集体产量必须达到该产品国内全部生产量的 25%以上；②申请人的集体产量必须达到支持或反对该申请的国内生产商产量的 50%以上。

（二）申请书的内容

根据《反倾销协议》第 5 条第 2 款的规定，申请书应包括以下内容：

1. 申请人的身份，包括名称、主要产品、地址、电话等表明申请人身份的基本资料。

2. 对国内同类产品生产价值和数量的陈述。

3. 对倾销产品的一套完整的陈述，包括该产品所属国家的名称、每一个已知的出口商或外国生产者的身份以及已知的进口该产品的进口商的名单。

4. 倾销产品在原产地国或出口国国内市场上出售的价格资料，以及出口价格的资料，或者在必要时提供该产品在进口国首次转售给独立购买人的价格资料。

（三）证据的收集

根据《反倾销协议》第 6 条的规定，调查当局对证据的收集主要包括以下内容：

1. 调查当局应将要求提供的信息资料通知所有有利害关系的当事人，并给予充分的机会让其用书面形式提出与调查有关的全部证据。出口商或外国生产者在收到调查表后，应给予至少 30 天的答复时间。一个当事人提供的证据应迅速提供给其他当事人。

2. 在调查期间，所有有利害关系的当事人应有充分的机会为其利益进行辩护，调查当局为当事人提供会见并辩论的机会。

3. 调查当局应及时向所有有利害关系的当事人提供一切与案件有关的资料。

4. 涉及机密性资料时，调查当局应要求当事人提交一份非机密的概要，否则该资料将不能作为证据使用。

5. 如果当事人拒绝提供资料，则在现有资料基础上做出裁决。

6. 在仲裁前，当局应将考虑中的事实通知所有有利害关系的当事人，使其有充分的时间维护其权益。

7. 当局应对有关的每一个已知的出口商或生产者单独的倾销幅度做出裁决，如果出口商、生产者数目特别大，则可采取抽样方法进行调查，但主动提供资料的不得予以压制。

上面提到的“有利害关系的当事人”包括：①受调查产品的出口商、生产商、进口商，或其大多数成员是该产品的生产者、出口商或进口商的商会、同业公会；②出口成员政府；③进口成员同类产品的生产商，或者大多数成员是进口成员地域内生产同类产品的商会和同业公会。

（四）反倾销裁定

反倾销调查当局应分别对倾销和损害做出初步裁定和最终裁定。初步裁定是反倾销调查的初步结论，如果初步裁定存在倾销和损害，可以采取临时反倾销措施或实施价格承诺；如果初步裁定不存在倾销和损害，则应终止反倾销调查。最终裁定是反倾销调查当局在肯定性初步裁定的基础上，继续对申请人提出的反倾销指控做进一步调查后得出的最后结论。无论最终裁定是肯定性的还是否定性的，都将导致反倾销调查程序的结束。肯定性的最终裁定一般将导致采取反倾销措施；否定性的最终裁定（无论是对倾销的最终裁定还是对损害的最终裁定）将导致案件以不采取反倾销措施的形式结束。

（五）行政复审

根据《反倾销协议》第 11 条的规定，一般情况下，采取反倾销措施的期限是 5 年。在此期间，与该案有利害关系的当事人可以提出行政复审的要求。调查当局在审查当事人提供的资料后决定是否进行复审。此外，调查当局认为有必要时，也可主动发起复审。如果经复审，证明继续征收反倾销税已没有必要，则应终止征税。如果在 5 年期限届满时，复审正在进行，还未结束，则应继续征税。通常情况下，复审应自开始之日起的 12 个月内结束。

（六）司法审查

《反倾销协议》第 13 条规定，各成员在国内立法中应包括司法审查的程序，即有利害关系的当事人对最终裁决和复审决定不满的，可以通过诉讼程序请求司法审查。进行司法审查的法庭应完全独立于做出最终裁决和复审决定的调查当局。

（七）公告

《反倾销协议》第 12 条规定，反倾销调查当局决定开始进行反倾销调查程序时，应发布发起调查的公告，内容包括：出口国的名称和涉及的产品；开始调查的日期；申请书中证明倾销的依据；导致损害存在的因素的概要说明；有利害关系的当事人提交其陈述的地址和时间限制。

反倾销调查当局做出初步裁定或最终裁定，以及有关接受承诺的决定和最终反倾销税终止的决定、行政复议结束的决定和适用追溯征税的决定等，都应予以公告。上述每项公告都应包含调查当局认为关系重大的所有问题。这些公告都应送交所有有利害关系的当事人。

四、反倾销措施

反倾销措施包括临时措施、价格承诺和征收反倾销税。

(一)临时措施

《反倾销协议》第7条规定,在符合下列条件时,调查当局可以采取临时反倾销措施:①已开始调查,已予以公告,并已给予有利害关系的当事人提供资料和提出意见的充分机会;②已做出倾销存在和对国内相关产业造成损害的肯定性初步裁定;③调查当局认定采取临时措施对防止在调查期间继续发生损害是必需的。

临时措施的种类包括:①征收临时反倾销税;②采用担保方式,支付现金或保证金。临时反倾销税和保证金的数额不得高于初步裁定确定的倾销幅度。

临时措施应从开始调查之日起的60天后方可采取,其实施的期限一般不能超过4个月;如果有关贸易的大部分出口商提出要求,由调查当局决定,该期限可延长至6个月。如果调查过程中调查当局正在审查征收低于倾销幅度的税额是否能消除损害时,上述期间可分别为6个月和9个月。

此外,采取临时反倾销措施应遵守征收固定反倾销税的其他规定。

(二)价格承诺

根据《反倾销协议》第8条的规定,价格承诺是指进口国调查当局与出口商或出口国政府就提高倾销产品价格或停止以倾销价格向进口国出口以便消除损害影响而达成的一种协议。其中,以提高倾销产品价格形式做出的价格承诺,其价格提高不得超过经初步裁定已确认的倾销幅度。

做出价格承诺的前提是已经做出了倾销存在和由倾销造成国内相关产业损害的肯定性初步裁定。在初步裁定做出之前,或做出的裁定是否定性的情况下,调查当局不能寻求或接受价格承诺。

达成价格承诺的要求可以是调查当局提出的,也可以是受调查的出口商提出的,但无论是谁首先提出的,对方都没有必须接受的义务。在出口商提出价格承诺的要求时,如果调查当局认为接受价格承诺在实际上是行不通的(如存在出口商的数目过大等情况),则可以不接受价格承诺。在调查当局提出价格承诺的要求时,出口商也没有义务必须接受,并且其拒绝接受的行为不应影响案件的最终裁决结果。

价格承诺一旦做出,将导致反倾销调查的暂时中止,进口国反倾销当局应立即停止调查程序。在承诺执行期间,调查当局可要求出口商定期提供其执行承诺的有关信息资料。如果发现违反承诺的情况出现,调查当局可终止承诺协议的执行,并立即重新启动反倾销调查程序,调查当局可根据现有的证据资料立即采取临时反倾销措施,并且这时采取的临时措施可以追溯至采取措施前90

天输入的产品,但这一追溯不适用于在违反承诺之前就已经进口的产品。

(三)反倾销税

反倾销税是最主要的一种反倾销措施,它是反倾销调查当局在最终裁定中做出肯定性的倾销和损害存在的结论时所征收的税项。值得注意的一点是,并非在所有征收条件都已满足的情况下(指存在倾销、损害以及二者之间存在因果关系)必然要征收反倾销税。根据《反倾销协议》第9条第1款的规定,在此情况下,是否征收反倾销税将由进口成员当局自己决定。

征收反倾销税应遵循以下原则:①征收额度应低于或等于倾销幅度。如果以较少的征税就能足以消除对国内产业造成的损害,最好征税额小于倾销幅度。②多退少不补。如果最终确定的反倾销税额高于临时反倾销税,则差额部分不能要求出口商补交;反之,如果最终确定的反倾销税额低于临时反倾销税,则出口商多交的部分税款应当退还,并且退款应在做出决定后90天内进行。③非歧视原则。反倾销税的征收应一视同仁,其税率不能因国别不同而有差异,除非依照《反倾销协议》存在可以忽略不计的情况或存在倾销幅度的差异。

反倾销税应自征税之日起5年内结束,但如果在5年期限到来之前的一段合理时间内提出了复审要求,则在做出复审结果之前,反倾销税应继续征收。如果复审结果表明损害已不存在或不存在重新发生损害的可能,则反倾销税的征收应当停止;如果复审结果表明损害依然存在,或者停止征收反倾销税将导致倾销和损害继续发生或重新发生,则原有的反倾销税可以继续维持下去。

一般情况下,反倾销税的征收效力发生于最终裁定做出之后。但在特殊情况下,调查当局也可以对临时措施适用之前90天进入进口国消费领域的产品追溯征收反倾销税。根据《反倾销协议》第10条的规定,追溯征收反倾销税的条件包括:①倾销产品有对国内产业造成损害的倾销历史,或者倾销产品的进口商知道或应当知道产品的出口商在倾销产品,并且倾销将对国内产业造成损害;②倾销产品在短期内大量进口,并且已对国内产业造成损害。

五、机构设置与争端解决

(一)机构设置

《反倾销协议》第16条规定,应成立一个反倾销措施委员会。该委员会的成员由每一成员的代表组成。委员会通过选举产生主席,每年至少举行两次会议,或者应任何一成员要求召开会议。世界贸易组织的秘书处应作为该委员会的秘书处。委员会可设立适当的附属机构。

各成员应尽快地向委员会报告其采取的所有反倾销行动,并每半年一次向委员会提供有关反倾销调查的报告,该报告应按规定的标准形式提交。各成员应通知委员会以下有关反倾销程序的事项:①由哪一个主管部门负责发起反倾销调查;②国内反倾销调查程序的法律规定。

委员会及其附属机构应当每年对《反倾销协议》的执行和运作情况进行年度审议,并将审议情况向货物贸易理事会通报。委员会及其附属机构在行使职权时,可以向有关成员或其管辖范围内的企业索求信息资料,但在此之前,应当通知有关的成员并取得有关成员和其所属企业的同意。

(二)协商和争端解决

根据《反倾销协议》第 17 条的规定,某一成员如果认为其他成员的行为使它本应从该协议中获得的利益受到了损害,或认为其他成员的行为有违反该协议的规定,可书面提出进行协商的请求,其他成员对此请求应给予同情的考虑。

一成员认为另一成员采取的下述措施不符合《反倾销协议》的有关规定,又无法与该成员经协商达成一致,则它可将此事提交世界贸易组织的争端解决机构:①进口成员当局已经采取最终反倾销措施,征收反倾销税或者接受价格承诺;②进口成员当局采取了具有重大影响的临时反倾销措施,而出口成员认为该临时措施的采取不符合《反倾销协议》第 7 条第 1 款的规定。

争端解决机构应当事方的要求,应当设立一个专家组审查有关事项。专家组在审查中应主要审查调查当局确立的事实是否适当以及它们对事实的评估是否公正和客观,而不能根据自己已经调查查明的事实推翻进口当局的决定。

六、典型争端案例分析

美国与日本热轧钢反倾销税案(The United States Antidumping Measures on Certain Hot-rolled Steel Products from Japan, WT/DS184),是美国为了保护国内热轧钢产品市场免受损害,对日本等国的热轧钢产品采取征收反倾销税等措施而引发的与日本间的争议。

本案中,美国商务部发布了反倾销税令,对来自日本的进口热轧钢产品征收反倾销税,日本对美国的热轧钢出口因此受到了负面影响。随后,日本向世界贸易组织争端解决机构(DSB)提出申诉,希望能裁定美国所实施的反倾销措施与《反倾销协议》不符。该争端经过专家组和上诉机构的审议,最终裁定美国的反倾销措施与《反倾销协议》不符,它丧失或减损了日本根据《建立世界贸易组织协定》享有的利益,同时,专家组建议争端解决机构要求美国使其措施符合《反倾销协议》。

1999 年 6 月 29 日,美国商务部发布了反倾销税令,对来自日本的进口热轧钢产品征收反倾销税。1999 年 11 月 18 日,日本要求与美国进行磋商。日本和美国于 2000 年 1 月 13 日进行了磋商,但没有解决该争端。2 月 11 日,日本要求组建专家组。3 月 20 日,争端解决机构根据日本提出的要求,组建了专家组。巴西、加拿大、智利、欧盟和韩国保留其在本案的第三方权利。2001 年 2 月 28

日，世界贸易组织公布了专家组报告。5月7日，美国提交了其上诉人的陈述。8月23日，争端解决机构通过了本案的上诉机构报告和经上诉机构修正的专家组报告。

在专家组阶段，日本主张：美国对来自日本的热轧钢实施反倾销措施，违反了《反倾销协议》。专家组最后的结论是：①美国对川崎钢铁公司、日本钢铁公司和日本钢管公司使用"可获得的事实"，违反了《反倾销协议》第6条第8款和附件2。②美国未能使其规定符合其根据《反倾销协议》承担的义务，违反了《反倾销协议》第18条第4款和《建立世界贸易组织协定》第16条第4款。③用与非关联下游买家进行的销售取代这些销售，违反了《反倾销协议》第2条第1款。④《1930年关税法》及其修正案关于紧急情况裁定的第773(e)节和第735(a)(3)节，并非不符合《反倾销协议》第10条第1款、第10条第6款和第10条第7款。⑤《1930年关税法》及其修正案第771(7)(c)(iv)节——"受控生产"条款，并非不符合《反倾销协议》第3条第1款、第3条第2款、第3条第4款、第3条第5款、第3条第6款和第4条第1款。⑥美国在审查和裁定倾销进口产品和对美国产业损害之间的因果关系时，没有违反《反倾销协议》第3条第1款、第3条第4款和第3条第5款。⑦在本争端所涉反倾销调查中，美国进行反倾销调查并做出其裁定，没有违反《1994年关贸总协定》第10条第3款。最后，专家组建议，争端解决机构应要求美国使其措施符合《反倾销协议》。

在上诉阶段，上诉机构根据争端双方的上诉，综合上诉中提出的问题做出以下裁决：①维持了专家组关于美国就川崎钢铁公司、日本钢铁公司和日本钢管公司使用"可获得的事实"，违反了《反倾销协议》第6条第8款和附件2的裁定。②维持了专家组关于美国没有使其规定符合其根据《反倾销协议》承担的义务而违反了《反倾销协议》第18条第4款和《建立世界贸易组织协定》第16条第4款的裁定。③维持了专家组关于美国以"独立交易"测试为依据，在计算正常价值时排除了与关联方进行的某些国内交易，违反了《反倾销协议》第2条第1款的裁定；推翻了专家组关于以对非关联方的销售取代这些销售，违反了《反倾销协议》第2条第1款的裁定。④维持了专家组关于《1930年关税法》及其修正案第771(7)(c)(iv)节的受控生产条款，并非不符合《反倾销协议》第3条第1款、第3条第2款、第3条第4款、第3条第5款、第3条第6款和第4条第1款的裁定；推翻了专家组关于美国在确定关于对美国产业的损害时使用该条，没有违反《反倾销协议》第3条第1款、第3条第2款、第3条第4款、第3条第5款、第3条第6款和第4条第1款的裁定，并裁定美国在本案中使用受控生产条款，违反了《反倾销协议》第3条第1款和第3条第4款。⑤推翻了专家组关于美国在审查和裁定倾销进口产品和对国内产业损害之间存在因果关系时，没有违反《反倾销协议》第3条第1款、第3条第4款和第3条第5款的裁定。

⑥上诉机构建议,争端解决机构应要求美国,使其在上诉机构报告和经上诉机构报告修正的专家组报告中被裁定为不符合《反倾销协议》和《建立世界贸易组织协定》的措施符合其根据这些协定、协议承担的义务。

从本案可以看出,一个成员要对另一个成员的进口产品征收反倾销税,必须经过反倾销调查,并且证明:进口产品存在倾销、倾销进口的产品对同类产品的国内产业造成了严重损害或严重损害威胁、倾销进口与损害之间存在因果关系。本案在这三个方面都有一些值得关注之处,具体体现在:①确定存在倾销实际上是对不同的价格做出比较,在确定正常价值、出口价格后,就很容易计算出进口产品是否倾销。②在确定损害时,同类产品国内市场的状况和数据是至关重要的,市场的划分会直接影响损害的确定。③在确定倾销、损害以及倾销与损害之间因果关系方面,本案专家组讨论的似乎都是程序上的细节问题,而调查机关往往由于细节上没有严格按照《反倾销协议》的要求去做,导致了违反协议的情况发生。

第二节　补贴与反补贴措施协议

一般认为,补贴是各国政府为了支持国内某些产业部门的发展而提供的财政资助或其他形式的收入或价格的支持措施。对于反补贴协议来说,应该发挥两个作用:一是保证各个成员的国内产业不应该与享受政府补贴的产品进行不公平的竞争;二是制止用于消除补贴不利影响的反补贴措施成为新的贸易壁垒。

为了协调和规范各国的补贴与反补贴措施,防止补贴与反补贴措施对国际贸易造成扭曲与损害,《1947 年关贸总协定》在第 6 条、第 16 条和第 23 条对有关补贴与反补贴的问题做出了原则性的规定,其主要内容是有关反补贴税的征收。由于《1947 年关贸总协定》的上述规定过于笼统,无法解决补贴与反补贴中存在的实际问题,各成员经过努力,于 1979 年东京回合达成了《关于解释和适用关贸总协定第 6 条、第 16 条和第 23 条的协议》(简称《反补贴守则》)。该协议虽对有关补贴与反补贴措施的适用做了较详细的规定,但由于它属于成员签字才生效的诸边协议,适用范围有限,只有 20 多个成员参加,影响其实际作用的发挥。正因为如此,乌拉圭回合又将补贴与反补贴问题列入议题,在东京回合《反补贴守则》的基础上,通过了新的《补贴与反补贴措施协议》(Agreement on Subsidies and Countervailing Measures)。该协议作为乌拉圭回合一揽子协议的组成部分,对全体成员普遍适用。《补贴与反补贴措施协议》(见表 5-2)共由

11部分、32个条款和7个附件组成，内容包括：补贴的定义、禁止性补贴、可诉补贴、不可诉补贴、反补贴措施、管理机构、发展中国家成员的特殊和差别待遇、过渡性安排等。

表5-2 《补贴与反补贴措施协议》的结构

第一部分	GENERAL PROVISIONS	总则
第1条	Definition of a Subsidy	补贴的定义
第2条	Specificity	专向性
第二部分	PROHIBITED SUBSIDIES	禁止性补贴
第3条	Prohibition	禁止
第4条	Remedies	救济
第三部分	ACTIONABLE SUBSIDIES	可诉补贴
第5条	Adverse Effects	不利影响
第6条	Serious Prejudice	严重损害
第7条	Remedies	救济
第四部分	NON-ACTIONABLE SUBSIDIES	不可诉补贴
第8条	Identification of Non-Actionable Subsidies	不可诉补贴的确定
第9条	Consultations and Authorized Remedies	措施和授权的救济
第五部分	COUNTERVAILING MEASURES	反补贴措施
第10条	Application of Article Ⅵ of GATT 1994	《1994年关贸总协定》第6条的适用
第11条	Initiation and Subsequent Investigation	发起和随后进行调查
第12条	Evidence	证据
第13条	Consultations	磋商
第14条	Calculation of the Amount of a Subsidy in Terms of the Benefit to the Recipient	以接受者所获利益计算补贴的金额
第15条	Determination of Injury	损害的确定
第16条	Definition of Domestic Industry	国内产业的定义
第17条	Provisional Measures	临时措施
第18条	Undertakings	承诺

续表

第19条	Imposition and Collection of Countervailing Duties	反补贴税的征收
第20条	Retroactivity	追溯效力
第21条	Duration and Review of Countervailing Duties and Undertakings	反补贴税和承诺的期限和复审
第22条	Public Notice and Explanation of Determinations	公告和裁定的说明
第23条	Judicial Review	司法审议
第六部分	INSTITUTIONS	机构
第24条	Committee on Subsidies and Countervailing Measures and Subsidiary Bodies	补贴与反补贴措施委员会及其附属机构
第七部分	NOTIFICATION AND SURVEILLANCE	通知和监督
第25条	Notifications	通知
第26条	Surveillance	监督
第八部分	DEVELOPING COUNTRY MEMBERS	发展中国家成员
第27条	Special and Differential Treatment of Developing Country Members	发展中国家成员的特殊和差别待遇
第九部分	TRANSITIONAL ARRANGEMENTS	过渡性安排
第28条	Existing Programmes	现有计划
第29条	Transformation into a Market Economy	转型为市场经济
第十部分	DISPUTE SETTLEMENT	争端解决
第30条	*	*
第十一部分	Final Provisions	最后条款
第31条	Provisional Application	临时适用
第32条	Other Final Provisions	其他最后条款

乌拉圭回合《补贴与反补贴措施协议》对《1947年关贸总协定》第6条和东京回合《反补贴守则》采取的方法进行了很大的修改,在某种程度上,区别在于该协议适用全体世界贸易组织成员,发达国家和发展中国家都一样。在这方面,该协议虽然与乌拉圭回合一揽子协议的其他内容没有什么区别,但是优惠发展中国家的特殊规定可能是最广泛和最重要的。更根本的是,新协议远远超出了《1947年关贸总协定》第16条和东京回合《反补贴守则》,后两者只对出口

补贴规定了有效的纪律,而新协议首次对与生产和其他非贸易因素有关的补贴规定了有约束力的纪律。此外,这些补贴在某些情况下可以受到质疑,而不必先要证明它们对贸易有不利影响。

新协议采用了有时被称为"交通信号"的方法:将某种不大可能对贸易造成损害的补贴称为"绿色补贴";一些有明显的损害作用,因而不能使用,称为"红色补贴";余下的补贴就被称为"黄色补贴",这种补贴只有在被认为造成了不利影响时才受到质疑,不利影响(Adverse Effects)在传统的关贸总协定术语里被称为"严重侵害"(Serious Prejudice)、"损害"(Injury)、利益的"丧失或减损"(Nullification or Impairment)。在"黄色补贴"中,某些补贴引起了对严重损害的假定。

一、补贴的定义

根据《补贴与反补贴措施协议》第1条的规定,补贴是指成员政府或任何公共机构(以下统称"政府")提供的财政资助或其他任何形式的收入或价格支持。根据这一定义,补贴只有在满足下列三个条件时才能成立:①提供了财政资助;②资助是成员领土内的公共机构提供的;③资助授予了某项利益。《补贴与反补贴措施协议》第1条以列举形式明确列出的补贴形式有以下几种:

第一,政府的行为涉及某项直接的资金转移(如赠款、贷款和财产投入)和潜在的直接转移资金或债务(如贷款担保)。

第二,政府放弃或者不征收本应收缴的税收。

第三,政府提供除一般基础设施之外的商品或服务,或者购买商品。

第四,政府向资金备付机构(如基金机构或信托机构)提供支付,或者政府指定一个私人机构执行上述1~3项本应由政府执行的行为。

第五,《1994年关贸总协定》第16条所规定的任何形式的收入或者价格支持。

根据《补贴与反补贴措施协议》第2条的规定,上述所列补贴只有在符合下列"专向性"条件时(即属于给予特定企业或产业的补贴),才受该协议各项纪律与规则的约束。具体来说,补贴的"专向性"包括以下四种类型:①企业专向性,即一国政府只向特定的一个或几个企业进行补贴;②产业专向性,即一国政府针对某一个或几个特定部门进行补贴;③地区专向性,即一国政府对其领土内特定地区的生产进行补贴;④被禁止的补贴,即与出口实绩或使用国产投入物相联系的补贴。《补贴与反补贴措施协议》规定的专向性补贴有以下几种。

第一,有关当局通过立法形式明确限定某些企业得到补贴。

第二,有关当局在法律、法规或其他官方文件中明确规定了获得某项补贴的客观标准和条件,一旦符合这些标准和条件,企业或个人就可自动获得补贴。

第三,符合下列条件的补贴:①明确限制获得某项补贴的企业数量;②不适当地给予某些企业不成比例的大量补贴;③有关当局采用随意的方式做出授予一项补贴的决定。

第四,有关当局授予其管辖范围内特定地理区域内的企业的补贴,但政府确定或改变普遍适用的所有税率水平的行为,不应判断为具有补贴的明确性。

第五,在法律上或事实上对出口行为的应急补贴。

第六,对使用国产品进行补贴,而对使用进口产品不予以补贴。

如果属于上述所列补贴,应可以判断该补贴存在的明确性,即专向性,其他成员可因此采取有关措施。根据《补贴与反补贴措施协议》第2条第4款的规定,判断一项补贴是否属于上述所列的一种,应基于确凿的证据。

二、禁止性补贴及其救济

(一)禁止性补贴

所谓禁止性补贴是指不允许成员政府实施的补贴,一旦实施,任何受其影响的其他成员可以直接采取反补贴措施。这类补贴实际上是很明确地专门用于影响贸易的补贴,因此最有可能对其他成员的利益造成损害。根据《补贴与反补贴措施协议》第3条的规定,下列补贴为禁止性补贴:①在法律上或事实上对出口行为的应急补贴;②对使用国产品进行补贴,而对使用进口产品不予以补贴。

《补贴与反补贴措施协议》附件1具体列举了下列几项属于对出口的补贴行为:①政府对出口企业直接给予的现金补贴;②给予出口企业的外汇留成或其他类似的鼓励措施;③在运输上为出口货物运输提供更优惠的待遇;④在生产上和服务上为出口企业提供更优惠的待遇;⑤减免、退回或缓征出口企业应缴或已缴的直接税和社会福利缴款;⑥给予出口企业比内销企业更高的征税基数折扣,以减少出口生产的征税额;⑦对出口企业在生产与销售之间的间接税的征收上予以较内销企业更优惠的减免、退还、缓缴待遇;⑧在按生产流程分级征收的间接税上,给予出口企业较内销企业更优惠的减免、退还、缓缴待遇;⑨对出口企业因生产出口产品所使用的进口原材料实行进口退税超过进口关税实际征收额,或者在已有部分进口替代之后仍继续实施进口关税的退还;⑩以更优惠的条件向出口生产企业提供信贷担保或保险,这些信贷担保或保险实际上起到了降低出口产品成本的作用;⑪政府给予出口企业的信贷利率低于市场实际利率;⑫对初级产品以外的任何出口产品给予直接或间接补贴导致其出口售价低于可比的内销价格,对初级产品的补贴导致补贴国在世界出口贸易中占有不合理的较高份额;⑬以任何形式向出口经营活动和进口替代经营活动提供的其他政府补贴。

（二）针对禁止性补贴的救济措施

《补贴与反补贴措施协议》第 4 条规定，对其他成员的禁止性补贴，受到影响的成员可以采取以下救济措施：

1. 磋商。一个成员有充分理由认为另一成员正在实施一项禁止性补贴并对其造成了损害，可提出磋商请求。磋商请求应包括所涉及补贴的存在和性质的陈述与证据。被请求的成员应尽可能快地进行磋商。磋商应在 30 天内结束。

2. 专家小组。如果经过磋商在 30 天内没有达成双方满意的解决方法，任何参加磋商的成员可将所涉及的问题提交争端解决机构，并请求设立专家小组。专家小组成立后，可请求争端解决机构常设专家小组就所争议事项是否是一项禁止性补贴予以审理。常设专家小组应当在接到请求后立即审查有关证据，并应向实施该措施的成员提供机会证明该措施不属于禁止性补贴措施。常设专家小组就该措施是否属于禁止性补贴一事在专家小组规定时间内向其报告结果，专家小组应无条件接受这一结论。专家小组就该事项所做的最后报告应在专家小组成立后 90 天内分发给各成员。如果该措施属于禁止性补贴，专家小组应建议实施补贴的成员立即撤销该项补贴。自专家小组报告分发给各成员后 30 天内，除非当事方上诉或争端解决机构全体协商一致决定不通过该报告，争端解决机构应通过该报告。

3. 上诉。争端所涉及任何一当事方对专家小组报告提出上诉后，上诉机构自上诉之日起 30 天内做出决定，特殊情况下最迟也得在 60 天内做出决定。上诉报告一旦通过，争端各方应无条件地予以接受，但自该报告分发给各成员之后 20 天内，争端解决机构通过全体协商一致决定不通过者除外。

4. 执行。如果争端解决机构的建议在专家小组报告规定的具体期限内没有得到执行，争端解决机构应当批准起诉方采取适当的反补贴措施。

5. 争端解决的期限。《补贴与反补贴措施协议》第 4 条第 12 款规定，除该协议对有关禁止性补贴争端解决的具体期限有明确规定外，争端解决机构关于该类争端解决适用的期限应是一般争端解决机构审案期限的一半。

三、可诉补贴及其救济

（一）可诉补贴

可诉补贴是指在一定范围内允许实施，但如果其实施对其他成员的经济贸易利益造成了损害，受到损害的成员可就此采取反补贴措施的补贴，又称为“黄色补贴”。这类补贴的特点是：因其具有存在的合理性，因而世界贸易组织允许其存在；但如果它的实施损害到其他成员的利益时，就具有不合理性，这时它就不被世界贸易组织规则所承认，反而要受到一定的制裁。可诉补贴具有在一定条件下被提起诉讼的可能性，但如果运用得当，也可以不被提起诉讼。

根据《补贴与反补贴措施协议》第5条、第6条的规定，下述情况可以认为是因实施可诉补贴对其他成员的利益造成了损害（但此条规定不适用于《农业协议》第13条所规定的对农产品的补贴）。

1. 对另一成员的国内产业造成损害。例如，由于补贴的实施使某种受补贴产品凭借低成本而大量涌入另一成员境内，或短时期内明显地阻碍另一成员的产品进入补贴实施国市场，从而对其他成员国内产业造成损害。

2. 取消或者损害了其他成员根据《1994年关贸总协定》直接或间接获得的利益，特别是根据《1994年关贸总协定》第2条所规定的关税减让应得到的利益。例如，因采取了补贴措施而减少、抵消或损害了其他成员在世界贸易组织体系下所享受的低关税市场准入的利益。

3. 严重侵害其他成员的利益。根据《补贴与反补贴措施协议》第6条第1款的规定，如果存在下列情况，应认为存在对其他成员的严重侵害：

第一，对一种产品的补贴超过该产品总价值的5%。

第二，对一个行业的全部经营损失进行补贴。

第三，对一个企业的全部经营损失进行补贴，这种补贴是指经常性的、重复提供的补贴；如果仅是不能再重复的一次性措施或是为了解决企业长期发展问题和避免敏感的社会问题而采取的措施，则不受此限制。具体地说，如果此类补贴导致了下列一个或数个后果，应认为是造成了对其他成员的严重侵害：①补贴导致取代或排除另一成员相同产品向补贴成员市场的进口；②补贴导致取代或排除另一成员的相同产品对第三国的进口；③补贴导致另一成员相同产品的价格受到抑制或产品销售不出去；④补贴导致补贴成员受补贴的产品在市场份额上较前3年平均水平有所增加，并且这种增加在给予补贴期间有连续增长的趋势。根据《补贴与反补贴措施协议》第6条第7款的规定，如果上述替代或排除是由下列原因引起的，则不应认为是对另一成员利益的严重损害：①起诉成员限制或禁止其相同产品的出口；②由于非商业原因，政府因实行垄断贸易或国营贸易而改变进口产品的来源；③由于自然灾害、罢工、交通瘫痪或其他不可抗力事件而对起诉成员出口产品的质量、数量、价格等造成的实质性影响；④存在着限制从起诉成员进口的各种双边、多边协议安排；⑤故意减少起诉成员有关产品的进口；⑥出口产品不符合进口成员的技术标准及其他法定要求。

第四，直接免除债务及偿还债务。

（二）对可诉补贴的救济措施

《补贴与反补贴措施协议》第7条规定了对可诉补贴可以采取以下几种救济方法：

1. 磋商。无论何时，如果一个成员有充分理由认为另一成员正在实施的补贴对其国内产业造成了损害，该成员可以要求与另一成员进行磋商。被要求磋商的成员应尽可能快地进行磋商。

2. 专家小组。如果经过 60 天磋商无法达成双方满意的解决办法,则参与磋商的任何成员可将该问题提交世界贸易组织争端解决机构,以便成立一个专家小组。自专家小组成立之日起 15 天内,应当确定专家小组的组成和授权调查范围。专家小组经审查就该问题做出最后报告,该报告应在专家小组组成之日起 120 天内分发给所有成员。自报告分发给各成员起 30 天内,除非一当事方提出上诉或争端解决机构经全体协商一致决定不通过该报告,该报告应获得争端解决机构通过。

3. 上诉。争端一当事方就专家小组报告提出上诉后,上诉机构应在 60 天内做出决定,特殊情况下该时限可延长至 90 天。上诉机构报告经争端解决机构通过后,争端各当事方应无条件地接受。但如果上诉机构报告分发给各成员后 20 天内,争端解决机构经协商一致决定不通过上诉机构报告者除外。

4. 执行。如果通过的专家小组报告或上诉机构报告判定补贴已导致另一成员的利益受到损害,实施该补贴的成员应采取适当的措施消除这种损害后果或者撤销该补贴。

如果争端解决机构通过专家小组报告或上诉机构报告后 6 个月内,实施补贴的成员没有采取措施消除损害后果或撤销补贴,并且没有与起诉成员达成补偿的协议,争端解决机构应批准受到损害的成员采取相应的反补贴措施。实施补贴的成员可就反补贴措施实施的程度与性质是否适当提请仲裁。

四、不可诉补贴及有关争议的解决

(一)不可诉补贴

不可诉补贴是指成员所采取的、为世界贸易组织规则所允许的、一般不受其他成员反对或因此而采取反补贴措施的补贴,又称为“绿色补贴”。根据《补贴与反补贴措施协议》第 8 条的规定,不可诉补贴措施包括以下几类:

1. 非专向性补贴,指对所有企业都适用、而非专门向某些特定企业提供的补贴。

2. 对企业所进行的或由与企业签订合同的高等教育研究机构所进行的研究活动给予的补贴。该补贴应符合以下条件:第一,该补贴占产业研究成本不超过 75%或者占先期开发活动成本不超过 50%。第二,该补贴仅能用于:①研究人员、教师和其他受雇于研究活动的人员的劳务费;②专门并且永久用于研究活动的仪器、设备、土地与建筑物的费用;③专门用于研究活动的咨询费用和类似费用,包括购买用于研究的技术知识、专利、研究成果等的费用;④因研究活动而直接发生的附加日常开支费用。

3. 对落后地区提供的补贴。该补贴应符合以下条件:第一,所称的落后地区必须是成员从经济上和行政上明确界定的一定区域。第二,落后地区的标准应该是公正的和客观的,并且该标准是在法律文件中明确规定的。第三,落后地区的标准应至少符合下列经济指标:①补贴是一次性的、不再发生的;②补贴程度不得超过改造工程费用的20%;③应与企业计划减少废料和污染直接相关并且比例相符。第四,补贴对所有采用新设备或新工序的改造企业的机会应是均等的。

(二)有关不可诉补贴的争议的解决

1. 通报。《补贴与反补贴措施协议》第 8 条第 3 款规定,成员在实施上述不可诉补贴计划之前,应通知世界贸易组织补贴与反补贴委员会(以下简称"委员会"),其通报内容应当具体明确,足以使其他成员能够评价该补贴是否与《补贴与反补贴措施协议》所规定的不可诉补贴的条件与标准相一致。

2. 秘书处的审议。《补贴与反补贴措施协议》第 8 条第 4 款规定,应一个成员的请求,世界贸易组织秘书处可以向上述通报采取补贴措施的成员要求提供更多的信息,以便对此事进行审查。秘书处审查后的结果应向委员会报告,委员会经过对该审查结果的审查,做出某项补贴是否与《补贴与反补贴措施协议》所规定的不可诉补贴的条件与标准相一致的决定。

3. 仲裁。《补贴与反补贴措施协议》第 8 条第 5 款规定,如果某一成员对上述委员会所做的决定不服,或委员会根本没有做出这种决定,应当将此事提交有约束力的仲裁机构仲裁。仲裁机构应在接到本争议后 120 天内将仲裁结果送达各成员。其仲裁程序应适用《关于争端解决规则与程序的谅解》的规定。

4. 磋商。根据《补贴与反补贴措施协议》第 9 条的规定,如果一个成员认为另一个成员所实施的不可诉补贴在事实上不符合《补贴与反补贴措施协议》规定的标准与条件,并且已导致对其国内产业的严重损害后果(例如已经造成了无法挽回的损失),该成员可以要求与实施补贴的成员进行磋商。接到磋商请求的成员应当尽可能迅速开始磋商。

5. 委员会审议。上述磋商如自提起磋商要求之日起 60 天内没有达成一个双方都可接受的解决方法,要求磋商的成员可将此问题提交补贴与反补贴委员会。委员会应立即审查有关事实及造成的后果。如果委员会认为已造成了严重损害的后果,可以建议实施补贴的成员对该补贴计划进行修改以消除损害后果。委员会应在接到该问题之日起 120 天内做出结论。如果委员会的建议在 6 个月内没有得到贯彻执行,委员会可批准受到损害的成员采取与认定的损害程度相一致的反补贴措施。

(三)不可诉补贴的失效

根据《补贴与反补贴措施协议》第 31 条的规定,第 8 条的有效期为世界贸易组织成立后 5 年,即 2000 年 1 月 1 日。委员会在此前将对其进行审议,以确定是否延长其适用。1999 年 12 月 20 日,委员会召开了特别会议,结果未能就是否延长达成协商一致。因此,第 8 条的有效期未能获得延长,其效力已经终止。也就是说,不再有不可诉补贴的存在,不是禁止性补贴就是可诉补贴。同时第 9 条也相应失效。

五、反补贴措施

反补贴措施是指进口成员针对出口成员对其出口产品进行法律不允许的补贴而对该产品征收反补贴税的措施。各成员采取反补贴措施必须依据法定的程序和标准进行。

(一)反补贴调查

1. 调查的发起。《补贴与反补贴措施协议》第 11 条规定,任一成员如果有证据证明其他成员采取的补贴措施对本国国内产业造成了损害,都可向本国调查当局提出发起反补贴调查的申请。该申请应以书面形式提出,并且应当能够证明存在补贴、因该补贴造成的对其国内产业的损害、补贴进口产品与损害之间存在因果关系。具体地讲,发起调查申请书应包括以下几项内容:

(1)申请人的身份和对申请人国内生产的相同产品的数量与价值的说明。

(2)对被指控补贴产品的一个全面说明,包括原产国或出口国的名称、每个已知出口商或外国生产者的身份以及已知进口商的名称等。

(3)有关所指控补贴的存在、数量与性质的证据。

(4)由于进口补贴产品而导致的对国内产业损害的证据,包括所指控补贴产品进口数量的变化情况、这些进口对国内市场相同产品的价格的影响以及进口对国内产业的影响。

2. 调查当局的审查与调查。成员反补贴调查当局应对申请书中所提供资料的准确性进行审查,以便决定所提供的证据是否足以发起一项反补贴调查。在判断申请人是否能够代表国内产业时,应考虑申请人的国内生产产量是否占支持或反对申请的国内相同产业总产量的 25%以上。如不符合上述任一条件,申请人就不具备代表国内产业发起反补贴调查的资格。

《补贴与反补贴措施协议》第 11 条第 6 款规定,在特殊情况下,调查当局在掌握足够证据的条件下也可自主发起反补贴调查。

《补贴与反补贴措施协议》第 11 条第 9 款规定,调查当局一旦确信没有足够证据证明调查是合理的,应当拒绝当事人的申请。如果在调查中发现一项补贴的数量是微不足道的(指补贴占产品总价值低于 1%),或者补贴进口产品的数量或造成的损害是可以忽略不计的,应当立即终止调查。一般情况下,调查应在 1 年内结束,特殊情况下最多可延长至 18 个月。

3. 证据。《补贴与反补贴措施协议》第 12 条规定了反补贴调查中证据的收

集,主要内容包括以下几项:

(1)调查当局应当给予所有与案件有利害关系的各方当事人提供证据的机会。当出口商、生产者或利害关系成员收到反补贴调查的问卷后,应当最迟在30天内予以答复。调查当局对于有关当事方要求延长此期限的要求应予以适当的考虑。

(2)除机密资料外,调查当局对利害关系方提供的各种书面证据资料应立即提供给其他利害关系方。

(3)调查当局应当为所有利害关系方提供阅读有关该案的各种信息资料的机会。

(4)对于机密信息,未经提供方的特别许可不得公开。调查当局可要求提供机密信息的利害关系方提供机密信息的非机密摘要。如果信息提供者不愿提供摘要,调查当局可以考虑不使用该信息。

(5)调查当局可以到其他成员境内进行必要的调查,但必须提前通知并得到该成员的许可。调查也可在有关成员及其境内公司同意的前提下审查该公司的有关记录。

(6)调查在做出最后决定之前,应当将其确认的基本事实通知所有利害关系方,这些基本事实将是做出最后决定的基础。从披露此类信息到做出最后决定之间,应为各当事方保护其利益留有足够的时间。

4. 磋商。《补贴与反补贴措施协议》第13条规定,在调查开始前和整个调查过程中,各当事方之间应当进行磋商,发起调查的当事方应当邀请可能或已经受到调查的成员进行磋商,但是当事方不能利用磋商的机会故意阻止调查当局的调查进程。

(二)补贴所获利益及损害的确认

1. 因补贴所获得利益的计算。调查当局所在国应在法律、法规中规定如何计算接受补贴者获得的利益,在每一个具体案件中如何适用这一规定,应具有透明度并加以充分说明。成员计算接受补贴者所获利益的规定应符合以下原则:

(1)政府投资于新企业的资本不应视为给予企业的利益,但政府的投资决策与该成员境内的通常投资做法不一致的除外。

(2)政府提供的贷款不应视为给予企业的利益,但企业支付从政府所获贷款与支付从市场上获得的商业贷款的数额之间有差距的除外。在这种情况下,两者之间的差额即是企业所获得的利益额。

(3)政府提供的贷款担保不应视为给予企业的一种利益,但企业支付由政府担保的贷款与支付没有政府担保的可比商业贷款的数额之间有差别的除外。在这种情况下,两者之间的差额即是企业所获得的利益额。

(4)政府提供商品或服务或政府采购不应认为是给予企业的一项利益,但是政府的提供低于适当的报酬或者购买高于适当的报酬的除外。

2. 损害的确定。《补贴与反补贴措施协议》第15条是关于如何确定补贴措施对成员国内产业造成了损害的规定,损害的确定是决定是否最终采取反补贴措施的关键,其具体内容包括以下几项:

(1)确定损害应当考虑三个方面的情况:补贴进口的总量、补贴进口对国内相同产品价格的影响和补贴进口对国内相关生产者的影响。

(2)当反补贴调查涉及来自不同国家的进口产品时,调查当局可以合并评估这些进口对国内产业的影响,但下述情况除外:①来自每一个国家或地区的进口产品的补贴额度不超过价格的1%,且补贴进口产品数量较少,可以忽略不计;②进口产品之间以及与国内相同产品之间的竞争条件差别较大,因而进行合并评估是不适当的。

(3)审查补贴对国内产业的影响应包括所有反映产业状况的经济因素与指标,具体包括:实际的与潜在的产量、销售、市场份额、利润、生产力、投资回报、影响国内价格的各种因素,对现金流量、存货、就业、工资、增长、投资能力等的副作用。

(4)应当证明补贴进口与对国内产业造成损害之间存在因果关系。调查当局在对损害原因进行审查时,应考虑除补贴之外的其他因素,以确定补贴是否是造成损害的主要原因。这些可能的其他因素包括:有关产品的非补贴进口的数量与价格、需求减少或者消费类型变化、外国与国内生产者之间的贸易限制惯例、技术发展等。

(5)对于重大损害威胁的判断,应当基于事实,特别应考虑以下因素:①有关补贴的性质以及补贴可能对贸易造成的影响;②受补贴产品生产的高增长率显示了大量增加进口的可能性;③出口商可自由处置的、近期可大量增加的生产能力显示了进口产品大量增加的可能性;④正在进口的产品的价格是否会对国内相同产品产生压价、抑价作用;⑤被调查进口产品的库存情况。

(三)反补贴措施

调查当局的调查结果显示存在补贴及损害事实,并且补贴与损害事实之间存在因果关系,此时调查当局可以对补贴进口产品采取反补贴措施。《补贴与反补贴措施协议》规定的反补贴措施有以下几种。

1. 临时措施。《补贴与反补贴措施协议》第17条规定,调查当局只能在以下情况下使用临时措施:①已正式立案并已公告,且所有利害关系方已得到充分提供信息和发表意见的机会;②经初步审查已肯定存在补贴并因此补贴造成对国内产业的损害;③调查当局断定采取临时措施对于防止调查期间损害的扩大是必要的。

临时措施的形式是征收临时反补贴税，具体形式包括交付现金或存款保证书，其数额应与临时估计的补贴数额相等。临时措施应自发起调查之日起60天后方可采取，实施期限不得超过4个月。

2. 承诺。根据《补贴与反补贴措施协议》第18条的规定，在调查当局做出肯定性的初步裁决之后，出口成员政府或企业为了避免征收反补贴税可以自愿承诺取消或限制补贴，或提高价格以消除损害影响。对于这种自愿承诺，调查当局可自主决定是否接受。如果当局认为不能接受承诺，应向出口商提出其认为的理由，并为出口商提供修改承诺内容的机会。如果是调查当局主动提出要求出口商做出此类承诺，应获得其所属出口成员的同意。

调查当局与出口成员或出口商之间一旦达成有关承诺的协议，调查应当终止。调查当局可以要求出口成员或出口商提供履行承诺的情况，如果一旦发现其违反承诺，调查当局可以立即适用临时措施，并且其适用可追溯至采取临时措施之前90天的有关产品进口。

3. 反补贴税。《补贴与反补贴措施协议》第19条规定，在调查最终结果表明存在补贴、损害及二者间存在因果关系时，是否征收反补贴税由调查当局自主决定。如果决定征收反补贴税，所征数额应与补贴数额相等或比之更少。反补贴税的征收应对所有被发现有补贴及造成损害的进口产品征收，不得对任何一方有歧视。

《补贴与反补贴措施协议》第20条规定，如果最终确定的反补贴税高于临时反补贴税，差额部分不再征收；如果低于，已征收的超过部分应当返还。如果是对一项严重损害威胁适用反补贴税（此时没有任何实际损害发生），则只能从最终决定之日起征收，不能采取临时措施，已运用临时措施的应当返还。如果最终决定是否定性的，适用临时措施所征收的现金等应立即返还。

《补贴与反补贴措施协议》第21条规定，反补贴税适用的期限应以足以抵消补贴造成的损害为限，最长期限不得超过5年，但在期满前经审查发现终止征收反补贴税有可能导致补贴与损害的继续或重新发生者除外。

（四）公告

《补贴与反补贴措施协议》第22条规定，调查当局决定发起一项反补贴调查、调查过程中做出临时或最终决定以及承诺协议的达成等，均应予以公告。

有关发起调查的公告应包括以下信息：①出口国的名称与所涉及的产品；②发起调查的日期；③对要调查的补贴的说明；④确定损害的各种因素；⑤利害关系方寄出其陈述的地址；⑥允许利害关系方提出其意见的时限。

决定采取反补贴措施的公告应包括以下信息：①出口商或出口成员的名称；②该产品足以征收反补贴税的说明；③所确定的补贴数额；④有关损害存在的说明；⑤导致做出该决定的主要理由。

六、管理与监督

（一）补贴与反补贴委员会

《补贴与反补贴措施协议》第 24 条规定，世界贸易组织建立之后，成立一个补贴与反补贴委员会。委员会由每个成员的代表组成，应选举自己的主席，至少每两年召开一次会议。委员会履行《补贴与反补贴措施协议》和各成员赋予的各项职责，为各成员提供有关补贴与反补贴争议问题的磋商机会。委员会可以下设若干附属机构。委员会设立一个常设专家小组，由 5 名在补贴与贸易关系领域资深的专家组成，专家由委员会选举，并每年轮换其中 1 名专家。任何成员均可向常设专家小组进行咨询。

（二）通知义务

根据《补贴与反补贴措施协议》第 25 条的规定，各成员在下列方面负有通知义务。

1. 将在其境内实施的明确的补贴通知补贴与反补贴委员会，通知应于每年的 6 月 30 日前提交。此类通知应包括以下内容：①补贴的形式（如给予、贷款、税收减免等）；②补贴的数额（可以是单位补贴额，也可以是该补贴的年度总数额）；③补贴的目的；④补贴的期限；⑤该补贴可能对贸易产生影响的评估数据。如果通知中缺少上述某一项内容，成员应就此做出适当的解释。

2. 当成员认为在其境内不存在《1994 年关贸总协定》第 16 条第 1 款及上述规定要求通知的补贴措施时，该成员应以书面形式将此情况通知秘书处。

3. 任何成员在任何时候可以书面形式要求有关另一成员提供其实施补贴措施的信息，或要求其解释未就某些措施予以通知的原因。被要求的成员应尽可能快地提供上述信息。如果要求未得到满足，该成员可将此问题提请委员会注意。

4. 各成员应及时向委员会报告所采取的临时反补贴措施和最终反补贴措施。各成员还应每半年报告一次其前 6 个月采取的全部反补贴行动，此类报告应以统一的标准形式提交。

5. 各成员应通知委员会其境内负责反补贴调查的机构及国内法律、法规有关调查程序的规定。

（三）监督

委员会应每 3 年举行一次特别会议，就各成员所通知的实施补贴措施的新的和全部情况进行审查。

七、发展中国家成员的特殊待遇

《补贴与反补贴措施协议》第 27 条指出，承认补贴在发展中国家成员的经济发展中可以发挥重要的作用,因而对发展中国家实施的补贴给予特殊待遇,具体内容包括以下几个方面。

第一,《补贴与反补贴措施协议》第3条第1款第1项有关出口补贴的禁止性规定在《建立世界贸易组织协定》生效后8年内不适用于下列发展中国家:①联合国所规定的最不发达国家;②年人均国民生产总值不到1 000美元的发展中国家。《补贴与反补贴措施协议》第3条第1款第2项有关对国内商品给予补贴而对进口商品不给予补贴的禁止性规定在《建立世界贸易组织协定》生效后5年内不适用于上述第2类发展中国家,8年内不适用于上述第1类最不发达国家。

第二,如果某一发展中国家成员认为其在8年期限届满后仍有必要继续适用出口补贴,应在期满前1年内与补贴与反补贴委员会进行磋商。如委员会经审查认为延期是合理的,可延期维持该补贴,但有关发展中国家成员应当每年与委员会磋商以决定是否有必要继续维持该补贴。如果委员会没有做出继续维持的决定,该发展中国家成员应自最后批准期限结束两年内取消所保留的出口补贴。

第三,某一发展中国家一旦在某一特定产品上实现了出口竞争,它应当在两年期限内取消对这种产品的出口补贴。但是如属于最不发达国家或年均国民生产总值不到1 000美元的发展中国家,其某一产品虽实现了出口竞争,仍可在8年期限内逐渐取消出口补贴。这里的"实现出口竞争",是指该产品的出口已连续两年至少达到该产品世界贸易3.25%的份额。

第四,不能根据《补贴与反补贴措施协议》第6条第1款的规定推测发展中国家成员实行的补贴导致了严重损害。对于发展中国家实行的可诉补贴,在符合以下条件时,其他成员方可采取反补贴措施:①这种补贴导致替代或妨碍另一成员的相同或类似产品进入该发展中国家市场;②这种补贴造成另一成员根据关贸总协定规定应得利益的丧失;③造成对进口成员国内产业的损害。

第五,调查当局一旦发现下列情况存在,应终止对来源于发展中国家成员的反补贴调查:①对有关产品的补贴不超过该产品价格的2%;②来自一个发展中国家的补贴产品占进口成员相同或类似产品进口总量不到4%,但是如果来自单个发展中国家的进口不足总量的4%,但来自几个国家的进口总量占全部进口总量9%的情况除外。

八、典型争端案例评析

加拿大与巴西影响民用飞机出口措施案(Canada Measures Affecting the Export of Civilian Aircraft from Brazil,WT/DS70),是指加拿大因对国内飞机工业采取的一系列措施而引发的与巴西之间关于补贴措施的争端。

本案中,加拿大对国内飞机工业采取的一系列措施,对巴西相关利益方产生了不利影响,巴西因此向争端解决机构(DSB)提出申诉。该争端经过了专家组和上诉机构的审议,最后裁定加拿大部分措施违反《补贴与反补贴措施协议》(SCM 协议)。

加拿大对国内飞机工业采取的措施包括以下几个项目:出口发展公司项目、加拿大账户项目、魁北克工业发展协会和魁北克投资公司项目、加拿大魁北克补贴协议、加拿大技术合伙、国防工业生产力项目、1997 年 1 月安大略航空公司向庞巴迪出售其在哈佛兰公司 49%股份的行为。巴西认为这些措施损害了其在《补贴与反补贴措施协议》下应得的利益。巴西于 1997 年 3 月 10 日根据《补贴与反补贴措施协议》第 4 条要求与加拿大磋商,内容涉及加拿大政府或其地方政府向民用飞机工业提供补贴,违反了《补贴与反补贴措施协议》第 3 条。1997 年 4 月 30 日,双方进行了磋商,但未取得满意结果。1998 年 7 月 10 日,巴西请求成立专家组。7 月 23 日,世界贸易组织争端解决机构(DSB)决定成立专家组,10 月 22 日专家组成立,欧盟和美国作为第三方参与。1999 年 4 月 14 日,专家组做出报告并分发给各成员。5 月 3 日,加拿大向争端解决机构提出上诉,并提交了上诉材料。5 月 18 日,巴西作为上诉方提交了材料。5 月 28 日,巴西和加拿大各自提交了被上诉方材料。6 月 14 日,上诉机构审理了此案。8 月 2 日,上诉机构做出报告。8 月 20 日,世界贸易组织争端解决机构通过了上诉机构报告和专家组报告。

在专家组阶段,巴西提交的申诉材料中主要涉及的争端事项为:"补贴"的含义问题、出口发展公司项目和加拿大账户项目等措施是否违反《补贴与反补贴措施协议》问题。加拿大所提交的材料中主要涉及的争端事项为:对《补贴与反补贴措施协议》第 1 条、第 25 条的解释以及适用问题。最后专家组的结论为:①驳回加拿大提出的在确定"利益"时使用"政府支出"标准的观点。②巴西没有履行提供初步证据的举证责任,无法认定出口发展公司项目给予了"利益",不构成《补贴与反补贴措施协议》第 1 条规定的"补贴"。③加拿大账户的债务融资属于《补贴与反补贴措施协议》第 3 条第 1 款 a 项所说的"取决于出口实绩",是一种禁止性补贴。④驳回巴西关于安大略航空公司转让股份的行为是否构成禁止性补贴的请求。⑤驳回巴西对加拿大魁北克补贴协议的指控。⑥驳回巴西关于魁北克工业发展协会和魁北克投资公司的指控。⑦认为加拿大技术合伙、国防工业生产力项目对加拿大国产飞机工业的援助构成"事实上取决于出口实绩",属于《补贴与反补贴措施协议》第 3 条第 1 款 a 项规定的出口补贴,违反《补贴与反补贴措施协议》规定的成员义务。

在上诉阶段,根据双方的上诉请求,上诉机构解决的主要问题是:一些具体事项和专家组对相关协议的解释。上诉机构经过分析,维持了专家组的所有结论。

本案从巴西提出与加拿大磋商到上诉机构做出报告,该争端经过了专家组和上诉机构阶段,持续时间达 1 年 5 个月。本案中专家组以及上诉机构对相关协议条款的解释和裁决,对相关协议的理解和应用产生重要影响。比如,关于《补贴与反补贴措施协议》第 1 条第 1 款“补贴”的定义问题,根据《补贴与反补贴措施协议》的规定,构成第 1 条第 1 款规定的“补贴”需满足两个条件:一是由政府或任何公共机构提供了财政资助;二是这种资助给予接受者某种“利益”。本案专家组在审理被诉方的行为是否构成补贴时,都是以这两个要件为标准进行的。本案中,加拿大为阻止专家组认定其行为构成补贴,提出了补贴应满足第三个条件:补贴应造成政府或公共机构的“支出”,专家组驳回了这项诉请,认为这不是《补贴与反补贴措施协议》所要求的条件。另外,本案还说明,无论是各成员向世界贸易组织各委员会进行的通报,还是各成员的贸易政策审议报告,都不能成为确认该成员违反世界贸易组织规则的证据。本案涉及的成员一个是巴西,另一个是加拿大,二者在民用航空领域均有一定影响力。该案涉及的客体是民用飞机,对国内民用飞机工业的补贴是一种普遍的现象,本案表明应该正确理解《补贴与反补贴措施协议》所规定的各类补贴,尤其是禁止性补贴,密切关注相关成员的出口措施对本国可能造成的影响。不过,由于补贴本身是政府行为,加之存在隐蔽性和不易证明性,所以这方面提交的争端不是很多。未来,随着《补贴与反补贴措施协议》的进一步修订和完善,将会有更多的案件提交争端机构解决。

第三节　保障措施协议

一、《保障措施协议》产生的背景和结构框架

(一)《保障措施协议》产生的背景

大多数的贸易自由化协议都设置了某种形式的“安全阀”(Safety Valve),规定如果成员受到严重的困难,可以在一定程度上减轻其义务。《1994 年关贸总协定》有两个这样的条款。一个条款是国际收支例外,这体现在第 12 条和第 18 条上,只不过第 12 条针对发达国家,第 18 条针对发展中国家,如果一个成员遇到国际收支困难,这种例外允许该成员政府采取广泛适用的进口限制措施。另一个条款是第 19 条,该条款规定,如果进口产品的增加对国内竞争产品的生产者造成严重损害或严重损害威胁,则允许针对某些产品的进口采取紧急“保障”措施。

保障措施与前面所介绍的反倾销措施和反补贴措施在形式和实际实施方式上都非常相似。关贸总协定适用于这三种措施的规则中一些关键问题差不多是一样的。例如,国内产业是否由于进口产品而受到损害或受到损害威胁?对这些进口产品可以采取什么行动?那些受到影响的成员可以采取什么反措施?等等。但是,至少在原则上讲存在一点非常重要的不同。《1994 年关贸总协定》第 19 条并没有暗示造成损害或损害威胁的进口产品在某种程度上代表了不公平竞争,无论是通过倾销,还是通过补贴和其他任何方式。相反,第 19 条强调的是,国内产业是否由于进口产品增加所引起的竞争而受到严重损害,或受到严重损害或者威胁。还应当注意,作为实施保障措施的理由所规定的标准是存在"严重损害"(Serious Injury),而对于反倾销或反补贴措施来说,适用的标准是"实质损害"(Material Injury)。

《1994 年关贸总协定》第 19 条(对某些产品进口的紧急措施)很短而且内容简单,只有 3 款规定。该条款主要涉及这样一种情况,即由于进口成员实施关税减让或其他关贸总协定义务,而使某种特定产品的进口增加到一定的数量和条件,对"同类或直接竞争产品"(Like or Directly Competitive Products)的国内生产者造成严重损害或者严重损害威胁。如果这种情况发生,进口成员政府可以撤销减让或者义务,但是它需要通过做出某些其他减让来提供补偿。如果不这样做,受影响的一个或者多个成员可以通过撤销相当的减让来实施报复。

在实践中,《1994 年关贸总协定》第 19 条适用的很少。其中有几个原因,例如,很难证明进口的增加是由于关税减让造成的还是由于其他多边义务造成的,保护性措施会无限期地逆转过去进行的自由化努力。更重要的是,根据对第 19 条的大多数解释(如果不是全部解释的话),采取的保障措施必须在最惠国原则基础上实施,这就意味着必须限制来自所有来源的有关产品的进口。在这种情况下,直到乌拉圭回合《保障措施协议》生效之前,寻求用保障措施保护国内生产者的政府经常选择不援引第 19 条,而是与主要供应国谈判达成临时的双边安排。这样做的结果是产生了一些例外于关贸总协定规则限制的约束措施,产生了"自愿出口限制"或者"有序销售安排"等灰色区域措施,这样称呼是因为这些措施在关贸总协定没有明确的法律地位。此类措施是有选择地实施的,只影响来自协议签署过的进口产品。一旦达成这样的双边协议,其他供应方就很难拒绝接受同样的限制措施。灰色区域措施很普遍,特别是从 20 世纪 70 年代中期开始,已经成为世界贸易几个部门非常重要的组成部分,包括钢铁、汽车、家用电器和鞋类。在 20 世纪 70 年代的东京回合中,人们曾努力谈判达成一个对第 19 条的有效修改或者重新解释,但没有成功。这一谈判在乌拉圭回合中又重新开始,这次取得了成功,达成了《保障措施协议》。该协议的目标是"重新对保障措施的多边控制,并消除逃避此类控制的措施"。

（二）《保障措施协议》的结构

《保障措施协议》有5项主要内容。前3项与第19条平行，规定了在采取保障措施前必须满足的要求，以及适用于保障措施的实施和适用于此类措施可能导致的补偿或抵消措施的规则。这些措施加在一起，意图建立一个可以操作的和可以使用的保障措施机制。平衡这些措施是该协议的第4项内容，规定取消以前存在的灰色区域措施，并且禁止今后再次采用。第5项内容规定了保证该协议职能有效实施的必要机制。《保障措施协议》的结构参见表5-3。

表5-3 《保障措施协议》的结构

序言	Preamble	
第1条	General Provision	总则
第2条	Conditions	条件
第3条	Investigation	调查
第4条	Determination of Serious Injury or Threat Thereof	严重损害或严重损害威胁的认定
第5条	Application of Safeguard Measures	保障措施的实施
第6条	Provisional Safeguard Measures	临时保障措施
第7条	Duration and Review of Safeguard Measures	保障措施的期限和审议
第8条	Level of Concessions and Other Obligations	减让水平和其他义务
第9条	Developing Country Members	发展中国家成员
第10条	Pre-existing Article XIX Measures	先前存在的第19条措施
第11条	Prohibition and Elimination of Certain Measures	特定措施的禁止和取消
第12条	Notification and Consultation	通知和磋商
第13条	Surveillance	监督
第14条	Dispute Settlement	争端解决
附件	EXCEPTION REFERRED TO IN PARAGRAPH 2 OF ARTICLE 11	第11条第2款提及的例外

二、实施保障措施的条件

《保障措施协议》对《1994年关贸总协定》第19条关于实施保障措施条件的规定做出了进一步的细化。成员要实施保障措施必须通过调查证明存在某一产品的进口增长，且该进口增长导致了进口方相关产业的严重损害或者严重损害威胁。

（一）进口增长

《保障措施协议》第 2 条第 1 款规定，进口增长指“数量增长”，而非进口价值或者金额的增长。这种增长包括两种情况：绝对增长和相对增长。

绝对增长是指产品的进口数量在某一段时间内的绝对增加，如去年进口 1 000 件，今年进口 2 000 件。

相对增长是指在某一段时间内产品的进口数量相对于进口方内部生产而言的相对增加，这往往反映在市场份额的变化方面。例如，去年进口某产品 1 000 件，同期国内产品的销量为 5 000 件，今年进口仍然为 1 000 件，但是国内产品的销量却下降了 3 000 件，这种情况就属于相对增长。在相对增长的情况下，进口量并不一定发生变化。一些学者指出，“相对增长”这一概念不尽合理，因为它等于把国内产业调整的负担转移到外国产品的身上，是贸易保护的一种表现。

（二）国内产业存在严重损害或者严重损害威胁状况

《保障措施协议》第 4 条第 1 款规定，“国内产业”应该理解为在进口成员领土内生产相似产品或直接竞争产品的国内生产者全体，或相似产品或直接竞争产品的总体产量占该成员国内总产量主要部分的生产者。与《反倾销协议》不同的是，《保障措施协议》没有对后一种情况下产量的百分比规定下限。需要注意的是，关税同盟既可作为一个整体实施保障措施，也可以仅仅代表同盟的某个成员实施保障措施。当关税同盟代表某一成员实施保障措施的时候，应该仅仅以该成员的产业情况为基础来确立产量损害或者严重损害威胁，保障措施的实施也仅仅限于该成员。

“严重”是指对国内某一产业的状况造成重大的整体损害。由于各个成员经济发展的水平不同，相关产业的成熟度也有所差异，因此不可能就何为“严重损害”确立一个非常明确的量化标准，而且这样做也并不科学。但是从东京回合和乌拉圭回合的谈判可以看出，标准问题是谈判各方关注的焦点。标准过高会迫使成员在多边规则之外寻求一些不正当的解决途径，标准过低会导致保障措施的滥用，进而严重扭曲国际贸易。为了在尽可能的情况下统一各个成员的实践，协议规定，在评估国内某一产业是否存在严重损害或者严重损害威胁时，进口成员的调查机构必须评估与该产业状况相关的所有客观和可以量化的因素。协议还特别列举了一些必须评估的因素，包括绝对或者相对情况下有关产品进口的比例和数量、增加的进口所占有的市场份额、销售水平、产量、生产率、设备利用率、盈亏及就业的变化情况。从实践角度讲，要评估“所有相关因素”是一件非常困难的事。美国小麦面筋保障措施案专家小组以一种很务实的方法确定了“所有相关因素”的最小范围，即《保障措施协议》第 4 条第 2 款所明确列举的因素和保障措施调查中利害关系方所明确提出的其他因素。

“严重损害威胁”应理解为危急且显而易见的威胁,必须有事实依据,不能仅根据指控、推测或极小的可能性便裁定“存在严重损害威胁”。

(三)进口增长与严重损害或严重损害威胁之间必须存在因果关系

进口增长与严重损害或严重损害威胁之间存在因果关系是实施保障措施的一个必要条件。如果产业损害或损害威胁是由进口增长之外的其他因素造成的,则进口成员不得实施保障措施。《保障措施协议》明确规定,不得将由进口增长之外的因素造成的损害归咎于进口增长,这实际上是给因果关系的认定提出了更高的要求。在美国小麦面筋保障措施案中,专家小组认为,在排除了其他因素造成的损害之后,如果进口增长造成的损害仍达到了严重的程度,则可以认定进口增长与损害之间存在因果关系。

当然,从操作的角度来讲,这一点很不容易做到。排除其他因素造成的损害并不像“2-1”那么容易,各种因素造成的损害比例很难(甚至是不可能)量化。

三、实施保障措施的程序

世界贸易组织成员若要实施保障措施,必须通过调查证明前述条件都得以满足。为了保证调查程序的公正和透明,也为了尽量减小因实施保障措施造成的贸易扭曲,协议对保障措施调查规定了非常严格的通知义务。此外,协议还特别强调拟实施保障措施的成员必须在整个调查过程中,给其他有利害关系的成员充分的磋商机会。

(一)调查

保障措施调查是采取保障措施的必经步骤。调查必须按照事先已经确定的程序进行,而且必须符合《1994 年关贸总协定》第 10 条关于透明度的要求。《保障措施协议》并没有详细规定调查的每一个环节,但要求发起调查的成员的调查机构应向所有利害关系方做出适当的公告,给进口商、出口商以及利害关系方提供陈述意见和抗辩的适当机会(如举行公开听证会等方式),而且必须特别注意各方对保障措施的采取是否符合公众利益的看法。调查结束后,调查机构必须公布调查报告,列明经调查后认定的相关事实和法律结论。

(二)通知

《保障措施协议》规定,实施保障措施的成员应将下列事项立即通知保障措施委员会:①对严重损害、严重损害威胁及其原因发起的调查;②对进口增长造成严重损害或严重损害威胁所做的裁决;③对采取或延长保障措施做出的决定。在做出②项和③项的裁决时,拟实施保障措施的成员应向保障措施委员会提供全部相关资料。货物贸易理事会或保障措施委员会可以要求准备采取保障措施的成员提供其认为必要的补充资料。此外,拟实施保障措施的成员还应将其拟采取的具体措施在该措施生效之前通知保障措施委员会。协议的这些规定充分体现了世界贸易组织的透明度原则。不过作为例外,协议并不要求成员披露任何将阻碍法律实施或违反公共利益,或影响任何公有或私有企业合法商业利益的机密资料。

(三)磋商

由于采取保障措施会影响有关成员根据世界贸易组织相关协议所应享有的利益,因此,《保障措施协议》规定采取或延长保障措施的成员应给有利害关系的成员提供寻求事先磋商的充分机会,这种磋商可以是针对调查中所涉及的问题,也可以是针对拟采取的具体保障措施,还可以谈贸易补偿问题。协议鼓励成员通过充分磋商达成谅解。从另一个角度讲,经过磋商,其他成员可以了解到更多的、关于调查或最终措施的信息,有利于进一步提高透明度。成员之间磋商的结果应及时通知货物贸易理事会。

四、保障措施的形式和实施方式

(一)保障措施的形式

《保障措施协议》没有对保障措施的具体形式做分类规定。从以往的实践来看,这类措施大体包括修改减让、提高关税、实行数量限制或关税与数量限制相结合的措施(如关税配额)等。根据关贸总协定秘书处 1987 年的统计,20 世纪 50 年代关贸总协定缔约方大多采用关税措施,到了 70 年代数量限制占多数,80 年代两类措施使用数量相近。

鉴于数量限制措施对贸易的扭曲作用更大,《保障措施协议》第 5 条专门就数量限制和配额调整问题做了具体规定。协议规定,成员应仅在防止或补救严重损害的必要限度内实施保障措施。在实施数量限制时,不得使进口数量低于过去 3 个有代表性的年份的平均进口水平,但进口方有正当理由的除外。在采用配额管理方式时,进口方应当与有利害关系的供应方就配额分配达成协议,若协议不成,则实施保障措施的成员应按其他成员在前一有代表性的时期在总进口中所占的份额,按比例分配配额。除非有保障措施委员会的授权,分配应在非歧视的基础上进行。但协议第 5 条第 2 款也规定,如果实施保障措施的成员在保障措施委员会主持下与其他成员进行磋商,且向保障措施委员会证明存在以下情况,则配额可以不按前面所讲的比例分配:①在有代表性的时期内,来自某一成员的进口在该产品进口的总增长中占有过大的比例;②不按比例分配的理由是正当的;③不按比例分配对所有出口成员是公正的。协议同时规定,这种偏离一般原则做法的期限不得超过 4 年,而且,如果仅存在严重损害威胁,则不得如此。

(二)保障措施的实施方式

《保障措施协议》第2条明确规定,保障措施必须以非歧视的方式实施,即保障措施只针对进口产品,而不论其来源。这一规定对乌拉圭回合谈判中保障措施的选择性和非歧视性的争论给出了非常明确的答案。从实质上讲,这在一定程度上为保障措施的选择性实施打开了一扇小窗户。

此外,《保障措施协议》还规定,适用期超过1年的保障措施必须逐步放宽,即进口限制的水平或程度应逐步下调。如果成员按协议规定决定延长实施保障措施,则延长后的保障措施在进口限制水平或程度方面应比先前的保障措施更宽松。

五、临时保障措施

《保障措施协议》规定,在紧急情况下,如果延迟会造成难以弥补的损失,成员可不经磋商而采取临时保障措施。为避免临时保障措施的滥用,《保障措施协议》第6条规定,进口成员主管当局应根据明确证实的进口的增长已经或正在造成严重损害或严重损害威胁的初步裁定采取临时保障措施。临时保障措施的实施期限不得超过200天,并且该期限计入保障措施总期限。临时保障措施只能采取增加关税的形式,如果随后的调查不能证实增加的进口已经导致或威胁导致对国内产业的损害,增加的关税应迅速退还。成员在采取临时保障措施前应通知保障措施委员会,在采取措施后应尽快与各利害关系方举行磋商。

六、保障措施的期限、实施频度及审议

《保障措施协议》对实施保障措施的期限做了明确规定:①成员应在防止或补救严重损害和便利产业必需的期限内实施保障措施,保障措施的实施期限一般不应超过4年;②如果经过重新调查,认为保障措施对防止损害或补救损害仍有必要,而且有证据表明受救济的产业正处于调整之中,则实施期限可以延长,但总期限(包括临时措施的实施期和最初实施期限在内)不应超过8年。

《保障措施协议》对针对同一进口产品的保障措施的实施频度也做了相应的规定。例如,协议规定,对同一进口产品再次适用保障措施时,后一次适用应与前次适用保持一定的时间间隔。该时间间隔应与前次适用期相等,但不得短于2年。前次适用期只有180天或少于180天的保障措施,在同时满足以下两个条件的情况下,可以针对同一产品再次适用:①自前次保障措施实施之日起已至少过了1年;②自前次保障措施实施之日起的5年内,未对该同一产品实施两次以上保障措施。

关于保障措施的审议问题,《保障措施协议》规定:如果保障措施的预定适

用期在1年以上，实施保障措施的成员在适用期内应按固定的时间间隔逐渐放宽该措施；如果实施期超过3年，该成员须在中期之前审议保障措施的实施情况，并根据审议情况撤销或放宽该措施。

七、补偿与报复

由于保障措施针对的是公平贸易条件下的产品进口，因此，保障措施的实施必然影响出口方的正当利益。为此，《保障措施协议》第8条规定，实施保障措施的成员与其他有利害关系的成员可就贸易补偿问题进行谈判。

如果30日内不能达成双方满意的补偿方案，则利益受到影响的出口成员在货物贸易理事会收到其关于报复的书面通知30日后，且在保障措施实施后90日内，可以对实施保障措施的成员采取实质对等的报复措施。当然，条件是货物贸易理事会不反对实施这种报复措施。

《保障措施协议》对报复权还有一种限制，即如果采取保障措施是因为进口的绝对增长，并且该措施符合《保障措施协议》的规定，则利益受影响的出口成员在保障措施实施的第一个3年中不得行使报复权。

八、灰色区域措施问题

经过乌拉圭回合艰苦的谈判，最后谈判各方就灰色区域措施问题达成了一致。《保障措施协议》明确规定，任何成员不得在进口或出口方面寻求、采取或维持自愿出口限制、有秩序的销售安排或其他形式的灰色区域措施。成员不应鼓励或支持公私企业采用或维持与上述做法效果相同的非政府措施。

对于世界贸易组织成立前已经实行并仍继续生效的灰色区域措施，一方面，各成员应将该类措施通知保障措施委员会；另一方面，成员应列出时间表逐步取消此类措施或使其符合《保障措施协议》的规定。绝大部分此类措施应在世界贸易组织成立后4年内取消，但允许每个进口成员可至多有一项此类措施延长适用至1999年12月31日。

九、发展中成员的优惠待遇问题

《1994年关贸总协定》第19条没有对发展中成员的待遇做任何特别规定，但《保障措施协议》仍体现了对发展中成员利益的特别关注。《保障措施协议》规定，如果某一发展中成员的出口在进口成员总进口中的份额不超过3%，几个发展中成员所占的份额之和不超过9%，则保障措施不能适用于此类发展中成员的出口产品。这里需要注意的是，如果有4个发展中成员都向某一成员出口同一产品，且各自在进口方进口总量中所占的份额分别为2%，2%，2%和4%，此时，只能累加前三个发展中成员的出口份额，因为最后一个份额已经超过

3%,按协议规定不能包括在内。其结果是,对前三个发展中成员,因其份额总和为6%,低于9%,因此保障措施不适用于这三个成员的出口产品。对于份额为4%的发展中成员,因其份额已经高于3%,保障措施可以对其适用。

此外,发展中成员采取保障措施的期限比发达成员长一些,其最长适用期可为10年。在针对同一产品适用保障措施的频度方面,对于发展中成员来讲,只要拟实施的后一次保障措施与前次保障措施之间的时间间隔等于前次保障措施期限的一半,且该时间间隔至少为2年,后一次保障措施即可实施。

十、保障措施委员会的职能

根据乌拉圭回合谈判各方的意愿,为了更好地实施《保障措施协议》,加强对保障措施实施的多边监督,协议第13条规定设立了一个隶属于货物贸易理事会的保障措施委员会。该委员会的职能主要包括以下几个方面:

第一,监督协议的执行,提出改善建议,并向货物贸易理事会汇报。

第二,根据受影响成员的请求,调查某一保障措施的实施是否遵守了协议的程序要求,并向货物贸易理事会汇报其调查结果。

第三,应成员的要求对协议规定的协商予以协助,监督保障措施的逐步取消进程并适时向货物贸易理事会汇报。

第四,根据保障措施成员的请求,审查中止减让或其他义务的建议是否"实质性的对等",并适当地向货物贸易理事会汇报。

第五,接收并审查本协议规定的所有通知。

第六,履行货物贸易理事会可能决定的、与本协议相关的任何其他职能。

十一、典型争端案例评析

美国与韩国圆形碳管保障措施案(The United States Definitive Safeguard Measures on Imports of Circular Welded Carbon Quality Line Pipe from Korea, WT/DS202)。

1999年10月28日,美国国际贸易委员会对进口圆形焊接碳质条形管是否对国内产业造成严重损害做出决定:6位委员中,3人认定"已经造成严重损害",2人认定构成"严重损害威胁"但无"严重损害",1人认为无"实质性损害"或"实质性损害威胁"。2000年2月11日,美国总统宣布采取保障措施,分3年和1年加征关税。

韩国认为美国上述措施违反《1994年关贸总协定》第1条、第13条和第19条,以及《保障措施协议》第2条、第3条、第4条、第5条、第7条、第8条、第9条、第12条有关内容。2000年9月14日,韩国请求世界贸易组织设立专家组。10月23日,世界贸易组织争端解决机构(DSB)根据韩国的要求成立了专家组。

澳大利亚、加拿大、欧盟、日本和墨西哥保留了作为第三方参与的权利。专家组裁定美国违反了《1994 年关贸总协定》以及《保障措施协议》的相关规定。美国就专家组认为其违反《1994 年关贸总协定》及《保障措施协议》条款的裁定提出上诉,韩国也就对其不利的裁定提出交叉上诉。2002 年 2 月 15 日,上诉机构提交最终报告。

在专家组阶段,专家组在其最终裁定中认为,美国的保障措施在七个方面与《1994 年关贸总协定》和《保障措施协议》的有关条款不符:①没有适用传统贸易模式。②没有按照全部进口来分配关税配额。③美国没有在其公开发布的报告中对因进口增长而造成"严重损害"或者"严重损害威胁"进行足够的说明。④美国在其裁决中未能在进口增长和"严重损害"或者"严重损害威胁"之间建立起因果联系。⑤美国对发展中国家成员的保障措施违反《保障措施协议》的规定。⑥美国未能说明"未预见的发展"确实存在。⑦美国没有给予出口成员足够的磋商机会。

在上诉阶段,上诉机构认为,保障措施"只能作为紧急情况下的非常救济手段",而且在缺乏"不公正"贸易行为的判断时采取。上诉机构裁定:①实施保障措施的成员必须向出口成员提供"充分的信息和时间,以便能够通过磋商达到有意义的交流"。由于美国国际贸易委员会建议的措施与美国总统实际采取的措施"实质上不同",任何与美国国际贸易委员会措施相关的美国政府的通知都不足以提供有意义的磋商。在此基础上,上诉机构支持专家组的裁定,即美国没有为保障措施提供足够的先期磋商机会,因而违反了《保障措施协议》第 12 条第 3 款。②上诉机构首先认为《保障措施协议》第 9 条并没有要求发展中国家成员"明确排除"于保障措施之外。上诉机构支持专家组对美国违反《保障措施协议》第 9 条第 1 款的裁定。③上诉机构认为,《保障措施协议》第 4 条应当包括存在"严重损害""严重损害威胁"二者其一或者两者的结合。故此,上诉机构推翻专家组认为《保障措施协议》第 3 条第 1 款和第 4 条第 2 款要求各自确定"严重损害"或者"严重损害威胁"的裁定。④上诉机构通过分析认为,尽管美国提出两个数据用作不同目的,而且即使是在确定损害调查时排除加拿大和墨西哥的数据也会得出同样的结论,但毕竟它们之间存在一个"间隙",而且它没有明确地证明仅仅非北美自由贸易区国家的进口已经造成"严重损害"或者"严重损害威胁"。由此,上诉机构得出结论,认为美国没有"提供一个推理得出的充分的解释",以证明其对这些国家采取措施的条件已经具备,因而违反《保障措施协议》。⑤关于《保障措施协议》第 4 条第 2 款 b 项的"其他因素损害后果的非归因性",上诉机构支持专家组的裁定,认为美国国际贸易委员会"未能充分解释其确保除进口增加之外的其他因素对国内产业所造成的损害没有归结于进口增加,由此美国没有遵照《保障措施协议》第 4 条第 2 款 b 项行事"。

争端解决机构要求美国修改其措施,以符合《保障措施协议》的规定。

第四节　海关估价协议

一、《海关估价协议》的产生

海关估价规则与约束关税同样重要。道理非常简单,如果进口货物被海关过高估价,那么应付的关税会理所当然地增加,这样,所谓的低关税所保证的市场准入机会就失去了意义。《1947 年关贸总协定》第 7 条是有关“海关估价”问题的,这一条款多年来为海关官员提供了唯一的议定准则,指导他们对进口商品进行估价,并确定可以适用适当海关税率的价格。该条款的核心原则是海关估价应该根据进口商品的实际价格,而不是国产商品的价格或者“任意的或者虚构的价格”,“实际价格”应该是在正常贸易过程中、在充分竞争的条件下、某一商品或同类商品销售的价格。

虽然《1947 年关贸总协定》第 7 条对海关估价做出了非常严格的规定,但这些规则仍然没有杜绝海关估价在各国间的差别,而且各国在具体实施海关估价中具有极强的随意性和保护性。这些随意性和保护性的存在意味着出口商不可能准确地知道他们的货物价格到底是多少。

为了杜绝这一现象,在东京回合中,各方谈判达成了一套新的规则,目的在于建立一个可以预见的海关估价体制,尽可能符合商业的要求。大多数发达国家接受了这一协议,但是只有 10 多个发展中国家接受。这一协议成为管理非关税措施的东京守则之一,该守则被普遍认为是成功的。在乌拉圭回合中,该守则被重新审议,主要是考虑能否在不改变其基本原则的前提下通过一些修改,使之对发展中国家更加具有吸引力。修改过后,发展中国家与发达国家之间达成协议,即《关于实施 1994 年关税与贸易总协定第 7 条的协议》,又称《海关估价协议》(参见表 5-4)。在通过这一协议的同时,还通过了两项部长宣言作为该协议的补充,它的目的是减少发展中国家对这些规则的担心。新协议和旧协议最大的区别并不是在各自的条款中,而是新协议作为乌拉圭回合一揽子协议的组成部分这一事实,其规则对于所有的世界贸易组织成员都具有约束力。

表 5-4 《海关估价协议》的结构

一般介绍性说明	General Introductory Commentary	
序言	Preamble	

续表

第一部分	Rules on Customs Valuation	海关估价规则
第 1~17 条		
第二部分	Administration, Consultation and Dispute Settlement	管理、磋商和争端解决
第 18 条	Institutions	机构
第 19 条	Consultation and Dispute Settlement	磋商和争端解决
第三部分	Special and Differential Treatment	特殊和差别待遇
第 20 条		
第四部分	Final Provisions	最后条款
第 21 条	Reservations	保留
第 22 条	National Legislation	国家立法
第 23 条	Review	审议
第 24 条	Secretariat	秘书处
附件 1	Interpretative Notes	解释性说明
附件 2	Technical Committee on Customs Valuation	海关估价技术委员会
附件 3	*	*

二、海关估价方法

《海关估价协议》的特点一目了然,附件 1 包含指导海关估价使用者的解释性说明,几乎与该协议本身的 24 个条款一样长。这种详细程度实际上为《海关估价协议》提供了授权,因为这样就减少了任意估价的机会。《海关估价协议》的"一般介绍性说明"列出了估价体制的基本原则,澄清了该协议的结构和各条款之间的关系,并强调了海关与进口商之间进行磋商的重要性。

《海关估价协议》主要规定了六种海关估价方法。这些方法要严格按照下列顺序使用:只有根据第一种方法不能确定完税价格(Customs Value)时,海关才能使用第二种方法;只有在第二种方法不能确定完税价格时,海关才能使用第三种方法,依此类推。估价的出发点(优先采取的方法),是根据"成交价格"(Transaction Value)确定完税价格,这是指当货物出口销售到进口国时实际支付的价格。其他估价方法的根据为相同或类似货物的成交价格、销售价格或生产成本,或根据"回顾"(Fallback)其他的方法最终确定完税价格,这种方法虽然有更多的灵活性,但排除了使用其他几种估价方法的可能性。

《海关估价协议》的适用范围限制在对进口货物征收从价关税(Ad Valorem Duty)为目的而进行的海关估价方面,这种限制可能并不像看上去那样严格。对于出口货物,大多数国家如果征收关税,征收的数额也很小。而从定义上讲,对于在从量税(Specific Duty)基础上征收的税率较低的关税,不要求进行估价。虽然该协议没有规定这些规则正式适用于税收或外汇管制方面的估价,但是,如果政府行政部门决定这样做,《海关估价协议》并不限制这些规则用于这些目的。

《海关估价协议》第1条明确规定以成交价格作为主要的估价方法。开篇即为:"进口货物的完税价格应为成交价格,即为该货物销售出口至进口国时,实付或应付的价格。"这段文字受到一些条款的限制,从而在事实上可能需要转而使用第二种估价方法,但优先选择成交价格这一点是明确的,成交价格通常为销售发票(Sales Invoice)上列明的价格。同时,《海关估价协议》要求对"实付或应付的价格"进行一些调整。需要增加实付或应付的价格不包括的特许权使用费和许可费(Royalties and License Fees)。还允许进行其他调整,估价可以增加购买商需要支付而不包含在发票价格中的费用,如包装费等。一些国家征税的基础包括保险和运输费用,即到岸价,而其他国家将这些费用排除在外,即离岸价。这两种方法都是可以接受的。《海关估价协议》第1条所列的某些情况可以使海关有理由怀疑,成交价格是否可以作为征税的公平基础。这些情况可能包括未实际销售、销售所附加的限制(例如限制货物转售的地点)、使货物的价格不能确定的条件或因素,或者有关部分转售收入需返还原销售商的安排等。买卖双方存在连带关系的情况可能会使人关注,这种情况实际上经常发生,因为大多数国际贸易发生在同一公司的不同部门之间。对此该协议规定,买卖双方存在连带关系这一事实本身并不构成该成交价格不能被接受的理由,重要的是这种关系不影响价格。如果海关对这一点产生疑问,它们必须给予进口商证明价格是公平的机会,表明这一价格接近以往接受的相同或类似货物的价格。

海关只有根据《海关估价协议》第1条及第1条的解释性说明得出结论,货物的成交价格不能作为估价的基础,它们才可以转而使用第二种估价方法,即与被估价货物同时或大约同时销售出口至同一进口国的"相同货物"(Identical Goods)的成交价格。这里的"相同货物"是指所有方面都相同的货物,包括相同的原产国。同样,该协议包含了详细的规则以指导选择哪一次销售可以提供参考价格(Reference Price),并保证对这一价格做出适当调整(例如考虑不同的运输费用等)。如果相同货物有一个以上的价格,那么必须使用其中最低的价格进行估价。

在第二种方法不能使用时才可以使用第三种方法,这种方法与第二种几乎是一样的,只是将估价的基础改为“类似货物”(Similar Goods)的成交价格,而不是相同货物的成交价格。“类似”货物不需要与被估价货物在各方面都相同,但它们具有相同的特点和组成材料,具有相同的功能,在商业上可以互换,与被估价货物产自同一国家,而且通常是由同一生产者生产的。同样,《海关估价协议》规定了冗长的解释性说明,包括做出调整以考虑类似货物在销售方面与被估价货物在数量和商业因素上的不同之处。

以上几种方法都是按先后顺序进行的,而第四种和第五种估价方法是唯一的例外,使用顺序可以颠倒。如果进口商请求,可以在使用第四种方法之前先使用第五种方法。

这两种方法都是根据组合而形成货物的合理价格,《海关估价协议》为这些方法规定了详细的解释性说明。第四种方法是货物(相同或类似的货物)在进口国出售给连带关系的购买者的价格,并应做适当扣除。具体的调整包括扣除售予无连带关系的购买者价格中的佣金、利润或运输费用。从这种方法派生出的方法是,以进口国经过进一步加工货物的销售价格为基础,扣除加工增值部分。第五种方法,或称“计算价格”(Computed Price)方法,是将各种规定的额外金额与生产成本(如材料、制造和加工费用)加在一起得出的,包括利润、费用和运输等,这种方法通常只有在买卖双方有连带关系、卖方准备支付必要的成本的情况下才能使用。

只有在这五种方法都不能使用时,海关当局才能“回顾”其他方法,以确定进口货物的价格。该协议第7条要求使用符合协议和《1994年关贸总协定》第7条的合理方法,并根据进口国可获得的数据确定价格。但更重要的是,该协议禁止海关当局根据一份长长的可能使用的估价清单来确定价格,这份清单就像“存档罪犯照片集”一样,在过去使用时产生了夸大的估价,并导致谈判最终达成东京回合守则。这些被禁止的方法包括:根据进口货物的国内竞争货物的销售价格进行估价;两种备选价格从高估价;使用出口国市场上或另一出口市场上的销售价格;除根据第五种方法估算价格外,以其他方法使用生产成本;最低限价(Minimums Values)以及“任意或虚构的价格”。

三、《海关估价协议》的其他内容

《海关估价协议》的其他规定涉及在确定完税价格时进行货币兑换的汇率、进口商在估价迟延的情况下可以从海关撤回货物的权利,以及相关保密和公布法规的要求。

虽然所有这些详细的规则都是为进口货物的估价制定的,但是该协议并未限制海关要求证实所提交的陈述、单证或声明的真实性和确定性的权利。

正如前文所讲,《海关估价协议》的实质性规则实际上与东京回合守则是一样的。但是,一项重要的变化是,作为乌拉圭回合一揽子协议通过的一项部长决定,即《关于海关有理由怀疑申报价格真实性和准确性的情况的决定》,这份决定是单独的,但与《海关估价协议》有联系。当时准备接受《海关估价协议》的发展中国家极少,其中一个原因就是,许多发展中国家觉得《海关估价协议》不足以使海关当局对那些被认为压低价格以逃避支付全部进口关税的贸易商提出质疑。而根据这项决定,如果海关有理由怀疑为证明申报价格而提供的细节或文件的真实性和准确性,它们可以请进口商提供进一步的解释,或提供证据以证明申报价格符合货物的实际成本,如果不能提供令人信服的证据,那么海关可以认为货物不能根据第一种方法进行估价。但是,它们必须向进口商解释做出这一决定的原因,这一要求为进口商提供了进行上诉的根据。《海关估价协议》本身所包含的一项单独的规定(第 11 条)要求,每个世界贸易组织成员享有对估价决定进行上诉而不受处罚的权利,如果必要可向司法部门提出上诉。

《海关估价协议》的几个特殊规定是针对发展中国家成员实施的。它们有权在加入世界贸易组织的 5 年后实施这一协议(创始成员于 2000 年 1 月实施这一协议),还可以要求延长这一期限。它们还可以在实施该协议的 3 年后再使用第五种方法(计算价格)。那些根据官方确定的最低限价进行估价的发展中国家,在可能的条件下,可以在有限的和过渡的基础上保留这些价格。它们可以保留权利,拒绝进口商提出的在第四种估价方法使用前使用第五种方法,以及使用进一步加工后的单位价格的请求。

一些发展中国家还担心对独家代理人、独家经销人和独家受让人的进口货物进行估价时会产生问题,另外一项部长决定保证为此做出努力以找到解决办法,即《关于与最低限价及独家代理人、独家经销人和独家受让人进口有关的文本的决定》。

最后,发达国家将应请求向发展中国家提供技术援助。

与其他许多世界贸易组织协议一样,《海关估价协议》规定设立海关估价委员会,负责监督协议的执行,委员会对所有世界贸易组织成员开放。但该协议从东京回合守则继承的一项特点是,它同样设有一个在世界贸易组织之外运作的技术委员会。海关估价技术委员会是在世界海关组织(World Customs Organization)中建立的,该委员会的任务是保证全体世界贸易组织成员对协议的解释和实施是一样的,工作包括:研究可能出现的具体问题,提出有关解决办法的建议,研究有关估价的法律、程序及做法,并提出咨询意见等。技术委员会还可以在争端解决中发挥作用。虽然世界贸易组织争端解决规则适用于《海关估价协议》,但是数年来的经验表明,有关估价的问题一般通过有关国家之间进行磋商解决,经常是其他国家通过提供技术帮助解决有关问题。如果争端到达了提交专家组解决的阶段,那么可以请求技术委员会就需要进行技术审查的问题提出报告。

第五节 装运前检验协议

装运前检验,国际贸易中通常称为 PRESHIPMENT INSPECTION,简称 PSI,是国际商品贸易中经常被采用的一种检验方式,主要是指根据进口商在贸易合同条款中规定的要求,委托或授权(一般由合同条款约定或者指定)独立的第三方检验机构,对进口商品在出口国领土上进行货物发运前的检验。

装运前检验在长期以来的国际贸易中已形成惯例,其基本内容一般包括检验机构对装运前货物质量、数量、包装,包括货物的监造和监视装载等的检查。它是买卖双方根据合同约定价格、合理处理各方检验权益的一种方式。但是,自 1965 年 1 月 15 日扎伊尔政府为确保其本国的贸易和经济权益,第一次颁布法令,宣布对扎伊尔进口商品强制实施装运前检验(即实施所谓"全面进口监管计划")以后,不但装运前检验的基本内容有了扩充和发展,而且实施的方式也由买卖双方自由选择约定转为政府强制执行。其目的:一是为了防止国家外汇的损失,确保国家外汇的合理使用;二是防止偷漏关税,确保国家合理的关税收入;三是确保能以公道的价格买到合适的商品。因而,其基本内容除一般的商品品质、数量、包装、监造或监装等检查外,还包括有关商品的价格比较、关税税则分类核查和有关法律法规的合法性审查等。而且,这一系列在出口国领土上进行的装运前检验活动,都是由政府委托授权或指定的国际贸易公证检验、鉴定机构实施的。这就是 20 世纪 60 年代后期开始并逐步发展和通行起来的国际贸易商品检验的"CISS"业务。装运前检验对进口方具有较强的自我保护作用并且具有非贸易障碍(壁垒)性质,因此,它被越来越多的发展中国家垂青。对进口商订立的价格进行强制核实的装运前检验服务的迅速扩展,使工商业界忧心忡忡,特别是一些发达国家更是如此。它们特别担心,一旦检验公司发现合同价格被高估,会被要求降低价格。它们争辩说,出口商通常不知道检验公司进行价格比较时使用的标准。

为了消除发达成员出口企业所表示的担心,抚平双方关于装运前检验服务有利于发展中成员保护其根本利益的分歧,在乌拉圭回合中达成了《装运前检验协议》。该协议由 9 个条款构成(见表 5-5)。

表 5-5 《装运前检验协议》的结构

序言	Preamble	
第 1 条	Coverage-Definitions	适用范围和定义

续表

第 2 条	Obligations of User Members	用户成员的义务
第 3 条	Obligations of Exporter Members	出口成员的义务
第 4 条	Independent Review Procedures	独立审议程序
第 5 条	Notification	通知
第 6 条	Review	审议
第 7 条	Consultation	磋商
第 8 条	Dispute Settlement	争端解决
第 9 条	Final Provisions	最后条款

一、目标与结构

《装运前检验协议》的基本目标是为使用装运前检验服务的成员及出口成员制定一套原则和规则,确保它们的活动不对贸易造成障碍。协议用大量的条款来保证,出口商碰到的实际困难(如检验公司拖延进行实物检验和核实价格、这些公司遵循的程序缺乏透明度、处理秘密信息等)会减少或消除。《装运前检验协议》清楚地表明其条款只适用于出口成员通过政府签约或授权进行的装运前检验。"装运前检验"被定义为"所有与核实出口货物的质量、数量、价格(包括汇率和金融条件)和(或)出口货物的海关归类等有关的活动"。

《装运前检验协议》进一步认识到,一些发展中国家只要有必要使用装运前检验服务核实进口货物的质量、数量和价格,协议就允许使用此类服务。

为实现上述目标,在《装运前检验协议》的有关条款中,规定了使用装运前检验服务的进口成员及出口成员的主要义务。

(一)使用装运前检验服务的进口成员的义务

1. 非歧视。对所有出口商平等地适用程序和标准。所有检验人员的检验行为应是一致的(《装运前检验协议》第 2 条第 1 款)。

2. 国民待遇。使用装运前检验服务的成员不应实行导致被检货物享受的待遇低于对类似的本地产品待遇的国家规定(《装运前检验协议》第 2 条第 2 款)。

3. 检验地点。实物检验应在出口成员境内实施,只有在以上地点行不通时方可在制造成员境内实施检验(《装运前检验协议》第 2 条第 3 款)。

4. 标准。质量和数量的检验应根据买卖双方达成的标准实施,如上述标准不存在时,采用国际标准(《装运前检验协议》第 2 条第 4 款)。

5. 透明度。应向出口方提供信息以保证透明度,特别是装运前检验活动用户成员的法律和规定，以及用作检验的程序和标准（《装运前检验协议》第 2 条第 5~8 款）。

6. 保护秘密信息。秘密信息不应向第三方泄露（《装运前检验协议》第 2 条第 5~13 款）。

7. 延误。应避免不合理的延误（《装运前检验协议》第 2 条第 15~19 款）。

8. 核实。

9. 申诉程序。

（二）与装运前检验活动有关的出口成员的义务

1. 非歧视。应当在非歧视的基础上实施法律规定（《装运前检验协议》第 3 条第 1 款）。

2. 透明度。应当公布所有的法律规定（《装运前检验协议》第 3 条第 2 款）。

3. 技术援助。应当向用户成员提供技术援助，使它们逐渐减少对装运前检验的价格核实的依赖（《装运前检验协议》第 3 条第 3 款）。

二、价格核实的原则和规则

《装运前检验协议》进一步阐述了检验公司在进行价格核实时所必须遵循的原则和规则。该协议特别指出，为了判定出口价格是否反映了货物的真实价值，应当对该类货物的出口价格和从该出口成员出口到该进口成员或其他成员市场的相同或类似产品的出口报价进行比较，《装运前检验协议》第 20 条对此做了如下规定。

为避免高估或低估发票价格及欺诈行为，各用户成员应确保装运前检验机构根据下列准则核实价格：

其一，只有当检验机构经过按下列所述标准之一的核实程序，证明它们核查的价格不令人满意时，检验机构才可拒绝接受出口商和进口商双方同意的合同价格。

其二，装运前检验机构的价格比较应基于在同一或大致同一时间内，在竞争和可比的销售条件下，在与商业惯例和适用的标准折扣净值相符的情况下，同一出口成员的相同或类似货物的出口价格。这类价格比较应基于下列内容：①只采用能提供有效比较基础的价格，同时应考虑进口成员和用于价格比较的某一成员或某些成员的有关经济因素；②装运前检验机构不应依据对不同进口成员的出口货物价格武断地强加给某批货物一个最低价格。

其三，装运前检验机构在核实价格时，应考虑销售合同条款内容和与该项交易有关的普遍适用的调整因素。这些因素主要包括下列内容：销售的商业水平和数量、交货期和交货条件、价格上升条款、质量规格、特殊设计要求、特殊装运或包装规格、订货量、现货销售、季节性影响、许可证或其他知识产权费用，以及作为合同一部分提供的但按惯例不另开发票的服务,还应包括某些与出口商价格有关的因素(如出口商和进口商之间的契约关系等)。

其四,运输费用的核实只能以经双方同意列入销售合同的出口成员的运输方式的价格为准。

其五,下列因素不应用于价格的核实:①进口国生产的产品在进口国的售价;②从非出口国出口的货物的价格;③生产成本;④任意的或虚构的价格或价值。

其六,上诉机制的确立。在《装运前检验协议》第2条第21款、第4条、第8条中确定了出口商上诉及争端解决的机制:①《装运前检验协议》要求装运前检验机构指定一名官员,受理出口商有关反对检验人员决定的投诉。②该协议要求建立一个独立审议机构,出口商和装运前检验机构均可向其投诉。一个由3名专家组成的小组将对送达独立审议机构的投诉进行审议,其中一名由国际商会指定,第二名由国际检验机构联盟指定,第三名由该独立审议机构指定,该成员应是贸易方面的专家,并将成为小组的主席。③该协议确认,用户成员的政府可将与协议运作有关的任何问题提交世界贸易组织进行争端解决。

三、装运前检验协议的作用

采用装运前检验服务,政府可以对低估价值的行为进行检查,从而增加关税收入;对高估价值的行为进行检查,可以减少资本流失。

使用装运前检验服务也给商业企业带来了直接利益:①加速货物的通关,大大减少了制造商须提交的单证,降低了成本。②使用装运前检验服务可减少与完税过程有关的腐败,从而减少了进口货物通关时秘密索取钱财的行为,如前所述,政府使用装运前检验服务的一个目标就是控制完税过程中的腐败行为。③在核实价格时,检验公司对所有进口的货物实施实物检验,以确认其质量和数量符合进出口商在合同中规定的条件,除了价值较低无须检验的货物外,进口商可以保证他们收到的货物与合同条款相符。不过,只要检验公司与成员政府签署了协定,即使进口商最终发现进口货物事实上不符合合同条件,他们也无权向这些公司索赔。

第六节　原产地规则协议

原产地规则是各国为了确定贸易中商品的原产地而制定的法律、规章和普遍实施的行政命令及措施。原产地规则在国际贸易中的地位日益重要,研究探讨以至统一原产地规则逐渐成为国际社会普遍关心和重视的问题。围绕着原产地规则问题，关贸总协定做了长期的努力，并于 1993 年 12 月 15 日签署了乌拉圭回合最后文件，将《原产地规则协议》(Agreement on the Rules of Origin)正式列入最后文件的附件。

一、原产地规则的作用

在当今国际贸易中流动的许多产品包含来自一个以上国家的材料或组件，而且可能还在几个国家进行过加工。从进口国的角度讲，多个原产地混合在一起就会产生问题，来自一国的特定产品可能会受制于反倾销税或者反补贴税，或者保障措施。或者如果一种产品来自发展中国家或者区域贸易协定的伙伴国，那么就有权享受优惠或者免税待遇。在以上的情况下，确定原产国就非常重要了。尤其制造过程中的不同环节在不同的国家进行时，确定一个产品的原产地尤为重要。例如，成衣生产的初始环节是将棉花纺成纱线，之后经过将纱线织成织物、剪裁和缝纫等过程，最后制成一件成衣，这时若进口国决定对 C 国的衣服征收反倾销税，就有必要确定哪些衣服是原产于 C 国的。

《原产地规则协议》为确定产品原产地制定了一些原则。该协议包含适用于非优惠贸易的原产地规则，但不包括适用于优惠贸易条件下原产地的确定。在优惠贸易中，成员国按照特殊优惠体制中的有关规定来确定原产地，例如在普惠制下，一国将自主确定原产地。类似地，关税同盟和自由贸易区也可以制定自己的原产地规则。

《原产地规则协议》的最终目标是建立一套协调的、被所有成员一致采用的原产地规则。该协议还制定了工作计划，并决定由世界贸易组织部长级会议承担此工作计划。部长级会议将接受原产地规则协调化行动的结果。

在过渡期内，即实行协调规则之前，各成员要遵循一些基本目标和要求。很重要的一点是，若产品在制造过程中经过了几个国家，在确定产品的原产地国家时，一般以下列互相可替代的标准为基础。

其一，税目分类上的变化。确定产品原产地的税目分类是否发生变化的标准是，在特定国家进行的制造或加工活动是否改变了该产品的关税税目。

其二，从价比例。这一标准的决定因素是，一定最低比例的增值是否发生在某个特定的国家。

其三，制造或加工标准。这一标准规定，制造程序的某项具体操作将决定产品的原产地。

下列是过渡期中需遵循的主要原则：

其一，一成员的规则必须明确，根据上述三种替代方法确定原产地时，应明确如何确定税号、从价比例的计算方法，以及出具原产地证明的具体操作方法等。

其二,应遵循非歧视原则和国民待遇原则。

其三,规则本身不应造成限制、扭曲或阻碍国际贸易的影响。

有两点原因使原产地规则变得越发重要:①成员可以利用原产地规则限制特定来源的进口;②随着生产全球化趋势的不断加强,产品的实际产地变得越来越模糊。因为协调原产地规则的过程可能不是纯技术性的,所以各国在制定协调原则时必须十分谨慎。事实上,制定规则的过程可能会影响市场准入。

二、《原产地规则协议》的构成

原产地规则协议由序言、四个部分(9 个条款)和两个附件组成(参见表 5-6)。

表 5-6 《原产地规则协议》的结构

序言	Preamble	
第一部分	Definitions and Coverage	定义和范围
第 1 条	Rules of Origin	原产地规则
第二部分	Disciplines to Govern the Application of Rules of Origin	关于实施原产地规则的纪律
第 2 条	Discipline during the Transition Period	过渡期内的纪律
第 3 条	Discipline after the Transition Period	过渡期后的纪律
第三部分	Procedural Arrangements on Notification, Review, Consultation and Dispute Settlement	通知、审议、磋商和争端解决的程序安排
第 4 条	Institutions	机构
第 5 条	Information and Procedures for Modification and Introduction of New Rules of Origin	修改和采用新原产地规则的信息和程序
第 6 条	Review	审议
第 7 条	Consultation	磋商
第 8 条	Dispute Settlement	争端解决
第四部分	Harmonization of Rules of Origin	原产地规则的协调
第 9 条	Objective and Principles	目标和原则
附件 1	Technical Committee on Rules of Origin	原产地规则技术委员会
附件 2	Common Declaration with Regard to Preferential Rules of Origin	关于优惠原产地规则的共同宣言

序言阐述了签订协议的目的及制定原产地规则的基本原则,说明"其目的

是进一步实现《1994年关贸总协定》的目标,即进一步推动世界贸易的增长和自由化,强化关贸总协定的作用,并增强关贸总协定体系对发展变化中的国际经济环境的适应性”。制定原产地规则的基本原则是:以一种公正、透明、可预知、稳定和无歧视的方式制定明确的、可预知的原产地规则。为便利国际贸易流通,原产地规则本身不应对贸易造成不必要的障碍,不能废弃或损害关贸总协定各成员在关贸总协定下所享有的权益。

第一部分为“定义和范围”,明确本协议所述的原产地规则应被定义为任何成员为确定货物原产国而实施的法律、法规及普遍适用的行政命令。它包括所有用于非优惠性商业政策、措施的原产地规则,适用于实施最惠国待遇、反倾销和反补贴税、原产国标记和任何歧视性的数量限制或关税配额等所采用的原产地规则,还包括为政府采购和贸易统计而使用的原产地规则。

这种非优惠性的原产地规则是相对于优惠性原产地规则而言的,在我国称为出口货物原产地规则,即据以出具一般原产地证明书的原产地规则。

第二部分为“关于实施原产地规则的纪律”,分别对原产地规则协调工作计划完成之前(过渡期内)和完成之后(过渡期后)实施的规则做了规定。在过渡期内,各成员发布各自的原产地规则时,应具体列明所采用的原产地标准:如果采用“税目分类编号改变”标准,必须清楚地列明该规则所述的税则目录内的品目和子目;如果采用“从价百分比率”标准,必须列明计算这一百分比率的方法;如果采用“制造或加工工序”标准,必须准确地列明能授予有关产品原产地资格的制作或加工工序。过渡期后则应按照原产地规则协调工作计划执行的结果实施,建立协调、统一的原产地规则。某一特定产品的原产国应是完成该项产品所有生产制造过程的国家;或者是,当该产品的生产、制造过程是在数国内完成时,那个对产品最后实现了实质性改变的国家。无论是过渡期内还是过渡期后,各成员均应遵循国民待遇原则,“对进出口商品实施的原产地规则不应严于它们确定一件商品是否是本国产品时所采用的原产地规则”“亦不应在其他成员间实行歧视,不论有关商品的生产国别属性如何”“尽管原产地规则与商业政策的措施或手段有联系,但各成员不得将原产地规则用作直接或间接追求贸易目标的工具”,以致“对国际贸易产生限制性、扭曲性或破坏性的影响”。出口商、进口商或任何持有正当理由的人可要求有关成员的当局对有关产品的原产地做出评定。此时,有关当局须在提请评定要求之日起的150天内尽快公布评定意见,评定意见的有效期一般为3年。

第三部分为“通知、审议、磋商和争端解决的程序安排”,规定由各成员代表组成原产地规则委员会,每年至少开会一次,审议和促进原产地规则协调工作计划的实施和运作,并将年度审议情况或修改建议报告货物贸易理事会。世界贸易组织秘书处行使原产地规则委员会秘书处的职责。同时,设立原产地规则技术委员会具体承担原产地规则方面的技术性工作。海关合作理事会秘书处行使原产地规则技术委员会秘书处的职责。

《原产地规则协议》规定,自《建立世界贸易组织协定》生效之日起,各成员应在90天内向世界贸易组织秘书处提交其现行的原产地规则以及在《建立世界贸易组织协定》生效前业已生效的普遍适用的办法和行政裁决,世界贸易组织秘书处应将收到的资料清单分发给各成员。在过渡期内,成员若欲对其原产地规则做重大修改或实施新的原产地规则,应在修改或新原产地规则生效前(至少在60天之前)发布通告,以便使有关各方了解其修改或实施新规则的意图。遇有协商和解决争端问题时,应按《1994年关贸总协定》第33条及《关于争端解决规则和程序的谅解》的规定办理。

第四部分为"原产地规则的协调",规定原产地规则协调工作计划应在《建立世界贸易组织协定》生效后尽早开始执行,并在开始执行之日起的3年内完成。原产地规则技术委员会应按商品类别(即按"协调编码制度"税则目录中的类、章),对完全原产产品和不能授予产品原产地资格的细小程度的制造或加工制定详尽的定义,此工作应在收到原产地规则委员会的有关要求后的3个月内完成。原产地规则技术委员会还应就"实质性改变——税目分类编号改变"标准,按"协调编码制度"税则目录中的类、章逐个商品地阐明,每季度向原产地规则委员会提交其工作结果报告,此工作应在收到原产地规则委员会提出的请求后1年零3个月内完成。原产地规则技术委员会还应就"实质性改变——补充标准",对于仅采用税目分类编号改变规则仍不能符合实质性改变要求的商品大类或特定种类的商品,阐明如何以一种补充或专有的形式,包括从价百分比要求和(或)制造、加工工序要求,确定某些特定商品的原产地规则,此工作按"协调编码制度"税则目录中的类、章逐个商品地进行,至少每季度向原产地规则委员会提交其工作结果报告,在收到原产地规则委员会提出的请求后的2年零3个月内完成。最后,由部长级会议将协调工作计划的实施结果写成一项附录作为本协议的一个组成部分,并确定这一附录生效的时间框架。

《原产地规则协议》的两个附件是:①《原产地规则技术委员会》,规定了技术委员会的职责、工作要求和代表的产生等事项。②《关于优惠原产地规则的共同宣言》,说明优惠原产地规则与非优惠原产地规则截然不同,它是任何一个成员用以确定货物是否有资格享受更优惠待遇的法律、法规和普遍采用的行政命令。这种更优惠待遇是指根据契约或区域自治贸易体系的规定,货物可享受更优惠待遇的规则(例如普惠制原产地规则,比上述一般原产地规则要严,但有关其制定、修改、发布、实施及其应遵循的原则的规定,基本上与非优惠原产地规则相同)。

第七节 进口许可程序协议

与原产地规则一样,进口许可程序也是实施贸易政策的一种工具。当必须限制进口或者需要对进口实施监测的时候,一个政府有时候会采用进口许可制度。进口许可制度有时候会成为贸易的壁垒,对贸易产生限制性影响。对此,《进口许可程序协议》(Agreement on Import Licensing Procedures)做出了有关规定。

《进口许可程序协议》包括了一套简单的原则和详细的规则,用来防止许可程序本身成为贸易的障碍。其实,这个协议并不是乌拉圭回合创立的,事实上,在东京回合上,这个协议就作为一个守则性的协议而存在,只不过当时仅少数几个国家签署这个协议。但是在乌拉圭回合以后,这个协议变成了《建立世界贸易组织协定》后的多边协议的一部分,因此这个协议适用于所有的世界贸易组织成员。

一、《进口许可程序协议》的结构、目的和原则

政府适用进口许可程序一般出于两个目的:一是数量限制或者其他进口限制;二是仅仅作为记录进口产品的手段,这通常是出于统计的考虑。用作第一种目的的许可程序是"非自动的"(Non-Automatic),因为只有当申请者分配到一部分进口配额后,才能获得许可证。第二种许可通常是"自动的"(Automatic)。

《进口许可程序协议》包含了适用于这两种许可的总体规定,还包含专门适用于非自动许可或者自动许可的规定。协议的基本结构见表 5-7。

表 5-7 《进口许可程序协议》的结构

序言	Preamble	
第 1 条	General Provisions	总则
第 2 条	Automatic Import Licensing	自动进口许可
第 3 条	Non-Automatic Import Licensing	非自动进口许可
第 4 条	Institutions	机构
第 5 条	Notification	通知
第 6 条	Consultation and Dispute Settlement	磋商和争端解决

续表

第7条	Review	审议
第8条	Final Provisions	最后条款

《进口许可程序协议》的目的在于申请两种许可的程序中,减少歧视性或者管理部门的任意性。因此,《进口许可程序协议》非常强调透明度原则和非歧视原则,这些原则表现在以下方面。

第一,它要求申请的程序中立,规则的管理要公平和平等。

第二,要求所有成员的规则和相关的信息必须在可行的情况下,由成员在生效前21天之内对外公布,公布的时间无论如何都不能晚于生效之日,这些规则和信息包括:谁有资格申请许可、向何处提出申请、哪些产品受制于许可等。而对于变更的情况,至少要提前21天通知。

第三,许可申请和延期表格都要求尽可能简单,只要求提供确实需要的单证和信息。如果申请有截止日期,那么就应该给出21天或者更多的时间做出反应,而且通常只需要与一个管理机构进行接洽。

第四,申请不得因为单证微小的错误或者遗漏而受到不适当的处罚。如果已获许可的进口产品与许可证中列明的价值、数量或者重量有微小变化,这些产品也应该被接受,只要这些变化符合正常的商业做法。

第五,许可证持有者与不需要许可证货物的进口商应该在同样的基础上获得支付进口产品需要的外汇。

二、自动许可与非自动许可

自动许可是指申请在所有情况下均能获得的许可,对贸易没有限制性影响。在没有其他适当的程序,且只要其所包含的管理目的不能以更适当的方法实现的情况下,这种方法就是可以接受的。但是,只有在满足以下条件时,这种许可才能不受制于管辖非自动许可的更严格的规则:①满足进口成员有关从事自动许可产品进口经营法律要求的任何个人、企业和机构,均有资格申请和获得进口许可证;②许可证申请可在货物结关前任何一工作日提交;③以适当和完整形式提交的许可证申请,在管理可行的限度内,应在收到后立即批准,最多不能超过10个工作日。非东京回合守则签署方的发展中国家在成为世界贸易组织成员后,可以有两年的时间满足上述最后两项要求。

不能满足这些条件的许可被认为是非自动许可。该协议的核心要求是这种许可不得比其适用的措施对贸易的限制和扭曲作用更大。必须公布充足的信息,使贸易商知道许可证发放的依据,有贸易利益的政府有权要求提供有关许可证发放和有关产品贸易的详细信息。

如果许可证用以管理进口配额，必须公布配额的数量或价值，以及申请的日期。如果配额是在供应国之间进行分配的，那么，所有有关供应国必须得到通知，公布信息的要求也同样适用。任何满足法律和管理要求的进口商均有资格提出申请，而且有资格被考虑发给许可证，任何被拒绝发给许可证的潜在进口商都可以询问其中的原因，并有权提请上诉或审议，如果配额是在“先来先领”的基础上分配的，那么提出的申请必须在30天内进行考虑。如果申请是同时考虑的，那么最长期限为60天。《进口许可程序协议》的其他规则要求许可证的有效期应该足够长，以允许来自最远地方的进口商进口，而且允许的量应该足够大，以达到经济数量，分配应考虑申请者过去是否充分使用了分配的许可证。必须给予新的进口商机会，特别是那些自发展中国家进口有关产品的进口商。

《进口许可程序协议》包括了有关通知和审议各成员许可程序的规则、机构和措施的非常详细的要求。任何新的或变更的进口许可程序都必须在公布后60天内进行通知。若一成员未进行通知，则任一利害关系成员在提请该成员未果后，可代为通知。进口许可程序委员会对所有成员开放，负责监督该协议的实施，并根据做出的通知审议协议的实施情况，通知中包括对年度问卷的答复。

除给予发展中国家两年时间以满足自动许可的某些要求外，《进口许可程序协议》没有规定过渡期，现在该协议各条款已全部生效。

第八节　技术性贸易壁垒协议

出于安全、健康或环保等原因，各国政府有时需要制定强制性的产品技术规定。有时，为了便利产品的使用，政府也会制定非强制性的产品标准。被广泛接受的产品标准可以使制造商采用统一的设计、机器、工具和投入，从而形成产品的规模经济，同时也保证了质量。但是，这些规定和标准有时会变成不合理的贸易壁垒（例如标准过高，超出了实际需要，或者在制定技术规格时带有偏见，不合理地优待本国产品或者某些特定来源的进口产品）。在这种情况下，各国都认为需要在此领域制定一些规则。这些规则包含在《技术性贸易壁垒协议》（Agreement on Technical Barriers to Trade，简称TBT协议）中。

在20世纪70年代东京回合达成的协议中，1979年签署的《技术性贸易壁垒协议》被证明是最成功的，当时这一协议以及其他的协议被称为“守则”，即签署方有限的协定。最终签署的国家共有47个，这比其他守则的签署方都多。尽管如此，关贸总协定的成员都认为，该协议还可以在很多地方做些有益的改进。乌拉圭回合中形成的新的《技术性贸易壁垒协议》包含了这些改进,新协议完全代替了旧协议,成为世界贸易组织协议框架的组成部分。作为世界贸易组织的一个多边贸易协议,该协议的条款对所有的世界贸易组织成员都具有约束力,任何有关的争端都适用于世界贸易组织的争端解决机制。

同以前的协议一样,《技术性贸易壁垒协议》对两项主要的政策考虑做出了反应。首先,技术法规和标准(包括包装、标志和标签的要求,以及为符合技术法规和标准而制定的测试和认证程序)不应对国际贸易制造不必要的障碍。其次,世界贸易组织成员应能够保护国家安全,防止欺诈行为,保护人类、动物和植物的生命健康,以及保护环境。该协议的序言详细阐述了这两项考虑及其他考虑,包括国际标准在发达国家向发展中国家转让技术过程中可以发挥的作用,发展中国家在制定和实施技术法规、标准以及为符合技术法规和标准而制定的合格评定程序方面可能遇到的困难。

为此,该协议要求,法规和规则的制定不能以限制贸易为目的,在对进口产品实施这些法规和标准的过程中,要适用最惠国待遇和国民待遇等基本原则。该协议鼓励成员在制定各自的法规和标准时,适用现有的国际标准,并要求它们相互通知各自与标准有关的活动。该协议要求,国家测试和认证机构应避免对进口产品造成歧视,并尽可能地相互承认各自的测试和认证。为保证这些规则在实践中发挥作用,该协议规定了通知和磋商的详细程序。以上这些内容包含在东京回合守则中,而乌拉圭回合中达成的协议又增加了新的内容。以前的守则只涉及影响产品本身的法规和标准,新的协议还涉及适用于相关工艺和生产方法的法规和标准,换言之,该协议影响的是最终产品如何生产的过程。

《技术性贸易壁垒协议》的一个变化是达成了新的单独的《实施卫生和植物卫生措施协议》,这一协议将在下一节做出介绍。《技术性贸易壁垒协议》的规定既适用于工业品也适用于农产品,但是由于《实施卫生与植物卫生措施协议》的存在,所以《技术性贸易壁垒协议》未涉及动植物卫生检疫措施问题。由于世界贸易组织所有成员都受到这两个协议的约束,所以这两个协议在职责上的分工并不会影响世界贸易组织的管辖范围。

一、结构与原则

(一)《技术性贸易壁垒协议》的结构

《技术性贸易壁垒协议》的结构很简单,它对不同级别所实施的三类活动做出了相似的规定(参见表 5-8)。第一类活动是技术法规的制定、采用和实施。该协议第 2 条和第 3 条分别对世界贸易组织成员的中央政府机构、地方政府机构和非政府机构的有关职责做出了规定。第二类活动是标准的制定、采用和实施,第 4 条对此做出了规定,并在“良好行为规范”(Code of Good Practice)中列出了适用的原则。第三类活动是确认活动是否符合技术法规和标准。这些"合格评定程序"(Conformity Assessment Procedures)包括:取样、测试和检验;评估、验证和合格保证;注册、认可和核准以及各项的组合。该协议针对不同的机构做出了不同的解释。例如,该协议的第5条和第6条针对中央政府机构,第7条和第8条分别针对地方政府机构和非政府机构,第9条针对国际和区域体系。

表 5-8　《技术性贸易壁垒协议》的结构

序言	Preamble	
第 1 条	General Provisions	总则
第一部分	TECHNICAL REGULATIONS AND STANDARDS	技术法规和标准
第 2 条	Preparation, Adoption and Application of Technical Regulations by Central Government Bodies	中央政府机构制定、采用和实施技术法规
第 3 条	Preparation, Adoption and Application of Technical Regulations by Local Government Bodies and Non - Governmental Bodies	地方政府机构和非政府机构制定、采用和实施技术法规
第 4 条	Preparation, Adoption and Application of Standards	标准的制定、采用和实施
第二部分	CONFORMITY WITH TECHNICAL REGULATIONS AND STANDARDS	符合技术法规和标准
第 5 条	Procedures for Assessment of Conformity by Central Government Bodies	中央政府机构的合格评定程序
第 6 条	Recognition of Conformity Assessment by Central Government Bodies	中央政府机构对合格评定的认可
第 7 条	Procedures for Assessment of Conformity by Local Government Bodies	地方政府机构的合格评定程序
第 8 条	Procedures for Assessment of Conformity by Non - Governmental Bodies	非政府机构的合格评定程序
第 9 条	International and Regional Systems	国际和区域体系
第三部分	INFORMATION AND ASSISTANCE	信息和援助
第 10 条	Information About Technical Regulations, Standards and Conformity Assessment Procedures	关于技术法规、标准和合格评定程序的信息
第 11 条	Technical Assistance to Other Members	对其他成员的技术援助

续表

第12条	Special and Differential Treatment of Developing Country Members	对发展中国家成员的特殊和差别待遇
第四部分	INSTITUTIONS, CONSULTATION AND DISPUTE SETTLEMENT	机构、磋商和争端解决
第13条	The Committee on Technical Barriers to Trade	技术性贸易壁垒委员会
第14条	Consultation and Dispute Settlement	磋商和争端解决
第五部分	FINAL PROVISIONS	最后条款
第15条	Final Provisions	最后条款
附件1	TERMS AND THEIR DEFINITIONS FOR THE PURPOSE OF THIS AGREEMENT	本协议的术语及其定义
附件2	TECHNICAL EXPERT GROUPS	技术专家小组
附件3	CODE OF GOOD PRACTICE FOR THE PREPARATION, ADOPTION AND APPLICATION OF STANDARDS	关于制定、采用和实施标准的良好行为规范

(二)基本原则

下列为有关制定强制性技术规章的基本原则:

1. 此类规章不应超出合法目的的需要而具有更大的贸易限制性,合法目的包括国家安全、防止欺诈行为和保护人类健康或安全、保护动植物生命或健康、保护环境。

2. 各成员应遵循非歧视原则,即给予一国产品的待遇将不低于给予任何其他成员产品的待遇。

3. 各成员应该遵循国民待遇的原则,即给予任一成员产品的待遇将不低于给予同类本国产品的待遇。

4. 技术规章一般规定了产品的性能,而不是产品的设计或描述性特征。

5. 若某种产品的国际标准已经存在或即将产生,那么除非不能或无法达到目标,成员应该采用这些国际标准,例如,可能存在一些诸如气候、地理因素或基础技术方面的正当理由等。

6. 即使其他成员的技术规章与本国不同,一成员也应该尽可能视为本国同等标准接受,当然,它应对这些规章是否已达到本国规章所要达到的目标的情况感到满意。

二、协调

《技术性贸易壁垒协议》大力鼓励世界贸易组织成员为协调技术法规、标准和合格评定而做出努力，以减少国家间的差异对贸易造成的障碍。该协议提出了下列进行协调的方法：

其一，如果存在相关的国际标准，成员需要采用这些标准作为协调各自技术法规或标准的基础，除非国际标准对实现合法目标不适当或无效。该协议还鼓励使用已经制定的关于合格评定程序的任何国际指南或建议。作为一项引诱性条件，该协议假定根据国际标准制定法规，不会对贸易产生不必要的障碍。一方面，该协议简化了根据这一方法制定的法规和标准的通知要求。另一方面，对采用国际标准的要求不是绝对的，这意味着没有理由担心该协议会强迫各国接受在保护安全或环境方面的“最小公分母”(Lowest Common Denominator)标准。在任何情况下，该协议鼓励成员参与国际标准化机构的工作。

其二，等效性(Equivalence)。成员应积极考虑接受其他成员的技术法规作为等效技术法规，只要这些法规能够充分实现与它们自己的法规相同的政策目标。

其三，相互承认(Mutual Recognition)。对出口到不同国家的产品进行多重测试、多重检查和多重认证，增加了商业成本和不确定性，还会造成不必要的贸易壁垒。理想的情况是，对一种产品的测试只在原产国进行一次，测试的结果被所有出口市场接受。该协议鼓励各成员谈判达成合格评定的相互承认协议。要求各成员在可能的情况下，接受其他成员的合格评定程序的结果，只要这些程序与它们自己的程序一样都能够保证满足技术法规和标准。为此目的，该协议提出了一些标准，以确定出口国的相关合格评定机构拥有必要的技术能力，这些标准包括符合国际标准化机构颁布的指南和建议等。

三、透明度

乌拉圭回合的大多数协议都强调了透明度原则，这一原则在标准领域尤其重要，因为产品要求及其合格评定测试的细节必须及时公布，这样才能防止产生限制贸易或扭曲贸易的现象。《技术性贸易壁垒协议》规定了两项透明度义务，目的在于保证所有成员都可以提前获得技术法规、标准和合格评定程序的信息，使私营部门有时间针对政策的变更做出调整。第一项义务基本上是被动的，每个成员需要设立国家咨询点(National Enquiry Point)，以回答其他成员有关其技术法规、标准和合格评定程序的所有合理问题。第二项义务是主动的，即对这些措施和程序的变更情况进行通知。如果各成员制定的合格评定程序的技术法规或程序与国际标准不同，或大体上是以国际标准为基础的，且这些技术法规和程序对其他世界贸易组织成员的贸易有重大影响，那么就需要进行通知，一般来讲，要在实施前的60天通知。这样，其他成员就可以对此提出意见，在标准或程序实施前，有关成员需要考虑这些意见。

四、良好行为规范

附件3《关于制定、采用和实施标准的良好行为规范》将《技术性贸易壁垒协议》的范围和大部分规定扩展到中央政府、地方政府和非政府标准化机构制定的全部自愿标准上，各成员的中央政府机构有义务接受并遵守该规则的规定，鼓励地方政府机构和非政府机构同样这样做。但是，无论这些其他标准化机构是否正式接受这一规范，世界贸易组织成员都有义务使其领土内的标准化机构符合这一规范。作为乌拉圭回合一揽子协议的一部分还通过了两个决定，对该规范中的通知要求提供了支持：第一个决定是《关于世界贸易组织—国际标准化组织标准信息系统拟议谅解的决定》，这一系统在日内瓦建立，现被命名为世界贸易组织标准信息服务机构，作用是收集和公布该规范签署方的通知。第二个决定是《关于审议国际标准化组织/国际电工委员会信息中心出版物的决定》，规定对世界贸易组织成员有关这一问题的通知进行定期审议。

五、义务水平

有关义务水平的问题对《技术性贸易壁垒协议》很重要，因为在许多国家，与标准有关的活动不仅涉及中央政府，还涉及地方政府和非政府机构。在这种情况下，世界贸易组织成员政府有义务采取可利用的合理措施，以保证地方政府在制定、采用和实施技术法规和合格评定程序方面符合该协议的有关规定。它们需要通知那些受中央政府直接管辖的地方政府所制定的法规和程序。

六、技术援助与机构设置

《技术性贸易壁垒协议》第11条包含了有关成员提供技术援助的规定，目的是帮助其他成员特别是发展中国家成员制定技术法规，建立国家级标准化机构以及参与国际机构的活动。第12条详细规定了对发展中国家的待遇，除一些规定从总体上要求关注发展中国家特别是最不发达国家的需要外，还有两点值得一提：①该协议认识到发展中国家可以采用法规、标准和测试方法，旨在保护本国技术及生产方法和工艺，在这种情况下，就不能期望这些国家采用与其发展财政和贸易需要不适合的国际标准。②对于特殊发展和贸易需要以及技术发展阶段等原因、在履行义务方面存在困难的发展中国家，该协议还允许给予它们具体和有时限的例外。

该协议的执行由世界贸易组织技术性贸易壁垒委员会(Committee on Technical Barriers to Trade)负责,该委员会由全体世界贸易组织成员组成。该协议还规定,对于在本协议下产生的、且根据世界贸易组织争端解决规定处理的争端,可以设立一个技术专家小组(Technical Expert Group),向争端解决专家组提出建议。

该委员会在1997年年底前要对该协议的运行和实施情况进行审议,此后每3年审议一次。在适当情况下,委员会可以建议对该协议进行修改。

第九节 实施卫生与植物卫生措施协议

在关贸总协定中,卫生与植物卫生措施作为一般性例外规定之一(第20条),即各成员为了保护人类及动植物的生命和健康,可以对进口产品实施必要的卫生检疫措施。在乌拉圭回合之前,卫生与植物卫生规则仅表现为《1994年关贸总协定》第20条第2款的规定,缺乏具体的规则,一直未形成系统的多边法律制度。在乌拉圭回合谈判中,卫生与植物卫生措施一直与农产品贸易谈判联系在一起,在乌拉圭回合最后文件中以单独的法律文件——《实施卫生与植物卫生措施协议》成为多边货物贸易规则的一部分。值得注意的是,卫生与植物卫生措施与农产品贸易具有密切的联系,乌拉圭回合最终达成的《农业协议》也明确规定对农产品进出口的检疫措施适用《实施卫生与植物卫生措施协议》的规定。

《实施卫生与植物卫生措施协议》由序言、正文共14个条款及3个附件组成,主要是对《1994年关贸总协定》第20条第2款内容的更详细的规定(参见表5-9)。具体内容包括各成员在实施卫生与植物卫生措施方面的权利和义务、各成员之间采取有关措施的协调、风险评估制度的建立、透明度、对发展中国家成员的特殊待遇、管理机构及争端解决等。根据该协议第1条的规定,该协议适用的范围是所有可能直接或间接地影响国际贸易的卫生与植物卫生措施。

表5-9 《实施卫生与植物卫生措施协议》的结构

序言	Preamble	
第1条	General Provisions	总则
第2条	Basic Rights and Obligations	基本权利和义务

续表

第 3 条	Harmonization	协调一致
第 4 条	Equivalence	同等对待
第 5 条	Assessment of Risk and Determination of the Appropriate Level of Sanitary and Phytosanitary Protection	风险评估和适当的动植物卫生检疫保护水平的确定
第 6 条	Adaptation to Regional Conditions, Including Pest - or Disease - free Areas and Areas of Low Pest or Disease Prevalence	适应地区条件,包括适应病虫害非疫区和低度流行区的条件
第 7 条	Transparency	透明度
第 8 条	Control, Inspection and Approval Procedures	控制、检验和批准程序
第 9 条	Technical Assistance	技术援助
第 10 条	Special and Differential Treatment	特殊和差别待遇
第 11 条	Consultation and Dispute Settlement	磋商和争端解决
第 12 条	Administration	管理
第 13 条	Implementation	实施
第 14 条	Final Provisions	最后条款
附件 1	Definitions	定义
附件 2	Transparency of Sanitary and Phytosanitary Regulations	动植物卫生检疫法规的透明度
附件 3	Control, Inspection and Approval Procedures	控制、检验和批准程序

一、基本权利与义务

《实施卫生与植物卫生措施协议》第 2 条规定,各成员有权采取必要的卫生与植物卫生措施,目的是保护本国的人类、动植物的卫生和健康。同时,各成员在采取这些措施的时候,应履行下述义务。

第一,保证所实施的检疫措施仅限于为保护人类、动植物生命和健康所必需的范围,并建立在科学原则的基础上。

第二,保证所实施的检疫措施无歧视地适用于本国产品和进口产品以及来源于不同成员的进口产品,保证所实施的检疫措施不会对国际贸易构成变相的限制。

第三,根据《实施卫生与植物卫生措施协议》第 4 条的规定,各成员应平等地接受其他成员的卫生与植物卫生措施，尽管这些措施也许不同于本国或其他成员所实施的同类措施。在此情况下，出口成员应能够证明它所采取的卫生与植物卫生措施能达到进口成员所要求的保护水平，一旦进口方要求，出口方应提供其检疫的方法，以便进口成员进行必要的检查。

二、卫生与植物卫生措施的协调

各国实行统一的卫生与植物卫生措施，将有助于国际贸易的顺利开展，避免因采取卫生与植物卫生措施而给国际贸易造成不必要的障碍。因而，《实施卫生与植物卫生措施协议》第 3 条规定，各成员应努力协调各自的卫生与植物卫生措施与有关的国际标准之间的关系，具体内容包括以下几个方面。

第一，各成员应尽可能将自己的卫生与植物卫生措施建立在现行的国际标准、指南或建议的基础上。

第二，如果成员所实施的卫生与植物卫生措施符合有关的国际标准、指南或建议，应当被认为是符合关贸总协定所要求的条件，即应认为它是为了保护人类、动植物的生命或健康所必需的。

第三，各成员可以制定和实施比有关的国际标准、指南或建议更高水平的卫生与植物卫生措施，但其制定和实施必须基于科学的理由。

第四，各成员应尽最大努力参加有关国际组织制定、通过、实施和评审国际标准、指南或建议的活动，这里的国际组织特别包括国际药典营养委员会、动物流行病国际局和在《国际植物保护公约》框架内活动的组织。

第五，根据该协议设立的卫生与植物卫生措施委员会应当制定一个程序，以指导各成员与有关国际组织进行国际协调。

三、风险评估和适当保护水平的确定

《实施卫生与植物卫生措施协议》第 5 条是有关风险评估和确定卫生与植物卫生适当保护水平的规定。这两项内容实际上是对是否应当采取某项检疫措施的限制。

（一）风险评估

所谓风险评估，是指就某项产品是否会对人类、动植物生命或健康造成危险进行适当评估，以确定是否有必要采取相应的检疫措施。根据《实施卫生与植物卫生措施协议》第 3 条的规定，各成员制定与实施卫生与植物卫生措施应建立在风险评估的基础上，在进行风险评估中应考虑有关国际组织的风险评估技术。具体来讲，各成员在进行风险评估时，应考虑以下因素：①可得到的科学证据；②有关的加工和生产方法；③有关的检验、抽样和试验方法；④特殊疾病或瘟疫的流行；⑤特定病虫害的流行；⑥有关的生态环境条件。

（二）适当保护水平的确定

在进行风险评估的基础上，各成员可以进一步确定为防止对人类、动植物生命或健康造成危险而需采取的措施。该措施的确定和实施应限于适当的保护水平：保护水平过高，会对产品的进口形成阻碍；保护水平过低，又达不到保护人类与动植物生命和健康的目的。根据《实施卫生与植物卫生措施协议》第5条的规定，各成员在确定适当保护水平时应做到以下几项：

1. 考虑下列经济因素：①由于瘟疫或疾病的进入、产生和传播而给生产或销售带来的损害；②在进口成员境内控制或根除这类损害所需要的成本；③通过其他途径限制风险的成本比较。

2. 各成员在确定适当保护水平时，应考虑将对贸易的消极影响减小到最低程度。

3. 各成员应当避免在不同情况下对保护水平认识的差异，应当在卫生与植物卫生措施委员会内进行合作。

4. 各成员在制定和实施卫生与植物卫生措施时，应考虑以实现适当保护水平为限，不应因此对贸易产生变相限制。

5. 如果某一成员有理由确信另一成员实施的卫生与植物卫生措施正在限制其出口或有限制其出口的潜在可能，并且该措施并非基于有关的国际标准、指南或建议，可以请求采取该措施的成员对此予以解释，后者应当予以答复。

四、透明度

《实施卫生与植物卫生措施协议》第7条规定，各成员制定、实施的卫生与植物卫生措施应具有透明度，应按协议的规定通知其卫生与植物卫生措施的变动情况及有关信息。

《实施卫生与植物卫生措施协议》附件2具体规定了各国为保证其措施的透明度应遵守的规则和程序，具体如下：

第一，各成员应及时公布其适用的卫生与植物卫生措施，使其他成员能及时了解其内容。

第二，除非存在法定的紧急情况，各成员应在一项卫生与植物卫生法规的公布与其生效之间留有合理的时间，便于其他成员的生产者为达到该法规的要求而调整其生产方法。

第三，每个成员应保证设立一个咨询点，负责答复其他成员所提出的有关合理问题，并提供以下有关文件：①在其领土内已通过和准备通过的任何卫生与植物卫生法规；②在其领土内实施的任何控制与检疫程序、生产与检疫处理、杀虫剂残留量与食物添加剂批准程序；③危险评估程序及适当保护水平的确定；④该成员若是有关国际组织的成员或与任何国家签订了有关的双边或多边协议,应提供有关国际组织的规章及有关协议的内容。

第四,如果某一成员制定与实施的卫生与植物卫生措施与有关的国际标准、指南或建议不相符,或不存在有关的国际标准、指南或建议时,该成员应做到:①尽早做出通知,使有利害关系的成员能了解其拟议中的措施;②通过世界贸易组织秘书处通知其他成员该措施所涉及的产品范围及制定该法规的目的与理由的简要说明;③应其他成员请求,提供法规草案文本;④无歧视地允许其他成员对拟议中将采取的措施提出书面意见,并对其意见予以考虑。

五、控制、检验与批准程序

根据《实施卫生与植物卫生措施协议》第8条及附件3的规定,各成员在实施卫生与植物卫生措施的过程中,应遵循下列控制、检验与批准的规则。

第一,各成员不得在有关的控制、检验与批准程序中有意延误时间,并且该程序应在进口产品与国内相同产品间平等地适用。

第二,应通知申请者每一程序的标准办理期和预计的办理期,负责审批的机构应及时对申请资料予以审查,并告知申请者其中的不足之处,以便其采取必要的改进措施。

第三,检验、审批的程序费用应公开,在收费上应贯彻国民待遇原则与最惠国待遇原则。

第四,对进口产品的抽样及厂家厂址的选择应限于合理、必需的要求,应将由于检验给进口厂商造成的不便利因素降到最低程度。

第五,应建立对此类审批程序予以监督的复审程序,以便于对不适当的审批行为予以纠正。

六、对发展中国家成员的特殊待遇

《实施卫生与植物卫生措施协议》第9条、第10条规定,各成员在制定和实施卫生与植物卫生措施时,应当考虑发展中国家成员的特殊需要,特别是最不发达国家的需要,应当给予它们必要的技术援助和特殊待遇,具体规定包括以下几个方面:

第一,各成员应尽力向发展中国家成员提供技术援助。援助的领域主要是加工技术、研究与基础设施及如何建立国内管理机构;援助的形式可以是提供咨询、信贷、捐款和赠予等,也可以提供培训、技术知识与设备等。

第二,当某一出口发展中国家成员为了达到进口成员的卫生与植物卫生要求而需要大量投资时,进口成员应考虑提供此类技术援助,以使该发展中国家成员维持并扩大有关产品的市场准入机会。

第三,当成员根据卫生与植物卫生保护水平分阶段制定新的卫生与植物卫生措施时,应当给予发展中国家的产品更长的时间适应新的保护水平,以便维持它们的出口。

第四,卫生与植物卫生措施委员会考虑发展中国家的财政、贸易发展具体情况后,经请求,可以有时间限制地免除它们履行《实施卫生与植物卫生措施协议》规定的全部或部分义务。

第五,各成员应当鼓励发展中国家成员参加有关的国际组织,并为之提供可能的便利条件。

第六,最不发达国家可以推迟 5 年实施影响其进出口的《实施卫生与植物卫生措施协议》的各项规定;发展中国家在缺乏有关专门技术、资料的情况下,可以推迟 2 年实施协议的各项规定。

七、管理机构与争端解决

(一)管理机构

根据《实施卫生与植物卫生措施协议》第 12 条的规定,为了管理和监督该协议的执行并为各成员就有关问题提供一个正式的磋商场所,建立卫生与植物卫生措施委员会。该委员会的职责主要有以下几项:

1. 鼓励各成员之间开展有关卫生与植物卫生问题的磋商或谈判,并为之提供便利条件。委员会应当鼓励所有成员采用国际标准、指南或建议。

2. 委员会应当与卫生与植物卫生领域的有关国际组织保持密切的联系,如国际药典营养委员会、动物流行病国际局和《国际植物保护公约》秘书处等,以便为协议的实施获得科学技术咨询,并避免不必要的重复。

3. 为卫生与植物卫生措施的国际协调和有关国际标准的利用制定程序。为此,应当建立一个对贸易有重大影响的有关卫生与植物卫生的国际标准的目录。成员可以运用目录中的国际标准作为进口的条件。如果一个成员不运用这些国际标准,应当能说明该标准的保护力度不足以达到适当保护水平。

4. 在成员提出建议的基础上,委员会可以邀请有关的国际组织对有关具体标准、指南或建议进行审查。

5. 委员会应在《建立世界贸易组织协定》生效 3 年后对协议的执行情况进行评审。此后,将根据需要进行评审。委员会可根据执行协议的经验,向货物贸易理事会提出修改协议的意见。

(二)争端解决

根据《实施卫生与植物卫生措施协议》第 11 条的规定,各成员之间有关卫生与植物卫生措施的争端解决应适用《关于争端解决规则与程序的谅解》的各项规定,但在下述几个方面应适用本协议的特别规定:

1. 当争端涉及专门的科学技术问题时,专家组应向经与争端双方协商而挑选的专家进行咨询。在专家组认为需要时,可以经争端一方请求或自己主动成立一个技术专家小组,或者咨询有关的国际组织。

2. 该协议的执行不应妨碍各成员根据其他国际协议而享有的各项权利,包括诉诸商品局或其他国际组织的争端解决机构的权利。

八、典型争端案例评析

欧共体与美国、加拿大牛肉进口措施案(European Communities Measures Concerning Bovine Meat and Meat Products from the United States and Canada,WT/DS26,WT/DS48)。

1981 年 7 月,欧共体部长理事会颁布一系列指令,明确禁止欧共体内部贸易和从第三国进口使用了荷尔蒙的肉类和肉制品。对此,美国的牛肉生产者受到严重的负面影响。1987 年 1 月,美国提出要求与欧共体磋商,随后,澳大利亚、新西兰、加拿大分别要求加入磋商,但未能达成一致意见。1996 年 5 月 20 日,世界贸易组织争端解决机构应美国请求设立专家组;10 月 16 日,又应加拿大请求设立专家组。1997 年 8 月 18 日,专家组报告散发。1997 年 9 月 24 日,欧共体就两个专家组裁决提出上诉的意图。1998 年 2 月 13 日,争端解决机构通过上诉机构报告和经过修改的专家组的报告。

在专家组阶段,欧共体提交的申诉材料中主要涉及的争端事项为:协议使用问题、举证责任问题、审查标准的认定、预防性原则、客观评估事实、对《实施卫生与植物卫生措施协议》第 3 条第 1 款、第 3 款的解释以及专家组采取的程序。美国和加拿大提交的申诉材料中主要涉及的争端事项为:对《实施卫生与植物卫生措施协议》第 2 条第 2 款和第 5 条第 6 款的解释。最后,专家组建议争端解决机构要求欧共体修改措施,从而使之符合它在《实施卫生与植物卫生措施协议》下的义务。

在上诉阶段,根据争端双方的上诉,上诉机构主要解决的是:《实施卫生与植物卫生措施协议》《1994 年关贸总协定》《技术性贸易壁垒协议》的适用问题、在《实施卫生与植物卫生措施协议》项下争辩双方举证责任的分配问题、审查标准的认定问题、预防性原则的问题,以及专家组是否对实施做出了客观评估和采用的程序的问题。上诉机构的结论为:①上诉机构支持专家组的结论,《实施卫生与植物卫生措施协议》适用于世界贸易组织协议生效前颁布的、此后仍有效的措施。②推翻专家组"实施卫生与植物卫生措施的成员承担举证责任"的一般解释裁决。③上诉机构宣称,专家组对《实施卫生与植物卫生措施协议》下的审议标准的应用是适当的。④上诉机构支持专家组的结论,预防性原则不能优先于《实施卫生与植物卫生措施协议》第 5 条第 1 款、第 2 款的明确规定。⑤上诉机构修改专家组对"风险评估"的解释。上诉机构建议世界贸易组织争端解决机构要求欧共体修改措施,从而使之符合它在《实施卫生与植物卫生措施协议》下的义务。

本案从美国提出请求设立专家组到上诉机构做出报告,持续时间长达两年多,这也是争端解决机构正式处理的《实施卫生与植物卫生措施协议》项下的第一个案件。本案具有的几个特点使之成为世界贸易组织发展过程中的一个经典案例,对相关协议的理解和应用产生了重要影响:该案涉及的成员为欧共体、美国和加拿大,三者都是世界贸易特别是农产品贸易的主要参与者,对国际农产品贸易的影响相当大;该案为《实施卫生与植物卫生措施协议》项下的第一个案例,专家组和上诉机构的裁决及其对协议的解释必会对此后的争端解决产生影响;该案涉及的客体为含荷尔蒙牛肉,自关税与贸易总协定到世界贸易组织,就粮食安全、人类生命健康而做出的例外或特殊规定很多,这就决定了其案件自身的复杂性;这一案件还表明世界贸易组织已开始关注环境与贸易的问题,同时含荷尔蒙牛肉、转基因食品等大量“非天然”食品的出现,注定使农产品贸易的复杂性绝不会因为《农业协议》《实施卫生与植物卫生措施协议》等相关协议的生效而降低。

第十节　与贸易有关的投资措施协议

在乌拉圭回合谈判之前,《1947 年关贸总协定》调整的范围只限于国际货物贸易。虽然 20 世纪 70 年代以来以跨国公司为主体的对外直接投资活动日益频繁,并开始对国际经济包括国际贸易的发展产生越来越大的影响,但由于未经授权,关贸总协定组织的几次贸易谈判并未将国际投资问题列入谈判议题。在此期间,国际社会曾在关贸总协定之外几经努力,达成若干关于国际直接投资的协议,如《联合国跨国公司行为守则》《东道国与其他国民之间投资争议解决公约》《关于外国直接投资的待遇准则》等。但它们或者尚未生效,或者仅涉及国际投资的个别领域(如投资争议的解决等),或者只是建设性的,没有约束力。因而国际社会特别是国际直接投资的主要参与者——发达国家一直没有停止积极寻求达成一项有关直接投资国际性协议的努力。经过发达国家特别是美国的努力,1986 年 6 月在关贸总协定部长级会议上,决定将与贸易有关的投资措施作为乌拉圭回合谈判的对象。经过 8 年的谈判,最终达成了《与贸易有关的投资措施协议》(Agreement on Trade-Related Investment Measures, TRIMS),并将其作为乌拉圭回合一揽子协议的一部分,适用于所有成员。由于是第一次将投资问题纳入关贸总协定的谈判内容,该协议并没有涉及太多的投资规则,只是明确规定了禁止采取的一部分投资措施。但作为一个开始,它也明确规定了要在今后进行内容更广泛的进一步谈判。

《与贸易有关的投资措施协议》由序言和9个条款以及附件组成,内容包括:适用范围、国民待遇与禁止数量限制、例外、发展中国家成员、过渡安排、透明度、投资措施委员会、争端解决等,具体结构如表5-10所示。与贸易有关的投资措施例示清单的结构见表5-11。

表5-10 《与贸易有关的投资措施协议》的结构

序言	Preamble	
第1条	Coverage	范围
第2条	National Treatment and Quantitative Restrictions	国民待遇和数量限制
第3条	Exceptions	例外
第4条	Developing Country Members	发展中国家成员
第5条	Notification and Transitional Arrangements	通知和过渡性安排
第6条	Transparency	透明度
第7条	Committee on Trade-related Investment Measures	与贸易有关的投资措施委员会
第8条	Consultation and Dispute Settlement	磋商和争端解决
第9条	Review by the Council for Trade in Goods	货物贸易理事会的审议
附件	Illustrative List	例示清单

表5-11 与贸易有关的投资措施例示清单的结构

与贸易有关的投资措施	Trade-related Investment Measures	说明
当地成分要求	Local Content Requirements	要求生产中使用一定量的当地投入品
贸易平衡要求	Trade-balancing Requirements	要求进口等于一定比例的出口
外汇平衡要求	Foreign Exchange Balancing Requirements	规定进口所需外汇为从企业出口和其他所获外汇的一定比例
外汇管制	Exchange Restrictions	限制外汇的使用,从而限制进口
国内销售要求	Domestic Sales Requirements	要求在当地销售一定比例的产品,其价值相当于出口限制的水平
生产要求	Manufacturing Requirements	要求某些产品在当地生产

续表

与贸易有关的投资措施	Trade-related Investment Measures	说明
出口实绩要求	Export Performance Requirements	规定一定比例的产品必须出口
产品授权要求	Product Mandating Requirements	要求投资者通过特定设施生产的指定产品供应某些市场
生产限制	Manufacturing Limitation	不允许公司在东道国市场生产特定产品或建立生产线
技术转让要求	Technology Transfer Requirements	要求以非商业条件转让特定的技术和/或在当地进行特定水平和类型的研究与开发
许可要求	Licensing Requirements	要求投资者许可东道国企业使用与投资者在本国使用的技术相似或相关的技术
汇款限制	Remittance Restrictions	限制外国投资者将投资收益汇回本国的权利
当地股份要求	Local Equity Requirements	规定公司一定比例的股份由当地投资者所有

一、适用范围

根据《与贸易有关的投资措施协议》第 1 条的规定，其适用范围较窄，仅限于"与贸易有关的投资措施"，即指东道国政府采取的能够影响国际贸易的流向和流量的投资措施，与贸易无关的投资措施不在该协议规范之列。值得注意的是，这里的"贸易"是狭义的贸易，仅指货物贸易，不包括服务贸易。

东道国政府采取的投资措施主要可分为鼓励措施和限制措施两大类。鼓励措施是东道国政府为了吸引更多的国外直接投资而采取的措施，包括对外国投资企业的关税减免、加速折旧、优惠提供贷款等；限制措施是东道国政府为了在吸引外资的同时保护本国经济不受冲击而采取的于本国经济有利的一系列措施，包括当地股份要求、外汇管制、国内销售要求、贸易平衡要求、当地成分要求等。《与贸易有关的投资措施协议》的立法目的主要是为了制约对国际贸易产生限制或扭曲作用的投资措施，因而主要涉及的是各种限制措施的禁止使用。

二、国民待遇

根据《与贸易有关的投资措施协议》第 2 条的规定，将原本适用于货物贸易的国民待遇原则引申适用于与贸易有关的投资领域,东道国采取的与贸易有关的投资措施应符合《1994 年关贸总协定》确立的国民待遇原则,即在投资过程中产生的进口产品的待遇仍适用国民待遇原则。值得注意的是,它只涉及进口“产品”的国民待遇,并不是所有外国直接投资活动都可以享有国民待遇,这是因为关贸总协定中国民待遇原则适用的对象是进口的“产品”,而不是其他。

根据《与贸易有关的投资措施协议》附件的规定,违反国民待遇原则的、与贸易有关的投资措施不仅包括东道国国内法律和行政法规规定的强制性措施,而且包括那些采用后会给东道国带来竞争优势的措施。在乌拉圭回合谈判中,美国曾提出一份与贸易有关的投资措施清单,并被乌拉圭回合贸易谈判委员会所采纳,这一清单列举了 10 多项投资措施,包括当地成分要求、贸易平衡要求、国内销售要求、外汇管制、技术转让要求、外汇平衡要求、当地股份要求等。但在最终达成的《与贸易有关的投资措施协议》中,明文禁止东道国采取的、与国民待遇原则不相符合的投资措施只列明了两种:

其一,当地成分要求,要求外国投资企业购买或使用本国产品或来源于国内渠道的产品。这种投资措施对贸易的扭曲作用主要是可以阻止或限制进口产品的使用,具体包括以下形式:①规定外国投资企业必须购买指定的特定产品;②规定购买当地产品的数量或价值;③规定购买与使用当地产品的数量或价值的比重。

其二,贸易平衡要求,要求外国投资企业购买或使用进口产品的数量或价值应与该企业出口当地产品的数量或价值相当。

三、禁止数量限制

根据《与贸易有关的投资措施协议》第 2 条的规定,东道国采取的与贸易有关的投资措施应符合《1994 年关贸总协定》关于禁止数量限制的规定。根据《1994 年关贸总协定》第 11 条的规定,禁止进出口贸易中的各种数量限制。数量限制的具体表现形式有:配额、进口许可证、自动出口限制、数量性外汇管制等。《与贸易有关的投资措施协议》在附件中规定:与普遍取消数量限制义务不相符的投资措施包括国内法律、行政法规的强制性规定以及那些采用后会给东道国带来竞争优势的措施。它具体列举了三种不符合禁止数量限制的投资措施:

其一,对外国投资企业进出口产品的限制,包括两种形式:①一般地限制企业用于当地生产的产品的进口,或与当地生产相关的产品的进口;②规定企业出口在当地生产中所占数量或价值的比重。

其二,以外汇平衡的方法限制企业进口产品。具体方式是规定企业用于购买进口产品的外汇应与其出口产品的创汇额度相当。

其三,限制外国投资企业出口其产品,具体形式包括:①对特定产品出口的数量限制;②对出口产品数量或价值的限制;③规定出口产品的数量或价值应在当地生产中所占的比重。

四、例外规定

根据《与贸易有关的投资措施协议》第 3 条的规定,《1994 年关贸总协定》规定的所有例外规定均适用于该协议。《1994 年关贸总协定》中有关国民待遇原则的例外包括电影片的例外、特殊补贴的例外、差别运费的例外、政府采购的例外等。有关禁止数量限制的例外主要是基于国际收支困难和外汇储备不足而采取的歧视性数量限制。此外,根据《1994 年关贸总协定》第 20 条和第 21 条的规定,成员还可以基于以下原因采取例外措施:①为维护公共道德;②为保障人民、动植物的生命和健康;③为保护本国具有艺术、历史或考古价值的文物;④为保护国内可能用竭的天然资源;⑤为维护国家安全利益。

《与贸易有关的投资措施协议》第 4 条还为发展中国家和最不发达国家规定了特别的例外。对于发展中国家成员基于建立特定产业而提供必要的关税保护、为国际收支目的而实施的数量限制等,可以“暂时”地保留违反国民待遇原则和禁止数量限制原则的投资措施。

五、过渡安排

根据《与贸易有关的投资措施协议》第 5 条的规定,在《建立世界贸易组织协定》生效后 90 天之内,各成员应将其正在实施的、与《与贸易有关的投资措施协议》不相符的、所有与贸易有关的投资措施通报给货物贸易理事会,内容不仅应包括这些投资措施的主要特征,而且应包括实施这些措施的具体情况。

所有成员应在一定期限内逐步取消《与贸易有关的投资措施协议》禁止采用的投资措施,发达国家成员应在《建立世界贸易组织协定》生效后 2 年内取消这些投资措施;发展中国家成员应在 5 年内取消;最不发达国家成员应在 7 年内取消。发展中国家成员特别是最不发达国家成员在规定期限内取消有关的投资措施存在特殊困难时,可请求货物贸易理事会予以延期。货物贸易理事会对此类请求予以评审时,应具体考虑该成员自身的经济发展情况、财政状况和贸易需求情况,在此基础上做出是否准予延期的决定。

在过渡期内,各成员不能为了扩大本国投资措施与《与贸易有关的投资措施协议》不相符的程度而修改有关的投资措施,使其更加背离贸易与投资自由化的原则。并且,在《建立世界贸易组织协定》生效之日前 180 天内通过的投资措施不享受上述过渡期的安排,应当立即予以取消。

为了保持各国法律、法规的稳定性,不使取消投资措施前已有企业处于不利的竞争地位，成员对过渡期内的新投资仍应适用原有的投资措施，但这里的适用应符合以下条件：①新投资生产的产品与已有企业的产品相同；②这一适用是为了避免扭曲新投资企业与已有企业之间竞争条件所必需的，也就是说，为了使双方处于公平竞争条件，有必要对它们适用同样的投资措施。但按上述条件对新投资适用的原有的投资措施应向货物贸易理事会通报，并且这类投资措施对新投资企业与已有企业的适用应完全相同。这类投资措施的取消应对两类企业同时予以终止。

六、透明度

根据《与贸易有关的投资措施协议》第 6 条的规定，各成员就其采取的投资措施应当履行《1994 年关贸总协定》第 10 条规定的有关透明度和通报义务，并遵守 1979 年 11 月 28 日通过的《关于通知、协商、争端的解决和监督的谅解》和 1994 年 4 月 15 日通过的《关于通报程序的部长宣言》中有关透明度和通报的规定。具体地说，每一成员应向世界贸易组织秘书处通报其刊载有投资措施的出版物，这里的投资措施不仅包括成员全国性的法律、法规的规定，而且包括地方政府和权力机关制定的地方性法律、法规的有关内容。每一成员对另一成员索取有关资料的请求应给予同情和考虑，并且对另一成员提出的有关投资措施的磋商请求应提供充分的协商机会。但是，对于那些一经公布将有碍法律的执行或违背公共利益或损害特定企业（包括公有企业和私有企业）合法商业利益的信息资料，成员有权不予以公布和通报。

七、管理机构与争端解决

根据《与贸易有关的投资措施协议》第 7 条的规定，成立一个对所有成员开放的组织机构——与贸易有关的投资措施委员会。该委员会应选举自己的主席和副主席，每年至少举行一次会议，或应任何成员的请求而举行会议。该委员会的主要职责是：①履行货物贸易理事会为它规定的职责，管理和监督《与贸易有关的投资措施协议》的实施与运作，并每年向货物贸易理事会提交有关的年度报告；②向各成员提供与《与贸易有关的投资措施协议》的实施与运作有关的任何事宜的协商机会。

根据《与贸易有关的投资措施协议》第 9 条的规定，货物贸易理事会应在《建立世界贸易组织协定》生效后 5 年内审查《与贸易有关的投资措施协议》的运作情况，并在适当时候向部长级会议提出修改、补充的建议。

根据《与贸易有关的投资措施协议》第 8 条的规定，与该协议实施有关的争端解决应适用《1994 年关贸总协定》第 22 条和第 23 条有关争端解决的规定。

第十一节　贸易便利化协定

一、协定的产生与结构

世界贸易组织和联合国贸易和发展会议(UNCTAD)认为,贸易便利化是指国际贸易程序(国际货物贸易流动所需要的收集、提供、沟通及处理数据的活动、做法和手续)的简化与协调。经济合作与发展组织(OECD)认为,贸易便利化是国际货物从卖方流动到买方并向另一方支付所需要的程序及相关信息流动的简化和标准化。亚太经济合作组织(APEC)的定义是:贸易便利化一般是指使用新技术和其他措施,简化和协调与贸易有关的程序和行政障碍,降低成本,推动货物和服务更好地流通。

随着国际贸易规模的扩大和世界贸易环节的增多,作为一种“隐形”的“贸易的非效率”的市场准入壁垒日益受到国际社会的关注,各方强烈要求简化贸易环节,促进国际贸易便利化。

(一)协定的产生与纳入《建立世贸组织协定》

贸易便利化议题在1996年新加坡部长级会议上纳入工作日程,并与贸易与投资、贸易与竞争政策、政府采购透明度统称为“新加坡议题”。

在WTO第四届部长级会议上,各方同意在就“新加坡议题”谈判模式达成一致的基础上启动谈判。2004年7月,在WTO总理事会通过的多哈工作计划中,只有贸易便利化纳入工作计划,其他三个议题则被排除。贸易便利化谈判工作组于2004年10月成立并开始谈判。

由于多哈回合谈判进展缓慢,贸易便利化谈判并不顺利。在2011年年底召开的第八届部长级会议上,各方承认短期内无法达成多哈回合一揽子协议的同时,同意首先解决那些可能先期达成协议的领域,主要谈判方在2012年开始探索部分议题实现早期收获的可能性。

2013年印度尼西亚巴厘岛第九届部长级会议上,经过美印之间的激烈交锋,在中国积极“促谈、促和、促成”的谈判立场下,各方通过了贸易便利化、粮食安全等议题,达成“巴厘一揽子协议”。《贸易便利化协定》(Agreement on Trade Facilitation, TFA)是其中的突出成果。

根据巴厘岛部长级会议决定,WTO总理事会应不迟于2014年7月31日将该协定纳入《建立世界贸易组织协定》的议定书,以便WTO成员启动国(区)内审批程序。后因印度将通过议定书与粮食安全议题挂钩,致使该议定书未能按期通过。经过磋商。该协定相关议定书最终于2014年年底获得通过。

2014 年 11 月 27 日，WTO 总理事会发布《修正〈建立世界贸易组织协定〉议定书》。在该议定书中，总理事会决定将 TFA 纳入《建立世贸组织协定》，请成员方核准。

2017 年 2 月 22 日，WTO 总干事阿泽维多在日内瓦 WTO 总部宣布，核准《贸易便利化协定》成员已达 112 个，超过 WTO 164 个成员的三分之二，该协定正式生效。由此，该协定成为 WTO 的多边贸易协定。

（二）协定的架构与宗旨

1. 架构。整个协定由序言和三大部分 24 条构成：第一部分（第 1 至 12 条），规定了各成员在贸易便利化方面的实质性义务。第二部分（第 13 至 22 条），规定了发展中国家成员在实施《贸易便利化协定》第一部分条款方面可享受的特殊和差别待遇，主要体现在实施期和能力建设两个方面。第三部分（第 23 至 24 条），规定了机构安排等内容，包括各成员应成立国家贸易便利化委员会或指定一现有机制，以促进 TFA 的国内协调和实施。具体结构如表 5-12 所示。

2. 宗旨。在《贸易便利化协定》序言中列出的宗旨为：期望澄清和改善《1994 年关贸总协定》第 5 条、第 8 条和第 10 条的相关方面，以期进一步加快货物（包括过境货物）的流动、放行和结关；认识到发展中国家成员特别是最不发达国家成员的特殊需要及期望增强在此领域能力建设方面的援助和支持；认识到成员需要在贸易便利和海关守法问题上的有效合作。

表 5-12　《贸易便利化协定》的结构

序言	Preamble	
第一部分	Section I	
第 1 条	Publication and Availability of Information	信息的公布与可获性
第 2 条	Opportunity to Comment, Information before Entry into Force, and Consultations	评论机会、生效前信息及磋商
第 3 条	Advance Rulings	预裁定
第 4 条	Procedures for Appeal or Review	上诉或审查程序
第 5 条	Other Measures to Enhance Impartiality, Non-discrimination and Transparency	增强公正性、非歧视性及透明度的其他措施
第 6 条	Disciplines on Fees and Charges Imposed on or in Connection with Importation and Exportation and Penalties	关于对进出口征收或与进出口和处罚相关的规费和费用的纪律
第 7 条	Release and Clearance of Goods	货物放行与结关

续表

第 8 条	Border Agency Cooperation	边境机构合作
第 9 条	Movement of Goods Intended for Import under Customs Control	受海关监管的进口货物的移动
第 10 条	Formalities Connected with Importation, Exportation and Transit	与进口、出口和过境相关的手续
第 11 条	Freedom of Transit	过境自由
第 12 条	Customs Cooperation	海关合作
第二部分	Special and Differential Treatment Provisions for Developing Country Members and Least - developed Country Members	给予发展中国家成员和最不发达国家成员的特殊和差别待遇条款
第 13 条	General Principles	总则
第 14 条	Categories of Provisions	条款类别
第 15 条	Notification and Implementation of Category A	关于 A 类条款的通知和实施
第 16 条	Notification of Definitive Dates for Implementation of Category B and Category C	关于 B 类和 C 类条款最终实施日期的通知
第 17 条	Early Warning Mechanism Extension of Implementation Dates for Provisions in Category B and C	预警机制:B 类和 C 类条款实施日期的延长
第 18 条	Implementation of Category B and C	B 类和 C 类条款的实施
第 19 条	Shifting between Category B and C	B 类和 C 类条款之间的转换
第 20 条	Grace Period for the Application of the Understanding on Rules and Procedures Governing the Settlement of Disputes	适用《关于争端解决规则与程序的谅解》的宽限期
第 21 条	Provision of Assistance and Support for Capacity Building	能力建设援助的提供
第 22 条	Information on Assistance and Support for Capacity Building to be Submitted to the Committee	向委员会提交的援助信息
第三部分	Institutional Arrangements and Final Provisions	机构安排和最终条款
第 23 条	Institutional Arrangements	机构安排
第 24 条	Final Provisions	最后条款

二、整个环节贸易便利化的规定

(一)提高贸易法规透明度

1.信息公布与途径,其内容包括:

(1)公布原则与内容。协定规定,WTO成员应以非歧视和易获取的方式迅速公布:进出口程序及表格和单证、关税和国内适用税率、进出口或过境征收的规费和费用;海关货物归类或估价规定、原产地规则有关的法律法规及行政裁决;进出口或过境的限制或禁止;针对违反进出口或过境程序行为的处罚规定,申诉程序;与任何一国或多国缔结的与进出口或过境有关的协定或协定部分内容;与关税配额有关的程序。

(2)公布途径。协定规定,每一成员应通过互联网公布:进出口和过境程序的说明;进出口和经该成员过境所需要的表格和单证;鼓励各成员通过互联网提供更多与贸易有关的信息。

每一成员应在其可获资源内,建立或设立一个或多个咨询点,以回答政府、贸易商和其他利益相关方提出的咨询;关税同盟的成员或参与区域一体化的成员可在区域一级建立或设立共同咨询点;鼓励各成员不对答复咨询和提供所需表格和单证收取费用,如收费,应将其规费和费用限制在所提供服务的近似成本以内;咨询点应在每一成员设定的合理时间范围内答复咨询和提供表格和单证,该时间可因请求的性质或复杂程度而不同。

(3)通告。协定规定,每一成员应向贸易便利化委员会通知公布贸易信息的官方地点、网站链接地址、咨询点联络信息。

这些规定可以帮助贸易厂商明确、详细和及时地获取贸易信息,减少贸易中的不确定因素,帮助企业能够较为准确地对贸易条件进行判断,对于信息资源不足的中小贸易厂商具有更加重要的意义。法律和法规信息可获得性的提高,在一定程度上降低企业交易成本,有助于促进中小经贸企业的发展。

2.贸易法规应提前公布、给予评论与磋商机会。协定规定,WTO成员在法律法规生效前应尽早公布如下信息:向贸易商及其他利益方提供机会和适当时限,就与货物(包括过境货物)流动、放行和结关相关的拟议或普遍适用的法律法规进行评论;保证与货物(包括过境货物)的流动、放行和结关相关的新立或修正的普遍适用的法律法规在生效前尽早公布或使相关信息可公开获得,以便贸易商和其他利益方能够知晓;如遵守上述规定会影响其效力的措施、关税税率的变更、具有免除效力的措施、在紧急情况下适用的措施或国内法律和法律体系的微小变更均可除外;边境机构应与其领土内的贸易商或其他利害关系方进行定期磋商。

这些对新制定或修订的贸易法规提前公布的要求,增强了贸易法规的可预见性,可使贸易商能够提前知晓政策的变化,以便及时对贸易运营行为和策略做出必要调整,减少可能产生的负面影响。在制定或修订贸易法规过程中,边境机构通过定期与贸易商进行磋商、积极听取贸易厂商的意见或要求,有助于新制定或修订的贸易法规能够更好地体现企业诉求。

3. 预裁定的效力与撤销条件,具体包括:

(1)预裁定的内涵与内容。预裁定指一成员在申请所涵盖的货物进口之前向申请人提供的书面决定,其中列出该成员在货物进口时有关事项的待遇,它们包括货物的税则归类、货物的原产地等。鼓励各成员提供关于下列事项的预裁定:根据特定事实用于确定完税价格的适当方法或标准及其适用;成员对申请海关关税减免要求的适用性;成员关于配额要求的适用情况,包括关税配额;成员认为适合做出预裁定的任何其他事项。申请人指出口商、进口商或任何具有合理理由的人员或其代表。一成员可要求申请人在其领土内拥有法人代表或进行注册,在可行的限度内,此类要求不得限制有权申请预裁定的人员类别,并应特别考虑中小企业具体需要。这些要求应明确、透明且不构成任意的或不合理的歧视。

(2)做好预裁定的规定。所谓预裁定就是在货物进口前,海关通过经贸企业预先提交的材料,对货物的归类和原产地等事项做出初步评估。在货物实际到达后,海关只需进行简单核对即可放行,极大地减少了经贸企业通关时间、提高了通关效率,使货物及早投入市场。

协定鼓励进口成员做出预裁定,特做出如下规定:

第一,每一成员应以合理的方式、在规定时限内向已提交所有必要信息的书面请求的申请人做出预裁定。

第二,如一成员拒绝做出预裁定,应立即书面通知申请人,列出相关事实和做出决定的依据。如申请中所提出的问题已包含在申请人提请任何政府部门、上诉法庭或法院审理的案件中或已由任何上诉法庭或法院做出裁决,则一成员可拒绝对一申请人做出预裁定。

第三,预裁定在做出后应在一合理时间内有效,除非支持该预裁定的法律、事实或情形已变化。

第四,如一成员撤销、修改或废止该预裁定,应书面通知申请人,列出相关事实和做出决定的依据。

第五,对于具有追溯效力的预裁定,该成员仅可在依据不完整、不正确、错误或误导性信息做出的情况下撤销、修改或废止该预裁定。

第六,对于寻求做出该裁定的申请人而言,一成员所做预裁定对该成员具有约束力。

第七,每一成员应至少公布:申请预裁定的要求,包括应提供的信息和格式;做出预裁定的时限;预裁定的有效期。

第八,应申请人书面请求,每一成员应提供对预裁定或对撤销、修改或废止预裁定的复审。每一成员应努力公布其认为对其他利益相关方具有实质利益的预裁定的任何信息,同时考虑保护商业机密信息的需要。

4. 申诉或审查程序。TFA 规定,WTO 成员应允许贸易厂商就海关行政决定提出行政申诉或司法审查。如成员未在其法律或法规规定的期限内做出申诉或审查决定,或出现不适当的拖延,贸易厂商有权向更高一级的行政机关或司法机关进一步提出上诉或审查的要求,以维护贸易厂商自身的合法权益。

5. 关于改进检验检疫程序等规定。鉴于 WTO 各成员对进口食品、农产品普遍采取严格而烦琐的检验检疫程序,检验项目多,检验频率高,大大增加了通关时间及检验、仓储等通关成本,削弱了进口农产品及食品的竞争力。协定做出如下改进措施的规定:

第一,坚持非歧视、透明度原则。

第二,加强对成员发布加严进口食品安全检查通知的纪律,海关或其他主管机关扣留货物时应立即通知承运商或进口商。

第三,进口成员增加新的检验要求,需要以风险评估为依据,采取贸易限制较小的方式,仅适用于特定入境地点,且在情况变化或不复存在后迅速终止等。

第四,在首次检验不合格的情况下,经申请,贸易厂商可获得二次检验的机会,减少它们由此带来的损失或运营成本的提高。

(二)进出口收费和手续的纪律

1. 进出口收费的一般纪律。协定规定:除了关税和国内税外,WTO 成员对进出口征收费用的信息应予以公布,并在公布时间与生效时间之间留出过渡期;对收费要进行定期审议,以期减少收费的数量和种类;相关海关费用不得超过所提供服务的成本。

2. 公正处罚。为维护贸易厂商的合法权益,鼓励贸易厂商主动披露违规做法以减轻海关处罚,推动贸易厂商诚信守法,协定要求:WTO 成员海关做出的处罚决定应与有关贸易行为违法程度和严重性相一致,处罚的认定和罚金收取应避免产生利益冲突或形成一种对海关官员的激励。海关在做出处罚时,应向被处罚人提供书面说明,列明违法性质和所使用的法律、法规或程序。如果被处罚人在海关发现前主动披露违法情节,海关应减轻处罚。

3. 海关建立风险管理制度等,便利货物的放行与清关。在执行中,为不影响一成员对货物进行检查、扣留、扣押、没收或以任何与其 WTO 权利和义务不相冲突的方式处理货物的权利,协定特做出如下规定:

(1)每一成员应尽可能采用或设立依海关监管目的的风险管理制度。在设立中应避免以任意或不合理的歧视或形成对国际贸易变相限制的方式进行;在可能的限度内将相关边境监管集中在高风险货物上,对低风险货物加快放行;通过选择性标准作为风险管理的依据,选择性标准包括协调制度编码、货物性质与描述、原产国、货物装运国、货值、贸易商守法记录以及运输工具类型等。

(2)为加快货物放行,每一成员应采用或设立后续稽查以保证海关及其他相关法律法规得以遵守。在后续稽查中应坚持透明方式,如得出稽查结果,该成员应立即将稽查结论、当事人的权利和义务以及做出结论的理由告知被稽查人。

(3)鼓励各成员定期并以一致的方式测算和公布其货物平均放行时间。如使用世界海关组织的《世界海关组织放行时间研究》等工具,鼓励各成员与委员会分享其在测算平均放行时间方面的经验,包括所使用的方法、发现的瓶颈问题及对效率产生的任何影响。

(4)对经认证的经营者的贸易要采取便利化措施。鼓励各成员根据国际标准制定经认证的经营者计划,为加强向经营者提供的贸易便利化措施,成员间应通过谈判互认经认证的经营者合作的可能性。但它不得影响一成员对货物进行查验、扣留、扣押、没收或拒绝入境或实施后续稽查(包括使用风险管理系统)等权利。

(5)其他便利进出口措施,比如:

第一,进口商成员应允许进口商在货物抵达前办理舱单等进口单证提交业务,以便货物在抵达后能够快速放行。当货物的关税、费用等暂时无法确定时,在贸易商提供担保的前提下,海关可对货物先行放行。

第二,对经认证的经营者(指满足特定标准的贸易商,包括具有良好守法记录、拥有良好的内部控制管理系统和财务偿付能力等)给予通关便利,如降低单证和数据要求、降低查验比例、加快放行等。

第三,对航空运输入境的快运货物(在抵达前已提交放行所需信息、快运企业通过使用内部安保和追踪技术对货物保持高度控制、企业拥有良好守法记录等)给予通关便利,包括减少进口单证要求、尽快放行以及对于微量货值的货物免征关税和国内税等。

第四,对于易腐货物(如鲜活农产品等),应予以优先查验,并在最短时间内放行。

4. 简化进出口手续。成员可采取以下措施:减少和简化进出口手续和单证要求,接受进出口证明单证副本;鼓励 WTO 成员以国际标准为依据,规定进出口手续和单证要求;设立具有一点提交和一点反馈功能的单一窗口;取消与税则归类和估价有关的装运前检验;不得强制性要求使用海关代理等。

(三)提高过境自由度

为防止和抑制各成员通过寻求、采取或设立对过境运输的任何自愿限制或

任何其他类似措施,影响贸易自由化,协定对商品过境做出如下规定:

1. 坚持非歧视原则。每一成员应给予自任何其他成员领土过境的产品不低于给予此类产品在不经其他成员领土而自原产地运输至目的地所应享受的待遇。

2. 鼓励各成员在可行的情况下为过境运输提供实际分开的基础设施(如通道、泊位及类似设施)。一旦货物进入过境程序并获准自一成员领土内始发地启运,不必支付任何海关费用或受到不必要的延迟或限制,直至其在该成员领土内的目的地结束过境过程。

3. 各成员不得对过境货物适用《技术性贸易壁垒协议》范围内的技术法规和合格评定程序。

4. 允许并规定货物抵达前提前提交和处理过境单证和数据。一旦过境运输抵达该成员领土内出境地点海关,如符合过境要求,该海关应立即结束过境操作。如一成员对过境运输要求以保证金、押金或其他适当货币或非货币手段提供担保,此种担保应仅以保证过境运输所产生的要求得以满足为限。一旦该成员确定其过境要求已得到满足,应立即解除担保。每一成员应以符合其法律法规的形式允许为同一经营者的多笔交易提供总担保或将担保展期转为对后续货物的担保而不予解除。每一成员应使公众获得其用以设定担保的相关信息,包括单笔交易担保,以及在可行的情况下,包括多笔交易担保。

5. 在存在高风险或担保不能保证海关法律法规得以遵守的情况下,成员可要求对过境运输使用海关押运或海关护送。

6. 每一成员应努力指定一个国家级过境协调机构,其他成员提出的有关过境操作良好运行的所有咨询和建议均可向该机构提出。

(四)加强海关合作

海关已成为 WTO 成员间贸易便利化的节点,各成员海关在共性的基础上又有所差异和隔绝,海关效率已成为贸易便利化的基础,为此,协定对成员间的海关合作提出众多规则式的做法。它鼓励各成员通过委员会等方式分享保证海关规定得以遵守方面最佳做法的信息;鼓励各成员在能力建设的技术指导或援助和支持方面开展合作,以管理守法措施并提高此类措施的有效性。

1. 信息交换的意义与保护。在符合协定第 12 条的前提下,各成员应交换相关信息,以便在有合理理由怀疑一进口或出口申报的真实性或准确性时,对该项申报进行核实。

信息内容包括:所涉进口申报相对应的出口申报的序列号;提出请求成员寻求信息或单证的目的,并附上该请求相关人员的姓名和联系方式。

对被请求成员提供的所有信息或单证严格保密,并至少给予与被请求成员按其国内法律和法律制度规定的同等水平的保护和机密性;仅向处理所涉事项的海关提供信息或单证；未经被请求成员明确书面许可，不得披露信息或单证；不得将未经被请求成员验证的信息或单证用作在任何指定情况下减轻疑问的决定性因素；尊重被请求成员就特定案件提出的关于保留和处置保密信息或单证及个人数据的任何条件；应请求，将根据所提供的信息或单证就相关事项做出的任何决定或行动通知被请求成员。如提出请求成员根据其国内法律和法律制度可能无法遵守本协定的任何规定，提出请求成员应在请求中对此予以说明；被请求成员对于根据本协定收到的任何请求及核实信息，应给予至少与自身类似信息相同的保护和机密性等级。

2. 信息的迅速提供与拒绝提供，具体包括：

（1）信息的迅速提供与被保证。在遵守协定第 12 条的前提下，被请求成员应迅速做好以下有关信息的提供，包括：①通过纸质或电子形式予以书面答复；②提供进口或出口申报中所列具体信息，或在可获得的情况下提供申报本身，并附要求提出请求成员给予的保护和保密性等级的描述；③如提出请求，提供下列用于证明进口或出口申报的单证中所列具体信息，或在可获得的情况下提供单证本身：商业发票、装箱单、原产地证书以及提单，以单证提交的形式提供，无论纸质或电子形式，并附要求提出请求成员给予的保护和保密性等级的描述；④确认所提供单证为真实副本；⑤在可能的情况下，在提出请求之日起 90 天内提供信息或对请求做出答复。

被请求成员可根据其国内法律和法律制度，在提供信息之前要求得到以下保证：未经被请求成员明确书面许可，特定信息不被用作刑事调查或司法诉讼以及非海关诉讼的证据。如提出请求成员无法满足这一要求，应向被请求成员予以说明。

（2）信息提供的迟复与拒绝。在下列情况下，被请求成员可对提供信息的请求予以迟复或全部或部分拒绝，并应通知提出请求成员迟复或拒绝的原因。其中包括：与被请求成员国内法律和法律制度所体现的公共利益相抵触；其国内法律和法律制度禁止发布该信息；提供信息将妨碍执法或者干扰正在进行的行政或司法调查、起诉或诉讼；管辖保密信息或个人数据的收集、保护、使用、披露、保留和处理的国内法律和法律制度要求必须获得进口商或出口商同意，而未获同意；提供信息请求在被请求成员关于保留单证的法律规定失效后收到。

3. 信息提供做法的维护，具体有：

（1）处理好平衡性。提出请求成员应考虑答复信息请求对被请求成员资源和成本的影响，要考虑寻求请求获得答复的财政利益与被请求成员为提供信息所付出努力之间的均衡性。

如某被请求成员自一个或多个提出请求成员处收到数量庞大的提供信息请求，或信息请求范围过大，无法在合理时间内满足此类请求，该成员可要求一个或多个提出请求成员列出优先顺序，以期在其资源限度内议定一可行的限额。如未能达成双方同意的方式，则此类请求的执行应由被请求成员根据其自身优先排序结果自行决定。

（2）对违规做法的补救。如发生任何违反协定第 12 条项下关于交换信息的使用或披露条件的情形，则收到信息的提出请求成员应迅速将此类未经授权的使用或披露的详细情况通知提供信息的被请求成员，同时可采取必要措施弥补违规行为，防止未来的任何违规行为；采取的措施应通知被请求成员，被请求成员可暂停履行协定第 12 条项下对提出请求成员的义务。

（3）不得阻止原有的交换协议执行。第 12 条的任何规定不得阻止某一成员达成或维持关于海关信息和数据共享或交换，包括自动或在货物抵达前以安全快速为基础的共享或交换的双边、诸边或区域协定。

第 12 条的任何规定不得解释为改变或影响各成员在此类双边、诸边或区域协定项下的权利或义务，也不管辖根据其他此类协定项下的海关信息和数据交换。

三、成员待遇

协定明确规定，对发展中国家成员和最不发达国家成员实施特殊和差别待遇，并设立专门委员会，负责有关特殊和差别待遇规则的落实。

（一）原则规定

1. 依据。以 2004 年七月框架协议及《香港部长宣言》确定的模式确立。

2. 目的。帮助这些成员依照本协定性质和范围实施这些条款。

3. 条件。实施本协定条款的程度和时限应与发展中国家成员和最不发达国家成员的实施能力相关联。如一发展中国家成员或最不发达国家成员仍然缺乏必要能力，则在获得实施能力前，不要求实施相关条款；最不发达国家成员可做出与其各自发展、财政和贸易需求或管理和机构能力相一致的承诺。

（二）具体规定

1. 自行拟定执行条款类别。

A 类：包含一发展中国家成员或最不发达国家成员指定的自本协定生效时起立即实施的条款，或对于最不发达国家成员在生效后 1 年内实施的条款。

B 类：包含一发展中国家成员或最不发达国家成员指定的在本协定生效后一过渡期结束的日期起实施的条款。

C 类：包含一发展中国家成员或最不发达国家成员指定的在本协定生效后一过渡期结束的日期起实施的、同时要求通过提供能力建设援助和支持以获得实施能力的条款。

2. A 类条款的通知和实施。自本协定生效时起，每一发展中国家成员应实施其 A 类条款。A 类项下所指定的承诺将因此成为本协定组成部分。

最不发达国家成员可在本协定生效后 1 年内向委员会通知其所指定的 A 类条款。每一最不发达国家成员在 A 类项下所指定的承诺将成为本协定组成部分。

3. B 类和 C 类条款最终实施日期的通知。

(1) 自本协定生效时,每一发展中国家成员应将指定的 B 类条款及相应的指示性实施日期通知委员会。

(2) 不迟于本协定生效后 1 年,每一发展中国家成员应将其实施 B 类条款的最终日期通知委员会。如一发展中国家成员在截止日期前,认为需要额外时间通知其最终日期,该成员可请求委员会将期限延长至足以做出通知的长度。

(3) 自本协定生效时起,每一发展中国家成员应将指定的 C 类条款及相应的指示性实施日期通知委员会。为透明度目的,提交的通知应包括该成员为实施目的而要求的能力建设援助和支持的信息。

(4) B 类信息通知。不迟于本协定生效后 1 年,每一最不发达国家成员应将其 B 类条款通知委员会,还可通知这些条款相应的指示性实施日期,同时考虑给予最不发达国家成员的最大灵活性。在通知日期后 2 年,每一最不发达国家成员应向委员会做出通知,确认条款的指定情况,并通知其实施日期。如一最不发达国家成员在截止日期前,认为需要额外时间通知其最终日期,该成员可请求委员会将期限延长至足以做出通知的长度。

(5) C 类信息通知。本协定生效 1 年后,每一最不发达国家成员应将其指定的 C 类条款通知委员会,同时考虑给予最不发达国家成员的最大灵活性。在此规定的日期后 1 年,最不发达国家成员应通知其为实施目的所要求的能力建设援助和支持的信息。在做出此项通知后 2 年内,最不发达国家成员及相关援助成员应在考虑根据此项提供的信息的情况下,向委员会提供该信息。委员会还应邀请非成员捐助方提供关于现行或已完成安排的信息。在此后 18 个月内,相关捐助成员和相应发展中国家成员应将提供能力建设援助和支持方面的进展通知委员会。每一最不发达国家成员应同时将其最终实施日期清单通知委员会。

(6) 实施日期难以执行的处理。发展中国家成员和最不发达国家成员如因缺乏捐助支持或在提供援助和支持方面缺乏进展,致使其在所确定实施截止日期内提交最终实施日期方面遇到困难,应在截止日期期满前尽早通知委员会。各成员同意开展合作以在处理此类困难方面提供协助,同时考虑有关成员所面临的具体情况和特殊问题。委员会应酌情采取行动处理此类困难,包括如必要,延长有关成员通知其最终实施日期的截止日期。

(7) 按时提交所需附件。在最终实施日期通知后 60 天,委员会应注意包含每一成员 B 类和 C 类条款最终实施日期的附件，使这些附件成为本协定组成部分。

4. B 类和 C 类条款实施日期的延长。

(1)实施日期难以落实的通知。一发展中国家成员或最不发达国家成员认为确定的截止日期遇到困难，则应通知委员会。发展中国家成员应不迟于实施日期期满前 120 天通知委员会。最不发达国家成员应不迟于 90 天通知委员会。

(2)明确实施的新日期与原因。向委员会做出的通知应列明发展中国家成员或最不发达国家成员预计能够实施有关规定的新日期。通知还应详细说明推迟实施的原因，此类原因可包含有助于增加和支持能力建设的事先未预计到的或额外的援助和支持需求。

(3)额外实施时间确定的要求。如一发展中国家成员请求的额外实施时间不超过 18 个月或一最不发达国家成员请求的额外实施时间不超过 3 年，提出请求成员有权获得此额外时间而无须委员会采取任何进一步行动。

(4)实施后续延期的规定。如一发展中国家或最不发达国家成员认为其所需第 1 次延期长于上述第 2 款所规定期限或需要第 2 次或后续延期，该成员应向委员会提交所述信息的延期请求，发展中国家成员应不迟于原定最终实施日期或后续延长日期期满前 120 天提交，最不发达国家成员应不迟于 90 天提交。

5. B 类和 C 类条款实施困难的处理。

(1)通知实施的困难。如一发展中国家成员或最不发达国家成员，自我评估认为缺乏实施某一 C 类条款的能力，该成员应向委员会通知其无能力执行相关条款的情况。

(2)提出审查建议。委员会应立即设立一专家小组，无论如何不迟于委员会自相关发展中国家成员或最不发达国家成员处收到通知后 60 天。专家小组将在组成后 120 天内，审查该事项并向委员会提出建议。

(3)专家组的职能。专家小组应由 5 位在贸易便利化及能力建设援助和支持领域的资深独立人员组成。专家小组的组成应保证来自发展中国家成员和发达国家成员国民的平衡性，如涉及最不发达国家成员，专家小组应至少包含一位来自最不发达国家成员的国民。如在专家小组设立后 20 天内无法就其组成达成一致，总干事与委员会主席磋商后，应依照协定第 18 条所列条款决定专家小组的组成。专家小组应考虑该成员关于缺乏能力的自我评估，并向委员会提出建议。在审议专家小组有关一最不发达国家成员的建议时，委员会应酌情采取行动，以便利可持续的实施能力的获得。

6. B 类和 C 类条款之间的转换。

(1)做出转换通知。已对 B 类和 C 类条款做出通知的发展中国家成员和最不发达国家成员,可通过向委员会提交通知,在两类别之间对条款进行转换。如一成员提出将某一条款自 B 类转换至 C 类,该成员应提供关于能力建设所需的技术援助和支持的信息。

(2)转换额外时间的实施。如一条款自 B 类转换至 C 类而需要额外时间实施,该成员可以:运用自动延期的机会或请求委员会审查该成员关于为实施该条款的额外时间请求,给予转换困难的最不发达国家成员所需的能力建设援助和支持。

7.《关于争端解决规则与程序的谅解》的不适用与宽限期。协定对此的规定是:

(1)《关于争端解决规则与程序的谅解》的不适用。自某发展中国家成员向委员会通知其无能力实施相关条款时起,至委员会收到专家小组建议后的第一次会议时止,该成员在此事项上不受《关于争端解决规则与程序的谅解》诉讼的管辖。在第一次会议上,委员会应审议专家小组的建议。对于最不发达国家成员而言,自其向委员会通知无能力实施相关条款时起至委员会就此事项做出决定或在委员会上述会议后 24 个月内,以较早者为准,《关于争端解决规则与程序的谅解》诉讼不适用于相关条款。

(2)宽限期的确定。本协定生效后 2 年内,经《关于争端解决规则与程序的谅解》详述和适用的《1994 年关贸总协定》第 22 条和第 23 条的规定,不得适用于针对发展中国家成员的、涉及该成员指定列入 A 类条款的任何条款的争端解决。本协定生效后 6 年内,经《关于争端解决规则与程序的谅解》详述和适用的《1994 年关贸总协定》第 22 条和第 23 条的规定,不得适用于针对最不发达国家成员的、涉及该成员指定列入 A 类条款的任何条款的争端解决。最不发达国家成员实施 B 类或 C 类条款后 8 年内,经《关于争端解决规则与程序的谅解》详述和适用的《1994 年关贸总协定》第 22 条和第 23 条的规定,不得适用于针对最不发达国家成员的、涉及此类条款的争端解决。

尽管存在适用《关于争端解决规则与程序的谅解》的宽限期,但当最不发达国家成员提出磋商请求及在争端解决程序各阶段,一成员应对最不发达国家成员的特殊情况给予特别考虑。各成员应保持适当的克制。

8. 能力建设援助的提供。

(1)成员同意提供能力建设援助。捐助成员同意依据共同议定的条款,通过双边或适当国际组织,便利向发展中国家成员和最不发达国家成员提供能力建设援助和支持。该援助目的旨在帮助发展中国家成员和最不发达国家成员实施本协定第一部分条款。

(2)能力建设援助的原则。各成员应努力在提供实施本协定的能力建设援助和支持方面适用下列原则:规划接受国和地区的整体发展框架及在相关和适当时,考虑正在开展的改革和技术援助项目;在相关和适当时,包括用以处理区域和次区域挑战并促进区域和次区域一体化的活动;保证将正在开展的私营部门贸易便利化改革活动纳入援助活动;促进各成员及与包括区域经济共同体在内的其他相关机构之间的合作,以保证自援助中获得最大效益和结果。

基于上述原则,主要在援助的对象国家和地区中开展的、在合作伙伴成员和援助方之间及在双边和多边援助方之间的协调,应旨在通过技术援助与能力建设干预的紧密协调,避免援助项目的重叠和重复及改革中的不一致性;对于最不发达国家成员,给予最不发达国家贸易相关援助的增强一体化框架应成为该协调过程的一部分;各成员在实施本协定和技术援助时,还应促进其在首都和日内瓦的贸易和发展官员之间的内部协调;鼓励使用现有的如圆桌会议和协商小组等国内和区域协调构架,以协调和监督实施活动;在可能的情况下,鼓励发展中国家成员向其他发展中成员和最不发达国家成员提供能力建设,并考虑支持此类活动。

四、协定的约束力与组织机构

(一)约束力

1. 协定全部条款对所有成员具有约束力。各成员自本协定生效之日起予以实施。选择使用第二部分规定的发展中国家成员和最不发达国家成员应依照该部分实施。在协定生效后接受本协定的成员应在实施其 B 类和 C 类承诺时计入协定生效之日起的时间。关税同盟或区域经济安排的成员可采用区域方式实施本协定项下的义务。

2. 对 WTO 已有协定不能违背。协定任何条款不得解释为减损各成员在《1994 年关贸总协定》《技术性贸易壁垒协议》《实施卫生与植物卫生措施协议》项下的权利和义务。

协定任何条款不得解释为减损各成员在《1994 年关贸总协定》项下所有例外和免除责任。

经《关于争端解决规则与程序的谅解》详述和适用的《1994 年关贸总协定》第 22 条和第 23 条的规定应适用于协定项下的磋商和争端解决,除非本协定另有具体规定。

未经其他成员同意不可对协定的任何条款提出保留。

附在协定后面的发展中国家成员和最不发达国家成员的 A 类、B 类和 C 类承诺应成为协定的组成部分。

(二)组织机构

为负责实施与管理协定的执行,WTO 设立两个层次的贸易便利化委员会。

1. WTO 框架内的贸易便利化委员会,向所有成员开放参加,并选举自己的主席。委员会应根据本协定有关条款的需要或设想举行会议,但每年不能少于一次,使成员有机会就有关本协定的运用或促进其目标实现的任何事项进行磋商。委员会应承担由本协定或成员赋予的各项职责。委员会可制定自己的议事规则,其内容包括:按要求设立附属机构;制定供成员酌情分享相关信息和最佳做法的程序;与相关的国际组织(如世界海关组织)保持密切联系,以获得关于实施和管理本协定的最佳建议,并避免不必要的重复工作,为此,委员会可邀请此类组织或其附属机构的代表出席会议,并讨论与本协定实施相关的具体事项。

委员会自本协定生效起 4 年内和以后定期审议协定的运用和实施情况,鼓励各成员向委员会提出与本协定实施的相关问题,鼓励和协助成员之间就本协定项下的特定问题进行专门讨论,以尽快达成双方满意的解决方案。

2. 设立国家贸易便利化委员会。每一成员应建立或设立一个国家贸易便利化委员会,或指定一个现有机制来促进国内协调和本协定条款的实施。

五、协定生效后的作用

(一)拓宽了 WTO 多边贸易规则,影响深远

TFA 是 WTO 建立后达成的第一个多边贸易协定,是多哈回合谈判启动以来的重要突破,已赢得国际社会众多赞誉。

前 WTO 总干事阿泽维多认为:协定是 21 世纪全球贸易领域发生的最大变革。

联合国贸易和发展会议副总干事约阿基姆·赖特雷尔认为:这一协定在实现"更便宜、更方便和更快捷"的全球贸易道路上向前迈进了一大步。

欧盟委员会主管贸易的委员塞西莉亚·马尔姆斯特伦(Cecilia Malmstroem)表示,更好更快的边境手续、更顺畅的贸易流动,将令全球贸易焕发新活力,而中小企业将成为最大赢家。

联合国国际贸易中心执行主任阿兰查·冈萨雷斯(Arancha González)认为,协定将使更多中小企业走出本地、本国市场限制,更好地融入地区及国际价值链。

(二)将给全球经贸带来可观的收益

据 OECD 测算,协定实施后,将使各类经济体贸易成本出现实质性下降,其中:低收入经济体贸易成本可下降 14.5%,中低收入经济体贸易成本下降 15.5%,中高收入经济体贸易成本下降 13.2%。据彼得森经济研究所测算,协定将使全球贸易增加 1 万多亿美元,其中发展中国家和发达国家分别增加 5 690 亿美元和 4 750 亿美元;可使全球 GDP 增长 9 600 亿美元,其中发展中国家 5 200 亿美元,发达国家 4 400 亿美元;给全球带来 2 100 万个新的就业岗

位，其中发展中国家1 800万个，发达国家300万个。

据WTO估算，协定实施后，将使全球贸易成本下降约14.3%，到2030年将令全球出口额外增加2.7%，推动全球经济额外增长0.5%。WTO总干事阿泽维多强调说，协定实施后的贡献比取消全世界所有关税的意义还大。

相对于发达经济体，发展中经济体和最不发达经济体，由于目前承担更高的贸易成本，所以将从协定实施中获益更多。

WTO预计，协定实施后，发展中经济体和最不发达经济体的出口商品数量将分别增加20%和35%，两者的海外市场规模将分别扩大30%和60%，将有助于减少它们在面对外部经济动荡时的脆弱性。

（三）有助于中国从贸易大国走向贸易强国

中国积极支持协定的达成和核准。2014年6月30日中国就向WTO通报协定的实施计划，除对单一窗口、公布平均放行时间、货物暂准出境加工以及海关合作要求一定的过渡期外，对于协定其余条款，均做出在协定生效后立即实施的承诺。中国在2015年9月4日向WTO提交批准书。

协定的实施，有助于中国从贸易大国走向贸易强国。

首先，有助于中国口岸综合治理体系现代化，提高中国产品的国际竞争力，改善吸引外资环境。

其次，有利于贸易企业利用“申诉或审查程序”维护合法权益。中国经贸企业较少使用进口成员的申诉或司法审查机制，更多的是采取“找关系”的习俗做法来解决问题。在协定实施后，中国出口货物在进口成员遭遇不合理的对待时，中国经贸企业若能主动运用申诉或审查法律手段，将有利于维护企业自身的合法权益。

再次，将普遍提高中国主要贸易伙伴（特别是发展中国家成员）的贸易便利化水平，减少中国产品出口障碍并营造便捷的通关环境，有利于“一带一路”倡议的落实和贸易通达。

最后，将推动中国相关部门的深化改革。如在货物通关、检验等方面提供更好的服务，精简中国口岸进口货物的程序，减少费用和缩短通关时间，为中国深入参与全球价值链和互联网时代新商业业态发展创造机遇，落实中国进一步深化改革、构建新型开放体系的目标。

思考题

1. 如何确定倾销和损害？
2. 补贴的三种类型是什么？
3. 保障措施的实施条件与反倾销和反补贴有何不同？

4. 什么是原产地规则？
5. 海关估价的方法有什么？
6. 什么是装运前检验？
7. 什么是技术性贸易壁垒？
8.《与贸易有关的投资措施协议》禁止的投资措施有哪些？
9.《贸易便利化协定》有哪些规定？

第六章

货物贸易的部门协议

★ 本章要点 ★

本章介绍了世界贸易组织针对两个特定产业部门所制定的规则，即《农业协议》和《纺织品与服装协议》。《农业协议》针对农产品贸易、农业国内支持等制定了专门的规则，《纺织品与服装协议》规定了在10年时间内全面撤销世界纺织品与服装贸易的配额管理制度。

在关贸总协定的发展历史中，由于种种原因，农产品贸易和纺织品与服装贸易脱离了多边贸易体制的管辖，成了贸易保护主义泛滥的孤岛。乌拉圭回合谈判达成的《农业协议》和《纺织品与服装协议》使这两个部门重新回到了多边贸易自由化的轨道，并受到其他多边贸易协议的约束。

第一节　农业协议

一、《农业协议》产生的背景

长期以来，农产品贸易一直作为一个特殊的领域游离于国际贸易规则的有效约束之外，农业保护始终深深地植根于发达国家的国内农业政策之中，以至于在历轮关贸总协定多边贸易谈判中，尽管农业贸易问题被试图纳入总协定的管理框架，却常常在实际中不能如愿以偿。因此，长期以来没有一个能够协调管理国际农产品贸易的国际农业规则供各成员来遵循。

关贸总协定肯尼迪回合（1964—1967年）曾把农业贸易问题列为该轮多边

贸易谈判的议题之一,美国提出大幅度削减农产品进口关税,并要求取消进口数量限制,但遭到欧共体的拒绝,因而该轮谈判未能就抑制农业保护主义取得实质性的成果。同样,在1973—1979年长达5年的东京回合谈判中,也因为美欧两个农产品贸易大国的冲突,在众多农产品的议案中,最后仅就牛肉和奶制品达成了两项协定,农业贸易自由化进展甚微。

在当时的关贸总协定农业多边贸易体制下,由于对农业保护主义不能有效地约束和抑制,因而发达国家利用总协定的体制缺陷,极力推行农业支持和干预政策,造成农产品严重结构失衡和过量生产。为缓解库存压力、处理剩余产品,发达国家采取巨额出口补贴向国际市场倾销农产品,以致20世纪80年代初以后,国际农业贸易冲突不断升级,严重扭曲了国际农产品市场,既增加了发达国家的消费者及纳税者的负担,也对发达国家的宏观经济产生了严重不利的影响。

1986年乌拉圭回合谈判开始时,农业贸易问题被确定为本轮谈判的中心议题。农业谈判主要在三大利益集团之间展开,即美国、欧共体和凯恩斯集团(即澳大利亚、加拿大、阿根廷、巴西、智利、新西兰、哥伦比亚、斐济、匈牙利、印度尼西亚、马来西亚、菲律宾、泰国及乌拉圭等14个农产品出口国)。由于大幅度削减农业生产补贴和出口补贴对美国极为有利,而有可能使欧共体处于明显的竞争劣势和导致严重的社会问题,同时,美欧的出口补贴大战和对本国农产品市场的保护使凯恩斯集团出口损失惨重,因此三方利益尖锐对立,导致农产品贸易谈判面临巨大困难。在审议各种提议和意见的谈判初期,似乎一切都有希望,但随着向实质性问题的接近,分歧便呈尖锐化态势。乌拉圭回合原计划用4年的时间完成各项议题的谈判任务,然而,由于农产品贸易谈判不时地充满火药味,谈判代表们多次闹得不欢而散,导致谈判几度陷入破裂的边缘。

农业贸易问题谈判困难重重,谈判实际上被几个主要农业贸易国(主要是美国和欧共体)的利益冲突所左右。在乌拉圭回合的初期,美国向关贸总协定提交了关于"农业贸易改革框架"的"零点方案",提出10年内取消农业补贴,并最终于2000年取消对农业贸易的补贴保护。这一方案受到"凯恩斯集团"等中小农产品出口国的支持,但欧共体迫于成员国内政治集团的压力和为保护农业生产发展水平参差不齐的成员的利益,认为美国所指向的"共同农业政策"(CAP)是主权问题,不容谈判,仅同意在某些方面逐步恢复正常贸易秩序,坚持认为"零点方案"不合实际,由此使谈判处于僵持状态。

美欧双方在后来的谈判中,虽然互相做了一定的让步,但仍不能达成统一的协定。有鉴于此,1991年12月关贸总协定总干事邓克尔向各方提交了一份"主席裁定案文"的一揽子文件草案(或称《最后文件草案》),以期尽早结束谈判。该文件规定如以1986—1988年作为基年统计，按财政支出来计算，农业出口补贴削减幅度为36%。按数量形式来计算，削减幅度则为24%，在1993—1999年完成。以1986—1988年为基年统计，直接付给农民的国内补贴也会在上述同一时期削减20%。所有的非关税壁垒（如配额等）都需转换成关税，在1993—1999年，关税的平均削减幅度为36%。然而，这个方案也被欧共体所拒绝，谈判再次陷入僵局。

此后，又经过多次艰苦的谈判，美欧双方终于做出让步，于1992年11月20日达成了《布莱尔大厦协定》，其主要内容是：①进口壁垒关税化，并在其1986—1988年平均关税等值的基础上降低36%；②出口补贴的预算支出和有补贴的产品出口量在1986—1990年基础上分别削减36%和21%；③综合支持总量（AMS）在1986—1988年的基础上减少20%，但产量控制计划的直接支付款项不在减少之列；④1995年欧盟市场准入为基准期1986—1988年消费的3%，到2000年增加至5%。此外，《布莱尔大厦协定》还规定，1995—1996年度欧盟油料作物种植面积不得超过512.8万公顷，以后逐年减少。减少的面积要反映出欧盟可耕作物面积的年休闲比率，但无论如何不得低于基础面积的10%。在此基础上，谈判各方终于在1993年12月15日签署了《农业协议》。

二、《农业协议》的基本框架

《农业协议》由四个部分构成：①农业协议文本；②各谈判方在市场准入、国内支持和出口补贴方面做出的减让和承诺；③关于动植物卫生措施的规定；④关于最不发达国家和净粮食进口发展中国家的决定。

《农业协议》文本共有13个部分21个条款和5个附件。协议序言阐明了农业谈判中各方制定协议的基本原则和承诺：①协议首先阐明要建立一个公正的、以市场导向为目标的农产品贸易体系，并顾及应当通过在国内支持和保护方面的承诺谈判来建立起强有力的、在操作上更为有效的规则来推动农业贸易体系改革工作。②农产品贸易体系改革的长期目标是从根本上逐步实现减少现存的农业补贴和保护，最终纠正和防止世界农产品市场中存在的种种限制和扭曲现象。③在实施市场准入承诺时，发达国家成员应考虑到发展中国家成员的特殊需要和条件，特别是对发展中国家具有特殊利益的农产品的准入条件和机会（如热带农产品等）。④在承诺中考虑到非贸易关注问题（包括粮食安全和环保需要），给予发展中国家特殊待遇和差别待遇，并考虑最不发达的粮食净进口国实行改革计划可能产生的负面效应。

《农业协议》文本的基本结构如表6-1所示。

表 6-1 《农业协议》的结构

序言	Preamble	
第一部分	Part Ⅰ	
第 1 条	Definition of Terms	术语定义
第 2 条	Product Coverage	产品范围
第二部分	Part Ⅱ	
第 3 条	Incorporation of Concessions and Commitments	减让和承诺的并入
第三部分	Part Ⅲ	
第 4 条	Market Access	市场准入
第 5 条	Special Safeguard Provisions	特殊保障条款
第四部分	Part Ⅳ	
第 6 条	Domestic Support Commitments	国内支持承诺
第 7 条	General Disciplines on Domestic Support	国内支持的一般纪律
第五部分	Part Ⅴ	
第 8 条	Export Competition Commitments	出口竞争承诺
第 9 条	Export Subsidy Commitments	出口补贴承诺
第 10 条	Prevention of Circumvention of Export Subsidy Commitments	规避出口补贴承诺的防止
第 11 条	Incorporated Products	作为加工品原料的产品
第六部分	Part Ⅵ	
第 12 条	Disciplines on Export Prohibitions and Restrictions	出口禁止和限制的纪律
第七部分	Part Ⅶ	
第 13 条	Due Restraint	适当的克制
第八部分	Part Ⅷ	
第 14 条	Sanitary and Phytosanitary Measures	动植物卫生措施
第九部分	Part Ⅸ	
第 15 条	Special and Differential Treatment	特殊和差别待遇
第十部分	Part Ⅹ	

续表

第 16 条	Least－developed and Net Food－importing Developing Countries	最不发达国家和粮食净进口发展中国家
第十一部分	Part Ⅺ	
第 17 条	Committee on Agriculture	农业委员会
第 18 条	Review of the Implementation of Commitments	执行承诺的审议
第 19 条	Consultation and Dispute Settlement	磋商和争端解决
第十二部分	Part Ⅻ	
第 20 条	Continuation of the Reform Process	改革进程的继续
第十三部分	Part XⅢ	
第 21 条	Final Provisions	最后条款
附件 1	PRODUCT COVERAGE	产品范围
附件 2	DOMESTIC SUPPORT：THE BASIS FOR EXEMPTION FROM THE REDUCTION COMMITMENTS	国内支持：免除削减承诺的基础
附件 3	DOMESTIC SUPPORT：CALCULATION OF AGGREGATE MEASUREMENT OF SUPPORT	国内支持：综合支持量的计算
附件 4	DOMESTIC SUPPORT：CALCULATION OF EQUIVALENT MEASUREMENT OF SUPPORT	国内支持：支持等值的计算
附件 5	SPECIAL TREATMENT WITH RESPECT TO PARAGRAPH 2 OF ARTICLE 4	有关第 4 条第 2 款的特别处理

三、《农业协议》的主要内容

概括而言，《农业协议》允许各成员政府对农业给予支持，但最好是采取那些对贸易扭曲程度小的政策。协议还允许在实施承诺的方式上可以有一些灵活性。发展中国家削减补贴和降低关税的程度不必等同于发达国家，发展中国家被给予更多的时间完成义务。针对粮食供应依赖进口的国家和最不发达国家的利益，协定做了特殊规定。

（一）市场准入条款

由于许多国家（尤其是发达国家）用关税及名目繁多的非关税壁垒来限制他国农产品进入其国内市场，导致了世界农产品贸易的不公平竞争，妨碍了农产品贸易自由化的实现。为此，《农业协议》要求各方尽力排除非关税措施的干扰,并通过了将非关税壁垒关税化、禁止使用新的非关税壁垒的规定,以削减农业贸易领域现存的非关税壁垒。此外,各方还达成了增加农产品市场准入机会的协议,以促进农产品贸易自由化的实现。具体规定如下。

1. 关税化。协议只允许使用关税手段对农产品贸易进行限制,所有进口数量限制、进口差价税、最低进口价格、任意性进口许可证、经营国家专控产品的单位所保持的非关税措施、自愿出口控制、普通关税以外的同类边境措施等非关税措施均须转化为进口关税。具体包括以下内容:

(1)现行的非关税壁垒措施应转化成相应的关税等值。

(2)某种农产品的关税等值(使用了非关税措施):

该产品的国内市场平均价格=该产品或相近产品的国际市场平均价格

(3)关税等值用来制定农产品进口的从量税或从价税(即建立相应的关税)。

(4)农产品加工品的关税等值:

农产品加工品的关税等值=农产品原料的关税等值×农产品原料占农产品加工品的比重

(5)"大米条款"。在附件5,协议允许成员在一定条件下,对某项产品(大米)延迟一段时间再进行关税化(现行的非关税措施转化成普通关税)。同时规定:允许发达国家延迟到协议执行期满(2000年)时,该国若在别的方面做出减让,仍可就再度延迟问题进行谈判。但作为延迟的交换条件,该产品(大米)市场准入量应从基期占国内消费的4%增加到执行期满时的8%。发展中国家可延迟10年,市场准入量由1%增加到4%。

2. 关税削减。协议要求各方承诺在实施期限内,将减让基期的关税(包括关税化后的新关税税率)削减到一定水平。

(1)减让基期:1986—1988年。

(2)实施期从1995年开始,发达国家为6年,发展中国家为10年。

(3)减让承诺。协议规定,从1995年开始,分年度执行减让承诺。具体包括:①发达国家将以1986—1988年为基础,按简单算术平均计算的税率削减36%,发展中国家削减24%。②每项产品的关税税率至少削减15%(发达国家至少削减24%,发展中国家削减10%)。③约束所有关税(包括关税化后的关税),即各缔约方的任何一项农产品进口执行关税均不得超出其所承诺的减让水平。若有关关税税率已经是约束税率,则将其视为现行约束税率,否则,将1986年9月1日实施的关税税率视为约束税率。

3. 保证最低市场准入。协议规定:①属于必须进行关税化的农产品,当基期(即1986—1988年)的进口不足国内消费量的5%(发展中国家为3%)时,该国应承诺建立最低进口准入机会,在协议实施期间的第一年,该国应给予的进口准入机会为基期国内消费量的3%,在实施期限结束时,应扩大到5%;②最低市场准入的实施通过关税配额来进行,也就是为确保最低市场准入量的农产品能进入本国市场,各方应保证所承诺的最低准入进口数量能享受较低的或最低的关税,但对超过该进口量的任何进口可征收关税化后的高关税。

4. 维持现行市场准入。当出现与协议规定的最低准入条件相反的情况时,即一国某种农产品(须进行关税化的产品)在基期(1986—1988年)的进口超过其国内消费量的5%(发展中国家为3%)时,协议要求该国维持基期已经存在的市场准入机会。也就是说,该国可保持其现行的关税等值。

5. 特殊保障条款。协议对需要进行关税化的农产品建立了一个特殊保障机制。即当某种农产品进口突然增加,或价格骤跌到一定限度时,允许进口国对该产品征收一定的附加税。特殊保障机制有两种形式,一是为对付数量激增的"数量触发",二是为对付价格急剧下跌的"价格触发"。数量触发是指当农产品某年度的进口数量超过前3年进口量的平均水平(触发水平是依据该进口国的进口量占消费量的比例而确定的),该进口国可动用此特殊保障条款,但税额最高只能达到约束税率的1/3,且加征期以当年为限。价格触发指当进口产品价格下降且低于1986—1988年进口参考价格平均水平的10%时,可动用特殊保障条款。

6. 特殊和差别待遇。协议放宽了对发展中国家市场准入的要求,表现在:①发展中国家的平均关税减让承诺为24%(发达国家为36%),每项产品的最低减让为10%(发达国家为15%),实施期限为10年(发达国家为6年)。②发展中国家可灵活地建立关税上限约束(因国际收支困难而维持限制的发展中国家,可免除将数量限制关税化的义务,但必须约束其关税。实际上,发展中国家通常使用上限约束的方式,将关税约束在比现行关税税率高出许多的水平上)。③最不发达国家虽然也进行关税化及关税约束,但可免于减让承诺。

(二)国内支持条款

各国(地区)采取措施支持农业生产,既有其必要性,但又是造成国际农产品贸易不公平竞争的主要原因之一。乌拉圭回合农产品贸易谈判就如何区分"贸易扭曲性生产措施"和"非贸易扭曲性生产措施"进行了艰苦而又细致的讨论,最终将不同的国内支持措施分为两类:一类是不引起贸易扭曲的政策,称"绿箱"政策,可免于减让承诺。另一类是产生贸易扭曲的政策,叫"黄箱"政策,协议要求各方用综合支持量(Aggregate Measurement of Support,AMS)来计算其措施的货币价值,并以此为尺度,逐步予以削减。

1. "绿箱"政策。《农业协议》规定:政府执行某项农业计划时,其费用由纳税人负担而不是从消费者转移而来,没有或仅有最微小的贸易扭曲作用,对生产的影响很小的支持措施,以及不具有给生产者提供价格支持作用的补贴措

施,均被认为是“绿箱”政策,属于该类政策的补贴被认为是绿色补贴,可免除削减义务。“绿箱”政策主要包括以下几种:

(1)政府一般服务,包括:农业科研(包括环境项目研究和特定农产品研究);病虫害控制(包括一般性控制和针对具体产品的控制,例如自然灾害的预报服务和抗灾行动等);农业科技人员和生产操作培训(包括建设培训教育设施);技术推广和咨询服务(如向生产者和加工者提供生产技术、传播信息和研究成果等);检验服务(包括一般性检验和出于卫生、安全、分类或标准的目的而对特定农产品进行的检验);农业基础设施建设(包括电网、道路、市场、港口、供水、防洪、排水及环保项目的建设等),但这类支持措施的资金支出只能用于基础设施工程项目的建设,不得用于对农业生产者提供直接的现金补贴。

(2)用于粮食安全目的的公共储备补贴。协议允许政府直接以财政开支来维持粮食安全储备,或为私人储备提供财政补贴。但这类开支或补贴均不得表现为高价收购或低价销售储备粮(发展中国家例外),并且,储备性补贴必须保持充分透明和符合储备需要(粮食储备性补贴不得过度)。

(3)国内粮食援助补贴。赈济本国(地区)饥民是每个政府必须承担的责任,而为低收入居民保障粮食供给也是许多政府需要承担的义务,为此目的而做出的财政开支或对非政府援助行动减免税收均是正当的补贴。粮食援助补贴只能采取向符合受援资格的居民提供粮食或以补贴价格供应粮食的方式,政府所采购的援助粮食必须按市价采购(不得高价采购),并且粮食援助行动必须保持充分透明。

(4)与生产不挂钩的收入补贴。协议规定此类补贴必须基于合理的和明确的标准(如收入标准、农业生产者身份或土地所有者身份标准、生产水平标准等),并且要保证不会使接受补贴者获得额外的生产优势。

(5)收入保险计划补贴。在农产品贸易自由化的环境下,市场变动或其他原因都有可能严重减少农业从业者的收入,这对农业生产肯定不利,为此政府实施适当的补贴是正当的。但这类补贴必须符合以下规定:①接受补贴的生产者收入损失量必须为全体农业生产者平均收入的30%以上;②接受补贴的生产者收入损失量必须超过正常年份收入的30%以上;③有关补贴应仅针对收入的减少,而不应针对产品或产量;④若收入减少有自然灾害因素,可同时适用收入保险计划补贴和自然灾害救济补贴,但补贴总量必须低于收入损失量的100%。

(6)自然灾害救济补贴。这类补贴在符合以下规定的情况下属“绿箱”补贴:①必须基于实际发生的灾害(包括一切不可抗拒的突发事故);②补贴必须基于实际损失(包括收入损失、牲畜损失、土地及其他生产要素损失等);③补贴量不得超过实际损失量。

(7)通过生产者退休计划提供的结构调整补贴。这属于农业生产结构调整性补贴，逐步使小型农户退出农业，有利于农业集约化生产和提高生产效率，但此项补贴必须基于合理的和明确的标准。

(8)通过农业资源停用计划提供的结构调整补贴。这类补贴应按照退出的农业资源确立明确的补贴标准，例如基于土地休耕的补贴应仅发放给休耕3年以上的土地。这类补贴措施不得将有关资源投入特定的农产品生产作为补贴条件，或以干预农产品市场价格为目标。

(9)通过投资援助提供的结构调整补贴。这类补贴可根据政府的农业生产结构调整规划进行相应的调整，但补贴应基于明确的结构调整规划和标准，并不得以有关农产品的市场价格作为补贴措施的目标。

(10)农业环境补贴。协议规定，获得此类补贴的资格应确定为明确规定的政府环境或保护计划的一部分，并应取决于对该政府计划下特定条件的满足，包括与生产方法或投入有关的条件。

(11)地区援助补贴。这类补贴是向农业生产条件明显不利的地区所发放的，受援地区应基于明确的和合理的标准加以认定，所谓"不利的生产条件"必须是长期性的。为此而发放的补贴必须是受援地区农业生产者普遍能够获得的。补贴额应限于该地区的平均生产成本高出一般平均生产成本的部分。

2."黄箱"政策。世界贸易组织要求各国做出削减和约束承诺的国内农业支持与补贴措施，主要指的是那些容易引起农产品贸易扭曲的政策措施，包括政府对农产品的直接价格干预和补贴，种子、肥料、灌溉等农业投入品补贴，农产品营销贷款补贴，休耕补贴等，一般称"黄箱"政策。属于"黄箱"政策范围的农业补贴叫"黄箱"政策补贴。《农业协议》规定用综合支持量(简称AMS)来衡量"黄箱"政策补贴的大小，并要求在约束该类补贴的基础上逐步予以削减。

(1)国内支持削减承诺的政策范围。《农业协议》规定需要削减承诺的"黄箱"政策包括下述范围：①价格支持；②营销贷款；③面积补贴；④牲畜数量补贴；⑤种子、肥料、灌溉等投入补贴；⑥某些有补贴的贷款计划。

(2)综合支持量(AMS)。根据《农业协议》，综合支持量指"给基本农产品生产者生产某项特定农产品提供的，或者给农产品生产者全体生产非特定农产品提供的年度支持措施的货币价值"。综合支持量作为衡量国内支持的尺度或标准，等于国内价格与世界市场价格的差额乘以生产量，再加上不按产量或价格提供的国内补贴的总和。《农业协议》要求各成员以减让基期的综合支持量为尺度，做出减让承诺。

(3)综合支持量基期。国内支持削减承诺的基期为1986—1988年。

(4)国内支持削减承诺。①《农业协议》规定自1995年开始，发达国家在6年内逐步削减20%的AMS，发展中国家在10年内逐步削减13%的AMS，要求各国在执行期间每年的总AMS不能超过协议规定的AMS约束水平。②微量允许。对具体农产品(或所有农产品)的支持,只要其AMS不超过该产品生产总值(或农业生产总值)的5%(发展中国家为10%)就无须削减其国内支持。③为满足欧盟和美国的要求,《农业协议》规定,一些与农产品限产计划有关的“黄箱”政策(如休耕补贴等)可纳入“蓝箱”政策,列入基期总AMS的计算,但免于削减承诺,不受《农业协议》的约束和限制。有关国家可以自行决定政策的调整,以便按要求削减AMS。

(5)特殊和差别待遇。在国内支持削减承诺上,《农业协议》规定给予发展中国家以下特殊差别待遇:①发展中国家只需削减13%的AMS,且实施期限增加到10年;②发展中国家的一些“黄箱”政策也列入免予削减的范围,主要包括农业投资补贴、对低收入或资源贫乏地区生产者提供的农业投入品补贴、为鼓励生产者不生产违禁麻醉作物而提供的支持。

(三)出口补贴条款

出口补贴指依出口行为而给予的补贴,是最容易产生不公平竞争(贸易扭曲)的政策措施。乌拉圭回合之前的各轮谈判只是成功地对工业品出口补贴进行了限制,本轮谈判才在削减农业出口补贴上取得进展,并达成了以减让基期的出口补贴为尺度、在一定的实施期内逐步削减的有关协议。具体内容如下。

1. 减让基期:1986—1990年;实施期限:从1995年开始,发达国家为6年,发展中国家为10年。

2. 列入减让承诺的出口补贴措施范围:①政府或其机构给农产品出口提供的直接补贴(包括实物支付),不论是给予企业、行业、生产者或其所组成的社团;②政府或其机构以低于国内市场的价格销售或处理农产品库存以供出口;③给出口的农产品或用作出口产品原料的农产品融资付款;④为降低出口产品的营销成本而给予的补贴;⑤为降低出口农产品的交通费用而给予的补贴;⑥根据农产品在出口产品中的比重而给予的补贴。

3. 出口补贴减让承诺。出口补贴减让方式有两种,即数量减让和价值减让。①数量减让:以1986—1990年的平均水平为尺度,在实施期结束时,发达国家将有补贴的农产品出口数量减少21%,发展中国家减少14%。②价值减让:以1986—1990年的平均水平为尺度,在实施期结束时,发达国家将出口补贴的支出额减少36%,发展中国家减少24%。

协议同时要求,数量减让与价值减让应以1986—1990年的平均水平为尺度(在某些出口补贴已经增加的条件下,以1991—1992年的平均水平为尺度),每年等量减让。

4. 控制补贴的扩大。《农业协议》规定,如果在基期没有对某种农产品进行出口补贴,禁止该国将来对该产品出口进行补贴。

5. 对农产品加工品的规定。《农业协议》规定,农产品加工品的出口补贴只需削减预算开支。

6. 对发展中国家的特殊与差别待遇。①对有补贴的农产品出口数量，只需削减1986—1990年平均水平的14%（发达国家为21%）；②对出口补贴的支出额，只需削减1986—1990年平均水平的24%（发达国家为36%）；③允许实施市场营销与国内运输补贴措施；④减让的实施期限为10年（发达国家为6年）。

（四）动植物卫生检疫措施条款

农产品贸易中的环境保护和动植物卫生检疫措施是指各成员（地区）出于保护居民、动物和植物的生命安全和健康的需要，而采取的某些限制农产品进口的措施。这类进口限制措施有其一定的合理性，但近年来在农产品贸易中存在着滥用这类措施以构筑贸易壁垒的现象，对此《农业协议》特规定如下：①不得以环境保护或动植物卫生为理由变相限制农产品进口；②对进口农产品的卫生措施必须以科学证据（国际标准和准则）为基础，但在科学证据不充分时成员可根据已有的有关信息，采取临时卫生措施；③所有这类进口限制措施都必须在充分透明的前提下实施。

四、农业议题的接续谈判

在《农业协议》执行的同时，WTO成员开始接续农业谈判。2002年启动的《多哈发展议程》提出，农业谈判应不迟于2003年3月31日完成，但迄今为止，谈判尚未结束。

（一）谈判经历的五个阶段

1. 第一阶段（2000年3月至2002年3月），主要是接受成员议案并逐一讨论。在此期间，有121个成员提出45个议案，进行了7轮讨论。

2. 第二阶段（2002年3月至2004年8月），为实现《多哈发展议程》授权的目标制定具体模式、量化指标和新规则。

3. 第三阶段（2004年8月至2008年12月），模式谈判全面深入，2008年7月几乎达成一致，因个别议题未果，使谈判破裂。

4. 第四阶段（2008年12月至2013年12月）是早期收获阶段，2013年12月，WTO第九届部长级会议就早期收获一揽子协议达成一致。

5. 第五阶段（2014年至今），根据巴厘岛部长级会议达成的早期收获，原计划2014年8月1日实施，因粮食安全问题议题达成较晚，早期收获未能如期实施。

（二）谈判的主要内容

1. 国内支持，包括扭曲贸易的支持总量削减、综合支持总量削减、特定产品综合支持量封顶、微量允许、蓝箱、绿箱和棉花国内支持削减等内容。

扭曲贸易支持总量削减：发达国家成员分三个层次进行不低于55%的削减；有削减义务的发展中国家成员削减33%；粮食净进口发展中国家成员、新加入成员、低收入转型小经济体免于削减。发达国家成员实施期为5年，有削减义务的发展中国家成员实施期为8年。

综合支持总量削减：发达国家成员分三个层次削减不低于45%；有削减义务的发展中国家成员削减30%；粮食净进口发展中国家成员、新加入成员、低收入转型小经济体免于削减。两类成员实施期同上。

特定产品综合支持量封顶：一般发达国家成员以1995—2000年的平均水平封顶；发展中国家成员可选择三种方案中一个进行封顶。

微量允许：发达国家成员特定产品和非特定产品微量允许水平均削减50%；发展中国家成员削减幅度为发达国家成员的2/3。

"蓝箱"分为限产直接支付、与产量脱钩支付两类，确定后，不能随意变更。"绿箱"内容包括：农民安置、土地改革、乡村发展、生计安全方面的行政管理和法律服务支出；发达国家成员自然灾害救助等不变。

棉花国内支持：棉花"蓝箱"支持将按高于一般产品的削减公式系数进行削减。

2. 市场准入（见关税与关税减让章节）。

3. 出口竞争，具体内容是：

出口补贴：2013年底前发达国家成员取消所有形式的出口补贴；发展中国家成员2016年年底前完全取消出口补贴。

出口信贷：发达国家成员出口信贷补贴偿还期最长不超过180天；发展中国家成员最长不超过306~540天。

粮食援助：只能采取捐赠形式，与商业脱钩，取消援粮再出口，不允许援粮货币化。

此外，谈判内容还有出口禁止和限制纪律的强化、新加入成员的灵活性和棉花部门的改革等。

五、典型争端案例评析

韩国与美国、澳大利亚牛肉进口措施案（Korea Measures Affecting Imports of Fresh, Chilled and Frozen Beef from the United States and Australia, WT/DS161, WT/DS169）。

根据韩国《进口牛肉管理指导原则》，不仅对进口牛肉销售实行有别于国内牛肉销售的标识，并且1995—1998年，对牛肉的国内支持水平也有很大幅度的增长。1999年2月1日，美国提出与韩国磋商的要求。1999年3月11~12日，美国与韩国进行磋商，澳大利亚、加拿大、新西兰参与该次磋商，但美、韩两国未达成满意结果。4月13日,澳大利亚要求就同一事项与韩国进行磋商。4月15日,美国请求设立专家组。5月25日,争端解决机构应美国请求设立专家组。5月28日,澳、韩两国进行磋商但未达成满意结果。7月12日,澳大利亚请求设立专家组。7月26日,世界贸易组织争端解决机构应澳大利亚的请求设立专家组,各方同意两案的专家组由相同成员构成。2000年7月31日,专家组报告散发给世界贸易组织各成员。9月11日,韩国通知世界贸易组织争端解决机构,其就专家组报告中若干法律问题及法律解释提起上诉。2000年12月2日,上诉机构提交报告。2001年1月10日,世界贸易组织争端解决机构通过上诉机构报告和经过修改的专家组报告。

在专家组阶段,澳大利亚、美国提出的申诉主要为:牛肉双重零售体系,韩国对其牛肉产业的国内支持,家畜产品销售组织对外国牛肉的进口和分销可能存在的限制和不利待遇,以及家畜产品销售组织的最低拍卖价格、发货和招标的做法。韩国则认为:根据韩国的减让表,申诉方质询的措施中至少有一部分可以享受过渡期。专家组最后的结论是:①争端涉及某些措施属于韩国减让表所致的"遗留期限",可以保留至2001年1月1日。②牛肉双重零售体系使进口牛肉享受的待遇低于国内牛肉,以及家畜产品销售组织提供的进口牛肉仅能在转卖进口牛肉商店进行销售的规定等,均与《1994年关贸总协定》第3条第4款不符。③家畜产品销售组织拒绝或延迟招标及其发货的做法对外国牛肉构成进口限制,与《1994年关贸总协定》第11条和《农业协议》第4条第2款不符。

在上诉机构阶段,韩、澳、美三国争论的焦点是:专家组的职责范围、《农业协议》下的国内支持和双重零售体系。上诉机构的结论为:①支持专家组的结论。根据申诉方的主张,审议韩国的承诺水平及《农业协议》附件3属于专家组的职责范围。②支持专家组的结论。根据《农业协议》第1条(a)款和附件3,韩国没有正确计算1997年和1998年对牛肉的国内支持。③支持专家组有关"韩国的牛肉双重零售体系与《1994年关贸总协定》第3条第4款不符"的结论。④上诉机构建议:争端解决机构应要求韩国修改专家组报告和上诉机构报告中指明的与其在《1994年关贸总协定》和《农业协议》下承担的义务不符的措施,从而使这些措施与韩国的义务相符。

本案有以下几点启示:首先,争端各方、专家组和上诉机构均认为减让表是《1994年关贸总协定》的组成部分,各成员应当承担减让表中规定的具体义务。但是,对减让表解释的差异会导致各方对应承担义务和享有权利认识上的差异,由此进一步引发世界贸易组织成员之间的贸易摩擦或争端。上诉机构认为,应从减让表的上下文和签订条约的目的出发,考虑减让表所有内容的通常含义。其次,上诉机构在本案中对国民待遇原则的实施进行了诠释——判定是否违背国民待遇原则从根本上取决于是否为国内产品或服务提供保护,从而使外国产品或服务处于不利地位。并且,上诉机构认为,一项措施即使在法律上对进口产品和国内产品适用,但是,如果在事实上使进口产品的竞争条件相对恶化,仍被视为违反国民待遇原则。

第二节 纺织品与服装协议

自1974年以来,世界范围内达成了一系列广泛而复杂的双边协议,允许对来自部分国家的特定纺织品和服装产品实行数量限制。为了更好地实行数量限制,关贸总协定的一些发达国家缔约方强迫发展中国家签署了《多种纤维协议》,还实行了其他形式的限制。这些限制主要是发达国家针对发展中国家的。由于纺织品是发展中国家具有比较优势的行业,所以发展中国家具有强烈的愿望在乌拉圭回合的谈判中实现纺织品与服装贸易的回归。

在乌拉圭回合谈判中,发展中国家经过努力,终于制定出纺织品、服装贸易回归关贸总协定的计划,而实现这一"一体化"的途径就是作为乌拉圭回合一揽子协议之一的《纺织品与服装协议》(Agreement on Textiles and Clothing,ATC)。《纺织品与服装协议》明确规定了"一体化"的进程,这一过程的时间共10年,即从世界贸易组织建立之日起的10年内,实现纺织品、服装贸易向关贸总协定的回归。该协议有效期也是这回归的10年,根据《纺织品与服装协议》第9条的规定,该协议自生效后的第121个月的第1天终止(以1995年1月1日世界贸易组织建立算起,该协议将于2005年1月1日终止)。2005年1月1日,《纺织品与服装协议》顺利终止,纺织品、服装贸易同其他货物贸易一样,完全由《1994年关贸总协定》来调整,而不再是一个例外的特别商品了。

一、《纺织品与服装协议》的结构和一般规则

《纺织品与服装协议》的目的在于允许从原来广泛使用贸易限制逐步过渡到适用关贸总协定规则。《纺织品与服装协议》由序言、9个条款和1个附件组成。该协议的主要内容包括:协议适用产品清单,10年内使全部纺织品和服装纳入关贸总协定规则的计划;逐步取消所有数量限制的过程;过渡期内实行的特殊保障安排;关于由一个具有调解和准司法职能的机构连续监督整个过程的安排。

该协议的简短序言回顾了乌拉圭回合相关的目标,即"在加强的关贸总协定规则和纪律的基础上,将这一部门纳入关贸总协定,从而也对贸易自由化的

进一步目标做出贡献”,还要求给予最不发达国家特殊的待遇。该协议的第1条规定了该协议适用的一般规则,该条第1款将该协议明确定义为“列出各成员在纺织品和服装部门纳入《1994年关贸总协定》的过渡期内实施的规定”。这一规定将该协议与乌拉圭回合一揽子协议的大部分内容区分开来,因为其他协议是规定贸易关系的永久条件的。与其他协议不同的是,《纺织品与服装协议》有特定和有限的任务,只在10年的过渡期内适用。

该协议第1条还要求对世界贸易组织的几个成员组成给予特殊考虑,包括纺织品和服装贸易的小供应国和新进入市场的国家、最不发达国家、自1986年以来非《多种纤维协议》签署方的国家及产棉出口国。另一项重要的规定是“为促进纺织品和服装部门纳入《1994年关贸总协定》,各成员应该考虑进行持续的自主产业调整,并增加其市场内的竞争”,换句话说,各成员不能阻止市场力量发挥作用。除非该协议另有规定,否则各成员在世界贸易组织协议下的义务不受影响。

二、纺织品监督局

根据《纺织品与服装协议》第8条的规定,为了监督协议的执行、审查各成员根据协议所采取的各种措施,特别设立一个纺织品监督局。监督局由1名主席和10名委员组成,委员由货物贸易理事会所指定的成员任命,以个人身份履行职责。委员由广泛代表世界贸易组织的成员组成,每隔一段时间进行轮换。他们以个人身份行使职权,不代表某个具体成员。货物贸易理事会是纺织品监督局的上级机构。

纺织品监督局主要履行以下职责:

第一,作为一个常设机构,应定期举行会议,讨论各成员所提供的通报和资料。

第二,在成员之间就某一问题经磋商未能达成一致时,监督局应在某一当事成员的请求下,对该问题进行全面、及时的考虑,并向有关成员提出解决问题的建议。此类建议应通报直接有关的当事方,并通报货物贸易理事会。

第三,在成员认为不能服从监督局所做的建议时,应在接到建议后1个月内提出。监督局应在充分考虑当事方提出的理由之后,提出其认为合适的进一步建议。若进一步建议提出后,问题仍未得到解决,则任一当事成员可将此事提交争端解决机构处理。

第四,货物贸易理事会在一体化进程的每一阶段结束前应进行一次大规模的审议。为帮助这类审议,监督局应在每一阶段结束前提前5个月向货物贸易理事会提交一份该阶段执行情况的综合报告。

三、一体化进程

一体化进程是有关纺织品、服装贸易逐渐纳入《1994 年关贸总协定》的过程。《纺织品与服装协议》第 2 条就纺织品、服装贸易的一体化进程规定了详细的时间表及具体做法。

(一)数量限制的通报

根据《纺织品与服装协议》第 2 条第 1 款的规定,各成员在世界贸易组织协定生效日之前采取的有关纺织品、服装贸易的数量限制措施,如果在世界贸易组织协定生效之后仍将继续保持,则采取此类数量限制措施的成员应在协定生效后的 60 天内将有关数量限制的程度、增长率和灵活性规定等详细情况通报纺织品监督局。

纺织品监督局在收到上述通报后,应将这些通报分发给所有成员以供参考。各成员如对此类通报有不同意见,可在通报分发后的 60 天内将其不同意见提交纺织品监督局。纺织品监督局应将此类不同意见也分发给各成员以供参考。纺织品监督局还可以向有关成员就此事提出其认为适当的建议。

如果成员通报的数量限制期与世界贸易组织协定生效日前的 12 个月期限不一致,有关成员应就此事进行协商,以使其数量限制期与《纺织品与服装协议》的协议年度一致起来,便于协议的执行。

各成员所通报的有关纺织品、服装贸易的限制措施应认为构成其限制措施的整体,除此之外不得再采取任何与关贸总协定确立的原则不一致的限制措施。如果有未予通报的限制措施,则这些措施在世界贸易组织协定生效之后不得再继续实施。

(二)一体化的具体要求

根据《纺织品与服装协议》第 2 条第 6 款和第 8 款的规定,纺织品、服装贸易回归关贸总协定的一体化进程具体包括以下几个阶段:

1. 在《建立世界贸易组织协定》生效之日,各成员将其 1990 年进口的纺织品、服装产品总量的不少于 16%的产品纳入《1994 年关贸总协定》。纳入的产品应包括以下四组产品中的每一组:①毛条和纱;②机织物;③纺织制成品;④成品服装。

2. 在《建立世界贸易组织协定》生效后的第 37 个月的第一天,各成员将其 1990 年进口的纺织品、服装产品总量的不少于 17%的产品纳入《1994 年关贸总协定》。同样,纳入的产品清单中应包括上述四组产品中的每一组。

3. 在《建立世界贸易组织协定》生效后的第 85 个月的第一天,各成员将其 1990 年进口的纺织品、服装产品总量的不少于 18%的产品纳入《1994 年关贸总协定》。纳入的产品仍应包括上述四组产品中的每一组。

4. 在《建立世界贸易组织协定》生效后的第121个月的第一天，各成员将其1990年进口的纺织品、服装产品的其余部分全部纳入《1994年关贸总协定》，即经过10年过渡期后，完全回归关贸总协定所确立的国际贸易规则框架。

各成员根据上述一体化要求制定的每一份纳入计划应在其生效前至少12个月详细地通报纺织品监督局，并由纺织品监督局将此类计划分发给其他成员。

（三）限制措施逐步取消的具体要求

乌拉圭回合之前，国际纺织品、服装贸易主要受《多种纤维协议》的约束，而《多种纤维协议》允许成员之间通过签订双边协议以相互给予配额形式限制纺织品、服装贸易的发展。《纺织品与服装协议》规定这种限制措施应在10年过渡期内逐步取消，即进口国给予纺织品、服装出口国的配额数量应逐年增加。

《纺织品与服装协议》第2条第13款和第14款规定了各成员逐步取消其纺织品、服装贸易限制措施的几个阶段及各阶段的具体要求。

1. 第一阶段，自《建立世界贸易组织协定》生效之日至其生效后第36个月的期间，各成员之间根据《多种纤维协议》签订的双边协议中规定的纺织品、服装贸易配额水平，每年应以不低于16%的增长率增加。

2. 第二阶段，自《建立世界贸易组织协定》生效后的第37个月至第84个月的期间，配额水平应以每年不低于25%的增长率增加。

3. 第三阶段，自《建立世界贸易组织协定》生效后的第85个月至第120个月的期间，配额水平应以每年不低于27%的增长率增加。

四、限制措施的执行和变更

根据《纺织品与服装协议》第4条的规定，在过渡期内适用的纺织品、服装限制措施应由各出口成员执行。各成员在实施此类限制措施的过程中，对纺织品、服装产品分类方面的变更以及有关做法、规则、程序的变更，不应破坏有关成员之间权利与义务的平衡，不应对其他成员的现有市场准入机会造成不利影响。如果确有必要进行上述变更，则实施这些变更的成员应在实施之前向受到影响的成员进行通报，并主动与之磋商，以便进行适当的调整以达成双方都能接受的解决办法。如果经协商无法达成双方都满意的解决办法，则任何受到影响的成员都可以将此事提交纺织品监督局，由纺织品监督局向有关成员提出适当的建议。

五、反规避措施

《纺织品与服装协议》第5条是有关反规避的规定。

所谓规避行为，是指成员以转运、变更航线、谎报原产国或原产地、伪造正式文件,以及谎报纤维成分、数量、货品名称或商品归类等手段,阻挠纺织品、服装部门纳入关贸总协定的一体化进程。有关反规避的规定包括以下几个方面。

(一)磋商

《纺织品与服装协议》第5条第2款规定,如果任何成员认为其他成员正在实施规避行为,并且还没有任何措施被用来制止这一规避行为,或者已采取的措施不足以制止规避行为,则该成员可提出与有关成员进行磋商,以找出一项双方满意的解决办法。这一磋商应尽可能在30天内进行。如果磋商未能达成双方满意的解决办法,则有关的成员可将此事提交纺织品监督局,请其提出建议。

(二)对规避行为的调查

《纺织品与服装协议》第5条第3款规定,各成员承诺在符合其国内法律和程序的前提下,对发生在其境内的规避行为予以调查,以便在规避行为发生在其境内的进口地、出口地或转运地时协助有关成员澄清事实。上述调查行动具体包括:尽可能地交换有关单证、电函、报告及其他资料;应其他成员请求,为其去工厂访问和接触提供方便。

(三)反规避行动

《纺织品与服装协议》第5条第4款规定,如果经过调查,有足够的证据证明确实存在规避行为,各成员承诺在必要范围内采取恰当的反规避行动。这类行动包括:①不准货物进入;②如果货物已经进入,则在考虑了实际情况和真正的原产地或原产国卷入情况后,将费用调整到限制水平,以反映真正的原产国;③如果某一成员领土被作为货物过境地使用,可采取对转运地成员实行限制的措施。

成员在采取上述行动之前,应与各有关成员进行磋商,以找到双方满意的解决办法。各成员就其采取的上述行动应向纺织品监督局通报。

六、过渡期保障机制

《纺织品与服装协议》第6条是关于在过渡期采取保障措施的规定。所谓过渡期保障措施是指在纺织品、服装贸易回归关贸总协定的10年过渡期中,如果某一成员有证据证明某一产品进入其境内的数量剧增,以致对本国同类产品或有直接竞争关系产品的生产造成严重损害或产生实际威胁时,可以对该产品的进口实行数量限制等保护性措施。

根据《纺织品与服装协议》第6条的规定,成员实施过渡期保障措施必须符合下述规定:

第一,保障措施适用的产品对象是《纺织品与服装协议》附件中所列的产品,但其中根据一体化进程已纳入关贸总协定的产品除外。此外,根据《纺织品与服装协议》附件第 2 条的规定,保障措施适用的对象是特定的纺织品、服装产品,而不是以协调制度税目本身的产品为基础采取行动。

第二,实施保障措施的成员是指那些在过渡期内没有继续保持对纺织品、服装贸易的各种限制措施的成员。这些成员如果希望获得实施过渡期保障措施的权利,应在《建立世界贸易组织协定》生效后 60 天内向纺织品监督局通报。

第三,在对某一产品的进口激增是否造成对国内产业的严重损害或产生实际威胁做出判断时,应考虑该产品以下因素的变化:产量、生产率、开工率、库存、市场份额、出口、工资、国内价格、利润、投资等,但这些因素的某一项或某几项都不一定必然导致肯定的结论。

第四,过渡期保障措施应对单个成员分别地实施,在做出进口产品是否对本国产业造成严重损害或产生实际威胁的判断时,也应对每一成员的进口情况分别予以考察。

第五,在决定是否采取过渡期保障措施时,应特别考虑下述成员的利益,给予它们一定的优惠待遇:①最不发达国家成员;②纺织品、服装出口总量小于其他成员出口总量,或其出口仅占进口成员该产品进口总量很小比例的成员;③其经济以及其纺织品、服装贸易主要依靠毛纺部门,并且其纺织品、服装贸易的总量在进口成员市场上仅占较小比例的主要生产羊毛的发展中国家成员;④加工贸易占其纺织品、服装贸易重要比例的成员。

第六,准备采取过渡期保障措施的成员,应首先与将要受到影响的成员进行磋商。提出的磋商请求应包括以下资料:①认定存在严重损害或实际威胁的证据;②认定从某一成员进口的产品造成对本国产业严重损害或产生实际威胁的证据;③准备实施的限制的确切水平。磋商应立即举行,正常情况下应在接到请求之日后的 60 天内完成。磋商请求以及经磋商达成的协议均应提交纺织品监督局。

第七,经 60 天磋商未达成协议时,拟采取保障措施的成员可在 60 天协商期过后的 30 天内施行限制措施,同时应将此事提交纺织品监督局。纺织品监督局有权对此限制措施进行审查。

第八,在非常紧急的情况下,即如果拖延将导致难以挽回的损失的情况下,成员可以采取临时性保障措施,但必须在采取措施后不超过 5 个工作日内发出磋商请求和通报纺织品监督局。

第九,过渡期保障措施实施的期限有两种计算方法,以其中先到期的时间为准:①最长 3 年;②该产品纳入关贸总协定的时间。

第十,根据《纺织品与服装协议》附件第 3 条的规定,过渡期保障机制对下列情况不适用:①发展中国家成员乡村工业手工梭子织物,或以此类手工梭子织物制成的乡村手工业产品,或传统的民间手工业服装产品;②在1982年以前国际贸易中具有历史意义的纺织产品,如黄麻、椰子壳纤维、剑麻、蕉麻、绳索等;③纯丝产品。

七、遵守关贸总协定的规则与纪律

根据《纺织品与服装协议》第7条的规定,在纺织品、服装贸易回归关贸总协定的过渡期中,各成员应采取以下措施遵守关贸总协定的规则与纪律,以期最终将纺织品、服装贸易完全纳入关贸总协定之中。

第一,各成员应在改善纺织品、服装产品市场准入方面采取以下措施:减让关税或约束关税;减少或取消非关税壁垒;在海关、许可证手续等方面予以简化等。

第二,各成员应实施保证纺织品、服装贸易公平合理地进行的各项政策,包括反倾销规则与程序、反补贴的规则与程序、保护知识产权的政策等。

第三,各成员在制定其总的贸易政策时,应避免歧视纺织品、服装部门的进口。

各成员应将所采取的上述措施通报纺织品监督局。如果一成员认为另一成员没有采取上述措施,致使成员之间的权利、义务失衡,可将此事提交世界贸易组织的有关机构,并通报纺织品监督局。

思考题

1.《农业协议》关于国内支持有何规定?

2. 农产品关税化是指什么?

3.《纺织品与服装协议》实施的三个阶段如何执行?

4.《纺织品与服装协议》到期后,世界纺织品与服装贸易就完全自由了吗?

第七章

服务贸易总协定

★ 本章要点 ★

本章介绍了世界贸易组织关于服务贸易的新规则《服务贸易总协定》，包括它的产生、基本内容、基本原则、具体承诺以及世界贸易组织有关具体服务部门的新协议等。

第一节　乌拉圭回合服务贸易谈判

一、服务业与服务贸易

服务业是一个范围广泛的概念，包括了银行、保险、证券、电信、旅游、运输等众多的行业，它们的共同特征在于其所提供的价值附着在所传递的无形内容上，而不是表现在所依托的物质载体上。典型的例子如 IC 卡，IC 卡本身并没有多少价值，它的价格代表的是电信公司在其中承诺提供的服务的价值。服务业从来都是经济和社会发展中不可或缺的内容，但它的真正发展是在第二次世界大战之后。第二次世界大战前后的第三次科技和产业革命使服务业成为最大的受益者，并逐步取代制造业成为全球产业结构的支柱。在发达经济体中，服务业占 GDP 的比重以及服务业创造的就业机会在总就业中的占比都超过了 75%。

随着服务业的快速发展，服务业中的国际贸易也成为国际经济交往的一个重要内容。1981 年，服务贸易出口总额只有 4 130 亿美元，2000 年这一数字已达到 14 150 亿美元，2007 年为 35 158 亿美元，2017 年为 52 794 亿美元，2023 年则高达79 135亿美元。2011年以来,服务贸易的增长速度一直超过货物贸易的增长速度。国际服务贸易的飞速发展首先得益于服务业的增长,是通信、运输等科学技术进步的结果,同时跨国公司的业务全球化也促进了服务贸易的发展。

与货物贸易一样,服务贸易本身就是指服务在国际上的交易。但由于服务自身的特性,服务贸易进行的方式远比货物贸易复杂。服务通常具有不可储存的特性,并且往往需要服务的提供者和消费者进行直接的交易,这些特性使服务在国际上的可贸易性较差。信息技术的发展部分地解决了这一问题,特别是以信息为内容的服务,可以通过电信网络进行传递。但是,更多的国际服务交易需要服务提供者或消费者的跨境移动来实现,即消费者到服务提供者境内或服务提供者到消费者境内。这不仅牵涉到自然人的流动,更涉及资本的移动。

和货物贸易一样,各国对服务贸易采取了各种限制措施,由于服务往往要进入一国境内,服务贸易的壁垒也主要以国内政策、法规的形式体现,比货物贸易中主要依靠边境上的关税、许可证等措施要复杂得多。服务贸易的壁垒不仅要在市场准入上有限制,对服务提供者的国民待遇歧视也是一种重要的贸易壁垒。在各国的具体政策中,对服务本身的移动、服务消费者的移动、服务提供者的移动都有各种各样的限制,如对外国服务的禁止使用、移民限制、资本限制等,这些限制有效地阻碍了国际服务贸易的进行。其中对资本移动的限制即对外国服务提供者在本国境内开业权的限制,是一种最重要的服务贸易壁垒。特别是对那些服务业中的跨国公司来说,这种限制使它们无法直接进入别国市场。通常各国尤其是发展中国家对制造业领域的外国直接投资是欢迎的,但对服务业之所以要加以限制,主要是由于服务业的生产与消费往往都是在一国内部,这必然造成对国内其他服务企业的竞争压力,而又不能增强其出口能力,改善国际收支。最根本的原因是发展中国家的服务业发展水平普遍较低,尤其在资本、技术、知识密集型的银行、电信、专业服务等行业,在国内服务业不具备竞争力的情况下,发展中国家自然要对服务的进口加以限制。

二、乌拉圭回合与《服务贸易总协定》

在乌拉圭回合谈判开始之前,关贸总协定组织的几次多边贸易谈判主要涉及国际货物贸易的关税减让问题,没有涉及与关税减让关系不大的服务贸易问题。但随着服务贸易在国际贸易中所占比重的日益增加,服务业较发达的发达国家强烈要求将服务贸易也纳入贸易自由化的轨道。发展中国家对此曾进行坚决的抵制,这一方面是自己对服务贸易的壁垒程度较高,另一方面它们对服务贸易的谈判政策缺乏研究,但迫于发达国家的压力,尤其是自己在货物贸易中的利益仍需要依靠发达国家的支持,最终发展中国家还是做出了让步。在

1986年9月关贸总协定缔约方部长们于埃斯特角城举行的特别缔约方大会上,服务贸易被正式列为新一轮谈判的议题。

经过长期的磋商、妥协与让步,乌拉圭回合谈判最终达成了《服务贸易总协定》(The Agreement on Trade in Service,GATS)作为一揽子协议的一部分,对所有成员生效。由于服务贸易涉及的范围很广泛,许多具体问题不可能一下子在一个协定中全部得到解决,因而在乌拉圭回合之后,世界贸易组织各成员继续就有关服务贸易的某些具体问题进行协商并取得了一定的成果。乌拉圭回合关于服务贸易谈判的重要成果,就是确定了国际社会将继续努力、不断推进服务贸易领域自由化的宗旨,因此建立各个具体服务贸易领域的规则协议的活动还将继续下去。服务贸易规则是由几个部分共同组成的一个集合体,包括《服务贸易总协定》正文、附件、各成员的承诺表、若干具体部门的部长会议决议和随后几年陆续签署的若干具体服务部门市场准入的协议。

与货物贸易规则相比,服务贸易规则不仅在整体框架方面,甚至在某些具体内容上都具有相似之处。首先,作为服务贸易规则的核心是《服务贸易总协定》,它以货物贸易规则的基础《1994年关贸总协定》为范本,确定了服务贸易领域适用的若干基本原则;其次,与货物贸易的若干具体规则相对应,服务贸易领域也将订立若干具体规则,这些规则有的已经作为《服务贸易总协定》的附件与《服务贸易总协定》一同生效,有的在乌拉圭回合之后通过各成员的努力也形成了具体的协议,还有些内容有待以后继续谈判。但是,由于服务贸易是世界贸易组织管辖的一个新的领域,以及其本身所具有的特殊性,其规则必然有许多与货物贸易不同的地方。例如,虽然《服务贸易总协定》与《1994年关贸总协定》都有"国民待遇"原则的规定,但《1994年关贸总协定》的国民待遇原则仅在各成员承诺的范围内适用。此外,有关服务贸易的若干具体协议,目前也只能以签字生效形式存在,而不是像货物贸易的若干具体协议那样,是作为一揽子协议的一部分,对全体成员生效。因此可以说,服务贸易规则还处于相对不完善、不稳定的状态,今后还将会不断变化和完善。本章将就目前已经达成的服务贸易协议予以阐述,其重点是作为乌拉圭回合一揽子协议组成部分的《服务贸易总协定》。

第二节 《服务贸易总协定》条款解析

由于服务贸易自由化是多边贸易体制的一个新问题,《服务贸易总协定》并没有事先确立更大的目标,而只是在序言中表明要建立一个服务贸易原则和规则的多边框架(Multilateral Framework),以在透明和逐步自由化的条件下扩大服务贸易。同时,序言还明确承认所有成员为实现国家政策目标,有权对其境内服务的提供进行管理和实施新的规定,特别是发展中国家成员由于其发展水平的制约,应有实施该项权利的特殊需要。即使与《1947 年关贸总协定》相比,《服务贸易总协定》的措辞也要更谨慎一些。

《服务贸易总协定》正文共 6 个部分 29 个条款,内容包括适用范围、一般义务、具体承诺、逐步自由化、组织机构与争端解决、最后条款(参见表 7-1)。附件共 8 个,包括《关于第 2 条豁免的附件》《关于本协定下提供服务的自然人流动的附件》《关于空运服务的附件》《关于金融服务的附件》《关于金融服务的第二附件》《关于海运服务谈判的附件》《关于电信服务的附件》《关于基础电信谈判的附件》。其中,《服务贸易总协定》正文是服务贸易规则的核心内容,是所有成员制定服务贸易政策应遵循的原则,它也为其后制定的若干具体服务部门的协议奠定了基础。下面将对六个部分的内容分别进行解释,鉴于有关条款之间的内在联系,以下解释并不完全按照条款顺序进行。

表 7-1 《服务贸易总协定》的结构

序言	Preamble	
第一部分	SCOPE AND DEFINITIONS	范围和定义
第 1 条	Scope and Definitions	范围和定义
第二部分	GENERAL OBLIGATIONS AND DISCIPLINES	一般义务和纪律
第 2 条	Most-Favoured-Nation Treatment	最惠国待遇
第 3 条	Transparency	透明度
第 3 条之二	Disclosure of Confidential Information	机密信息的公开
第 4 条	Increasing Participation of Developing Countries	发展中国家的更多参与
第 5 条	Economic Integration	经济一体化
第 5 条之二	Labour Markets Integration Agreements	劳动力市场一体化协议
第 6 条	Domestic Regulation	国内法规
第 7 条	Recognition	承认
第 8 条	Monopolies and Exclusive Service Suppliers	垄断和专营服务提供者

续表

第 9 条	Business Practices	商业惯例
第 10 条	Emergency Safeguard Measures	紧急保障措施
第 11 条	Payments and Transfers	支付和转移
第 12 条	Restrictions to Safeguard the Balance of Payments	保障国际收支的限制
第 13 条	Government Procurement	政府采购
第 14 条	General Exceptions	一般例外
第 14 条之二	Security Exceptions	安全例外
第 15 条	Subsidies	补贴
第三部分	SPECIFIC COMMITMENTS	具体承诺
第 16 条	Market Access	市场准入
第 17 条	National Treatment	国民待遇
第 18 条	Additional Commitments	附加承诺
第四部分	PROGRESSIVE LIBERALIZATION	逐步自由化
第 19 条	Negotiation of Specific Commitments	具体承诺的谈判
第 20 条	Schedules of Specific Commitments	具体承诺表
第 21 条	Modification of Schedules	承诺表的修改
第五部分	INSTITUTIONAL PROVISIONS	机构条款
第 22 条	Consultation	磋商
第 23 条	Dispute Settlement and Enforcement	争端解决和执行
第 24 条	Council for Trade in Services	服务贸易理事会
第 25 条	Technical Cooperation	技术合作
第 26 条	Relationship with other International Organization	与其他国际组织的关系
第六部分	FINAL PROVISIONS	最后条款
第 27 条	Denial of Benefits	利益的拒绝给予
第 28 条	Definitions	定义

续表

第 29 条	Annexes	附件
	Annex on Article Ⅱ Exemptions	关于第 2 条豁免的附件
	Annex on Movement of Natural Person Supplying Services under the Agreement	关于本协定下提供服务的自然人流动的附件
	Annex on Air Transport Services	关于空运服务的附件
	Annex on Financial Services	关于金融服务的附件
	Second Annex on Financial Services	关于金融服务的第二附件
	Annex on Negotiations on Maritime Transport Services	关于海运服务谈判的附件
	Annex on Telecommunications	关于电信服务的附件
	Annex on Negotiations on Basic Telecommunications	关于基础电信谈判的附件

一、范围与定义

（一）《服务贸易总协定》管辖的范围

《服务贸易总协定》第 1 条第 1 款开宗明义地阐述了协定的管辖范围，即“各成员影响服务贸易的措施”，这进一步表明了世界贸易组织是管理各成员政府有关贸易措施的组织，而不直接涉及企业行为。这种措施被进一步定义为：①中央政府或地方政府所采取的措施；②由中央政府或地方政府授权的非政府团体所采取的措施。《服务贸易总协定》要求各成员政府要“尽全力”保证中央以下各级政府均遵守《服务贸易总协定》规定的义务和承诺。基于服务贸易的特殊性，各成员对服务贸易的管辖主要不是在边境上，而是在其境内，这就使地方政府对协定义务的遵守显得尤为重要。

第 1 条也明确规定了本协定所管辖的“服务”的范围，即除政府当局为履行职能所提供的服务之外的所有部门的一切服务。这里的“政府当局为履行职能所提供的服务”是指非商业性质的、不与其他服务提供者相竞争的各类服务，比如中央银行的服务和社会保障服务。但要注意的是，这是指政府提供的服务，而不是政府购买的服务，政府采购在《服务贸易总协定》第13条中另有规定。

（二）服务贸易的定义

关于服务贸易的定义是服务贸易谈判中的一个关键问题，它直接关系到各成员需要就哪些措施做出承诺。从最终的结果来看，服务贸易是一个含义非常广泛的概念，《服务贸易总协定》是以服务的四种提供方式的形式来定义服务贸易的。

1. 跨境提供，或称跨境交付（Cross-border Supply），指一个成员在其境内向任何其他成员境内提供的服务。这种形式的特点是服务提供者和消费者分别处于不同的国家，所交换的或贸易的是服务本身，例如通过电信、邮电、计算机网络等提供的跨国界服务就属此类。这种形式是最简单的服务贸易形式，因为它与货物贸易一样，强调的是买方与卖方在地理上的界线，跨越国界的只是服务本身。

2. 境外消费（Consumption Abroad），指在一成员境内向任何其他成员的服务消费者提供服务，例如国际旅游、涉外医疗服务等。与第一种形式一样，这也是一种简单的服务贸易形式，它不要求服务的消费国允许服务提供者进入其境内，而是通过服务消费者的移动来实现贸易。由于这种移动通常都是暂时的，其涉及的问题较少。

3. 商业存在（Commercial Presence），指一成员的服务提供者通过在其他任何成员境内建立商业实体提供的服务，例如在境外开设银行、保险、律师事务所等。这种服务贸易事实上就是对外直接投资，并且也是最重要的一种服务贸易形式。由于这种方式主要体现了跨国公司的利益，在乌拉圭回合谈判中曾围绕“贸易与投资”问题产生了激烈的争论，但最终商业存在仍被作为服务贸易而进入了《服务贸易总协定》的管辖范围。值得注意的是，服务贸易领域的对外直接投资不属于《与贸易有关的投资措施协议》规范的范围，而是受《服务贸易总协定》的规范。这种服务贸易形式涉及的问题较多，因为它要求服务的提供者与消费者位于同一地点，涉及服务者的跨越国界、外国服务提供者能否在另一国国内开业的国内政策问题。

4. 自然人流动（Movement of Natural Persons），指一成员的自然人在其他任何成员境内提供服务。这种形式一般与第三种形式相联系而存在，有时也会单独存在，即入境的自然人可以是外国服务提供者的雇员，也可以是以个人身份提供服务的服务提供者。

在有关服务业的谈判中经常会涉及自然人的流动问题，这是因为许多服务业都需要具有专业知识和实践经验的人员，而且所有拥有国际业务的供应商都需要将具有一定专业知识和实际经验的工作人员送到外国市场提供服务，这样有关的业务才能成功地展开。但这种自然人流动往往涉及各国的移民政策,对于有大量廉价劳动力的发展中国家来说,在自然人流动方面具有突出的利益。发达国家为保证国内就业、维护社会稳定,则不愿意在自然人流动上做出更多的开放承诺。在服务贸易的定义中,自然人流动和商业存在一样都没有时间上的限定,但《服务贸易总协定》中《关于本协定下提供服务的自然人流动的附件》将自然人流动基本上限定为临时的进入。该附件第 2 款规定:“本协定不得适用于影响寻求进入一成员就业市场的自然人的措施,也不得适用于在永久基础上①有关公民身份、居住或就业的措施”;第 4 款规定:“本协定不得阻止一成员实施对自然人进入其领土或在其领土内暂时居留进行管理的措施”。从各成员具体承诺的情况来看,这些措施主要包括对人员身份的要求(如必须是提供服务企业的经理或高级专业人员)、停留时间的要求(必须是暂时的,如最多不超过 1 年)、资格的要求(如必须拥有本国的会计师资格等),并且许多成员要求对自然人的进入进行“经济需求测试”,即只有被认为需要的自然人才能进入成员境内提供服务。事实上,这些承诺往往只是对现状的再次确认,并没有新的变化。这些规定体现出资本要素和劳动力要素流动之间的不平等,因为在商业存在的服务贸易方式下,成员都不得对资本有上述类似的限制。考虑到发展中国家在劳动力价格上的优势,关于自然人流动的限制往往被认为是对发展中国家不利的因素。

在乌拉圭回合之后,根据《关于自然人流动谈判的部长决定》,各成员继续就自然人流动问题进行谈判,以期“实现关于自然人流动的更高承诺水平”。谈判主要是讨论各成员具体承诺中有关自然人流动的限制措施,并于 1995 年 7 月 28 日达成一项补充协议,即“第三议定书”。但由于各成员在此问题上分歧较大,该协议在 1996 年 6 月 30 日生效时也仅有 5 个成员签字接受,也就是说绝大多数成员没有就自然人流动做出新的更大的承诺。因此,关于自然人流动的谈判就此处于停滞的状态。该协议的主要内容是承认大多数的自然人跨国界流动受东道国“经济需求认定”的限制,即自然人的流动应以东道国国内经济发展需要为前提,具体内容包括:①东道国认为本国不能提供相应的服务;②有关服务的需求必须公告;③在劳动力录用和工资水平及劳动条件方面应对不同成员的自然人同等对待;④服务提供者的业务资格应获得认证;⑤有关的服务提供者应已被在承诺方开设商业机构的某一法人预先雇用。

二、普遍义务

各成员的普遍义务也称为一般义务,是指不论成员是否在其承诺清单中予

① 这意味着各成员的移民政策不受世界贸易组织管辖。

以具体承诺,都必须遵守这些义务的规定。它们适用于所有世界贸易组织成员,并且这些义务中的绝大部分也适用于所有服务部门。

(一)最惠国待遇及其豁免和例外

1. 最惠国待遇。作为多边贸易体制的基础,最惠国待遇同样被作为《服务贸易总协定》的核心条款。根据《服务贸易总协定》第 2 条的规定,在该协定所涉及的任何有关服务贸易的措施方面,一个成员给予另一成员的服务和服务提供者的待遇,应立即无条件地给予其他成员同类的服务和服务提供者。由此可见,服务贸易中最惠国待遇原则适用的对象不仅包括服务本身,也包括服务的提供者,这一点与货物贸易的最惠国待遇不同,后者适用的对象仅是成员进出口的“产品”,而不涉及“产品”的提供者。并且在只有部分成员参加的服务分部门协议(如后面介绍的《基础电信协议》《金融服务协议》)中,各成员所做出的承诺同样要实行最惠国待遇,除非列明了最惠国待遇豁免。

2. 最惠国待遇豁免。与货物贸易的最惠国待遇原则的一个最大区别是,服务贸易的最惠国待遇原则有更多的例外,即所谓的最惠国待遇豁免。最惠国待遇豁免主要与已有的双边和区域优惠贸易安排有关,而这种优惠安排又不符合第 5 条经济一体化的例外,并且这种优惠安排要比具体承诺中的最低水平有更高的开放程度。只要某一成员在其具体承诺中援引了这些豁免,它就可以保留其与最惠国待遇原则不一致的措施:成员可在《服务贸易总协定》对其生效时声明免除某些部门的最惠国待遇义务,这一声明如属于 5 年以上的义务免除,则须经服务贸易理事会审查,首次审查应在《建立世界贸易组织协定》生效后 5 年内进行。审查的内容包括:①产生免除义务需要的条件是否仍然存在;②确定需做进一步审查的日期。成员此类义务的免除应在下述情况下终止:①在声明免除的期限届满时终止;②此类免除的期限一般最长不得超过 10 年。这体现出服务贸易的自由化比货物贸易有更大的难度,也表明世界贸易组织在服务贸易自由化方面做出了更大的折中。目前有 70 多个世界贸易组织成员做出的服务贸易减让承诺以其最惠国待遇豁免清单为前提。

为了防止这种最惠国待遇豁免被滥用,进而使服务贸易自由化难以深入,《服务贸易总协定》第 29 条中还包含了一个《关于第 2 条豁免的附件》,明确了今后将不再允许新的豁免(对新加入的成员是指在加入之后)。规定未来任何有关不符合最惠国待遇的请求只能通过世界贸易组织的豁免程序来得以满足,即必须根据《建立世界贸易组织协定》第 9 条中有关豁免的决策程序进行,要求有部长级会议 3/4 多数通过,其难度显然要大得多。该附件还规定最惠国待遇豁免一般应有时限,如没有时限最多也不超过 10 年(到 2004 年),并且所有豁免在新的谈判中都可以被讨论。

3. 经济一体化的例外。除最惠国待遇豁免外,《服务贸易总协定》和《1994

年关贸总协定》一样,都允许在区域贸易集团成员之间的安排背离最惠国待遇原则。《服务贸易总协定》第 5 条基本上是仿照《1994 年关贸总协定》第 24 条而制定的,只不过服务贸易中不存在关税等边境措施。第 5 条允许任何世界贸易组织成员与任何国家达成仅在参加方之间适用的进一步实现服务贸易自由化的协议,只要这一协议"涵盖众多服务部门",取消对协议参加方服务提供者在国民待遇上的歧视性措施,并禁止新的或更多的歧视性措施。所谓"涵盖众多服务部门"是指区域贸易协议不应预先排除服务贸易的四种提供方式中的任何一种,否则此类协议将不能获得《服务贸易总协定》所授权的最惠国待遇例外。在其他方面,《服务贸易总协定》第 5 条与《1994 年关贸总协定》第 24 条基本相同,如一体化协议应以促进成员间的贸易自由化为目的,并且绝不能使非成员在与该集团成员就所涉及服务部门和分部门开展贸易时遇到更多的贸易壁垒。

此外,第 5 条第 2 款承认了劳动力市场一体化协议的合法性,这主要是考虑到服务贸易中往往需要通过自然人流动来进行。对于欧盟、北美自由贸易区(NAFTA)等一体化程度较高的区域集团来说,这一规定具有重要意义,因为它可能涉及互相免除签证等问题。

(二)透明度原则

货物贸易的边境措施通常更易于被获知和监督,其透明度的实现也要更容易一些,而由于国际服务贸易规则调整的范围是各成员有关服务贸易的国内措施,因而保持这些措施的透明度就显得尤为重要。并且由于服务贸易的特点,服务贸易提供者将到其他国家境内提供服务,因而了解所在国的有关法律、法规,对其经营活动十分必要。《服务贸易总协定》第 3 条、第 6 条和第 7 条以及其他有关规定保障了世界贸易组织成员在服务贸易中遵循这一原则。

1. 透明度。第 3 条"透明度"要求每个成员及时公布影响《服务贸易总协定》实施的"普遍适用的所有有关措施",也就是那些仅涉及个别服务提供者之外的所有措施,除非存在紧急情况或属于不宜公开的机密资料。各成员在制定对服务贸易有重大影响的新的法律、行政法规、命令时,或对现行法律、行政法规、命令做任何修改时,应立即或至少每年一次向服务贸易理事会报告。此外,每一成员还必须在 1996 年年底前设立一个咨询点,以在其他成员要求提供所采取的有关服务贸易的措施或其参与的有关服务贸易的国际协定的资料时,应立即予以答复。同时,任何成员可以监督其他成员透明度原则的实施,如认为其他成员采取的措施影响《服务贸易总协定》的实施,可通报服务贸易理事会。

2. 国内法规。《服务贸易总协定》第 3 条是关于服务贸易措施的公布,第 6 条"国内法规"则进一步对有关措施的实施提出了要求。该条款规定,每一成员在其已承诺具体义务的服务部门,应保证它所制定的影响服务贸易的措施得到公正、客观、合理的实施。对其他成员服务提供者的申请,应毫不迟延地给予答复。各成员应尽快地设立切实可行的司法、仲裁程序,以方便服务提供者就影响其贸易的行政决定提出复议申请。这一要求与《建立世界贸易组织协定》第16条第4款"每一成员应保证其法律、法规和行政程序与所附各协议对其规定的义务相一致"是对应的,进一步体现出世界贸易组织已逐步深入到成员国内政策的制定和实施。

《服务贸易总协定》第6条第4款和第5款类似于货物贸易中的《技术性贸易壁垒协议》,只不过服务贸易针对的是自然人而不是货物。它要求为了确保有关服务资格的要求、技术标准和许可等不致对服务贸易构成贸易壁垒,服务贸易理事会应建立适当的机构以制定必要的标准。各成员应依据客观和透明的标准,并且许可程序不应成为对服务提供的限制。乌拉圭回合后,世界贸易组织成员根据乌拉圭回合中《关于专业服务的决定》,设立了一个关于《服务贸易总协定》规则的工作组,就各成员政府对专业服务提供者提出的要求制定规则。但到目前为止,有关的谈判尚未取得实质性的成果。

3. 承认。《服务贸易总协定》第7条"承认"更进一步地就有关资格、标准和许可程序的问题做出了规定。该条款的目的主要是为了使自然人流动形式的服务贸易获得更大的自由。由于各国在资格、技术标准和许可发放上有着不同的要求,完全依靠服务贸易理事会来建立统一的规则是不现实的,而促进成员之间的相互承认是一种更加简便的方式。为此,第7条要求各成员"可承认在特定国家已获得的教育或经历、已满足的要求,或已给予的许可或证明",只要给予承认的方式不构成各国间歧视的手段,即在一成员给予某一成员承认的情况下,其他成员也有获得承认的充分的机会。但要注意的是,第7条尽管是一般义务,但它并不具有强制性,更多的是建议或鼓励的性质。

(三)发展中国家更多地参与

在乌拉圭回合中,发展中国家由于自身在服务业发展上的落后状态,一度对服务贸易谈判采取抵制的态度。《服务贸易总协定》考虑到发达国家与发展中国家在服务贸易领域发展的不平衡性,特别规定了要保证发展中国家更多地参与到国际服务贸易中来。

《服务贸易总协定》第4条第1款规定各成员应通过谈判达成具体承诺,以帮助发展中国家成员增强其国内服务业的能力、效率和竞争力;改善销售渠道和信息网络;对发展中国家有竞争力的服务输出部门放宽市场准入的条件。这承认了发展中国家有权利通过服务贸易来增强其服务业的竞争能力,同时也认可了发展中国家有权利采取一定措施来实现上述目标。如发展中国家可以对外国服务提供者提出技术转让的要求、对外国商业存在附加最低培训和就业要求或当地成分要求。也就是说,发展中国家在有关市场准入和国民待遇的具体承诺(在后面有详细的介绍)中,出于发展国内服务业的目的,可以提出更多的限制或要求,而发达国家应考虑发展中国家的特殊性,予以理解和认同。

此外,发达国家成员及其他有能力的成员,应自《建立世界贸易组织协定》生效后两年内建立联系点,以便发展中国家成员服务提供者能够获得与其有关的市场准入的信息资料,包括:①商业和技术方面服务的信息;②有关专业资格方面的登记注册、认可和获得的信息;③有关服务技术的可能的信息。

但必须指出的是,第 4 条中的义务不是强制性的,它最终仍取决于有关的谈判。

(四)垄断或专营服务提供者和商业惯例

对应货物贸易中的国营贸易企业,各国服务贸易中也不同程度地存在某些部门的垄断或专营现象,这种现象不可避免地对国际服务贸易自由化的发展构成阻碍。为了尽可能地规范此类行为,《服务贸易总协定》第 8 条做出和《1994 年关贸总协定》第 17 条相似的规定。各成员应确保其境内的垄断或专营服务提供者在提供服务时,不违背本协定规定的最惠国待遇原则和该成员在其承诺清单中承诺的具体义务。在垄断或专营服务提供者参与或通过其子公司参与垄断权范围之外的竞争时,各成员应在授权之前 3 个月内通知服务贸易理事会。如果一成员准备授予其承诺范围内的某项服务的垄断或专营权时,应在授权之前 3 个月内通知服务贸易理事会,接受其他成员的监督。如果一成员认为另一成员正在实施与本协定不相符的垄断行为时,可请求服务贸易理事会予以审查,理事会可要求实施垄断行为的成员提交有关的具体资料。

与国营贸易企业不同的是,由于服务贸易往往通过商业存在方式进行,某些不属于垄断或专营范围的商业惯例也会实际上起到阻碍服务贸易自由化的作用。因此,《服务贸易总协定》第 9 条规定,如果一个成员向另一成员提出取消此类商业惯例的要求时,另一成员应予以充分考虑,并提供与此事有关的、可公开的、非机密性的资料予以合作。如果双方就有关机密性资料的保密问题达成协议,也可提供有关的保密性资料,以澄清该商业惯例是否违反《服务贸易总协定》的规定。

(五)《服务贸易总协定》的例外

义务和例外的并存是世界贸易组织的特点,也是其存在的基础之一。和《1994 年关贸总协定》一样,《服务贸易总协定》也列明了在某些条件下,成员可以免除其义务。

1. 国际收支的例外。对应于《1994 年关贸总协定》第 12 条和第 18 条 B 节,《服务贸易总协定》第 12 条有相似的规定。它允许成员在遭遇国际收支严重失衡和对外财政困难或威胁的情况下,可对其已承诺的服务贸易的具体义务采取某种限制措施,发展中国家和转型经济国家采取此类限制的条件可以是为维持适当的储备水平。但采取这些限制措施须符合最惠国待遇的原则,即不能在成员之间造成歧视;采取限制措施的程度不能超过为解决收支困难所必需的程度,因而这类限制措施都是临时性的,一旦国际收支状况得到改善,应逐步予以取消;采取此类限制措施时,可以优先考虑那些对成员经济发展较为重要的服务部门和服务提供者,但不能只为保护某一特定部门的利益而采取此类限制措施。

成员出于国际收支原因采取限制措施的程序规定包括:①准备采取此类限制措施或对其做修改时,均应立即通报服务贸易理事会。②准备采取此类限制措施的成员应立即与国际收支限制委员会进行联系与磋商,以便后者对该成员的国际收支状况及所采取的限制措施予以审查,确定其是否符合法定条件。参与磋商的成员应接受国际货币基金组织提供的有关外汇、货币储备和国际收支方面的统计资料和其他事实的调查结果。③世界贸易组织部长级会议应建立定期协商的程序,以便向有关的成员提供能否采取限制措施的建议。

此外,与国际收支例外相关的还有第 11 条“支付和转移”,该条规定只有在第 12 条设想的情况下,成员才能对与其具体承诺有关的经常项目交易的国际转移和支付实施限制。

2. 政府采购的例外。根据《服务贸易总协定》第 13 条的规定,成员政府机构为了政府使用的目的而不是为了商业销售或转售而进行的服务采购,可以不适用有关最惠国待遇、国民待遇和市场准入的义务和承诺。不过该条第 2 款规定,应就服务贸易中的政府采购进行多边谈判(货物贸易中的政府采购是在诸边性的《政府采购协议》中管理的),这体现了发达国家将政府采购纳入多边贸易体制的意图。

3. 一般例外和安全例外。一般例外和安全例外在货物贸易和服务贸易中没有实质区别,因而《服务贸易总协定》第 14 条与《1994 年关贸总协定》第 20 条和第 21 条的规定也非常接近。

《服务贸易总协定》第 14 条规定,成员可以采取以下措施作为其履行承诺义务的例外:①为维护国内公共道德或公共秩序所必需的措施。②为保护人类、动物和植物的生命和健康所必需的措施。③为履行涉及下述事项的国内法律、法规所必需的措施(这里的法律、法规不能与本协定相抵触):防止欺诈与假冒行为或处理不履行服务合同的后果;保护个人隐私,防止个人资料的扩散,保护个人记录和账户的秘密;安全问题。④为确保公正、有效地对其他成员的服务和服务提供者征收直接税而采取的违背国民待遇原则的差别待遇措施。⑤为履行避免双重征税的国际协议而实施的违背最惠国待遇原则的差别待遇措施。这些措施只要不在情况类似的国家之间造成任意的或不合理的歧视,或对服务贸易造成变相的限制,就是可以允许的。这表明即使是普遍义务的最惠国待遇在一定情况下也可以违背。

《服务贸易总协定》第14条之二规定了安全例外的内容:第一,不能要求成员提供其认为一旦公开将有损其根本安全利益的任何资料。第二,不能阻止成员采取下述保护其根本安全利益的行为:①直接或间接地为军事设施供应目的所提供的服务;②与裂变或聚变物质有关的服务;③战争时期或国际关系处于其他紧急状态下所采取的行动。第三,不能阻止任何成员根据联合国宪章规定的义务为维护国际和平与安全而采取的行动。第四,成员根据上述规定采取的行动应尽最大可能通知服务贸易理事会。

(六)未尽事宜

《服务贸易总协定》作为新进入多边贸易体制的内容,在某些问题上还难以达成共识,但其重要性又不容忽视,因而《服务贸易总协定》第10条和第15条将服务贸易中的紧急保障措施和补贴问题包括在《服务贸易总协定》中,却并没有做出实体性的规定。这也意味着与此相关的争端不能援引争端解决机制。

1. 紧急保障措施。《服务贸易总协定》第10条只是指出应就紧急保障措施在非歧视原则基础上进行多边谈判,甚至连紧急保障措施的定义也未给出。由于技术上的困难,各国在服务贸易统计体系的建立上有很大差距,特别是对商业存在方式下的服务贸易如何进行统计尚未形成规范,目前只有美国和欧盟做出了一些尝试。而统计对判断采取紧急保障措施的合理性有着非常重要的意义,关于这一问题的谈判也必然是艰难的,迄今为止尚未取得实质性的进展。

2. 补贴。各国服务贸易(特别是发展中国家的服务贸易)中,比较普遍地存在补贴,在某些情况下,补贴对服务贸易可能具有扭曲作用。因此,《服务贸易总协定》第15条规定,各成员应通过多边谈判制定必要的规则来减轻这类扭曲作用的影响,但考虑到发展中国家服务贸易部门中补贴的重要性和必要性,在此问题上应给予发展中国家一定的灵活性。此外,所有成员应相互交换其国内提供给服务部门补贴的资料。当某一成员认为另一成员的补贴使其受到损害时,可以提出要求磋商的请求,另一成员应对这一请求予以考虑。在各成员的具体承诺中,事实上也涉及了有关补贴的问题,因为国民待遇通常意味着一些外国服务提供者有权获得某一成员给予本国服务提供者的补贴,这主要取决于各成员就具体部门做出的具体承诺。

三、具体承诺

《服务贸易总协定》第三部分是有关成员具体承诺义务的规定,该部分与每一成员提交的服务部门承诺减让表相结合,对该成员发生效力。成员提交的承诺减让表应符合第三部分有关市场准入和国民待遇的一般规定,同样,有关市场准入和国民待遇的规定只有在成员具体承诺的服务部门才有约束力。这一部分由于涉及各成员的实际义务和权利,成为《服务贸易总协定》中最重要的内容。将市场准入和国民待遇作为具体承诺而非一般义务是《服务贸易总协定》与关贸总协定的最大区别。由于服务贸易牵涉部门广泛、服务贸易的方式多样,采取具体承诺的方式更易于在一些具体部门达成协议,不致由于个别部门、个别成员的困难而阻碍整个《服务贸易总协定》的达成。

(一)市场准入

《服务贸易总协定》第 16 条关于市场准入的规定实际上非常简单,主要是规定每一成员应按其提交的承诺表所指明的有关服务部门开放的期限、限制和条件为另一成员提供市场准入的待遇,即应遵守减让表中的市场准入承诺。另外,第 16 条第 2 款列明了必须在减让表中应确认的市场准入限制措施,这些措施包括:①以数量配额、垄断、专营服务提供者的方式,或以要求测定经济需求的方式,限制服务提供者的数量。②以数量配额或要求测定经济需求的方式,限制服务交易或交易资产的总金额,或者限制服务业务总量,或者限制在某一服务部门被雇用的或服务提供者可以雇用的自然人的人数。③对法人实体形式的限制,即规定服务提供者必须通过特定的法人实体才可提供服务。④对外资份额的限制,即规定外资参股某服务部门的最高股权额或对单个的或累计的外资投资总额予以限制。也就是说,如果一成员没有在其减让表中明确列出这些限制措施,那么今后它就不能再使用这些市场准入限制措施。

(二)国民待遇

《服务贸易总协定》第 17 条的规定与第 16 条相似,即规定每一成员按其所提交的承诺减让表中列明的服务部门以及明确表示的各种适用条件和资格给予其他成员的服务和服务提供者以不低于其本国相同的服务和服务提供者的待遇,即应遵守减让表中关于国民待遇的承诺。同时,《服务贸易总协定》更重视国民待遇的实际意义,给予另一成员服务和服务提供者的待遇在形式上可以与提供给本国相同服务和服务提供者的待遇不同,即无论采取相同的或不同的形式,只要不造成对其他成员服务和服务提供者事实上的歧视,就不属于违反国民待遇。相反,无论形式上是否相同,只要给予内外不同的服务或服务提供者的待遇改变了双方的竞争条件,使其实际上有利于国内的服务和服务提供者,将被认为违反了国民待遇原则。

服务贸易领域的国民待遇原则之所以与货物贸易领域的国民待遇原则不同,这是由服务贸易的特点决定的。对货物的国民待遇,在未实现完全自由贸易的情况下是可以做到的,因为此时外国货物进入本国市场仍然可以通过进口关税、数量限制以及其他边境措施来控制;在服务贸易领域,如果外国服务提供者获得了普遍意义上的国民待遇,它们就将在实际上享受完全自由的市场准入,特别是这些服务在进口国市场以商业存在和自然人流动方式提供的情况下更是如此。

（三）附加承诺

《服务贸易总协定》第 18 条的内容非常简短,但它也具有一定的意义。它规定各成员可就影响服务贸易的任何措施进行谈判,尽管它们并不被包括在第 16 条和第 17 条中。由于服务贸易谈判是一个新问题,很多有关的措施尚未被考虑到或被发现,而且在《服务贸易总协定》的实施过程中必然出现各种新的情况。对新申请加入的国家来说,它们可能要面临世界贸易组织成员超出《服务贸易总协定》现有义务的谈判要求。

四、逐步自由化

由于乌拉圭回合第一次将服务贸易列入谈判内容,不可能仅经过一次谈判就解决复杂的服务贸易自由化的全部问题,有许多具体问题仍有待以后继续通过协商、谈判来解决。因而,为了促进服务贸易不断走向自由化的进程,《服务贸易总协定》第四部分为今后具体服务部门的谈判和各成员具体承诺减让表的制订和修改做了详细的规定。

（一）具体承诺义务的谈判

为进一步推动服务贸易的自由化,《服务贸易总协定》第 19 条规定在《建立世界贸易组织协定》生效后的 5 年内应开始并在此之后定期地举行连续回合的谈判,以减少或消除各成员的有关措施对服务贸易产生的不利影响。这种谈判应当本着平等互利的原则进行,通过谈判实现所有成员权利与义务的全面平衡。该条款具有重要意义,它事实上规定了关于服务贸易的新一轮谈判必须于 2000 年起开始,除了《农业协议》中有相似的规定外,其他协议都没有对应的条款。并且,谈判的范围应是广泛的,而不是局限于补贴、紧急保障措施等未尽事宜和有关的部门谈判。这就保证了现有的《服务贸易总协定》只是服务贸易自由化的一个初步成果,各成员有义务进一步扩展其范围,推进服务贸易的深入自由化。2000 年 2 月,世界贸易组织总理事会决定在当月发起关于服务贸易的新一轮谈判,表明这一条款的重要性。

此外,该条还要求服务贸易自由化的进程应考虑到每一成员相应的国内政策目标和其服务部门的发展水平。对待发展中国家成员时,应体现适当的灵活性,如当发展中国家成员提出少开放一些服务部门、放宽较少类型的交易、逐步扩大市场准入以及在市场准入方面附加某些条件时,应当充分考虑其要求的合理性。服务贸易理事会应为今后的谈判确立具体的准则和程序。今后的谈判应在先前谈判各成员承诺的自由化义务基础上进行,并应给予最不发达国家以特殊待遇。

(二)具体承诺减让表

《服务贸易总协定》第20条规定了具体承诺减让表应包括的内容及其法律地位,即每一成员应根据第三部分规定的市场准入、国民待遇的要求,制定其承担具体义务的承诺减让表。该表应就开放的具体服务部门规定以下详细内容:①市场准入的期限、限制和条件;②国民待遇的条件和资格;③承担附加义务的承诺;④实现上述义务的时间表;⑤承担上述义务的生效时间。各成员的具体义务承诺减让表将作为《服务贸易总协定》的附件,成为其不可分割的组成部门,对有关成员具有强制约束力。这意味着具体承诺减让表与世界贸易组织的一揽子协议有着相同的法律地位。

(三)减让表的修改

一成员政府希望撤销它在过去谈判中承诺的情况是很可能出现的,它可以在做出通知并给予一定的补偿后这样做。修改具体承诺至少要提前3个月提出。如果某一成员对减让表的修改影响到其他成员的利益,受影响的成员可请求与之进行谈判,以达成必要的补偿协议。这种谈判及达成的协议应坚持互利的原则,补偿协议对双方服务贸易利益的维护应不低于谈判前承担义务减让表的规定。根据最惠国待遇原则,这一补偿协议的内容也应适用于其他成员。实际中,这种补偿往往很难达成,因为服务贸易中的利益难以衡量,而补偿的方式可以是市场准入也可以是国民待遇的新承诺。如果双方不能经谈判达成协议,受影响的成员可将此事提请仲裁。如果受影响的成员没有提请仲裁,修改减让表的成员可自行实施其对减让表的修改和撤销。

如果修改减让表的成员不服从仲裁结果自行实施修改或撤销,参加仲裁的任何"受影响的成员"可采取相应的报复措施,也修改或撤销其承诺减让表,以取得与仲裁决定相同的效果,但这种修改或撤销只对原"修改成员"实施。

五、组织机构与争端解决

(一)服务贸易理事会

根据《服务贸易总协定》第24条的规定,设立服务贸易理事会。理事会是负责执行《服务贸易总协定》的专门机构,在世界贸易组织常务理事会指导下进行工作。服务贸易理事会可以下设不同服务部门的附属机构。理事会及其附属机构应对世界贸易组织所有成员开放,理事会的成员应从所有成员的代表中产生,主席应由全体成员选举产生。

此外,世界贸易组织部长级会议通过的《关于服务贸易总协定中机构安排的决议》,对服务贸易理事会下设有关附属机构做了较详细的规定,包括以下内容。

1. 理事会下建立的所有附属机构均应每年向理事会至少报告一次。每一附属机构应建立各自的程序规划,并可根据需要设立自己的分支机构。

2. 理事会下设的某一服务部门的管理委员会应履行下述职责:①审查、监督该部门有关协议的执行情况;②就与该部门有关的事项向理事会提供建议和参考意见;③如已达成与该部门有关的服务贸易协议,负责对该协议提出修改的建议;④组织对成员实施的影响该部门贸易的措施进行讨论;⑤向发展中成员及正在谈判加入世界贸易组织的发展中国家提供有关该部门的技术帮助;⑥与根据《服务贸易总协定》建立的任何其他附属机构或在该部门起重要作用的其他国际组织进行合作。

(二)争端解决

不同成员之间发生于服务贸易领域的争端,其解决适用世界贸易组织统一的争端解决机制,《服务贸易总协定》第 22 条、第 23 条还就服务贸易领域的争端解决做了特别规定,具体内容如下。

1. 磋商。磋商可以在发生争端的当事双方之间进行,也可以经有关机构进行。当一成员就另一成员可能存在的影响服务贸易的措施提出申诉时,另一成员应给予适当的考虑并提供进行协商的机会。在当事双方无法协商解决问题时,任一当事方可向服务贸易理事会或争端解决机构提出请求,后者将就此问题与当事的一个或多个成员进行磋商。

2. 仲裁。仲裁主要适用于成员之间就双方达成的关于避免双重征税的国际协议的范围发生的争执。由于避免双重征税的协议属于国民待遇原则的例外,因而确定一方采取的某一措施是否属于避免双重征税协议的范围就显得尤为重要。如果当事双方无法就某一方采取的有关措施是否属于避免双重征税协议的范围达成一致意见,则任何一方可将此事提交服务贸易理事会,由理事会将此事提交仲裁。对此事做出的裁决属于一裁终裁,裁决一经做出就对当事双方具有约束力。

3. 争端解决。《服务贸易总协定》第 23 条规定的争端解决包括两种情况:①任何一成员认为另一成员未能实现其所承诺的有关服务贸易的具体义务,可诉至世界贸易组织争端解决机构。争端解决机构经审查认为有必要采取行动时,可以根据《关于争端解决规则与程序的谅解》第 22 条的规定,授权一个或几个成员暂停实施对其他成员承诺的义务。②当一成员所采取的有关服务贸易的措施并不违反其所做出的具体承诺,但该措施的实施却使另一成员本可以获得的利益受到损害时,另一成员也可向争端解决机构申诉。如果争端解决机构肯定了当事方的此项请求,则受到损害的一方有权要求对方修改或撤销该项措施,或者采取报复行动。

4. 部长级会议《关于服务贸易领域争端解决的决议》。世界贸易组织部长级会议还就服务贸易领域中的争端解决程序通过一项专门决议,内容主要是有关专家小组的组成。该决议规定:①应建立一份专家小组成员花名册,以便于必要时从中选拔专家小组成员。服务贸易问题专家的储备应该充足,以便在必要时能够迅速就有关服务贸易问题的争端组成专家组。②各成员可推荐具有某一方面专门知识的专家纳入花名册,并提供其简历。③专家小组应由在服务贸易领域富有经验的资深的政府或非政府人士组成。专家小组成员应以个人身份任职,而不是代表任何政府或组织。④负责某一服务部门的专家小组成员应具有该部门有关的专门知识。⑤秘书处应妥善保存该花名册。

六、最后条款

最后条款主要是一些补充规定和附件。《服务贸易总协定》第 27 条规定,世界贸易组织成员可以拒绝将其《服务贸易总协定》项下的义务和承诺给予非世界贸易组织成员,但这取决于它与有关国家之间的双边协议。第 28 条对前面条款中有关的术语进行了更精确的定义,其中关于"人""另一成员的自然人""法人""另一成员的法人"以及对法人拥有权和控制权的定义具有重要的意义,特别是在确定自然人流动、商业存在方式的服务贸易的有关问题的时候,必须明确这些名词的含义。《服务贸易总协定》第 29 条包含的附件在前面有关条款和本章第三节中介绍。

第三节　若干具体服务部门的规则

《服务贸易总协定》第 29 条是与服务贸易有关的 8 个附件,另外,乌拉圭回合通过的 8 个部长决定和《关于金融服务承诺的谅解》也与服务贸易谈判有关。这些附件、决定和谅解主要是关于若干具体服务部门的,如空运、海运、金融、电信、专业服务等。在乌拉圭回合谈判中,各缔约方未能就有关问题达成普遍接受的协议,只好将它们暂时搁置,并商定在世界贸易组织成立之后继续进行谈判。在《服务贸易总协定》和部长决定的基础上,各成员在乌拉圭回合谈判结束后,继续进行各具体服务部门开放市场的谈判,并就其中的金融和基础电信等达成了协议,构成了《服务贸易总协定》的四个议定书。以上这些附件和议定书形成了具体服务部门的贸易自由化规则,对推进服务贸易自由化产生了巨大的作用,同时对世界贸易组织的未来发展方向也将产生重大的影响。

一、关于金融服务贸易的规则

（一）乌拉圭回合后的金融服务贸易谈判

金融普遍被认为是一个需要特别对待的重要部门，它对经济增长和稳定具有重要的战略意义，也是政府实现宏观经济政策目标的重要保障。世界各国政府都认为有必要对银行、保险和其他资金与金融信息的提供者进行严密监管。在金融服务的对外开放上，各国更是采取了比较谨慎的态度，特别对发展中国家来说，脆弱的金融体系和薄弱的监管能力都使它们在开放金融服务市场方面犹豫不决，因而在 1993 年乌拉圭回合结束时，各缔约方未能就金融服务达成令各方（尤其是美国等发达国家）满意的结果。虽然许多国家就市场准入和国民待遇做出了一些承诺，但仍远不足以使谈判成功结束，以双边互惠为基础的最惠国待遇豁免仍然广泛存在。为此，乌拉圭回合结束时，通过了《关于金融服务的第二附件》和《关于金融服务的决定》，各成员承诺在《服务贸易总协定》生效后 6 个月内就金融服务继续进行谈判。

1995 年的谈判实际上于 7 月 28 日结束，结果是 29 个世界贸易组织成员对其具体承诺进行了修改，或减少了最惠国待遇的豁免，达成了《服务贸易总协定》"第二议定书"。但美国对这些成员的承诺仍不满意，决定不对其承诺做出修改，特别是不放弃以双边互惠为基础的广泛的最惠国待遇豁免。缺少了世界金融中心的美国的参与，这个议定书只能是"临时性"的。因此，金融服务的谈判被再次延长至 1997 年。1997 年 4 月，谈判重新开始，但各主要成员的立场并未发生显著变化。同年 7 月爆发的亚洲金融危机成为一个转折点：一方面，东亚新兴工业化国家的经济受到沉重打击，使它们认识到建立一个更加开放和健康的金融体系的重要性；另一方面，美国也承认了新兴工业化国家对更加平稳的金融自由化的要求。1997 年 12 月 12 日，美国、印度和泰国放弃了它们的绝大多数最惠国待遇豁免，其他成员也将最惠国待遇豁免减少到很小的程度，使谈判最终达成了新的改善后的金融服务承诺。代表 70 个成员所做承诺的 56 份减让表（欧盟 15 国共同提交一份减让表）与 16 份最惠国待遇豁免清单，作为《服务贸易第五议定书》的附件，构成了所谓《金融服务协议》（FSA）。至此，在一个全面的最惠国待遇基础上，全球 95%以上的银行、保险、证券和金融信息贸易都已纳入了世界贸易组织的管辖范围。

《金融服务协议》中具有特别重要意义的是，商业存在方式的承诺有了较大改善，放宽甚至取消了对外资参与本地金融机构的股权限制、对商业存在形式（分支机构、子公司、代理、代表处等形式）的限制，以及对扩展现有业务的限制。它意味着全球金融服务市场更深的一体化，也对金融市场的全球化产生了巨大的推动作用。

《服务贸易第五议定书》规定应在所有有关成员接受之日后的第 30 天生效,但截至 1999 年 1 月 30 日仍只有 52 个成员接受了议定书,最后这些成员宣布议定书于 1999 年 3 月 1 日生效。截至 2000 年 12 月 31 日,仍有 7 个成员未接受该议定书,这意味着它们在乌拉圭回合后谈判做出的新承诺没有生效。《金融服务协议》中各成员做出的承诺除部分豁免外,将依据最惠国待遇原则对所有世界贸易组织成员适用。

(二)《服务贸易总协定》关于金融服务的附件

除了乌拉圭回合后达成的《金融服务协议》外,在乌拉圭回合中达成的两个文件也是长期有效的,并对国际金融服务贸易有着重要影响,一个是《关于金融服务的附件》,另一个是《关于金融服务承诺的谅解》。

1.《关于金融服务的附件》。该附件主要对《服务贸易总协定》所管辖的金融服务做出了界定,即不包括作为"行使政府职权时提供的服务"的中央银行以及其他执行货币或汇率政策的政府活动,作为法定的社会保障或公共退休金计划组成部分的服务活动,或者其他由公共实体代表政府或利用政府资金进行的服务活动,也都不对外国服务提供者开放。该附件明确指出了金融服务所包括的范围,所称金融服务是指由一成员的金融服务提供者所提供的金融方面的服务,具体包括下列服务内容:第一,保险和与保险有关的服务,包括直接保险(又分为人寿险和非人寿险)、再保险和转保险、保险中介(如经纪人和代理机构)、辅助性服务。第二,银行及其他金融服务,包括:①接受公共储蓄和其他可付还的资金;②各类贷款,包括消费贷款、抵押贷款、信用贷款、代理和商业交易融资;③融资性租赁;④支付和货币交换服务,包括信贷、应付项目和借方信用卡、旅行支票和银行汇票;⑤担保和委托业务;⑥自有账户和消费者账户交易的货币市场票据(包括支票、汇票、存款单)、外汇、派生业务、可转让证券及其他可转让票据;⑦参与各类证券的发行;⑧货币代理;⑨资产管理,包括现金或有价证券的管理、各种形式的集体投资的管理、年金管理等;⑩金融资产的清算和结算服务。此外,还包括以上各项活动方面的咨询、中介和其他辅助性金融服务。

附件的中心条款是人们通常所说的"审慎例外",它是《服务贸易总协定》规则的又一个例外,目的是为政府保障金融体系的稳定。"尽管有本协定的任何其他规定",成员仍可通过制定和实施国内法的形式保护投资者、存款者、投保者或其他金融服务提供者对其负有信托义务的个人的权利,或采取必要的法律手段保证金融体系的完整和稳定,这类国内法规不应被视为该成员在逃避其所承诺的义务。对于一成员采取上述国内法措施对国内金融服务提供保护,另一成员可通过与之协商等方式达成予以认可的协议,或予以自动认可。在双方就此达成协议后,也应为其他成员提供加入该协议的适当机会。当一成员给予另一成员此类自动认可时,它应向其他成员提供这一认可的必要性的说明。

根据该附件，各成员政府为维护金融体系的稳定（特别是在发生金融危机期间）可采取相应的措施，例如临时的外汇流动管制等，由于所谓“审慎”原因很难判断，各成员在采取有关措施时仍有较大的自由度。但这种审慎措施对所有成员是同样适用的，如一成员实行了失当的措施，其他成员也有权对它实行同样的措施。

2.《关于金融服务承诺的谅解》。这一谅解主要是发达国家就金融服务中具体承诺的方式做出的自我约束，即它们“被授权使用”不同于《服务贸易总协定》第三部分（具体承诺）的具体承诺方式，而这种方式所体现的贸易自由化程度要高于《服务贸易总协定》的要求。虽然该谅解属于乌拉圭回合一揽子文件，但这种方式并不是强制义务。

发达国家成员同意采用“维持现状”（Standstill）的做法，即它们所做出的承诺至少应体现当时实际实施的程度。它们还承诺开放金融服务的政府采购，努力缩小影响金融部门垄断权利的范围，允许在若干形式的保险及相关服务、金融信息和辅助服务方面进行跨境交付和境外消费，而不需要商业存在。在商业存在上，成员应开放对其他成员的服务提供者在其领土内设立或扩大商业存在的权利，如收购现有企业。而在自然人流动方面，仍然限定了必须为“暂时的进入”，并且人员也被限定在必需的高级管理人员或专家。

二、关于电信服务贸易的规则

（一）电信服务贸易谈判与《基础电信协议》

和金融服务一样，基础电信也被认为是一个十分重要和特殊的部门。在信息社会中，电信业已成为和工业社会中的能源工业、汽车工业那样的基础行业，它的重要意义不仅表现在其日益庞大的产业规模上，更重要的是任何行业都已经不能离开电信业，网络经济的产生和快速成长正是得益于电信业的高度发达。没有电信业的现代社会已经是不可想象的。

然而正因其突出的重要性以及技术上的特性，电信服务也成为乌拉圭回合服务贸易谈判最大的难点之一。由于未能就电信服务达成令多数成员满意的承诺，在马拉喀什部长级会议上，《关于基础电信谈判的决定》将基础电信的谈判延长到乌拉圭回合以后继续进行，而《服务贸易总协定》《关于基础电信谈判的附件》起到了与《关于金融服务的第二附件》相似的作用，但不同的是，它将最惠国待遇在基础电信部门中暂停适用，而不是金融服务中暂停了最惠国待遇的豁免。

在谈判开始时，谈判各方首先就基础电信和增值电信的定义达成了共识，同意抛开各国国内在基础电信定义上的不同，就所有涉及用户信息端到端传输的公共和私人电信服务进行谈判，通过租用的线路以转售方式提供的基础电信服务和通过网络设施提供的服务一样被列入谈判的范围。市场准入承诺不仅涵盖电信服务的跨境交付,也包括通过设立商业存在,拥有并经营独立电信网络设施提供的服务。谈判中具体的基础电信业务有电话、数据传输、电传、电报、传真、私有线路租赁、固定和移动卫星系统及服务、蜂窝式移动电话、移动数据服务、无线寻呼、个人通信系统等。增值电信服务是指服务提供者通过改进用户信息的形式或内容,或者通过提供存储或检索服务从而增加其"价值"的电信服务,例如在线数据处理、在线数据存储及调用、电子数据交换、电子邮件、语音信箱等。增值电信并不是基础电信谈判的正式内容,对大多数发展中国家来说,增值电信的普及程度很低,但许多发达国家和新兴工业化国家对增值电信做出了承诺,并且其开放程度要高于基础电信。

谈判于 1994 年 5 月开始,根据部长级会议决定谈判应于 1996 年 4 月 30 日结束。但到了该截止日期,仍有一些成员对其他成员的承诺不满意,使谈判再度延期至 1997 年。负责谈判的基础电信组修改了关于参加会议的规则,使所有世界贸易组织成员对其活动都有了发言权。在经过无数次的双边谈判之后,谈判最终取得了成功。1997 年 2 月 15 日,69 个成员提交了 55 份关于基础电信的具体减让承诺表,并附在规定了生效时间等程序性事项的"第四议定书"后面,构成了所谓的《基础电信协议》。该议定书于 1998 年 2 月 15 日正式生效。截至 2000 年 12 月 31 日,仍有 4 个成员未接受议定书。《基础电信协议》的达成意味着全球电信服务自由化取得了重大进展,有 69 个成员承诺通过各种方式、在不同程度上向其他成员的电信服务提供者开放市场,而它们占世界电信服务市场的 93%以上。

(二)《关于电信服务的附件》

《基础电信协议》列明了各个成员开放电信服务市场的具体承诺,《服务贸易总协定》《关于电信服务的附件》则规定了关于电信服务的总体原则,它独立于各成员的具体承诺。它的重点是使用公共电信网络及服务的权利,也就是接入权。由于各国的电信网络普遍由各国国内垄断企业建立,对基础电信网络的使用权对于其他进入者来说就非常重要。附件确定了这一权利,要求每一个世界贸易组织成员保证,所有服务的提供者在希望根据其服务贸易减让表中的相关承诺提供服务时,都应被允许以合理的和非歧视的条件接入和使用公共基础电信网络。附件的具体内容介绍如下。

1. 适用范围。该附件适用于各成员对公共电信传递服务所采取的各项措施,但不适用于对无线电广播或有线、无线电视节目传递所采取的措施。成员除在其承诺计划书中具体承诺的义务之外,不再承担批准其他成员的服务提供者在其境内设立、建设、收购、租赁、经营或提供电信服务的义务,同时该成员也不再承担必须设立、建设、收购、租赁、经营或提供电信服务的义务。

2. 电信服务的若干概念。该附件中的"电信"是指通过电磁方法传送和接收信号。"公共电信传递服务"是指一成员向广大公众普遍提供的电信传递服务,包括电话、电报、电传和其他数据传递。"公共电信传递网"是指两个或多个网络终端之间可以传递信息的公共电信设施。

3. 透明度。各成员应尽可能地公布进入和使用其公共电信服务的信息,包括:①服务所涉及的关税和其他条件;②有关电信服务的技术连接说明;③负责制定和实施进入某一电信服务领域的标准的机构的情况;④使用其终端设备的条件;⑤通知、注册和许可要求。

4. 成员在电信服务的准入和使用方面的义务包括以下几项:

(1)各成员应按《服务贸易总协定》有关最惠国待遇原则和国民待遇原则的规定,非歧视地给予任何其他成员的服务提供者按其具体承诺减让表的内容进入和使用公共电信传递网及其服务。这一"进入和使用"具体有以下几种形式:①购置或租用为其服务所必需的终端或其他设备;②将私人租用或自有的线路与公共电信传递网或另一服务提供者的线路互相连接;③服务提供者可自行拟定经营合同的内容。

(2)一成员如对其他成员的服务提供者进入和使用其公共电信传递网及其服务的措施有重大修改或制定相关的新措施,应进行通报并应接受其他方提出的磋商请求。

(3)成员为下述目的采取的措施属于市场准入的合法例外:①为确保信息的安全和机密;②为保证公共电信传递网及其服务的技术完整性;③为了保证公共电信传递网为公众提供服务;④为了保证其他成员的服务提供者不提供该成员减让表中所允许之外的服务。

(4)成员出于上述目的,可以对另一成员的服务提供者"进入和使用"规定以下限制条件:①限制服务的转售和共同使用;②要求使用特定的技术连接;③必要时可要求达到该项服务的国际公认标准;④提出对连接终端或其他设备的技术要求;⑤对私人租用或自有的线路与公共电信传递网的连接或与另一服务提供者租用或自有线路的连接予以限制。

(5)发展中国家成员可根据其发展水平,对其他成员的"进入和使用"规定合理的条件,但这些条件应在其承诺减让表中详细说明。

5. 技术合作。由于先进、有效的电信服务对发展服务贸易有着重要的作用,因而鼓励成员特别是发展中国家尽可能地参与各类有关国际电信服务的计划。成员应鼓励和支持发展中国家参加国际、地区以及分地区等各个级别的通信合作,以帮助其提高国内电信服务水平。

三、关于海运服务贸易的规则

海运服务与金融服务、电信服务一样,属于乌拉圭回合后继续谈判的服务贸易领域。但由于种种原因,海运服务领域的谈判于1996年6月中断,各成员并没有达成市场准入的最终协议,只就谈判的暂停和于2000年继续谈判达成一项协议。于是在部长级会议上通过了《关于海运服务谈判的附件》和《关于海运服务谈判的决定》,其作用与《关于基础电信谈判的附件》和《关于基础电信谈判的决定》一样,将海运服务谈判暂时搁置起来,在乌拉圭回合后进行新的谈判。并规定在海运服务谈判取得最终成果之前,各成员可保持与最惠国待遇不相一致的有关海运服务贸易的措施,但任何成员已在有关海运服务的承诺表中承诺的义务将不能适用这一例外。同时,在达成最终谈判成果之前,各成员可以修改或撤销其具体承诺的内容,而不需按《服务贸易总协定》有关承诺计划书的修改或撤销的规定对其他成员提供补偿。

四、关于空运服务贸易的规则

空运服务和海运服务相似,在乌拉圭回合中达成了《关于空运服务的附件》。但不同的是,它没有与空运服务谈判相关的附件和部长决定,这也就意味着空运服务被彻底搁置起来,只能等到世界贸易组织新一轮谈判再继续。该附件主要是将空运服务的一些主要内容排除在《服务贸易总协定》的管辖范围之外。国际空运服务的绝大部分由根据《芝加哥公约》谈判达成的双边安排所管辖,所以附件特别将有关航空交通权的复杂双边协定从服务贸易新规则的管辖范围中排除。

该附件规定,《服务贸易总协定》确定的服务贸易开放原则和各成员在空运服务承诺表中承诺的开放义务适用于下述空运服务领域:①飞机的修理和保养服务,指对未飞行的飞机进行修理、保养;②空中运输服务的推销,指空运服务提供者自由地推销其空运服务,包括市场调研、广告宣传和分销安排等;③计算机预订系统服务,指通过空运公司储存的空运时刻表、机票情况、收费规则等信息而提供的订票、签票等服务。而不适用于下列情况:①无论以何种方式授予的空中交通权,成员以收取报酬或租金的方式,从事境内或跨境运输旅客、货物和邮件的权利;②与行使交通权直接相关的服务。

第四节　服务贸易具体承诺的分析

《服务贸易总协定》文本是关于服务贸易的规则框架,它明确了各成员实行服务贸易自由化的基本原则,但即使是那些最基本的义务(如最惠国待遇),在很大程度上也取决于各成员在服务贸易减让承诺表中做出的具体承诺,因而真正决定服务贸易自由化程度的是附于《服务贸易总协定》之后的各成员具体减让表。而各成员的服务贸易减让表非常复杂，许多内容难以准确理解，因而评估服务贸易自由化的水平也是非常困难的。

一、如何阅读服务贸易减让表

下面就世界贸易组织所提供的一个具体减让表范例来解释一下某成员具体减让表的组成及其含义。

服务贸易减让表包括每个服务部门的四种提供方式和每个成员分别就这四种方式在市场准入(第 16 条)、国民待遇(第 17 条)和附加承诺(第 18 条)上做出的承诺。《服务贸易总协定》减让表所遵循的服务贸易部门分类基本是以《联合国中心产品分类系统》(United Nations Central Product Classification System, CPC System)为基础的。这一系统确定了 11 个基本的服务部门，第 12 个部门为不包括在这 11 个部门中的其他服务。这 12 个部门又被进一步细分为大约 160 个分部门或独立的服务活动，但并不是所有这些部门都有具体承诺。

这 12 个部门具体如下。

(1)商业服务(Business Services)，包括专业服务(Professional Services)、计算机和相关服务、研究与开发服务、房地产服务、租赁服务(不包括操作人员)、其他商业服务(如广告、出版等)。

(2)通信服务(Communication Services)，包括邮政服务、快递服务、电信服务、视听服务(Audiovisual Services)、其他通信服务。

(3)建筑与相关工程服务(Construction and Related Engineering Services)。

(4)分销服务(Distribution Services)，包括佣金代理、批发、零售、特许经营等。

(5)教育服务(Educational Services)，包括初等教育、中等教育、高等教育、成人教育、其他教育。

(6)环境服务(Environmental Services)。

(7)金融服务(Financial Services)，包括保险服务、银行服务、证券服务等。

(8)健康和社会服务(Health Related and Social Services)，包括医院服务、社会服务等。

(9)旅游服务(Tourism and Travel Related Services)，包括宾馆和饭店、旅行社、导游服务等。

(10)娱乐、文化和体育服务(Recreational, Cultural and Sporting Services)，包括娱乐服务、新闻机构服务、图书馆、档案馆、博物馆服务、体育服务。

(11)运输服务(Transport Services)，包括海运服务、内河航运、空运服务、铁路运输等。

(12)其他服务。

以一个虚构的成员阿卡迪亚的服务贸易减让表为例(参见表7-2),该表分为四栏。第一栏为服务部门和分部门,第二栏为市场准入限制,第三栏为国民待遇限制,第四栏为附加承诺。为简便起见,以(1)、(2)、(3)、(4)分别代表跨境交付、境外消费、商业存在、自然人流动四种服务提供方式。一个成员的减让表整体上可以分为两大部分,即水平承诺(Horizontal Commitments)和部门承诺(Sector-specific Commitments)。水平承诺是指适用于减让表中所列所有部门的承诺,部门承诺则只适用于具体所指的部门或分部门。

表7-2 阿卡迪亚具体承诺减让表

服务提供方式:(1)跨境交付;(2)境外消费;(3)商业存在;(4)自然人流动。

部门或分部门	市场准入限制	国民待遇限制	附加承诺
一、水平承诺			
本减让表中包括的所有部门	(3)合资企业中外资比例不得少于注册资本金的25% (4)除以下内容外,不做承诺:在本国设立了代表处、分公司、子公司的成员的公司,其经理、高级行政管理人员和专家,作为公司间人员流动,允许入境,居留期为三年	(3)在视听服务、医疗服务中,对于目前给予国内服务提供者的补贴,不做承诺	
二、部门承诺			
4. 分销服务 B. 批发服务	(1)不做承诺 (2)没有限制 (3)不迟于2002年1月1日,允许外国服务提供者设立合营公司 (4)除水平承诺中的内容外,不做承诺	(1)不做承诺 (2)没有限制 (3)一些税收鼓励措施只对阿卡迪亚公民控制的企业适用 (4)不做承诺	

从表7-2可以看出,通常减让表中都包括三种承诺方式。第一种是“没有限制”(None),即意味着除水平承诺中可能有的限制外,没有针对具体部门的限制。第二种是“不做承诺”(Unbound),也可理解为不受约束,即除水平承诺

中已承诺的开放措施外,可以采取任何限制措施。第三种介于前两种之间,要么是列出具体要取消的限制,并且除这些限制外不做承诺(如表 7-2 水平承诺中关于自然人流动的市场准入限制),要么是明确列出要保留的限制(如表 7-2 部门承诺中关于商业存在的国民待遇限制)。这些复杂的方式对于评估一个成员在服务贸易方面的开放承诺确实是不利的,特别是第三种承诺方式通常只列出要取消的限制和明确要保留的限制,但对其他可能存在的限制却无从知道,因而也就无法准确判断该成员究竟开放到什么程度。

二、对服务贸易具体承诺的总体评价

乌拉圭回合的一个重大贡献在于将服务贸易正式纳入了多边贸易体制的管辖范围,使最惠国待遇、国民待遇、市场准入、争端解决机制等更广泛地在服务贸易领域中被应用,并达成《服务贸易总协定》。但有关的研究(如霍克曼 1999 年和 2001 年世界贸易组织的特别研究报告)认为,乌拉圭回合并没有做到真正的服务贸易自由化,因为各成员在乌拉圭回合中的几乎所有承诺都属于维持现状的性质,即承诺将来的限制不比在谈判时所列的现行措施更严格,这类似于货物贸易中的关税约束,但却没有进行关税减让。

原则上《服务贸易总协定》包括所有的服务部门,但从各成员具体承诺覆盖的部门来看,在 160 多个分部门中,约 1/3 的成员对不到 20 个分部门做出了承诺,另外 1/3 的成员对 20~60 个分部门做出了承诺,剩余的 1/3 成员对 80~145 个分部门做出了承诺。其中旅游、金融和商业服务有最多的成员做出了减让承诺,而健康、医疗和社会服务、视听服务、教育服务、运输服务等部门做出的承诺较少,即使是发达国家大多数也对健康和教育服务不做承诺。

就不同的服务提供方式而言,各成员对第二种方式(境外消费)基本上都没有限制或只在个别部门做出了限制,这主要是由于实行对境外消费的直接限制很难实现,但通过对公民出境的限制也可以起到相类似的作用。与之相对应的个人服务提供者的移动(自然人流动)却是各成员限制最多的一种方式,其原因已经在前文有过分析。在对最重要的服务贸易方式即第一种方式(跨境交付)和第三种方式(商业存在)的选择中,跨境交付受到了更多的限制,许多成员都没有做出承诺。这主要是由于有些成员考虑商业存在能够吸引外国直接投资,促进本国服务业的增长,而跨境交付是直接向外国服务提供者购买,等同于进口,当然要有更多的限制。但对不同的部门各成员的态度也有所不同,例如医院服务、饭店服务等无法进行跨境交付的服务贸易,因而也就不必加以政策上的限制,而对金融、电信等关键部门,许多成员不愿在商业存在上做出更多的承诺,因此保留了对外资比例、企业形式、业务范围等方面的限制。

第五节 典型争端案例评析

本节将对安提瓜和巴布达诉美国影响跨境赌博服务的措施案(DS/285)进行评析。

一、案情背景及简介

赌博在许多国家或某些地区是一项合法的产业,但也受到相当严格的监管和限制,例如对参与赌博人的年龄、赌场的数量和地点等都有明确的规定。20世纪90年代中期以后,互联网的兴起和迅速普及为赌博服务提供者开辟了一个广阔的新天地——网络赌博。1995年8月18日,第一家网上赌场——互联赌场公司开始营业,标志着这种新型赌场的诞生,到1996年,全球就已有超过1 800家的网络赌场。网络赌民支付赌金的方式主要有几种:信用卡支付、电子汇款、转账、使用虚拟货币、支票支付等,其中使用国际VISA或MASTER信用卡支付占很大比重。美国审计总署针对50家网络赌场的统计显示,有23家页面中打出"西联国际汇款"的广告,20家表示接受支票与汇票,有40家号称拥有独立的电子银行系统。虚拟货币支付更被广泛应用,并成为趋势,赌民用现实支付方式购买虚拟货币,然后用虚拟货币支付赌金。这种支付方式甚至形成四种模式:第一种是赌博公司发售虚拟货币账号,赌民购买并续值就可使用,这种账号最常见,在美国各大城市的地铁和零售店都能买到;第二种是由金融机构开立的个人账户,赌博公司购买,转售给赌民,专门用做支付赌金;第三种是利用中间商,赌民从中间商处购买虚拟货币,赌博公司通过中间商抽取赌金;第四种干脆是赌民之间虚拟货币的交易。虚拟货币支付虽然不及信用卡那么简便快捷,但没有地域限制,手续费也低,还不容易被盗用。

目前世界上有50多个国家将网络赌博合法化,大多集中在欧洲、加勒比海、大洋洲等地区。根据美国审计总署的统计,2003年各国已经从网络赌博上收到约50亿美元的税收。仅有65 000人的安提瓜目前拥有约100家网络赌博业经营商,在短短几年间成为全球互动博彩业的中心,网络赌博每年能够为当地带来超过2 400万美元的收入。安提瓜政府从20世纪90年代中期便开始致力于构建以互联网为媒介的赌博服务业,并将此作为其发展经济的一项战略来实施。

1999年,在安提瓜注册经营的赌场共有119家,这是安提瓜博彩业最鼎盛的时期,其间在赌场就业的人数达到3 000人,博彩业创造的产值占安提瓜全国当年 GDP 的 10%,其网络赌场最大的主顾则是美国。然而,境外网络赌博的兴盛也对美国造成了很大的负面影响:一是美国国内的赌博业流失了大批客源和财源;二是网络赌博为洗钱等犯罪活动提供了新的途径;三是有违以美国总统布什为代表的保守主义者所倡导的道德价值与社会理念。于是,美国采取了一系列的措施以遏制跨国网络赌博的发展。2000 年,美国一家法院依据《1961 年有线通讯法》判处一名在外国向美国提供网络赌博服务的美国人有期徒刑,从而为今后处理此类案件定下基调,达到了杀一儆百的效果。2003 年,美国国会为遏制网络赌博导致的犯罪及洗钱行为,通过了《非法赌博交易法》,限制美国网民使用信用卡和通过银行账户向国外赌博网站支付赌金。同时,美国以反洗钱为名,要求安提瓜加强对跨国网络赌博的监管。内外的压力立即对安提瓜的网络赌博业甚至整个国民经济造成致命打击,到 2003 年仍在安提瓜注册经营的赌场只剩下 28 家,实现的就业不足 500 人。

安提瓜政府对此感到愤愤不平,尽管该国网络赌博产业的衰落与其自身日益严格的行业管制有关,但它将更多的责任归咎于美国联邦及各州相关法律对跨境网络赌博的限制。

2003 年 3 月 13 日,安提瓜要求与美国就其限制跨境网络赌博服务的措施展开磋商,并认为美国的联邦和州法律及相关裁定、法律解释事实上禁止了跨境网络赌博服务的提供,违反了其在具体承诺表中对赌博服务跨境提供“没有限制”的承诺。安提瓜与美国在 2003 年 4 月 30 日举行的磋商并没有解决双方之间的争端,2003 年 6 月 12 日,安提瓜要求世界贸易组织争端解决机构成立专家组,2003 年 7 月 21 日专家组成立。2003 年 8 月 25 日,世界贸易组织总干事任命了专家组成员,加拿大、欧盟、日本、墨西哥等方面作为第三方保留其在专家组审议过程中的权利。

2004 年 3 月 24 日,专家组公布了该案期中报告并征集该案各方相关的反馈意见,2004 年 4 月 30 日完成最终报告。2005 年 1 月 7 日和 19 日,美国和安提瓜分别就专家组报告提出上诉,2005 年 4 月 7 日,上诉机构报告散发。2005 年 6 月 6 日,因双方无法就执行裁定的时间及方式达成协议,安提瓜根据 DSU21.3(c)条要求世界贸易组织做出仲裁。2005 年 8 月 19 日,仲裁员建议最后执行期限为 2006 年 4 月 3 日。由于安提瓜认为美国采取的措施仍不符合世界贸易组织的裁定,其依据 DSU 第 21.5 条关于裁定执行争议处理的规定,再次要求世界贸易组织成立专家组,就美国的执行情况做出裁定。2006 年 8 月 16 日,原专家组再次被召集,继续就美国的措施是否符合世界贸易组织的建议进行审议。

二、争议焦点及裁定

在争端解决过程中,双方主要围绕以下问题展开抗辩。

（一）《服务贸易总协定》的适用性——美国的承诺中是否包括开放博彩服务业

本案中双方争辩的第一个焦点就是《服务贸易总协定》在本案中的适用性。由于《服务贸易总协定》是一个相对提纲挈领性的文件，世界贸易组织各成员所承担的义务主要由它们各自的具体承诺表来决定。

安提瓜认为，按照《服务贸易总协定》第Ⅰ:2(a)款对服务贸易模式的划分，由其提供的这种网上跨境赌博服务应该属于“跨境提供”。安提瓜指出美国在其《服务贸易总协定》下的“具体承诺表”中开放了10. D项下“除体育运动外所有娱乐服务”的跨境提供。在乌拉圭回合多边贸易谈判中美国使用了由关贸总协定秘书处提供的《服务业分类列表》(W/120)，在《服务贸易总协定》中“体育及其他娱乐服务”位于10. D项下，其在《联合国中心产品分类》(CPC)中的相应编号为964(参见表7-3)。

表7-3 体育及其他娱乐服务分类

964 体育及其他娱乐服务	
9641 体育运动服务	9649 其他娱乐服务
96411 体育运动赛事推广服务	96491 公园和海滩娱乐服务
96412 体育运动赛事组织服务	96492 博彩服务
96413 体育运动设备操作服务	96499 其他娱乐服务
96419 其他体育运动服务	

安提瓜认为，自从《服务贸易总协定》生效以来，在GATS框架下的服务贸易中，世界贸易组织成员始终如一地使用《服务业分类列表》(W/120)，同时交叉引用CPC作为服务业分类的参考标准。上诉机构通常使用CPC作为一项解释工具应用于GATS范畴下的议题，而不将其用来解读世界贸易组织成员的具体承诺表。安提瓜又指出，美国国际贸易委员会(USITC)也使用《服务业分类列表》(W/120)同时交叉引用CPC作为工具来解释其“具体承诺表”。1997年，USITC曾发布过一个文件来解释说明美国在《服务贸易总协定》框架下的“具体承诺表”，该文件的第viii页有这样的表述：美国的“具体承诺表”没有直接采用CPC作为参考标准，其采用的标准是由关贸总协定秘书处提供的《服务业分类列表》(W/120)。安提瓜认为，根据美国国际贸易委员会文件的表述，美国的“具体承诺表”中的第10. D项与《服务业分类列表》(W/120)中的10. D项及CPC编号为964的项目相吻合，“具体承诺表”的10. D项不包括“体育运动”并不能说明CPC编号为964的项目中包含的博彩服务被排除在美国“具体承诺

表”的10. D项之外。

美国就安提瓜的这一观点抗辩道，即使安提瓜能够依据《服务业分类列表》（W/120）以及其与CPC的关联性得出美国承诺开放的服务业包含博彩服务，这一结论也是在误将《服务业分类列表》（W/120）视为一项协议而得出的错误结论。《服务业分类列表》（W/120）事实上是《服务贸易总协定》谈判过程的一个组成部分，它最多是一项依据惯例对国际公法进行阐述的补充性工具。此外，美国认为，尽管事实上世界贸易组织一些成员的“具体承诺表”是建立在或者部分建立在CPC的基础之上，但是美国的“具体承诺表”无疑不是以CPC为参考标准的。世界贸易组织的成员有权可以不采纳CPC对行业的分类与定义——不将其作为参考标准。从《服务贸易总协定》的谈判史也可以得出这样的结论：世界贸易组织虽然鼓励其成员在制定各自的“具体承诺表”时遵循《服务业分类列表》（W/120）的大体结构，但这从不意味着世界贸易组织成员必须遵循CPC中的行业定义、分类或者其他的行业分类体系。

专家组和上诉机构均认定，尽管W/120不是一项协议，但美国的服务贸易具体承诺表各部门的承诺均以此表为依据，在事实上已接受该分类表的分类原则。美国的具体承诺表包括了对赌博服务的开放承诺，美国明确地将体育服务排除在10. D项下的承诺之外，而未将赌博服务明确排除，这表明美国已认可了其10. D项下的承诺适用于赌博服务。由于CPC中赌博服务作为“体育及其他娱乐服务”的一个子类有明确列举，如果要排除赌博服务，就必须同样予以明确说明。

（二）公共道德还是贸易歧视——GATS第14条“一般例外”的适用

美国指出，跨境提供的网络赌博已经深入到家庭、学校、办公室等所有网络能够连接的地方，网络赌博之所以引起了美国行政与司法界的严重关注，是因为它比传统赌博更难控制，而且网络赌博带来了一系列社会和道德问题。美国一直对博彩业有着非常严格的管制，赌博一直被视为犯罪的源头之一。美国执法机构有证据证明有组织犯罪与赌博有密切的联系，1999年美国联邦调查局敲诈档案分析组向众议院提供的一项报告中指出，犯罪组织已经很深程度地参与了离岸赌博。加拿大犯罪情报中心也证实了犯罪组织已经卷入网络赌博并且希望借助网络赌博进一步犯罪的事实。除此之外，美国还指出，通过网络跨境提供赌博是滋生犯罪的温床，由于其具有金额高、交易速度快、参与赌博的地区范围广等特点，网络赌博为洗钱提供了很大便利。网络赌博与其说是电子商务，不如说是一项现金密集型产业，这项产业又脱离了对金融服务的特殊监管。参与赌博的人可以轻易地将其不合法的收入合法化，同时密码的使用又使这些交易很难得到追踪。1999年，由美国国会任命、负责调查研究赌博带来的社会效应的美国全国赌博业影响研究委员会（United States National Gambling Impact

Study Commission,NGISC)指出:“网络赌博以及其保密系统为洗钱提供了一条捷径,一个人只需将钱存入一个离岸账户,然后用这些存款参与赌博,损失一小部分存款后再取出剩余的存款,这时非法所得就可以轻松变为合法收入。由于密码和匿名制的保护,这些洗钱行为大多数都可以不被发现。”赌博还往往和其他种类的犯罪活动(如诈骗)相伴。美国最主要的消费者保护机构——联邦贸易委员会(FTC)就曾经警告过美国居民要防范犯罪集团利用电话、网络销售彩票进行诈骗。FTC 同时指出,外国彩票的宣传常常是虚假的,在很大程度上具有诈骗性质。

传统的赌博只能在赌场进行,但是网络赌博的跨境提供使商业赌博的触角深入到家庭和学校,这一情况引起了美国行政与司法界(包括保护未成年人在内)的一系列特殊关注。美国法律将赌博视为成人游戏,但相对于成年人来说未成年人接触、使用网络的机会更多。NGISC 的报告指出,全美 18~24 岁的年轻人中超过 69%的人每天的平均上网时间为 4 小时,儿童和青少年是跨境网络赌博提供商非常容易招揽到的顾客——这些赌博网站将赌博设计成电脑游戏,而电脑游戏对未成年人来讲有着非凡的吸引力。NGISC 的报告还指出,由于网络赌博采取匿名制,这极易造成未成年人对网络赌博的沉迷。网络赌博快速发展而导致大学生沉迷于体育赛事赌博,密歇根大学 1998 年的一项报告指出,35%的体育生在校时曾经参与过体育赛事赌博,如全国橄榄球赛、世界杯足球赛及职业高尔夫球赛等,这一情况引起了美国参议院的重视,其曾经在 1999 年考虑针对网络赌博立法。

因此,美国认为,根据 GATS 第 14 条的规定,它可以实施“为保护公共道德或维护公共秩序所必需的措施”,并没有实施贸易限制的主观意图。

为了回应美国上述的申辩,安提瓜指出,美国并没有禁止自己国内的商业赌博活动,上述的鉴于赌博带来不良的社会效应限制国民参与跨境网络赌博的说法不具有说服力,美国的做法违反了世界贸易组织的相关规定,造成了不公平贸易障碍。

安提瓜指出,美国境内以及其他国家和地区都存在着一系列商业性质的赌博服务,商业赌博已经成为美国的一项重要产业,1999 年在符合美国法律的赌博活动中,赌徒的下注金额高达 6 300 亿美元,赌徒共损失 500 亿美元。1998 年,68%的美国人参与过至少一次赌博,高达 86%的美国人都有过赌博的经历。安提瓜援引 NGISC 一份对美国博彩业研究的详尽报告,报告指出:“博彩业已经成为一项巨大的产业,美国政府已经身陷其中并且越来越积极地追求博彩业所带来的收入——通过开办各州所有的赌场或者通过规制向商业赌场征税。赌场在美国境内遍地开花,美国成为世界博彩业的领头羊是由美国政府、社会团体以及个人的利益共同决定的。”这份报告还指出,如果按目前的速度发展,在未来25年中美国的博彩业会越来越普遍、越来越合法化。

1999年以来，博彩业在美国48个州相继合法化，经营范围包括赛马、其他体育赛事赌博、纸牌赌博、彩票等。各种法律允许的博彩经营场所遍布全美各地，美国已经成为全球最大的赌博市场。据NGISC统计，1999年在美国合法赌博活动中赌徒的下注金额高达6 300亿美元，这还只是将美国最盛行的非法体育赛事赌博排除在外的统计，而非法的体育赛事赌博非常易于参与且为不少人热衷。除此之外，安提瓜还指出，世界上最大的赌场中不少都是在美国注册经营的，许多在外国都设有分支机构。这些赌场使用成熟的网络技术为海外用户提供赌博服务。

因此，安提瓜认为，美国关于限制跨境网络赌博的理由是其违反公共道德的说法完全是一种贸易保护的托词，美国没有履行其在GATS项下国民待遇和市场准入的具体承诺。尽管美国并未明确禁止或限制跨境提供的网络赌博服务，但事实上采取的联邦和州相关法律却影响了安提瓜向美国提供跨境赌博服务，损害了其从美国的具体承诺中应该获得的利益。

对此，专家组认为，美国的相关措施尽管是为了保护公共利益和道德所实施的，但未能证明这些措施是必需的。由于它们对贸易有明显的影响，在实施之前，美国应与受影响的成员（如安提瓜）进行磋商。但上诉机构对专家组的结论有所修正，它在上诉报告中认为，美国的有线通讯法、旅行法和非法赌博交易法符合GATS，第14条的规定，并不构成对其具体承诺的违反，但是，美国的另一项法律州际赛马法，允许本国赌博服务提供者通过网络向其他州的赌博参与者提供服务，这构成了对外国服务提供者的歧视，从而没有满足第14条要求此类例外措施“不构成任意或无端的歧视”的规定。因此，以上美国的联邦法律违反了其在GATS项下的义务。

（三）世界贸易组织管得有多宽——国内规制的困惑

事实上，美国的上述法律均未明确限制或禁止跨境网络赌博服务。但是，由于服务贸易管理措施的复杂性和隐蔽性，GATS对服务贸易壁垒采取了一个相当宽泛的规定，即所有“影响服务贸易的措施”都受到GATS规则的约束。美国在“其他娱乐服务”的“跨境提供”模式的市场准入承诺“没有限制”，因此，只要美国的任何措施影响或限制了跨境网络赌博的进行，都可以被认定为违反了其在世界贸易组织中的承诺。根据GATS第16条“市场准入”的规定，对市场准入限制的相关措施有一个列举性的清单，共包含6种措施。尽管美国辩称其相关法律并不属于这6种措施的任何一种，不是数量限制，而是规范赌博服务的国内规制措施，但专家组和上诉机构却一致认为，美国的措施事实上产生了数量限制的效果，甚至是“零配额”的效果，即全面禁止了跨境网络赌博服务的可能性。因此，认定美国的相关法律违反了其在GATS第16条下的义务。

从常识上看,既然美国并没有明确指出其相关措施是针对外国服务提供者的(如有线通讯法只是规定禁止赌博服务提供者在各州间和对外商务中使用有线通信设施传送赌局和赌注,旅行法只是禁止通过邮件或者各州间和对外商务中的任何措施提供赌博服务),那么这些措施似乎可以被理解成适当的国内行业规制措施。但问题在于,美国在其具体承诺表中"没有限制"的承诺,使其国内规制的实施空间大大缩小,即使符合国民待遇原则,对国内和国外服务提供者一视同仁,但它仍然可能违反市场准入的承诺,这正是 GATS 规则深入到国内政策领域之后所产生的一个重大问题。多哈回合中关于 GATS 第 6 条"国内规制"的进一步谈判正是期望能够处理这一问题①。

三、本案的启示和意义

本案是世界贸易组织成立以来完全围绕 GATS 及成员具体承诺而展开的少数争端之一,更是迄今为止第一次与互联网有关的争端,对考察世界贸易组织争端解决机制的特点和运作有很大意义。

从整个争端解决过程来看,世界贸易组织是基于争端双方在《服务贸易总协定》中具体承诺的基础上做出的裁定,是对一系列法律文件的执行。但是专家组和上诉机构忽略了一个重要的事实:美国制定 GATS 具体承诺表是在乌拉圭回合期间,即 20 世纪 90 年代早期,而当时网络赌博服务尚处于萌芽状态,美国政府当时无法预见网络赌博在后来发展如此迅猛并进而会危害其社会安全的情况,因此,其谈判代表在具体承诺表有关条目中并没有明文将赌博或网络赌博服务排除。但是,这并不必然意味着美国同意开放网络赌博服务。专家组报告在强调规则的同时却忽视了美国本身的意图,导致其结论难以得到美国的信服。美国国会的部分议员甚至表示,美国宁肯投入一场国际贸易战或退出未来的世界贸易组织谈判,也不愿让国外势力来控制美国的国内社会政策。弗吉尼亚州众议员 Bob Goodlatte 说:"该裁定是骇人听闻的,我们绝不能允许任何一个国家把自己的价值观强加给美国并使之成为一个贸易问题。"应该说,美国的愤怒是不无道理的。当然,对于专家组和上诉机构来说,它们的义务是解释法律,问题并不在于它们,而在于规则本身。如何使世界贸易组织规则与公共道德的维护以及不断变化的国际贸易相协调,无疑是世界贸易组织面临的一个重大课题。在多哈回合中达成的关于艾滋病药物专利的特别规定,应该是解决此类问题的一个有益尝试。

本案另一个重大启示是,在世界贸易组织的触角越来越深入各成员国内经

① 2024 年第十三届部长级会议期间,WTO 实现服务贸易国内规制谈判成果生效,参加方相关承诺已经成为 WTO 约束性承诺的一部分。

济乃至社会管理体制的情况下,各成员在做出承诺以及制定法律时必须更加谨慎。美国在这一案件中的挫败感无疑是很大的,一个自己极力主张和筹划的国际服务贸易规则反过来限制了自己的国内政策。对于中国来说,服务业和服务贸易的管理体系尚处于建设之中,还相当不完善,在今后的服务贸易谈判中,要尽量减少"没有限制"的承诺,以避免类似纠纷的发生,同时为相关国内规制措施的制定保留较大的空间。

从本案专家组和上诉机构的裁决来看,专家组通常会采用比较宽泛的解释,在对法律条款有多种解释的情况下,会偏向于有利于起诉方的解释。上诉机构的裁定则要相对谨慎一些,以避免对世界贸易组织规则的过于放大。但对美国的相关措施是否属于 GATS 第 16 条列举的限制市场准入措施的解释来看,虽然美国的措施在"形式"上并不明确属于其中的任何一种,但专家组和上诉机构依据其实际"效果"而将其认定为贸易限制措施。这大概可以表明,世界贸易组织的首要任务仍然是维护贸易自由化,它总是倾向于尽可能地减少不利于贸易的措施,即使这些措施可能有利于公共道德的维护。

思考题

1. 简述《服务贸易总协定》产生的背景和过程。

2.《服务贸易总协定》的最惠国待遇原则和《1994 年关贸总协定》的最惠国待遇原则有何异同?

3.《服务贸易总协定》的国民待遇原则和《1994 年关贸总协定》的国民待遇原则有何异同?

4. 举例说明服务贸易的四种方式。

第八章

与贸易有关的知识产权协定

★ 本章要点 ★

本章阐述了世界贸易组织关于知识产权问题达成的新协议——《与贸易有关的知识产权协定》,包括协定产生的过程、基本框架、知识产权保护的最低标准等。

第一节 乌拉圭回合与《与贸易有关的知识产权协定》

一、乌拉圭回合知识产权谈判产生的原因

(一)发达国家的利益要求

第二次世界大战之后,技术作为一种生产力的价值日益显现出来,技术进步和扩散使各国的生产力普遍得到了迅速的提高,尤其是一些发展中国家依靠技术模仿和改进缩短了与发达国家的差距,并且大大提高了自己在工业产品制造上的竞争力。而这又迫使发达国家进一步加大对研究与开发的投入,以获得新的比较优势。于是对知识产权的严格保护便成为发达国家保持比较优势的一个重要条件。这一点对美国尤为重要。

进入20世纪80年代,美国国内经济进入了衰退时期,失业率上升,主要经济指标下降。而且长期以来,美国将大量的研发(R&D)费用应用于军工及基础科学研究上,技术的商品化速度较慢,美国国内经济的疲软和衰退,直接导致其在国际贸易中竞争力的下降。在高新技术产品方面,来自日本和欧共体的激烈

竞争,使美国在国际市场上占有的份额有所下降;在传统产品方面也面临着新兴工业化国家及其他发展中国家的竞争。20 世纪 80 年代以后,美国的货物贸易逆差一直高达 1 200 亿~1 300 亿美元。美国将这种状况归咎于其他国家对知识产权保护不充分,由于存在知识产权保护不充分引起的侵权行为,美国商业界付出了巨大的代价,要想在高技术产品上保护出口优势,改变其贸易赤字日增的状况,知识产权保护是实现上述目的的前提条件。为此,美国采取了各种单边措施和双边措施。

单边措施允许知识产权所有人要求美国国际贸易委员会或法院采取行动,以停止那些被指控侵犯他们知识产权的产品的销售。具体法律手段有两个:一是通过《1930 年关税法》第 337 条款,二是通过专利的治外法权。《1930 年关税法》中的第 337 条款通常被称为美国贸易法中的“不公平贸易做法”条款。该条款旨在对一切形式的不公平贸易做法(包括违约、做假广告以及假冒产品来源地等)提供法律上的补救,但实际上几乎所有纳入这一条款的案例都与知识产权侵权指控有关。第 337 条款的规定是为了在边境上挡住侵犯知识产权产品的进口。专利的治外法权是指知识产权所有人如果不能通过第 337 条款下的申请在边境上阻止进口,那么,他们可以设法在国内商业渠道内部阻止其销售。这一点可以通过控告销售该侵权产品的进口商或零售商来做到。

可被应用在与贸易有关的知识产权谈判中的双边措施主要是指由美国贸易代表负责执行的 301 条款、超级 301 条款和特殊 301 条款。根据 301 条款,外国政府不遵守其与美国政府签订的贸易协定或者采取其他不公平的贸易做法,损害了美国的贸易利益,美国政府可以采取强制性的报复措施,促使该外国政府遵守有关协定或者消除其他不公平贸易做法,保护美国的经济利益。超级 301 条款是对 301 条款的补充。最重要的要属 1988 年法案中新增加的“特殊 301 条款”,这一条款目前正被用来以贸易报复威胁发展中国家,如果它们不改变其知识产权法律。这些法律中的其他条款允许在美国企业或利益集团提出申请时发起报复性的诉讼,并允许把知识产权问题和贸易优惠联系起来。

然而单方面的报复往往容易引起更多的双边贸易纠纷,甚至影响与有关国家的政治关系。因此,在乌拉圭回合中,美国提出要在多边贸易体制中加入有关知识产权的内容,希望借助关贸总协定的多边约束来保护其知识产权。欧共体也有与美国相似的要求。它们的巨大影响力最终导致了知识产权谈判的产生。

(二)知识产权在国际贸易中的地位日益突出

国际贸易中与知识产权有关的问题日益增多也是导致谈判的一个原因。众所周知,知识产权所有权和使用权的转移,构成了一国对外无形贸易的重要组成部分;通过技术许可协议等手段,知识产权所有者将专利、商标等的使用权转让给技术受方,从而获得技术使用费;通过版权许可合同,版权人获得了版税收入。一国国民如果拥有较多高水平的知识产权,不仅有利于提高本国的技术水平、促进本国的经济发展,还能增加本国的无形贸易出口收入,改善其在国际贸易中的地位,这一点从美国 20 世纪 80 年代以来的国际收支情况可以得到印证。

同时,国际货物贸易的正常发展也离不开对知识产权的保护。某些商品标有驰名商标,或者产自著名产地,或者该商品的设计非常吸引消费者,那么它们就会很容易地进入外国市场。一些不法生产者看到有利可图,就会未经权利人允许私自冒用该驰名商标、著名的标志或者设计,这些冒牌商品一旦进入贸易渠道,就会严重影响正常的贸易,使知识产权权利人的利益受到损害;还有一些不法生产者为了牟取暴利,未经版权人允许,制作盗版的图书、音像制品和计算机软件,同样影响了正常的国际贸易。

(三)知识产权国际公约的不足

在乌拉圭回合之前,事实上已经存在多个关于知识产权保护的国际公约,如《巴黎公约》《伯尔尼公约》等,并且其参加方十分广泛,这些公约都对成员有关加强知识产权保护的政策、法律提出了要求。然而经过多年的实践和研究,以美国为首的发达国家认为以往的国际公约不能完全有效地实现知识产权保护的目标,因为它们都存在很大的弱点,特别是它们往往是自律性的,不具有强制性,并且没有相应的争端解决机制,所以并不能产生切实的效果。针对以往公约的上述不足之处,发达国家认为应当讨论制定一项新的协议,以加强知识产权的国际保护。

二、乌拉圭回合知识产权谈判简要回顾

在以美国为首的发达国家坚持下,并经过与世界知识产权组织就其在该谈判中的作用进行磋商,经过发展中国家和发达国家之间长久争论之后,于 1986 年 9 月在埃斯特角城召开的关贸总协定部长级会议最终同意了发达国家的提议,并正式开始了有关具体的谈判准备工作。在这次会议上达成的《部长宣言》规定,在乌拉圭回合中将对与贸易有关的知识产权问题(包括冒牌货贸易问题)进行讨论,并授权如下:①为了减少对国际贸易的扭曲和障碍,考虑到促进充分有效地保护知识产权的必要,并保证实施知识产权的措施和程序本身不对合法贸易构成障碍,谈判应旨在澄清关贸总协定的规定,并视情况制定新的规则和纪律。②谈判应旨在拟定处理国际冒牌货贸易的多边原则、规则和纪律的框架,同时应考虑总协定已承担的工作。③谈判并不排斥世界知识产权组织和其他机构处理这些问题时可能采取的其他辅助行动。

乌拉圭回合谈判各方就《部长宣言》的授权展开了激烈的争论,发达国家和

发展中国家均提出各自的议案，简要分析如下。

（一）发达国家提案的主要观点

发达国家提案的共同论点是：知识产权应完全在关贸总协定的框架内予以处理。所有发达国家表明的观点都把重点放在由关贸总协定主持制定准则和标准，以避免对国际贸易的扭曲和障碍，但在具体建议方面各国又不尽相同。

在知识产权保护方面，各国的建议都包括了下列具体的知识产权：专利、商标、版权和半导体集成电路设计。美国还提到对商业秘密的保护，欧共体还提出要求对地理标识和对计算机程序的保护。此外，欧共体、瑞士和日本要求将关贸总协定关于国民待遇原则和最惠国待遇原则适用于知识产权。

总之，发达国家提出的建议，无论最终采取的是什么形式，一般都是作为一套对知识产权提供比现存国际公约水平更高、范围更广的保护的最低标准。

（二）发展中国家提案的主要立场和观点

发展中国家总的认为，关贸总协定所管辖的是商品贸易的自由化，而不是制定关于保护和实施知识产权的新的实质性规则和纪律，后者系世界知识产权组织的职权范围。根据这一看法，关贸总协定关于知识产权谈判的主要任务应在于澄清关贸总协定关于知识产权的规则和条款，并依具体情况制定旨在减少对国际贸易的扭曲和障碍的新规则和纪律。鉴于发展中国家的具体困难，如果一个发展中国家承担了使其法律与最发达、技术最先进国家的国内立法一致的义务，则会丧失在社会发展和经济发展中建立自己的知识产权制度的权利，而且与发展中国家20世纪70年代中期以来为修改《巴黎公约》所做的有益努力也是不符的。再者，目前对诸如信息技术（如计算机软件、数据库、无线电通信和跨国界数据流动）、集成电路设计、半导体和生物技术等最合适的保护方式尚未达成一致意见，要求发展中国家采取过高标准保护也不合适，更重要的是将会给发展中国家造成沉重的财政和行政负担。

另外，发达国家的提案中片面强调了知识产权所有人的权利，而忽略了对知识产权所有人如何使用或滥用这种权利加以对等的限制。对知识产权的滥用，集中体现在许可证和其他技术转让协议中的限制性商业做法，将导致对国际贸易的扭曲，并对技术输入国的技术开发产生不利影响。

鉴于上述情况，在发达国家的坚持下，某些发展中国家也出于谈判策略的考虑，同意在乌拉圭回合谈判中就与贸易有关的知识产权保护制定新的规则和标准。但为维护自身的利益，发展中国家也提出相应的建议：①对不充分公开发明的补救；②当地实施要求和对不实施或不充分实施专利发明的补救；③对类似进口的许可和权利终止问题；④关于进口国获得专利权的产品的进口和有必要给予发展中国家特殊待遇的问题；⑤不能取得专利的项目，如动植物品种、食品和药品及其生产方法；⑥对许可协议中的不公平或权利滥用行为的避免；

⑦根据版权法对计算机软件保护范围的限制;⑧有利于促进向发展中国家转让技术的规定。上述建议明确了知识产权所有人的义务,将有利于作为技术进口国的发展中国家。

由于发达国家和发展中国家对《部长宣言》中关于知识产权的三项授权的理解和各方的利益冲突较大,致使乌拉圭回合谈判初期在知识产权问题的谈判几乎没有任何进展。1988 年 12 月,在加拿大的蒙特利尔中期审评会上,发达国家与发展中国家的立场仍尖锐对立,无法进行调和。直到 1990 年 12 月,在布鲁塞尔部长级会议上各谈判方基本认同进一步推动知识产权的谈判,也表示出一定的灵活性。1991 年 12 月,当时任关贸总协定总干事的邓克尔提出了乌拉圭回合谈判最后草案,其中也包括"与贸易有关的(包括冒牌商品贸易在内的)知识产权协议"草案,该知识产权协议草案基本获得通过,只是由于美国与欧共体在农产品贸易上的冲突而使整个谈判未能结束。经过 1992 年的僵持后,1993 年关贸总协定各缔约方为结束乌拉圭回合多边贸易谈判做最后冲刺,美欧在农产品等敏感问题上相互做出妥协,为谈判的最后成功扫除了障碍。1993 年 12 月 15 日,历时 7 年多、范围最为广泛、难度最大的乌拉圭回合谈判在各参加方的共同努力下,终于成功并取得了重大成果。乌拉圭回合谈判的最后文件,自 1994 年 4 月 15 日于摩洛哥的马拉喀什由参加部长级会议的各参加方签署,并于 1995 年 1 月 1 日正式生效。同时,临时实施 40 多年的关贸总协定也被世界贸易组织所取代。正式建立的世界贸易组织专门成立知识产权理事会,管辖作为世界贸易组织组成部分的《与贸易有关的知识产权协定》(Agreement on Trade-Related Aspects of Intellectual Property Rights)。至此,世界贸易组织成为另一个极其重要的管辖知识产权的国际经济贸易组织。从世界贸易组织管辖的范围及对各成员的约束和影响来看,融入国际经济贸易权利与义务中的世界贸易组织的知识产权协议对各国知识产权立法、技术贸易及企业竞争力的影响会更大。

第二节 《与贸易有关的知识产权协定》[①] 条款解析

《知识产权协定》包括序言和 7 个部分,总共 73 条(参见表 8-1),从篇幅来

① 虽然名为《与贸易有关的知识产权协定》,但实际上协定本身的内容与贸易并没有直接的关联,因此在后面将该协定直接简称为《知识产权协定》。

看远远超过了《1994年关贸总协定》和《服务贸易总协定》,也是目前范围最广泛的一个多边知识产权保护协定。第一部分为一般规定与基本原则;第二部分为关于知识产权效力、范围及使用的标准;第三部分为知识产权的执法;第四部分为知识产权的获得与维持及有关当事人之间的程序;第五部分为争端的防止与解决;第六部分为过渡安排;第七部分为机构安排。从更笼统的角度来看,协定包括三个方面的核心内容:一是对知识产权的最低保护标准,即有关知识产权保护的实体法内容,包括保护对象、保护内容、保护期限等,这些保护标准往往与世界知识产权组织管辖下的几个主要国际公约相关联,有时是直接引用这些公约的规定,协定本身并没有多少独创性。二是关于知识产权保护的实施,即有关知识产权保护的程序性内容,这一部分体现了世界贸易组织自身的特点,而与其他国际公约没有多少联系,协定对各成员落实知识产权保护的国内政策提出了具体的要求,这也是《知识产权协定》所独有的,世界贸易组织的其他协定、协议都没有相对应的内容。三是关于争端解决的措施,这是《知识产权协定》与其他国际公约最大的区别,也是其最大的优势,利用世界贸易组织强有力的争端解决机制正是发达国家将知识产权纳入世界贸易组织的主要考虑之一。在下面的介绍中,实体法的内容由于要涉及多个知识产权国际公约,专业性较强,将不做详细的介绍,重点将放在知识产权保护的实施以及争端解决上。

表8-1 《知识产权协定》的结构

序言	Preamble	
第一部分	General Provisions and Basic Principles	一般规定与基本原则
第1条	Nature and Scope of Obligations	义务的性质和范围
第2条	Intellectual Property Conventions	知识产权公约
第3条	National Treatment	国民待遇
第4条	Most-Favoured-Nation Treatment	最惠国待遇
第5条	Multilateral Agreements on Acquisition or Maintenance of Protection	关于获得或维持保护的多边协议
第6条	Exhaustion	权利用尽
第7条	Objectives	目标
第8条	Principles	原则
第二部分	Standards Conferring the Availability, Scope and Use of Intellectual Property Rights	关于知识产权效力、范围及使用的标准
第1节	Copyright and Related Rights	版权和相关权利

续表

第9条	Relation to the Berne Convention	与《伯尔尼公约》的关系
第10条	Computer Programs and Compilations of Data	计算机程序和数据汇编
第11条	Rental Rights	出租权
第12条	Term of Protection	保护期限
第13条	Limitations and Exceptions	限制和例外
第14条	Protectionof Performers, Producers of Phonograms (Sound Recordings) and Broadcasting Organizations	对表演者、录音制品(唱片)制作者和广播组织的保护
第2节	Trademarks	商标
第15条	Protectable Subject Matter	可保护客体
第16条	Right Conferred	授予的权利
第17条	Exceptions	例外
第18条	Term of Protection	保护期限
第19条	Requirement of Use	关于使用的要求
第20条	Other Requirements	其他要求
第21条	Licensing and Assignment	许可和转让
第3节	Geographical Indications	地理标识
第22条	Protection of Geographical Indications	地理标识的保护
第23条	Additional Protection for Geographical Indications for Wines and Spirits	对葡萄酒和烈酒地理标识的补充保护
第24条	International Negotiations:Exceptions	国际谈判——例外
第4节	Industrial Designs	工业设计
第25条	Requirements for Protection	保护的要求
第26条	Protection	保护
第5节	Patents	专利
第27条	Patentable Subject Matter	可授予专利的客体
第28条	Rights Conferred	授予的权利
第29条	Conditions on Patent Applicants	专利申请人的条件

续表

第 30 条	Exceptions to Rights Conferred	授予权利的例外
第 31 条	Other Use Without Authorization of the Right Holder	未经权利持有人授权的其他使用
第 32 条	Revocation/Forfeiture	撤销/无效
第 33 条	Term of Protection	保护期限
第 34 条	Process Patents: Burden of Proof	方法专利——举证责任
第 6 节	Layout-Designs (Topographies) of Integrated Circuits	集成电路外观设计(拓扑图)
第 35 条	Relation of the IPIC Treaty	与《关于集成电路知识产权条约》的关系
第 36 条	Scope of the Protection	保护范围
第 37 条	Acts Not Requiring the Authorization of the Right Holder	无须权利持有人许可的行为
第 38 条	Termof Protection	保护期限
第 7 节	Protection of Undisclosed Information	对未公开信息的保护
第 39 条	*	*
第 8 节	Control of Anti-Competitive Practices in Contractual License	对协议许可中反竞争行为的控制
第 40 条	*	*
第三部分	Enforcement of Intellectual Property Rights	知识产权的执法
第 1 节	General Obligations	一般义务
第 41 条	*	*
第 2 节	Civil and Administrative Procedures and Remedies	民事和行政程序及补救
第 42 条	Fair and Equitable Procedures	公正和公平的程序
第 43 条	Evidence	证据
第 44 条	Injunctions	禁令
第 45 条	Damages	损害
第 46 条	Other Remedies	其他补救
第 47 条	Right of Information	获得信息的权利

续表

第 48 条	Indemnification of the Defendant	对被告的补偿
第 49 条	Administrative Procedures	行政程序
第 3 节	Provisional Measures	临时措施
第 50 条	*	*
第 4 节	Special Requirements Related to Border Measures	有关边境措施的特殊要求
第 51 条	Suspension of Release by Customs Authorities	海关暂停放行
第 52 条	Application	申请
第 53 条	Security of Equivalent Assurance	保证金或相当的担保
第 54 条	Notice of Suspension	暂停放行的通知
第 55 条	Duration of Suspension	暂停放行的时限
第 56 条	Indemnification of the Importer and of the Owner of the Goods	对进口商和货物所有人的补偿
第 57 条	Right of Inspection and Information	检验和获得信息的权利
第 58 条	Ex Officio Action	职权内行动
第 59 条	Remedies	补救
第 60 条	De Minimis Imports	微量进口
第 5 节	Criminal Procedures	刑事程序
第 61 条	*	*
第四部分	Acquisition and Maintenance of Intellectual Property Rights and Related Inter Partes Procedures	知识产权的获得与维持及有关当事人之间的程序
第 62 条	*	*
第五部分	Dispute Prevention and Settlement	争端的防止与解决
第 63 条	Transparency	透明度
第 64 条	Dispute Settlement	争端解决
第六部分	Transitional Arrangements	过渡安排
第 65 条	Transitional Arrangements	过渡安排
第 66 条	Least-Developed Country Members	最不发达国家成员

续表

第 67 条	Technical Cooperation	技术合作
第七部分	Institutional Arrangements: Final Provisions	机构安排——最后条款
第 68 条	Council for Trade - Related Aspects of Intellectual Property Rights	与贸易有关的知识产权理事会
第 69 条	International Cooperation	国际合作
第 70 条	Protection of Existing Subject Matter	对现有客体的保护
第 71 条	Review and Amendment	审议和修正
第 72 条	Reservations	保留
第 73 条	Security Exceptions	安全例外

一、《知识产权协定》的目标

《知识产权协定》序言部分明确了世界贸易组织成员间缔结此协定的目标，包括：减少对国际贸易的扭曲与阻碍，促进对知识产权国际范围内更充分、有效的保护，确保知识产权的实施及程序不对合法贸易构成壁垒。

为实现这些目标，世界贸易组织成员在以下几个方面达成共识：

其一，尽快建立一套解决国际贸易中关于冒牌货贸易的原则、规则和纪律的多边框架的必要性。这是乌拉圭回合多边贸易谈判讨论知识产权问题的重要原因，无论发达国家还是发展中国家，都认识到假冒、伪劣商品贸易对正常贸易的阻碍及破坏，假冒、伪劣商品对各国人民健康、安全及经济发展的危害性。通过多边形式解决冒牌货贸易是可能也是必要的。

其二，知识产权是私有权。

其三，承认知识产权保护方面各国国内法律体系所寻求的最基本的公共政策目标，其中包括实现发展与技术进步的目标。特别是世界贸易组织大多数成员是发展中国家，它们在知识产权立法方面的差异较大，与发达国家相比存在一定的差距。因此，在世界贸易组织中制定知识产权国际保护的标准、寻求的公共政策目标时必须要认识到这一点。

其四，鉴于最不发达国家财政状况不佳，经济发展的水平较落后，过高追求知识产权的高标准保护和实施知识产权法律可能对财政产生负担，对其造成不利影响，为此，各成员同意对最不发达国家给予特殊的照顾、优惠，允许其采取更为灵活的办法处理对知识产权的保护。

其五，通过多边程序达成强有力约束的承诺，以解决世界贸易组织成员间可能产生的有关知识产权的摩擦,缓解各国间的贸易矛盾,促进国际贸易的发展。

其六,世界贸易组织与世界知识产权组织及其他相关国际组织之间建立起良好的合作与相互支持的关系,从而进一步推动知识产权的国际保护。

《知识产权协定》序言还确立了各成员努力要解决的知识产权方面的具体事宜:①将《1994 年关贸总协定》及相关国际知识产权协定或条约的基本原则引入世界贸易组织与贸易有关的知识产权之中;②关于与贸易有关的知识产权的有效性范围、使用的标准和原则;③关于与贸易有关的知识产权执法的有效及适当的方式;④以多边方式防止和解决政府间争端的有效及快捷程序;⑤过渡期安排。这些是乌拉圭回合多边贸易谈判所解决的问题,并不等于世界贸易组织仅仅解决知识产权的这些方面。世界贸易组织的新一轮谈判既可能会重新谈判上述问题的某些方面,也可能会进一步谈判知识产权的其他方面问题,从而修改《知识产权协定》。

二、一般规定与基本原则

(一)《知识产权协定》对知识产权的定义和范围

根据《知识产权协定》第 1 条第 2 款的规定,"知识产权"具体指:①版权及邻接权;②商标权;③地理标识权;④工业设计权;⑤专利权;⑥集成电路的布图(拓扑图)设计权;⑦未披露信息的保护权。

《知识产权协定》第 1 条第 1 款规定,《知识产权协定》作为世界贸易组织重要的协定之一,所有成员必须加以接受。同时,《知识产权协定》只规定了在知识产权保护方面的最低标准。正因为如此,在第 1 条第 1 款中也规定"各成员可以但没有义务,在其法律中实施比本协定要求更广泛的保护,只要这类保护不违反本协定的规定"。因此,世界贸易组织并不禁止、也不要求其成员实施比《知识产权协定》更高标准、更为广泛的保护,选择权掌握在每一成员自身手中。

在如何实施《知识产权协定》所规定的具体事项方面,世界贸易组织允许各成员有权依其本国的法律制度及惯例自由决定采取适当的方法,而不统一规定实施的具体模式。依此规定,各国可以选择立法,也可选择通过制定行政条例来实施《知识产权协定》。任何成员不能指责另一成员必须按某一形式实施知识产权的保护,只要该成员的这类保护措施不违反《知识产权协定》的有关规定。即使这样,《知识产权协定》仍规定这种知识产权"保护"应当包括"知识产权的效力、获得、范围、维持及实施等诸事项,同时也包括本协定特别提及的影响知识产权使用的诸事项"。

于是,《知识产权协定》第 2 条第 1 款要求各成员应遵守《巴黎公约》(系指《保护工业产权巴黎公约》1967 年斯德哥尔摩文本)的有关条款,而第 2 款确保了协定中的任何条款都不能被解释为允许成员规避其在《巴黎公约》、《伯尔尼公约》(《保护文学艺术作品伯尔尼公约》1971年巴黎文本)、《罗马公约》(《保护表演者、录音制品制作者和广播组织的国际公约》)和《关于集成电路的知识产权条约》(IPIC条约,于1983年5月26日在华盛顿通过)下的现有义务。这些专项公约下的义务部分要高于《知识产权协定》的要求,但第2款并不表示一成员违背这些公约就是违反了《知识产权协定》。

(二)国民待遇原则

根据《知识产权协定》序言中关于引入关贸总协定原则的共识,协定第3条"国民待遇"规定了在知识产权保护方面实施国民待遇的有关问题。第1款规定"每一成员向其他成员的国民就知识产权的保护提供的待遇不得低于其给予本国国民的待遇"。这一原则与《1994年关贸总协定》第3条"国民待遇"、《服务贸易总协定》第17条"国民待遇"原则是一致的。

鉴于世界贸易组织"成员"可以是主权国家政府,也可以是单独关税区政府。《知识产权协定》第1条第3款专门对该协定有关"国民"(Nationals)的特指含义加一注释。该注释指出,"本协定中所称'国民'一词,在世界贸易组织成员是一个单独关税区的情况下,应被认为指在那里有住所或有实际和有效的工业或商业营业所的人、自然人或法人"。当世界贸易组织成员是主权国家政府时,《知识产权协定》规定"就相关知识产权而言,其他成员的国民应理解为符合《巴黎公约》(1967)、《伯尔尼公约》(1971)、《罗马公约》和《关于集成电路的知识产权条约》所列明的保护标准项下的自然人和或法人,是那些条约成员国与世界贸易组织所有成员的国民"。

国民待遇原则的例外也与这些公约相关,即在这些公约下规定的例外在《知识产权协定》中同样适用,只是在司法和行政程序方面的例外,应为保证遵守与本协定规定发生不相抵触的法律和法规所必需,并且不会对贸易构成变相限制,这显示了《知识产权协定》对贸易的特别关注。在特定情况下,如果世界贸易组织成员按《知识产权协定》第3条第1款规定引用《伯尔尼公约》第6条、《罗马公约》第16条第1款第2项而实行"互惠待遇",是允许的。但是,必须事前通知"与贸易有关的知识产权理事会",此处"通知"(Notification)的义务是要求不高的、较为简单的程序规定。

(三)最惠国待遇原则

和《1994年关贸总协定》《服务贸易总协定》一样,《知识产权协定》的第4条规定知识产权保护上的最惠国待遇。但它的最惠国待遇与前两者不同的是,最惠国待遇所给予的对象是其他成员的国民(即知识产权的权利人),而不是《1994年关贸总协定》中的货物和《服务贸易总协定》中的服务和服务提供者。

世界贸易组织把最惠国待遇视为国与国之间经贸关系的重要基石,而在过去知识产权领域的国际公约中,几乎没有一个制定最惠国待遇条款,这不能不说是一个遗憾。为此,世界贸易组织《知识产权协定》要求在其管辖的知识产权范畴内,在四个重要的知识产权国际公约(《巴黎公约》《伯尔尼公约》《罗马公约》《关于集成电路的知识产权条约》)已有的国民待遇的基础上,将重要的最惠国待遇原则移植于知识产权之中,这的确是知识产权领域国际保护方面的重大变化,对世界贸易组织成员之间实行非歧视贸易提供了重要的法律基础。

与《1994 年关贸总协定》一样,《知识产权协定》的最惠国待遇也有一定的限制和例外规定:①一成员在加入世界贸易组织以前原先已经签订的司法协助及法律实施的双边或多边国际协定,如果这类协定并不是专门针对知识产权保护签订的,但根据这类协定却产生了优惠、利益、豁免或特权,则可以仅适用于签订该类协定的国家或地区,而不适用于世界贸易组织的其他成员。②按《伯尔尼公约》(1971 年)及《罗马公约》中的选择性条款,在某些国家按授权所获得的、不按国民待遇而按互惠原则提供的保护。③《知识产权协定》第 4 条第 3 款规定"本协定中未加规定的表演者权、录音制品制作者权及广播组织权"不受最惠国待遇约束,如果一些成员承认这些权利并互相予以保护,也可以不按最惠国待遇扩展到未加保护的其他成员。④《建立世界贸易组织协定》生效前已经生效的有关知识产权保护国际协定所产生的,只要此类协定向与贸易有关的知识产权协定理事会做出通知,如果这类协定不对其他成员国民构成随意或不公平的歧视,这类协定产生的优惠、特权、豁免、利益可以作为最惠国待遇的例外。

《知识产权协定》第 5 条特别规定,国民待遇原则和最惠国待遇原则并不适用于由世界知识产权组织(WIPO)主持所缔结的有关获得及维持知识产权的多边协议中所规定的利益、优惠、特权、豁免,即只有协议的签字方才须遵守,而不是世界贸易组织的所有成员。这表明世界贸易组织与世界知识产权组织只是合作的关系,在法律上并不存在直接关联。

(四)权利用尽

知识产权保护中有一个所谓"权利用尽"(Exhaustion)的问题。法律上通常认为,某一产品(含知识产权)的权利人一旦出售了该产品,就对该产品此后在特定市场上的流通失去(用尽了)权利,即他不能控制买方是否在该市场上再出售该产品。但当出现别国已获授权的生产者向权利人所在国出口包含该知识产权的产品时,情况就复杂得多,因为这涉及跨国境的知识产权保护,也涉及国际贸易的问题。各国知识产权法律对此规定差异较大,对知识产权的不同方面规定不同。鉴于知识产权方面"权利用尽"的复杂性,各国就知识产权权利用尽立法的差异较大,世界贸易组织无意在此方面统一各国的立法。因此,《知识产权协定》不允许成员在解决彼此间发生的知识产权争端时,用本协定中的有关条款得出知识产权用尽是肯定的或是否定的结论。否则,成员之间的知识产权冲突会更加频繁。尽管如此，世界贸易组织成员仍需在知识产权权利用尽问题上坚持国民待遇和最惠国待遇原则，不能实行差别待遇，而应始终坚持非歧视原则。

（五）目标和原则

《知识产权协定》第7条与第8条重申了序言中的一些内容。《知识产权协定》的目标在于：通过知识产权的保护与权利的行使，促进技术的革新、技术的转让与技术的传播，以有利于社会及经济福利的方式，促进生产者与技术知识使用者互利互惠，并促进世界贸易组织成员之间权利与义务的平衡。这些目标反映了发达国家与发展中国家在知识产权立法的基本目标和目的，也说明了知识产权保护在技术的发展及迅速传播中的重要意义。

《知识产权协定》明确世界贸易组织成员：①可在其国内知识产权法律及条例的制定与修订中，采取必要的措施保护公众的健康和营养，以促进对其社会经济和技术发展至关重要的部门的公共利益。②可以采取适当措施防止知识产权持有人滥用知识产权，或凭借不正当竞争手段限制贸易，或对国际技术转让产生不利影响。但是，上述两项基本原则在实施中都不能对《知识产权协定》项下的有关规定构成冲突。这些原则为世界贸易组织成员在今后制定或修订知识产权法律提供了重要的指南，也对各国的知识产权法律提出了基本要求。

发展中国家世界贸易组织成员对发达国家跨国公司在技术转让中滥用其知识产权的行为，或在国际技术转让中采取不公平的竞争手段（如限制性商业做法，武断拟定不合理的转让合同条款等行为），可在自身的知识产权立法或相关法律（如技术引进条例、技术转让合同条例等法规及条例）中加以限制，以维护自身的经济贸易利益。

值得指出的是，《知识产权协定》将其目标与原则单列为协定第7条、第8条，而不将其在协定序言与宗旨中全部加以约定或表述，说明世界贸易组织将其视为世界贸易组织成员必须遵守的义务及相应的权利加以处理，对成员具有法律约束力。

三、关于知识产权效力、范围及使用的标准

《知识产权协定》的第二部分包含了实质性的内容，并分别就版权和相关权利、商标、地理标识、工业设计、专利、集成电路、未公开信息以及有关反竞争行为做出了规定，制定了关于上述知识产权的最低保护标准。鉴于前述的原因，这一部分将不做展开介绍，只是重点分析《知识产权协定》与其他国际公约的差异或改进。

（一）版权及相关权利

版权，又称著作权，是指文学、艺术和科学作品的作者依版权法及相关法律

所享有的权利。广义的版权包括著作人身权、著作财产权、著作邻接权(相关权利),而《知识产权协定》中的版权不包括著作人身权。

《知识产权协定》第9条首先指明了与《伯尔尼公约》的关系,即成员应遵守公约第1条至第21条及其附录的规定。这些条款涉及保护的客体、国民待遇、最低保护期限、授予的权利、对已存在的作品的保护等问题,但不包括公约第6条之二授予或派生的权利,即所谓“精神权利”(Moral Rights)。“精神权利”是指作者使其著作权为人们所承认,并防止其作品被扭曲或损毁性篡改的权利,也就是著作人身权。著作人身权是基于作品而产生的,并不是任何自然人都可享有的,它依附于作品之上,无限期地受到保护,而不论作者是否在世,如发表权、署名权、作品修改权与保护作品完整权等。由于这种权利一般不涉及经济内容,更不会对国际贸易产生影响,《知识产权协定》明确将其排除在管辖范围之外。第9条第2款明确版权的保护权延伸至表达方式,而不延伸至思想、程序、操作方法等。

《知识产权协定》第10条将计算机程序作为《伯尔尼公约》所定义的文字作品加以保护,对那些选取和编排已构成智力创作的数据库和其他数据汇编也进行保护,但不包括其中的各个组成部分。第11条赋予计算机程序和影片制作者以许可或禁止对其拥有版权的作品进行商业性出租的权利。

对于作品的保护期限,《知识产权协定》第12条规定,不同于摄影作品和实用艺术作品,不是以自然人的生命为计算依据的,作品保护期为经授权出版之年年底起至少不少于50年。如果作品创作后50年内没出版,为作品创作完成那年年底起开始计算,保护期为50年。

关于版权保护中的权利限制与合理使用问题,《知识产权协定》与其他知识产权保护的国际公约和国内立法一样,在赋予知识产权所有权人及持有人权利的同时,对其权利及权利范围加以限制,并规定了合理使用的条件。但《知识产权协定》第13条仅做了原则性规定:各成员对专有权做出的任何限制或例外仅限于某些特殊情况,它与作品的正常利用不相冲突,也不得无理地损害权利持有人的合法权益。值得注意的是,协定并没有接受《伯尔尼公约》关于版权中权利限制的有关条款及附件。

相关权利(邻接权)是指表演者、录音(唱片)制作者和广播组织等未在版权范围内的权利,这些权利在《罗马公约》大多数已得到了保护。但与版权不同,《知识产权协定》第14条并没有采取直接引用《罗马公约》的方式,而是对有关的权利做出了自己的规定。这一方面是《罗马公约》的缔约国较少(只有65个,而《伯尔尼公约》有142个),另一方面《知识产权协定》的规定与《罗马公约》也存在一定差异。《知识产权协定》第14条第1款、第2款和第3款分别对表演者、唱片制作者和广播组织应享有的权利做出了规定:表演者可以禁止未经其授权的录制、翻录和广播其未曾录制的表演;录音(唱片)制作者具有授权或禁止他人复制其录音制品的权利;广播组织有权禁止未经其授权的录制其广播、复制其广播作品、通过无线方式重播或广播、原样向公众播送电视广播,但如果某成员并没有赋予其广播组织上述权利,则在该协定中给予广播客体的版权持有人权利以防止上述行为可能发生。在录音制品的出租权上,可援引第11条的规定,但这里也有一个"祖父条款"的问题,即如果在1994年4月15日(《建立世界贸易组织协定》签订日)之前,已存在相关的出租付酬制度,则可维持该制度。第14条第5款规定:对于唱片表演者和制作者的有效保护期为录制或节目表演当年年底开始起算至少50年。对广播组织的保护期限为广播开始那一年年底起至少20年。在对邻接权保护的权利限制、例外和保留方面,《知识产权协定》援引了《罗马公约》的规定,即应在《罗马公约》允许的限度内实施这些限制、例外和保留。

(二)商标权

商标权即商标保护客体,在《知识产权协定》第15条第1款中被定义为:"任何标记,或任何标记的组合,能够将某一企业的商品或服务区别于其他企业的商标或服务,应能构成商标。"当有的标记不能区分相关商品或服务,各成员可以依靠使用获得的识别来判断商标的可注册性。在这种规定下,很明显"视觉能够识别"即"视觉感知"是获得商标注册的条件之一,而不是其他的"声音标记""气味标记"等。成员可以将使用作为注册条件,但不得作为接受注册申请的条件,只有在申请3年后仍没有使用才可以此为理由拒绝其注册申请(第15条第3款)。

《知识产权协定》第16条第1款规定了商标所有权人"应当享有专有权,以防止第三方未经其授权在相同(Identical)或相似(Similar)的商品或服务的交易过程中使用相同或相似的已获商标注册的标记并使公众造成混淆"。从此规定中可以看出,世界贸易组织突出强调了商标所有权人有权制止他人使用与其注册商标相同或近似的标记以避免造成混淆。这显然是突出了世界贸易组织成员之间因商品和服务交换日益扩大而带来的对成员商标的保护问题。

驰名商标的保护是商标保护国内法律及国际和地区性公约保护的重要组成部分。《巴黎公约》第6条之二规定,各《巴黎公约》成员国的国内立法都必须禁止使用与成员国中的任何驰名商标相同或近似的标记,并拒绝这种标记的商标注册申请;如果已获得注册,则应当予以撤销。对应特别保护的驰名商标,不论是已注册的,还是未注册的,都应加以保护。《巴黎公约》第6条之二的规定主要适用于商品中的驰名商标保护,而《知识产权协定》第16条第2款规定《巴黎公约》的第6条之二不仅适用于商品,经必要修正后原则上也适用于服务驰名商标的保护,从而扩大了对驰名商标的国际保护,使一些国家国内立法没有对服务商标的保护状况加以改变。在驰名商标的评定标准方面,世界贸易组织并没有规定具体的指标体系,而是留给各国国内法加以处理。

《知识产权协定》第 17 条规定了世界贸易组织成员“可以”(May)对授予商标权规定有限的例外,只要这种规定考虑到了商标所有权人与第三方的合法利益即可。由此可看出世界贸易组织并没有赋予成员“必须”(shall)要对商标权做出限制,即使要做出限制也应当在“有限”的范围内做出。协定第 17 条中举例说明“描绘性”词语的合理使用,即如果某人在世界贸易组织成员境内获得注册的商标中使用了“描绘性”的词语,又完全不允许其他人使用,则显得不合理。例如,我国的许多注册商标使用诸如“妙”“灵”“顶好”等字样,这类词汇具有描绘商品或服务品质的特征,商标注册人不能因其已获准注册而禁止他人在商品或服务上使用类似词汇作为商标注册。只要不是在与获准注册的商品或服务相同的或类似的商品或服务上使用该词汇,便不能认为构成了对商标所有权人利益的损害。

世界贸易组织规定注册商标保护期及每次续展应不少于 7 年,而续展次数应为无限,即商标所有权人有权无条件地续展。这样在事实上使商标权的保护期与版权、专利权的保护期极不相同。

《知识产权协定》第 19 条中规定了“如果以使用维持商标注册,只有在连续 3 年的期限内没有使用,才可以取消该项注册”。但是,如果商标所有权人有正当理由说明其不使用是合理的,则不能取消其注册。在关于使用的要求中,协定认为商标所有权的使用应是属于符合法律规定的使用。如果商标所有权人本身没使用、授权他人使用该商标,则这种处于所有权人实际控制的使用仍应认为是商标所有权人在使用该商标,不能认为此注册商标的使用中断了。这一规定为商标所有权的使用提供了良好的环境,有利于维持商标专有权。

《知识产权协定》第 20 条提到了商标在贸易中的使用,特别要求不能够对商标的使用构成不合理的阻碍,如要求:①与其他商标共同使用;②以特殊形式使用;③以不利于该商标将一企业的商品或服务与其他企业的商品或服务相区别的方式使用。

《知识产权协定》第 21 条对商标的许可与转让做出了与版权不相同的处理。考虑到版权转让与许可方式的多样性及各国法律的差异太大,在协定中没有对版权的许可与转让做出具体规定。但是,商标的许可与转让在经贸实践中极为普遍,也是权利人获得利益的最重要的手段。针对一些国家在商标转让中要求连同企业的业务一起转让的规定,协定对商标的许可使用与转让加以规范。各成员可以对商标的许可和转让确定条件,但不允许商标的强制许可。

(三)地理标识及保护

《知识产权协定》没有使用“地理名称”,而是使用“地理标识”(Geographical

Indications)一词。依协定第22条第1款,地理标识指"标明一商品来源于一成员的领土、或该领土的一个区域、或一个地方的标志,该商品的一种特定质量、声誉或其他的特性本质上可以归于这一地理来源"。在地理标识中,该标志与产品的质量、信誉和其他性能有本质上的联系,因此,滥用或者利用足以使人产生误解的手法就形成对"地理标识"的侵权,主要表现为对原产地名称的侵权。如有些产品标识说明的产地并不是其实际的产地,具有欺骗性。

《知识产权协定》第22条第2款规定了各成员保护地理标识的义务,即应向利害关系方提供法律手段,以防止在一货物的标志或说明中以任何手段明示或暗示货物来源于真实原产地外的其他地方,避免误导公众和其他不公平竞争行为(《巴黎公约》第10条之二的规定)。第22条第4款规定了一种比较特殊的情况,即货物可能标明的是真实的产地,但它通过隐瞒某种信息而诱导消费者将该货物与另一地方联系起来。如美国可能也有一个名为巴黎的地方,但在该地生产的服装上故意不标明其生产国,而使消费者误认为它是法国巴黎的时装。

《知识产权协定》第23条规定了对葡萄酒和烈酒地理标识的附加规定。由于地理标识在酒类产品上有特殊的重要性,保护的力度也要更大一些,除第22条界定的基本侵权行为外,还有三种行为可能构成侵权:第一,即使标示出真正的商品原产地但在地理标识的使用上使用的是非原产地点标志的酒类商品。第二,即使该酒类商品的地理标识被翻译出来,仍存在对地理标识的假冒侵权。这里是指语言翻译并不形成对侵权的豁免,如布来梅与Bremen一样承担同一侵权所形成的后果。第三,即使使用像"种类""类型""风格""仿制"等字样,仍是一种对地理标识的侵权(如法国式葡萄酒、通化类葡萄酒、泸州型白酒等这些字样只能误导消费者,因此形成侵权),并且应在与贸易有关的知识产权理事会内谈判建立关于葡萄酒地理标识通知和注册的多边制度。

《知识产权协定》第24条第1款至第3款是对实行地理标识保护的原则及方式的规定。世界贸易组织的双边或多边谈判成为磋商解决各成员之间矛盾冲突的唯一可行办法。世界贸易组织设立与贸易有关的知识产权理事会,作为处理日常事务及解决与贸易有关的知识产权问题争端的常设机构。第24条第7款对于两种允许以例外的形式获得实际商标注册的侵权行为做了规定,这两种侵权商标表现为:第一种必须是该商标在对受保护标志的侵权使用已在该成员内部广为人知,这种能够形成广为人知的唯一原因只能是侵权是善意的,如果一项商标对地理标识的侵权属于不正当竞争(非善意的故意行为),就不符合这一种可以例外的侵权商标的要求。第二种情况较复杂,首先,该侵权商标必须是在其取得注册之日以前已被公布;其次,该侵权商标的注册日期早于形成广为人知的有效使用日期;再次,该侵权商标没有出于欺诈性目的而使用或注册这一地理标识的动机与行为。第二种情况实际上是第 22 条第 4 款涉及问题的发展与补充。对于这两种侵权商标作为例外处理、授予其正当商标的条件是，在上述情况产生后 5 年内提出申请。

(四) 工业设计

《知识产权协定》第 25 条第 1 款规定，成员必须对工业设计提供保护，这些应保护的工业设计必须是：独立创作的、具有新颖性的，或者独立创作的、具有原创性的。值得注意的是，协定没有规定什么样的设计是新颖性的或原创性的(Original)，而是采用否定方法，规定满足一定条件或判断标准则被认定为不符合新颖性或原创性，不能获得保护。依协定规定：如果某设计与已知的设计或已知的设计特征的组合没有明显差别，则不视为具有新颖性或原创性。各国关于工业设计保护的中心都在于其"设计"(Design)而非"产品"的功能及技术方面的保护。产品的功能及技术因素对产品质量及给消费者带来的消费满足固然重要，但却不是工业设计保护重点解决的问题，它们可以通过《专利法》或其他工业产权法加以保护。因此，对于工业设计的保护，各成员没有义务将保护延伸至主要由技术因素或功能因素构成的设计。

《知识产权协定》第 25 条第 2 款规定："各成员应确保其对纺织品设计提供保护的规定，特别是在成本、审查或公开方面的规定，不得无理地损害寻求和获得该保护的机会。"也就是说，对纺织品设计各成员要引起足够重视，各成员可以在其设计法或版权法中规定纺织品设计保护的有关条件、标准和要求。这些条件、标准和要求，对申请人获得或寻求这种保护不能构成障碍。尤其是在成本、审查或公开方面，不能以这些条件、标准和要求剥夺申请人获得保护的机会，或阻止其获得保护。

从上面的分析中不难看出，《知识产权协定》并未强制性地规定各成员必须对纺织品设计提供保护，也没有规定纺织品设计保护必须达到一定的水平或一定的最低标准。但是，《知识产权协定》要求各成员在纺织品设计的保护方面，不能以某些附加条件或程序要求来阻碍保护的实现，这种规定是强制性的。这反映了世界贸易组织有关协议、协定在产生过程中各方的妥协。上述对纺织品设计保护的规定，事实上要求各成员实现对纺织品设计的保护，不能进行变相的限制，并要求各成员在其工业设计法或版权法中加以具体体现。《知识产权协定》要求，各有关成员在其现行的工业设计法或版权法中，如果没有类似的条款或规定，则要尽快通过国内立法加以修订，使其与《知识产权协定》一致。否则，受利益损害的成员可以通过争端解决机制，或通过贸易政策审评(议)机制对其提出改进的要求。这便强化了世界贸易组织的权威性、约束性。

《知识产权协定》第 26 条第 1 款赋予了工业设计的所有权人生产制造权、销售权及进口权，即所有权人有权阻止第三方未经同意而生产、销售或进口包含其设计的物品,但这种权利的行使并非无任何限制。《知识产权协定》没有明确具体地规定权利限制是什么,也没有明确具体地规定限制权利人应如何行使其权利。相反,却规定了如果要采取一定限度的例外,这种例外应满足三个条件:①不能无理地限制受保护工业设计的正当利用;②不能无理地损害权利人的合法权益;③不能损害第三方的合法权益。

《知识产权协定》规定工业设计的保护期不少于10年,这是对工业设计保护的最短时间,是最起码的保护要求,但这并不排斥一些国家可以签订协议尽快推动对工业设计实行更长时间的保护期。

(五)专利权

专利权是授予所有技术领域任何发明的专有权利,是最重要的一种工业产权,也最能体现发达国家在科学技术领域的领先地位,因而专利权也是知识产权谈判中最有争议的一个问题。目前,保护专利权的国际公约是《巴黎公约》,但该公约允许各国自行规定哪些发明可以获得专利、专利权又派生出哪些权利、这些权利又有哪些例外、保护期限有多久等。实际上,该公约只是提出了一些关于专利保护的基本原则和最低保护标准,但它并没有强制性,而且也不够全面。在发达国家的坚持下,《知识产权协定》对专利权的保护比《巴黎公约》要完善得多,在协定关于专利权的8个条款中,甚至都没有提到《巴黎公约》,而是完全独立地提出了专利权保护的相关标准,体现出协定对专利权突出的重视。

1. 可授予专利的客体。《知识产权协定》第27条第1款规定了可授予获得专利的客体的条件,即它们应是所有技术领域的任何发明,无论是产品还是方法,只要它们具有新颖性、非显而易见性和有用性。这三性也是各国专利法授予专利的共同条件,但对这三性具体如何理解,《知识产权协定》却回避了这一问题,仍由各成员自主决定。这一款中更重要的一个规定是非歧视性,这是一个强制性的规定,各成员不能因为发明地点不同、技术领域不同、产品是进口或当地生产等方面的不同而进行歧视。《知识产权协定》第27条第2款、第3款规定各成员在特定情况下可以拒绝授予某项发明专利权或某些发明不能给予专利权,如为保护公共秩序、社会公德为目的,包括保障本国人民、动物或植物的生命或健康,或避免对环境的严重损害等。

2. 授予的权利。这是专利权保护中的一个核心内容,即专利所有权人究竟享有哪些权利,能够得到怎样的保护。《知识产权协定》第28条授予专利所有权人的权利包括:对发明专利,当专利标的物是产品时,专利所有权人有权禁止第三方未经其许可从事制造、使用、提供销售、销售或为这些目的而进口专利产品。此外,明确了专利所有权人的"进口权"。"进口权"指专利权人有权制止他人未经其许可进口其享有产品专利的专利产品,或进口依其享有方法专利的方法生产的产品。世界贸易组织明确了专利权人的进口权,并在事实上要求其成员在国内法中包括此项内容。要注意的是,“进口权”是指专利产品这种“货物”的进口权或利用专利方法而生产的产品的进口权,而非“专利”本身这一“无形物”的进口权,并且进口国应是专利权人被授予了专利的国家。除了上述专利所有权人的独占权外,专利所有权人应有权转让或通过继承方式转移专利权、签订许可合同。这主要明确了专利权可作为财产权加以转移、继承,专利权人可通过订立许可合同获得报酬。

3. 专利申请人的条件。《知识产权协定》第 29 条规定专利申请人应该履行的一些义务,如以清晰、完整的方式公开其发明,以便本专业领域的技术人员能按专利文件实施该专利。应提供有关相应的国外申请和授权的文件。

4. 专利权授予中的例外及强制许可使用问题。任何国家和地区的知识产权立法都不可能给予权利人无约束的任何权利,对权利的使用都有一定程度的限制或例外规定。《知识产权协定》第 30 条允许各成员对专利授予的专有权规定有限的例外,只是不应与专利的正常利用发生无理的抵触。但《知识产权协定》第 31 条对强制许可使用的规定要严厉得多,即一成员政府要对未经权利人授权的专利进行强制使用,必须遵守多达 12 个条件。这表明发达国家非常担心发展中国家利用国家权力而损害其经济利益。如美国《1988 年综合贸易法》“特殊 301 条款”授权美国贸易代表就外国的知识产权保护给予严重关注时,通常关于其他贸易伙伴《专利法》中的强制许可使用规定及实施问题就成为谈判的一个重要方面。美国贸易代表一般都要求对方国家或地区取消《专利法》中的强制许可使用制度。在美国谈判代表的巨大压力以及其他发达国家的支持下,关贸总协定乌拉圭回合讨论强制许可使用制度时,发展中国家做了较大的让步,在最大限度内限制专利的强制许可使用制度。但鉴于发展中国家在过去的关贸总协定中占大多数,强制许可使用全部取消不可能也不现实,因此,《知识产权协定》第 31 条规定了能够进行专利强制许可使用的情况及需满足的条件,具体如下:

(1)这种强制许可使用的授权只能采取“个案处理”(Case by Case),只限于使用本身的法律意义。不能把某一强制许可使用授权的做法进一步扩大化,或将其普遍化,作为常规加以处理。

(2)在申请或批准强制许可使用前,意图使用的当事人必须按合理的商业条款或商业条件努力地获取专利权利人的授权,并且在合理期限内该努力没能成功。但是,当全国处于紧急状态或其他极端紧急的情况下,或该强制许可使用并非以商业盈利为目的,而是为了公共安全、公共利益,可豁免本款的要求。即使在此情况下出现了强制许可使用,有关当事人也应通知专利所有权人。

(3)强制许可使用的范围和期限应该限于授权允许这种使用的目的之内。如果有关专利涉及半导体技术,颁发强制许可使用时应限制要求该使用是以非商业性公共使用为目的,或经司法或行政程序已确定该使用是为了反竞争行为而给予救济的。

(4)政府使用或政府授权的第三方使用,均只能是"非专有的""非独立的",即在政府使用或强制许可第三方使用的情况下,其他人或专利的所有权人仍有权使用或申请强制许可。尤其是专利权人还可通过许可合同方式让其他人使用。

(5)如果政府或某第三方获得强制许可使用,则这种使用项下的权利是不能转让的。

(6)强制许可使用生产的产品主要供应该授权国国内市场,这可以使强制许可使用给专利权人的利益损害有所减少,增强对权利人的利益保护。

(7)一旦导致强制许可使用的条件不存在或消失时,该强制许可使用应终止。

(8)有关当事人应对权利人进行合理的补偿。

(9)应加强对强制许可使用的审查,尤其是对该授权的合法性的审查。

(10)对强制许可使用支付补偿金的决定也应接受有关当局的审查。

(11)出于司法或行政程序下对反竞争行为的补救而采取强制许可使用时,各成员没有义务须满足上述第(2)及第(5)项涉及的要求或条件。在决定补偿金额及决定是否有权拒绝终止授权方面,主管机关有权视消除反竞争行为的需要和授权条件的变化自行做出决定。

(12)当强制性地许可"第二项专利"所有人使用"第一项专利"的内容时,这种强制许可使用应受到更多限制。在此情况下,应满足:①第二项专利的发明应比第一项专利的发明在有关经济利益方面有更重要的技术进步。②第一项专利的所有权人应以合理的条件取得使用第二项专利发明的交叉许可证。③第一项专利的使用授权应是不可转让的,除非连同第二项专利一起转让。在现实中,在开发一些技术性较强、较复杂的产品时会出现这种情况。例如,航天飞机的制造需要很多高精尖的技术,每一项技术都可能有重大的发明创造性,可以获得专利。在研制过程中,使用某一已获得专利权的技术去开发另一技术产品,后开发出的产品获专利权的可能性也极大,这样必然出现"交叉许可使用"的问题。

5. 专利的保护期限。《知识产权协定》第 33 条规定专利"保护的有效期应不少于自提交申请之日起的第 20 年年终"。应注意"提交申请之日起"(the Filing Date)与"申请日起"(From the Date of Application)有所不同,这主要是《巴黎公约》存在"优先权日",即按《巴黎公约》第 4 条规定,如果某个可享有国民待遇的公约成员国的国民以一项发明首先在任何一个成员国中提出了专利申请(或以一项商标提出了注册申请),自该申请提出之日起的一定时期内,对发明专利和实用新型所得保护期是 12 个月,对商标和设计的保护期为 6 个月,如果他在其他成员国也提出了同样的申请,这些成员国都必须承认该申请在第一个国家递交的日期为本国的申请日。

6. 关于方法专利侵权中的举证责任问题。《知识产权协定》第 34 条对方法专利中发生侵权时的举证责任加以明确的规定。依此条规定,当方法专利的所有权人认为其方法专利受到侵犯时,司法当局有权要求被告一方而不是原告一方举证说明得到相同产品的方法与所获得专利保护的方法不同。这不同于很多国家司法实践中"谁主张,谁举证"的惯例,而在很大程度上倾向于使原告(方法专利所有权人或合法持有人)更加便利地获得司法救济。

为了更便于方法专利的所有权人或合法持有人维护其权利,《知识产权协定》还进一步规定:"各成员应规定,至少应具备下列一种情况,否则,若没有相反的证据,任何未经专利所有权人同意而制造的相同产品,都将被视为是通过专利方法获得的:①如果通过专利方法获取的产品是新产品;②如果通过这种方法生产的相同产品存在实质性相似,而专利所有权人经过必要的努力又不能确定事实上使用了该方法。"方法专利的所有权人或合法持有人只要表明自己已经用这种方法专利生产出新产品,并且也努力证明侵权产品实质上使用了该方法专利,但没能完全确定时,该协定也认为其权利请求应得到维护。被告只要在未获得方法专利所有权人授权生产了与方法专利生产的新产品相同的产品,则被认定为存在侵权,应承担侵权责任。

上述规定似乎有加重被告方义务的嫌疑,这与各国立法中强调的当事人权利与义务对等原则不相符合。正是出于此种考虑,在强调对方法专利所有权人权利保护的同时,《知识产权协定》也规定被指控的侵权人也仅限于在满足上段分析中提及的第①种或第②种情况时,才承担举证责任。

另外,为承担举证责任,被指控侵权的一方可能不得不公开其生产制造某一与方法专利产品相同产品的生产方法,或者公开其商业秘密,这无疑会给被指控侵权一方带来利益损失或损害其声誉。因此,《知识产权协定》第 34 条第 3 款规定,被指控侵权的一方"有保护其制造和商业秘密的合法权益"。

7. 无效与撤销程序的司法审查与复审。由于各国专利立法及司法制度存在较大的差异,《知识产权协定》对专利的无效与撤销程序规定了最起码的要求:任何一项专利撤销或无效的决定都应该提交司法审查。即原专利所有权人或合法持有人对涉及自身的专利,由有关部门做出的专利无效或撤销专利权的决定,他均有权要求提交司法审查,或要求进行司法复审。这对保障有关权利人的权利起到了积极作用。

（六）集成电路布图设计（拓扑图）

1. 集成电路布图设计（拓扑图）的概念。集成电路布图设计（Layout Design），又译成“拓扑图”，是指一集成电路中各种元件（包括有源元件和无源元件）的配置方式。集成电路的设计通常分为两个部分，即布图设计和工艺。所谓布图设计是将电子线路中的各个元器件及其相互连线转化为一层或多层的平面图形，将多层图按一定的顺序逐次排列，即构成三维图形结构。制造集成电路就是把这种图形结构通过特定的工艺方法，“固化”于硅片之中，使之实现一定的电子功能。所以，集成电路是根据要实现的功能而设计的，不同的功能对应不同的布图设计。从这个意义上说，对布图设计的保护也就是对集成电路的保护。

2.《知识产权协定》与《关于集成电路的知识产权条约》的关系。在集成电路的知识产权保护方面，已有了《关于集成电路的知识产权条约》，《知识产权协定》通过对《关于集成电路的知识产权条约》拾遗补阙的方式来规定对集成电路拓扑图的保护。《知识产权协定》第 35 条明确规定，各成员应遵守《关于集成电路的知识产权条约》第 2 条至第 7 条（其中第 6 条第 3 款除外）、第 12 条和第 16 条第 3 款的规定。这些条款的内容主要是关于名称、概念、保护的主体、保护的客体、国民待遇原则、授予权利的条件等一般性的规定，这些规定通常被各国所广泛接受。但对于保护范围、对非故意侵权的处理、对含有侵权集成电路的产品所适用的保护以及强制许可等问题，《知识产权协定》没有采用《关于集成电路的知识产权条约》的内容，而是做出了新的规定。事实上，也正是《关于集成电路的知识产权条约》在这些方面的不足而未能使某些国家接受。

3. 受保护的权利范围。《知识产权协定》排除了《关于集成电路的知识产权条约》第 6 条第 3 款“关于未经权利持有人同意而使用的措施”的规定，但对《关于集成电路的知识产权条约》第 6 条第 1 款规定的集成电路布图设计权利持有人的受保护范围加以接受。结合《知识产权协定》第 36 条关于“保护范围”的规定，需要权利人授权许可的行为包括以下几项：

（1）复制受保护的集成电路布图设计的全部或其任何部分。

（2）为商业目的进口、销售或以其他方式分销受保护的集成电路布图设计或者其中含有受保护的布图设计的集成电路。

（3）未经权利持有人许可而进口除上述（1）、（2）项所述以外的含有上述集成电路的物品的其他行为。

（4）为商业目的进口、销售或以其他方式分销含有受保护的集成电路的产品，只要该进口产品中仍包含有非法复制的布图设计。

4. 权利限制与合理使用的相关规定。《知识产权协定》第 37 条“无需权利持有人授权的行为”对权利限制和合理使用《关于集成电路的知识产权条约》的相关条款做了进一步的明确和相应的补充。即除了权利用尽、反向工程(反向工程在集成电路工业领域是指利用各种特殊手段将集成电路布图设计复制出来,并在此过程中分析布图设计的结构、功能和制造工艺,并且是为私人或科研教学等非商业目的)等权利限制外,协定第 37 条第 1 款还规定了善意侵权为合法,即当事人在获得某集成电路芯片时,不知道或没有合理的依据推定其知道该芯片包含有非法复制的布图设计,因购买并销售该集成电路而造成对布图设计专有权的侵害,并不属于违法。但任何一方均应当规定,在行为人收到关于该布图设计是非法复制的通知以后,行为人可以就现有的存货或此前已经订购的产品继续为任何行为,但必须向权利持有人支付相当于合理使用费的一笔报酬。此外,《知识产权协定》第 37 条第 2 款规定,集成电路拓扑图的强制许可使用可参照专利权的有关规定(第 31 条)。

5. 保护期限。《知识产权协定》第 38 条关于集成电路拓扑图的保护期限,采取了一种维持现状的处理方法,即各成员可按现行的做法对其提供最低的保护期限,这一期限通常是 10 年,但起算日由各成员自行决定,同时一成员可以规定对布图设计的保护在该布图设计创作之日起 15 年后终止。

(七)未披露信息的保护

在《知识产权协定》第 39 条中,未披露信息(Undisclosed Information)指符合下列三个条件的信息:①秘密的,即从其作为一个整体或其内容的组合和精确排列意义上讲,不为可以利用到这类信息的范围内人们所知或其不容易获得;②因其属于秘密而具有商业价值;③已经被其合法控制人根据情况采取了合理措施以保守秘密。“未披露信息”一般就是我们通常所说的“商业秘密”和“专有技术”(Know-How)。它与其他知识产权最大的区别在于它不是一种财产权利,即权利控制人只是有权防止其他人未经其允许而以违反诚实商业行为的方式向他人披露,但并不能通过出售、转让或授权使用来获取经济利益。所谓“违反诚实商业行为”是指:①违反合同规定,泄露未披露信息;②违背或诱使违背诚实信用,披露受合法控制的信息;③在第三方知道或获取未披露信息的过程中包含了上述①和②的行为。

此外,在关于向政府部门提供的未披露信息的保护问题上,《知识产权协定》在第 39 条第 3 款中做了专门的处理。《知识产权协定》特别强调,当政府部门批准销售利用新型化学成分制造的药品和农用化学产品时,如果把要求有关的自然人或法人提交其经过巨大努力的原创活动才获得的、未公开的试验数据或其他数据作为获准销售与利用的前提条件,政府或政府主管机构必须对这些数据提供保护。与此同时,政府或政府主管机构还应采取措施做到:①确保这些数据不被不正当地商业使用;②不公开这些数据。这种义务只有一种例外,即为了维护公共利益的需要,可在特定情况下公开此类数据。

（八）对契约许可中反竞争行为的控制

众所周知，在技术贸易和绝大多数知识产权贸易中，发达国家处于许可人地位，即知识产权由发达国家的所有人通过与其他国家和地区的接受方签订合同的方式，允许接受方在一定地域范围及时间内使用某项知识产权。为达到技术上的控制并获得更多的贸易利益，知识产权权利人在许可合同谈判过程中，经常滥用自己拥有的独占权、专有权及对市场的支配能力和控制，要求发展中国家的技术接受方被迫接受一些附加条件，如要求购买一些不需要的技术、技术服务、原材料、设备或零部件，限制接受方发展和改进所转让的技术等。这些反竞争的贸易行为会严重阻碍技术的转让与传播。考虑到这些影响，世界贸易组织尽管没有在《知识产权协定》中强制性地规定各国不能实施具体什么样的限制性商业做法，但仍要求各成员充分认识到这些做法的消极影响，并在其国内有关法律和规章制度中，采取适当措施来防止或控制这类行为或做法。

《知识产权协定》对各种具体的限制性商业做法或行为没有分门别类地加以罗列，只是简单列举了几种常见的违反公平竞争的限制性商业做法：①排他性回授条件；②阻止对知识产权有效性提出挑战的条件或强制性的一揽子许可。由于对限制性商业做法这种不公平竞争的行为或做法的规定不是强制性的，各国可按自己的情况加以规定，因此，如果有涉及反竞争行为的限制性商业做法的存在，有关利益关系方可通过磋商解决争端。

四、《知识产权协定》的实施

以上是《知识产权协定》的实体法部分，其中详尽地规定了知识产权的保护。从第三部分开始则是《知识产权协定》的程序性条款。这一部分不仅详细地规定了每个世界贸易组织成员应向知识产权权利人提供的法律程序和救济措施，还对各成员实施这些程序和措施应该达到的有效程度提出了要求。

（一）在执法方面要求各成员普遍履行的义务

世界贸易组织成员在知识产权法律的执法方面差别较大，对不同的知识产权内容其执法程序及相关规定不同。所以，各成员要努力做到以下几项：

1. 采取切实有效的知识产权执法程序及有效行为，防止和制止侵权活动的发生。

2. 为防止知识产权侵权和遏制进一步的侵权，必须采取有效的救济措施。

3. 有关知识产权执法的程序应当公平合理，不能烦琐和给当事人造成财政上的负担，也不能拖延或要求有关当事人承担不合理的时限。

4. 对一个案件是非做出的判决最好使用书面形式并陈述判决理由。判决的结果应及时通达有关当事方，并且判决建立在当事各方都有充分的机会提供陈述证据的基础之上，而不是判决者的主观意愿。

5. 对行政部门的终局决定或裁决,在任何情况下,诉讼或仲裁当事人都应该有机会要求司法审查。

6. 对初审的司法判决,在满足其正常的程序要求的条件下,应使相关当事人有上诉复审的机会。但是,对刑事案件中判决无罪的案件,各成员没有义务提供这种复审机会。

上述义务不能对正常贸易造成障碍,也不能因上述义务的履行给各成员在知识产权及其他法律的执法方面造成不平衡。即不能因强化知识产权的执法而造成在其他法律的执行中,其财力、人力、物力方面的困难,知识产权的执法与国内其他法律的执法一样,应处于同等地位,不能因知识产权的特殊性而给予知识产权特殊的执法程序。

(二)行政、民事、刑事程序及救济措施

1. 行政与刑事程序。鉴于一些国家沿用行政程序而非民事诉讼程序来解决知识产权的执法问题,《知识产权协定》没有强制性地规定一国只能用民事程序、而不能用行政程序来确定某一案件的是非,只是仅仅要求在依行政程序发布涉及知识产权执法的有关命令时,其做法应与《知识产权协定》所规定的民事程序的内容大致相同。协定第 49 条"行政程序"规定:"作为一种扩展,在以行政程序确认案件的结果并责令进行任何民事救济时,该程序应同本节已规定的原则相一致。"

在刑事程序方面,《知识产权协定》第 61 条规定,各成员应该规定刑事诉讼程序及相应的刑事处罚,从而加强对盗版行为和有意假冒商标的处罚。权利人可援引的救济措施包括监禁和罚金;在适当情况下,可以援引的救济措施还有对侵权商品及制造该商品的原材料、生产工具、器械加以扣留、没收和销毁。各成员还可以对侵犯知识产权的其他情况适用刑事诉讼程序和处罚,尤其对具有商业规模的故意侵犯行为要适用刑事诉讼程序并加以处罚。

2. 建立公平合理的民事程序。《知识产权协定》第 42 条、第 43 条、第 47 条对各成员在知识产权执法的民事程序方面提出了具有强制性和非强制性两种义务要求。

(1)建立公平合理程序的强制性义务。各成员应为权利持有人提供《知识产权协定》所包括的任何知识产权执法的民事司法程序,并且需做到被告有权获得及时足够详细的包括权利主张依据的书面通知;应允许有关当事人聘请独立的法律顾问作为自己的代理人,并不能强制性地要求有关当事人必须要出庭,以免增加额外负担;有关当事人有权利出示一切有关证据以证明其权利主张;在与各成员宪法不相冲突的情况下,知识产权的执法程序应采取强有力的措施以便识别和保护秘密信息。

(2)关于证据的处理。各成员的司法当局,在对秘密信息提供充分保护的适当场合,如果一方当事人有合理的、可获得的证据以支持其指控,或有关于其指控的详细证据,但该证据却处于另一方当事人的控制之下,司法当局有权要求另一方当事人出示这个证据。这种情况在知识产权贸易和知识产权侵权案的诉讼中经常存在,这一规定使权利持有人在受到权利侵犯,而证据又由被指控的另一方当事人所掌握,如果这些证据不能出示则会严重隐瞒证据、阻碍知识产权司法程序的顺利实施时,可获得相应的保护。

如果一方当事人没有正当理由提供必要信息,或在一个合理时间内没能提供必要信息,或严重阻碍与一项执法行为有关的程序的实施,各成员可以授权司法当局根据其得到的信息(包括申诉方提供的指控或申诉书的内容)做出最终和最初的肯定或否定的判决。但是,这只能在各方当事人都提供了陈述其观点和出示证据的机会的情况下才能进行。这说明知识产权侵权案中的当事人,尤其是被指控的一方,应珍惜法律授予自身的权利,按照正常的司法程序向司法部门提供陈述和出示证据以维护自己的利益。原则上,司法部门有权按其掌握的信息,特别是可以按申诉方(原告)提交的信息或证据做出判决,这自然会对被指控的一方不利。这种做法类似于美国国内反倾销法的规定:如果被控倾销的一方,不在合理的时间内按反倾销程序规定的时间提供必要的信息和陈述自己对倾销与损害的看法及两者间的因果联系,美国有关部门有权按申诉所谓"可获得的最佳信息"(申诉方提供的信息和证据)做出裁决。因此,被指控者绝不能对申诉方的指控不加以理会。

(3)侵权人提供信息的义务。当侵权的危害程度较严重时,各成员可以授权司法当局命令侵权人通知权利持有人有关涉及侵权商品或服务的生产、销售的第三方的情况及侵权商品的销售渠道。如果侵权的损害较小,则不能对侵权人提出此种要求。即使这样,这种义务也不是强制性的,各成员可以规定也可以不规定这项义务。

3. 对当事各方提供的补救措施主要有以下几种。

(1)对权利持有人提供的补救措施。《知识产权协定》第 44 条、第 45 条、第 46 条规定了对权利持有人提供的补救方式主要有:禁令、补偿、损害赔偿。

禁令。司法当局发出禁令,命令侵权人停止侵权,特别是禁止涉及侵犯知识产权的进口商品进入商业销售渠道。但是,如果某人虽已经知道或有理由知道经营这些商品会导致对知识产权的侵犯,却已经事先获得或已订购了此商品,则各成员无义务授权司法当局发出禁令。

补偿。①在满足有关知识产权强制许可规定的政府使用,或经政府授权而未经权利持有人授权的第三方使用,则根据《知识产权协定》第 31 条第 8 款的规定,各成员应限制强制许可,并给予权利持有人合理的补偿。②除了第一种情况以外的其他情况,对未经权利人授权的使用应给予救济,或如果采取救济会导致与该成员国内法律相冲突,则应做出确认该知识产权的权利归属的宣告,并给予充分的补偿。

损害赔偿。如果侵权人已知或理应知道自己从事的活动是侵权行为,司法当局有权命令侵权人对权利持有人就其遭受的损害做出充分的损害赔偿。在损害赔偿中包括权利持有人因被侵权而增加的开支以及合理的律师费。此外,司法当局还可以授权没收侵权的利润并令其支付法定的赔偿费,司法当局在考虑此做法时,不考虑侵权人是故意还是非故意的侵权行为,只要侵权的事实成立,则侵权人就应承担侵权责任。这与一些大陆法国家坚持的过失责任原则不一致,反映了对权利持有人利益的保护。

除了上述三种补救措施外,如果没有对权利持有人提供任何补偿,为了有效地制止侵权行为,司法当局有权将侵权商品排除出商业销售渠道,或销毁这些侵权商品。如果其他处理方法与现行宪法相冲突,在未对权利持有人提供补偿的情况下,可对用于生产侵权商品的原材料及生产工具加以处置。

(2)对被告的救济措施。如果应一方当事人的要求而采取的措施和因其滥用执法程序而使另一方当事人误受禁止或限制,司法当局有权命令原告一方对其行为承担责任,依法对被告提供充分的赔偿,赔偿费中包括被告的诉讼费用(其中包括律师费用)。

此外,《知识产权协定》还规定,对属于知识产权保护或其执行或任何法律进行行政执法时,如果不采取适当补救措施或出于善意的行为,也要对被告由此而产生的损害提供补偿。

(三)司法当局可采取的临时性保护措施及程序规定

1. 司法当局可采取的临时性保护措施。《知识产权协定》在第三部分第三节中规定各成员必须授权司法当局采取临时措施有效地制止侵权产品进入商业流通渠道。这对保障权利持有人的利益是十分重要的。当然,所采取的临时措施都必须在一定的条件下才能实施,否则会被认定为与此规定不符,各成员可对因此引起的争议提起争端解决。这些条件和可采取的措施具体如下。

(1)司法当局应采取及时、有效的措施制止任何知识产权侵权行为的产生,特别是制止侵权商品进入商业销售渠道、保存侵权指控的有关证据。

(2)如果认为适当,司法当局可在开庭前,根据一方当事人的请求,采取临时性保护措施。特别是当有任何延误很可能会给权利持有人造成不可弥补的损害,或有确凿的证据表明作为支持其权利主张的证据有被销毁的危险的情况下,应采取临时性保护措施制止侵权或保护证据。

(3)司法当局有权要求申请人(要求采取临时措施的)提供任何合法可获得的证据,以便使司法当局足以确认申请人(即为权利持有人)和其权利正在受到侵犯,或侵权正迫在眉睫。同时,该司法当局有权要求申请人提供足以保护被告和防止申请人滥用权利的诉讼保证金，或提供与之相当的担保。

(4)如果提出实施临时性保护措施的请求被接受，司法当局应毫不延迟地通知所有受到影响的当事各方。在实施临时措施的通知发出后一个合理的时间内，应被告的请求，司法部门应该对临时措施加以复审，包括给被告陈述其权利的机会，并确定所采取的临时措施是否应该修正、撤销或进一步确认。

(5)司法当局可以要求申请人提供其他必要的信息，以便于对受临时实施措施管辖的有关货物的鉴别。

(6)在不违反上述第(4)项规定的前提下，如果在合理时间内没有提起有关案件是非的诉讼，司法当局在国内法允许的情况下，可确定第(4)项中所涉及的"合理时间"。如果司法当局没有确定，则上述的"合理时间"不得超过20个工作日或31个公历日，以两者中期限长者为准。

(7)如果临时措施被撤销，或由于申请人的任何作为或不作为而失效，或随后发现对知识产权并没有存在侵权或侵权威胁，在被告的请求下，司法当局有权命令申请人就这些措施依法给予被告提供适当的补偿。

(8)在一定程度上，如果行政程序的结果可以责令采取任何临时措施，该程序应同第三节已规定的相关原则相一致。

2. 采取临时性保护措施的程序。上述《知识产权协定》授权司法当局采取的临时性保护措施，并未明确允许司法当局应主动采取上述措施，仅规定司法当局在有关利益关系方提出请求后，可以依请求而采取有关临时性保护措施，并规定此为司法当局采取与撤销有关临时性保护措施的程序。

(四)有关边境措施的特殊要求

针对国际贸易中严重的假冒商标商品、伪劣商品和盗版货物贸易问题，《知识产权协定》在发达国家和少数发展中国家的坚决要求下，专门规定了各成员在制止侵权商品进入一国国境时可采取的相应措施，即给予知识产权的特殊保护措施——边境保护措施。

对知识产权的边境保护，《知识产权协定》规定成员可授权司法当局或行政当局加以执行。这与前述的"临时性保护措施"只能授权司法当局加以实行不同。"边境措施及程序"为知识产权权利持有人提供了另一个保护伞。为此，《知识产权协定》第51条至第60条规定了可采取的边境措施和相关的程序，下面加以简要分析。

1. 海关当局中止放行。无论是由行政主管部门(海关本身)还是司法部门执行边境措施，其采取的措施都离不开海关的参与。边境措施的目的主要在于中止放行进口的侵权商品，以阻止侵权商品进入国内市场流通；制止侵权商品的出口。应注意的是，《知识产权协定》第51条关于"中止放行进口的侵权商品及制止侵权商品进入商业销售渠道"的规定，是各成员必须要履行的义务，是强制性义务要求。但是,“制止侵权商品的出口”是非强制性义务,协定中仅使用各成员“还可以”规定相应的程序,使海关当局制止侵权商品出口,即中止放行侵权商品。

从《知识产权协定》第51条的规定中我们还可看出,对知识产权实施“边境措施”保护,其主要针对的是对假冒商标的商品和盗版商品的侵权处罚,这是强制性的,对“其他侵权活动”则不是强制性地采取边境措施保护。并且,还要注意的是:前述“临时性保护措施”可以针对一切侵权商品,不仅仅是假冒商标的商品和盗版商品。当然,这种规定也正是出于操作性考虑。因为任何国家,即使在其法律中强制性地规定了制止侵权商品的出口,但在事实上几乎是做不到的。由于知识产权地域性的特点,出口商品在本国可能是合法制造的,如果出口到国外市场,则这种出口可能在一部分国家是合法的,但在另一些国家市场,这种出口行为可能构成侵权。因而,不能强制性地规定不可能履行的义务。

2. 权利持有人在边境措施中的权利与义务,主要内容如下。

(1)权利持有人的权利。为维护自己的利益,根据《知识产权协定》,权利持有人主要的权利包括:在有有效证据怀疑冒牌商标商品和盗版商品的进口、侵权商品的出口可能发生时,有权向海关或司法当局提出申请,要求中止放行,有权获取申请是否得到受理的通知。如果决定中止放行,则有权获得所在地海关对商品中止放行的时间的通知;还有获得受扣押商品的发货人、进口人及收货人的姓名、地址及商品数量等方面的信息的权利。各成员主管当局,在不违背对秘密信息保护的前提下,应给予权利持有人充分的机会检验海关当局扣押的任何商品,以便证实其权利主张。

(2)权利持有人的义务。知识产权的权利持有人根据进口国的法律向海关提出“中止放行”的请求时,应向主管当局提供适当证据以证明其权利受到侵犯,并且应提供一份商品的较为充分和详细的说明以便海关当局能进行辨别。权利持有人应向主管当局提供一笔保证金或等值担保,以保护被告,而且主管当局有权防止申请人滥用权利。如果由于申请人错误地扣押商品,或依“中止放行期限”对予以放行的商品加以扣押,由此而给进口商、收货人和商品的所有者造成损失,申请人应依法支付适当的赔偿费。申请人有义务向主管当局提供任何信息以帮助主管当局行使权力。

3. 主管当局的权利及义务。主管当局在边境措施中需履行的义务及可获授权主要包括以下几个方面。

(1)海关中止放行侵权商品。

(2)主管当局收到申请人的请求后,在一段合理的时间内,应通知申请人是否受理此申请。如果受理,还应把申请人所在地海关当局采取行动的时间通知申请人。

(3)如果主管当局决定对商品中止放行,应立即通知进口商和申请人。

(4)要求申请人提供保证金或等值担保以保护被告,而且主管当局有权防止申请人滥用权利。

(5)有权命令申请人对错误扣押商品或根据第55条"中止放行期限"规定对予以放行的商品进行扣押,从而给进口商、收货人和商品所有者造成的损失承担合理的赔偿费。

(6)在对秘密信息提供保护的前提下,有权给予权利持有人充分的机会检验由海关扣押的任何商品,以证实其指控。同时,也应给予进口商同样的权利。

(7)如果案件做了最终裁定,主管当局有权通知权利持有人有关发货人、进口商和收货人的姓名、住址及扣押商品的数量。

(8)如果各成员要求主管当局主动采取行动,并根据其掌握的有关知识产权被侵权的证据对有关商品中止放行,则:①主管当局有权要求权利持有人在任何时候都应提供信息,以便其行使权力;②应及时通知权利持有人有关商品中止放行的信息。

(9)主管当局应接受被告的复审请求,并有权命令按《知识产权协定》第42条的规定销毁或处置原材料或生产工具。

(10)主管当局对假冒商标商品,除特殊情况外,不允许其在原来的国家再出口,或使其适用不同的海关程序。

(11)主管当局有权决定中止放行期限。

除了上述规定外,《知识产权协定》还规定了对"可忽略不计的进口"不采取中止放行或救济措施。这种"可忽略不计的进口"指旅游者私人行李中夹带的、或提交寄存的非商业性的少量商品。但并未对"少量商品"和什么是"可忽略不计的进口"加以量化规定,这极易导致有关各方的贸易摩擦。世界贸易组织《反倾销协议》中规定,不采取反倾销措施的"微不足道的标准",是来自某个特定国家的倾销进口货的数额占进口成员的同类产品进口额的比例不到3%,符合此标准则此种进口量是微不足道的,对此种进口商品不征收反倾销税。欧盟《反倾销指令》规定,凡进口量占欧盟总消费量不足1.5%,此进口量为"微不足道"的,对此进口商品可不征收反倾销税。这种规定是否能适用于知识产权中,各成员的理解可以有偏差。我们认为,世界贸易组织应对此加以进一步明确,以免增加执法的困难。

五、知识产权的获得与维持及有关当事人之间的程序

(一)知识产权的获得与维持

知识产权的获得与维持因知识产权的具体客体不同而不同。例如,在各国版权法中一般规定版权是自动产生的,不经过行政程序批准或认可,也不经过

任何行政程序维持便有效。各国版权法主要涉及的不是版权的获得与维持,而是版权人权利如何得到保护、如何通过利用版权而获利。商业秘密的获得也不需特别严格的行政或司法程序,其维持却需要严格的保密才能有效,只要符合法定条件,则其权利便自动产生并自行维持有效,其更多的是涉及如何保护与利用的问题。因此,《知识产权协定》第四部分“知识产权的获得与维持及有关当事人之间的程序”主要是指商标权、地理标识权、工业设计、专利权、集成电路布图设计权的获得与维持,即第二部分第一节至第六节所规定的知识产权的获得与维持。

《知识产权协定》第 62 条第 2 款规定,如果知识产权的获得须经过一定的法定程序授权或注册,各成员应依获得知识产权的实质性要件确立授权或注册的程序。各成员应允许在一段合理的时间内授予或注册权利,以免无保障地缩短保护期。

关于服务商标,《知识产权协定》规定 1967 年文本的《巴黎公约》第 4 条经过修正后适用于服务商标。《巴黎公约》第 4 条是商标注册申请中的“国际优先权”,即如果一个人在《巴黎公约》某成员国申请了商标注册,则在 6 个月之内,其他任何人若再以相同的标识在相同的商品上于任何其他成员国申请注册,均应被驳回。《知识产权协定》宣布把这条原则应用在服务商标的注册上。

(二)有关当事人之间的程序

有关当事人之间的程序指并非由行政主管部门依职权而撤销、审查有关专有权的程序,而是由公众中的利害关系人对权利人的产权是否应当授予提出的异议,对其既已获得产权提出的无效请求或提起的无效诉讼,或对其既已获得的产权提出的撤销请求。

1.《知识产权协定》规定,如果一成员有有关知识产权的获得或维持、行政撤销和诸如抗辩、撤销和废除等程序,这些程序要符合《知识产权协定》第 41 条第 2 款和第 3 款规定的总原则。这些程序不能烦琐或使当事人增加额外负担,也不能要求当事人承担不合理的时限或无限期地延迟,并要为当事人提供陈述事实和主张权利的机会,对案件的判决必须基于事实和各方的充分辩论。

2. 各方当事人应有对有关当局的裁决提出司法或准司法复审的权利。但是,如果所依据的程序由于无效而使抗辩或行政撤销未能成功,则没有必要提供复审。

六、争端的防止与解决

(一)知识产权中的透明度原则及例外

透明度原则是世界贸易组织各协议、协定的重要条款,《知识产权协定》也不例外。《知识产权协定》第 63 条较为详细地规定了各成员必须履行的透明度方面的义务及特殊情况下的例外。

1. 各成员的透明度义务,包括以下几项:

(1)将涉及知识产权的效力、范围、获得、执法和防止滥用方面的法律和法规、司法裁决和行政条例以官方语言加以颁布。

值得注意的是,一成员不仅要公布本国的知识产权的法律、法规和行政规章制度,还要公布其他用政府间组织所签订的涉及知识产权的双边或多边、地区间协议、协定。

(2)各成员应将本国及本国与其他国家和地区所签订的双边、多边、区域性的知识产权法律、法规通知与贸易有关的知识产权理事会,以帮助理事会对《知识产权协定》的实施加以审查。

(3)各成员有义务在另一成员提出书面请求时,提供该成员所需的信息。

2. 透明度义务的例外。透明度原则不要求各国公布有关违背公共利益或有损于公营和私营企业合法权益的秘密信息。

(二)知识产权争端解决机制的建立

《知识产权协定》第 64 条第 1 款规定,《1994 年关贸总协定》第 22 条、第 23 条的规定及《关于争端解决规则与程序的谅解》中的详尽内容适用于知识产权争端。可以说,这是知识产权国际保护的重要里程碑,上述有关关贸总协定的条款分析适用于知识产权。

考虑到知识产权国际保护中争端解决的现状,《知识产权协定》第 64 条第 2 款规定,《1994 年关贸总协定》第 23 条第 1 款 b 和 c 两项的规定在 1995—1999 年不适用于知识产权的争端解决。这两项的规定具体指:①另一成员实施某种措施(不论这一措施是否与本协定规定有抵触);②存在着其他任何情况。在这两种情况下,知识产权引起的争端极其难以判断各方的义务和权利。因此,《知识产权协定》主要解决各成员在协定项下的权利与义务所引起的争端。至于没有与《知识产权协定》相冲突和其他情况下有关知识产权方面各成员引起的争端(即上述 b、c 两项规定),则不适用于争端解决程序、规则及谅解。

七、过渡安排、机构安排与最后条款

(一)过渡安排

《知识产权协定》并未对技术发展阶段不同的国家区别对待,但《知识产权协定》允许有一个过渡期,允许发展中国家和转型国家有 5 年的过渡期、最不发达国家有 11 年的过渡期,以遵行《知识产权协定》的规定。尽管有以上规定,关于给予国民待遇及最惠国待遇的义务将于《知识产权协定》总的生效日期 1 年后才生效。如果《知识产权协定》的执行会导致将产品的专利保护扩大到以前未保护的技术领域(以《知识产权协定》总的实施日期为准),这种扩大保护将另有5年的过渡期,这个规定适用于尚未对药品实行保护的国家。

(二)过渡期或"拟议中的"保护

在与贸易有关的知识产权问题的讨论中,对药品和化学品专利保护的现实意义引起了人们的注意。特别是已做出双边和多边努力、在过去不给予药品专利保护的国家中,为正在申请专利的药品,或例如在美国已获得专利而未在其他有关国家出售的药品,取得专利保护。这种类型的保护被称为"拟议中的"保护,将在自《知识产权协定》生效之日起的10年内保证制药业和化学工业获得利益。因此,一个企业将有可能在一项专利剩余的时限内获得专利保护。

《知识产权协定》还做出以下过渡安排:对于那些未将药品和农用化学产品列入保护范围的发展中国家,要求它们从《建立世界贸易组织协定》生效之日起接受这类发明的专利申请,但在上述10年过渡期届满前可暂不对这些专利申请进行审查。从提出申请到获得专利的整个期间,对申请的新颖性将会予以保护,如同申请是在该国提出之日审查(即按照检验新颖性的《专利法》的一般规定),而不是在实际进行审查时(即在过渡期末)审查一样。这样获得的专利将在从提出申请之日起算的专利期余期间内一直有效。

此外,如果上述产品在专利获准前已得到至少5年的销售许可,则要求这个国家对上述产品授予"专有销售权"。"专有销售权"的获得要有以下条件:已提出专利申请;已授予专利,该产品已在另一个国家获得销售许可(在《建立世界贸易组织协定》生效后);有关的产品应在申请专利的国家获得销售许可。应该指出,"专有销售权"概念可能指专利的申请人在5年内是唯一可获得销售许可的人,但其确切含义并不完全清楚,应根据其对特定市场中公平竞争的可能影响来考察。

(三)保留

《知识产权协定》第72条规定,未经其他成员同意,任何成员不能对《知识产权协定》中的任何条款提出保留。

(四)对《知识产权协定》的例外

《知识产权协定》第73条规定,各成员在其国家安全利益受到威胁或为了国家安全利益可以不公布有关信息,为履行联合国宪章的有关义务,维护世界和平与安全,而背离协定项下的义务。这些例外规定与世界贸易组织的其他协定、协议中的规定相一致。

(五)世界贸易组织与世界知识产权组织的关系

世界贸易组织与世界知识产权组织已签订了合作协议,这为两个组织加强在知识产权领域的合作、减轻各成员在两个组织中可能承担的额外负担起到了积极的作用。

第三节 典型争端案例分析

印度与美国、欧共体药品和农用化学品专利保护案(India Patent Protection for Pharmaceutical and Agricultural Chemical Products from the United States and European Communities, WT/DS50, WT/DS79),它是印度因履行《知识产权协定》(TRIPS 协定)临时性措施规定中的义务而引发的与美国、欧共体之间关于知识产权保护的争端。其中主要涉及《知识产权协定》第 70 条第 8 款建立"邮箱制度"的义务、第 70 条第 9 款建立授予独占销售权制度的义务,以及以这些义务为基础涉及第 63 条向有关成员公开及通知的义务。美国、欧共体向世界贸易组织争端解决机构(DSB)提出申诉,希望能裁定印度的相关法律条文不符合其在《知识产权协定》下的义务。该争端经过专家组和上诉机构的审议,最后裁定印度专利保护法律多处不符合《知识产权协定》的规定,并要求印度修改相关法律,从而使之符合《知识产权协定》下相关义务的规定。

根据印度 1970 年《专利法》第 5 条的规定,药品及农用化学品本身不能被授予专利。印度 1970 年的《专利法》第 12 条要求按第 5 条的规定对所提交的专利申请进行审查,所以药品和农用化学品专利的请求会在进入实质审查程序前被自动拒绝。1994 年 12 月 31 日,印度总理颁布 1994 年《专利条例》以修改 1970 年的《专利法》,从而提供药品及农用化学品专利申请的途径——"邮箱制度",并授予提出此类申请的产品独占销售权以符合《知识产权协定》第 70 条第 8 款的规定和第 70 条第 9 款的规定。

因为 1994 年《专利条例》是印度总理依据印度《宪法》第 123 条第 1 款在国会休会时行使立法权颁布的,所以在印度国会复会 6 个星期后即 1995 年 3 月 26 日,1994 年《专利条例》应当自动失效,若要具备持久法律效力,就必须通过国会审议。1994 年《专利条例》于 1995 年 3 月在印度下院通过审议,但是在上院审议时,因 1996 年 5 月 10 日上院解散而被搁置,《专利法》的修改就此搁浅。所以,1970 年《专利法》第 5 条、第 12 条、第 15 条仍然具有法律效力。印度专利局在《专利条例》失效后,一直以行政指令的方式接受外国申请人有关药品和农用化学品的专利申请,即履行"邮箱制度"义务。1996 年 7 月 2 日,美国依据《关于争端解决规则与程序的谅解》(DSU,以下简称《谅解》)第 4 条和《知识产权协定》第 64 条,要求就印度缺乏对药品及农用化学品的专利保护或缺乏允许提交有关药品及农用化学品专利申请制度和对此类产品授予独占销售权制度与印度进行磋商。双方在 1996 年 7 月 27 日的磋商未达成一致,因此美国在

1996 年 11 月 7 日要求设立专家组。1997 年 2 月 5 日，专家组成立。1997 年 4 月 15 日及 5 月 13 日，专家组进行了两次会议。9 月 5 日，专家组报告发给各成员。10 月 15 日，印度依据《谅解》第 16 条第 4 款对专家组报告中涉及的法律问题及法律解释向世界贸易组织争端解决机构表达上诉意愿，并提交了书面上诉通知。10 月 27 日，印度提交上诉人申诉材料。11 月 10 日，美国提交被上诉人申诉材料，欧共体提交第三方申诉材料。12 月 19 日，上诉机构报告分发给各成员。1998 年 1 月 16 日，世界贸易组织争端解决机构通过上诉机构报告和经过修改的专家组报告。

在专家组阶段，美国提交的申诉材料中主要涉及的争端事项为：是否按规定建立“邮箱机制”、申请时间限定问题、独占销售权的制定问题、对《知识产权协定》第 70 条第 8 款的解释问题。在印度提交的应诉材料中主要涉及的争端事项为：专家组调查审议范围问题、对邮箱申请制度的公开方式不符合《知识产权协定》的要求问题、对《知识产权协定》第 70 条第 8 款上下文及宗旨的理解。最后，专家组认定印度没有履行第 70 条第 9 款应当建立授予独占销售权的制度以保护其他成员的合理预期，建议印度以《知识产权协定》所规定的方式履行义务。

在上诉阶段，根据争端方的上诉，上诉机构主要解决的问题是：①如何解释《知识产权协定》第 70 条第 8 款 a 项所要求的成员提供药品及农用化学品专利申请机制。②专家组在审查印度是否履行《知识产权协定》第 70 条第 8 款 a 项义务时适用举证责任是否存在错误。③《知识产权协定》第 70 条第 9 款是否要求印度自加入世界贸易组织时起就应建立授予独占销售权机制。上诉机构的结论为：支持印度没有履行第 70 条第 8 款 a 项下的义务的专家组结论，印度在过渡期未建立可充分保护药品和农用化学品专利申请新颖性和优先权的邮箱机制。上诉机构建议，世界贸易组织争端解决机构应要求印度使药品和农用化学品专利保护的法律制度符合《知识产权协定》第 70 条第 8 款和第 70 条第 9 款的规定。

本案从美国提出与印度磋商到上诉机构做出裁决，持续时间达 1 年 6 个月。本案所涉及的客体是药品和农用化学品专利保护，这是知识产权领域比较重要的一个问题，也是容易引起争端的问题之一。

思考题

1. 世界贸易组织为什么要制定《知识产权协定》？
2. 什么是权利用尽原则？
3. 《知识产权协定》对主要知识产权的保护标准是什么？
4. 各成员应如何保证《知识产权协定》的实施？

第九章

诸边和展边贸易协议

★ 本章要点 ★

本章介绍了WTO的诸边和展边贸易协议《政府采购协议》《民用航空器贸易协议》《信息技术协议》的产生背景、协议主要内容、协议管理与争端解决等内容。

第一节　政府采购协议

一、协议产生的渊源

（一）政府采购的含义与影响

政府采购是指政府为政府机关自用或为公共目的而选择购买货物或服务的活动，其所购买的货物或服务不用于商业转售，也不用于供商业销售的生产。大多数国家政府成为世界市场上各种货物和服务的最大买主，采购的金额达到几千亿美元，约占世界贸易的10%。

基于保护本国产业发展的目的，各国通过立法，把政府采购对象优先给予本国厂商，对别国厂商构成歧视，成为非关税壁垒，严重影响国际贸易的发展。国际上要求改变政府采购办法、约束政府采购行为的要求日趋强烈，政府采购从游离于多边贸易体制到逐渐纳入多边贸易体制。

（二）协议产生与特性

GATT 1947生效之初将政府采购排除在最惠国待遇和国民待遇之外，允许缔约方在进行政府采购时可以优先购买本国货物。

20世纪50年代以后,随着国家公共服务职能的加强,许多国家的政府及其控制的机构成为重要的产品和服务采购人,政府采购占据的货物和服务市场份额不断增加。为消除政府采购政策可能引起的贸易壁垒,促进政府采购市场的对外开放和扩大国际贸易,国际社会认识到需要一个有约束力的政府间公共采购协议。

基于上述要求,东京回合达成《政府采购守则》,1981年生效,但仅适用于参加方,成为诸边协议。

该守则将GATT 1947的非歧视、透明和公平竞争等基本原则引入了政府采购领域,但其作用有限:第一,它只适用于货物的采购,没有包括服务(包括工程服务)的采购;第二,它只约束中央政府采购实体,地方政府和公用事业单位等重要的公共采购实体例外。

在乌拉圭回合中,签署《政府采购守则》的12个缔约方对它进行修订,达成《政府采购协议》(Agreement on Government Procurement),于1996年1月1日起生效,成为WTO诸边贸易协议之一。

(三)协议宗旨

《政府采购协议》就有关政府采购的法律、法规、程序和做法建立一个有效的权利和义务的多边体制,以期实现世界贸易更大程度的自由化和扩大,改善进行世界贸易的国际框架。

(四)协议接受与约束

截至目前,签署《政府采购协议》的有19个经济体,共47个WTO成员。它们是亚美尼亚、加拿大、中国香港、冰岛、以色列、日本、韩国、列支敦士登、摩尔多瓦、黑山、荷属阿鲁巴、新西兰、挪威、新加坡、瑞士、中国台北、乌克兰、美国、欧盟及其28个成员国(奥地利、比利时、丹麦、芬兰、法国、德国、希腊、爱尔兰、意大利、卢森堡、荷兰、葡萄牙、西班牙、瑞典、英国、塞浦路斯、捷克、爱沙尼亚、匈牙利、拉脱维亚、立陶宛、马耳他、波兰、斯洛伐克、斯洛文尼亚、保加利亚、罗马尼亚和克罗地亚)。

参加方成员对本协议任何规定均不得提出保留,可以自愿加入,也可自愿退出。

二、协议主要内容

协议由24个条款和4个附录组成,主要包括序言、适用范围、有关政府采购的基本原则和规则、成员间争端的解决、政府采购委员会的职能等内容。

(一)协议目标与基本要求

协议目标是:“需要就有关政府采购的法律、法规、程序和做法建立一个有效的权利和义务的多边体制，以期实现世界贸易更大程度的自由化和扩大，改善进行世界贸易的国际框架。”

为此提出以下基本要求：政府采购的法规“不应对国内产品或服务供应商提供保护，也不应在国外产品或服务供应商之间造成歧视”“有关政府采购的法律、法规、程序和做法宜具有透明度”“需要建立关于通知、磋商、监督和争端解决的国际程序”“考虑发展中国家，特别是最不发达国家的发展、财政和贸易需要”“在互惠基础上扩展和改善该协议，并扩大该协议的适用范围以包括服务贸易”“期望鼓励未参加本协议的政府接受和加入本协议”。

（二）适用范围

1. 清单中列出的采购实体。协议只适用于参加方在各自承诺的清单中列出的政府采购实体。采购实体包括三类，分别是中央政府采购实体、地方政府采购实体、其他采购实体（如供水、供电等公用设施单位）。只有列入清单的采购实体才受协议约束。

清单的具体内容，是成员方根据本国政府采购市场开放需要并通过谈判确定的，所以清单范围并不相同。例如，美国清单中列出的采购实体包括所有的联邦政府机构，37 个州政府机构，11 个政府管理的实体；欧洲包括所有成员国的中央政府机构，次一级政府机构，以及电力、港口、机场等公用设施机构；日本包括所有的中央政府机构，47 个都道府县和 12 个城市政府机构，84 个特殊法人。

2. 规定内容和采购方式。协议规定的采购对象是货物和服务，但武器、弹药或军事物资不包括在内。除去协议规定的例外，政府所有货物采购都应纳入约束范围。服务采购的具体范围由参加方在清单中列明。

协议规定的采购合同包括购买、租赁、租购、有期权的购买和无期权的购买等方式。

3. 在采购限额基数内采购。当政府采购的金额达到协议规定的最低限额，或达到成员方经谈判达成的最低限额时，政府采购活动受到该协议的约束。

中央政府采购实体购买货物和非工程服务的最低限额是 13 万特别提款权，中央政府采购实体购买工程服务的最低限额是 15 万特别提款权。地方政府采购实体和其他采购实体的最低限额，由各参加方根据自身的情况分别做出承诺。例如，美国承诺，地方政府采购货物和非工程服务的最低限额是 35.5 万特别提款权，采购工程服务的最低限额是 500 万特别提款权；政府所属机构采购货物和非工程服务的最低限额是 25 万特别提款权，采购工程服务的最低限额是 500 万特别提款权。日本承诺，地方政府采购货物和非工程服务的最低限额是 20 万特别提款权，采购工程服务的最低限额是 1 500 万特别提款权。

为防止参加方通过合同估价降低采购金额、规避协议约束，协议规定了合同估价的基本规则，不得分割任何采购项目。

（三）政府采购的基本原则和规定

1. 非歧视原则。参加方进行政府采购时，不应在外国的产品、服务和供应商之间实施差别待遇；给予外国产品、服务和供应商的待遇，不应低于国内产品、服务和供应商所享受的待遇。参加方应当保证，不得依据国别属性和所有权的构成，对在当地设立的不同供应商实行歧视待遇。

2. 透明度原则。协议要求参加方建立公开、透明的政府采购程序，公布协议所要求的有关法律、法规、程序和做法。为此，参加方的采购实体应在已向WTO 通知的刊物上发布有关政府采购的信息，包括招标的规章和程序、采购通知。在非有限招标时，采购实体要公布投标邀请书，包括统计数字在内的实际采购情况。

此外，参加方每年向 WTO 通知列入清单的采购实体的采购数据和中央政府采购实体未达到“最低限额”的采购统计数据。

3. 公平竞争原则。对清单中列明的采购实体进行的达到或超过最低限额的政府采购，采购实体应为供应商提供公平竞争的机会，即实行招标。

（1）招标方式和招标程序。协议将招标分为公开招标、选择性招标和限制性招标三种。公开招标和选择性招标应是优先采用的采购方式。

公开招标是指所有有兴趣的供应商均可参加投标。选择性招标是指由采购实体邀请的供应商参加投标，这实质上是对潜在供应商的预选。采购实体应拥有符合资格的供应商名单，该名单至少每年公布一次，并说明其有效性和条件。限制性招标又称单一招标，是指采购实体在无人回应招标，情况紧急而又无法通过公开招标或选择性招标进行采购，或需要原供应商增加供应等条件下，与供应商进行个别联系的约标。

在招标程序上，采购实体应以透明和非歧视的方式进行，保证实施国民待遇原则。对于未中标的供应商，采购实体应该向其解释未中标的原因。

（2）对限制竞争做法的规定。为防止采购实体通过技术规格、供应商资格和原产地规则限制竞争，协议对它们做出运用规范。

第一，技术规格的制定、采用或实施，不得对国际贸易造成不必要的障碍。协议规定，采购实体不得在招标文件中提及某一特定的商标或商号、专利、设计或型号、原产地、生产商或供应商，不得在制定具体采购规格时，寻求或接受与该采购活动有商业利益公司的建议。

第二，采购实体在审查供应商的资格时，不得在其他参加方的供应商之间，或者在本国供应商与其他参加方的供应商之间进行歧视。

第三，参加方对于政府采购项下从其他参加方进口的货物或服务而实行的原产地规则，应与正常贸易下实行的原产地规则一致。

4. 运用异议程序防止歧视。协议规定,参加方应提供一套非歧视、透明和及时、有效的程序,以便供应商对采购过程中违反该协议的情形提出申诉。为便于供应商运用异议程序,参加方有义务在 3 年内保留与采购过程相关的文件。

异议案件应由法院或者与采购结果没有利害关系的公正独立的机构进行审理。

5. 对发展中国家给予特殊和差别待遇。各参加方在实施本协议时,要适当考虑发展中国家特别是最不发达国家的发展、财政和贸易的需要。在制定和实施影响政府采购的法律、法规和程序时,应便利发展中国家进口的增长。在制订清单时,应努力列入购买对发展中国家有出口利益的产品和服务的实体。允许发展中国家在采购清单中,扩大国民待遇的例外。发达国家有义务就发展中国家在政府采购领域出现的问题,进行技术援助。

(四)争端解决的原则与具体程序

在原则上适用 WTO 争端解决机制的基础上,协议做出如下一些具体规定:

争端解决机构设立的专家组,应包括政府采购领域的专业人士;专家组应该尽量在不迟于其职责范围确定后 4 个月,向争端解决机构提交最后报告,如需推延提交时间,则应不迟于 7 个月;对于争端解决机构就本协议下的争端做出的决定或采取的行动,只有参加方才可以参与;在本协议下产生的任何争端,不应造成 WTO 其他协定和协议的参加方所做的减让或其他义务的中止。

(五)协议管理机构与职能

为便于本协议的实施,WTO 设立由参加方代表组成的政府采购委员会。该委员会可设立工作组或其他附属机构,每年开会不得少于一次。该委员会的职能是,为各参加方提供机会,就执行本协议的任何事项进行磋商,并履行各参加方指定的其他职责。

三、协议的实施与发展

(一)协议的实施效果

《政府采购协议》扩大了参加方政府之间的采购,反映了政府采购市场国际化的愿望,日益受到 WTO 成员的关注。

(二)达成新的《政府采购协议》文本

协议希望"参加方应进行进一步谈判,以期在互惠基础上改进本协定,并尽最大可能在所有参加方之间实现本协定适用范围的扩大"。自 2001 年起,经过 10 年谈判,42 个《政府采购协议》参加方就协议新文本和各参加方扩大的覆盖范围达成一致,完成修改该协议的谈判。2011 年 12 月 15 日,WTO 政府采购委员会达成了《关于〈政府采购协议〉第24条第7款谈判成果的决定》。截至2014年底,已有40个参加方通过国内的法律程序,接受了新的《政府采购协议》文本。2014年4月6日,《政府采购协议》新文本已正式生效。当前,有29个WTO成员是《政府采购协议》的观察员,其中9个正在进行加入谈判。

(三)《政府采购协议》新文本的改进

1. 条款和附件增减不一,补充了强调内容。条款从24个缩减为22个,附件从4个扩展为7个。新文本对电子采购进行了规范,加强了对透明度的要求,赋予采购方更多的灵活性,明确发展中成员可以采取的过渡性措施。

2. 扩大了参加方的政府采购覆盖范围。在中央政府实体层面,美国新增了10个中央实体,删除了11个,更名了1个;欧盟各成员共增加了150多个中央政府实体;其他参加方如以色列、韩国、瑞士也扩大了中央政府开放范围;日本、以色列等降低了中央政府采购门槛价。日本、韩国、以色列等增加了地方政府实体开放范围。加拿大首次将省级地方政府列入了涵盖范围。以色列、日本、韩国等增列了开放的国企名单。在附件4的服务项目上,日本、以色列、新加坡、瑞士等新增加了50多类政府采购服务项目,有些参加方甚至完全开放了电信服务领域的政府采购。

3. 对《政府采购协议》未来进行规划。新的协议文体列出未来研讨的议题,它们包括:公私合作伙伴关系的运用、透明度、法律框架以及与涵盖的采购项目之间的关系;统一货物、服务的名称;实行标准化通知;中小企业参与政府采购;统计数据收集与汇报;可持续采购;例外与约束事项;国际采购安全标准等。

4. 新文本提高了协议的地位和影响力。WTO前总干事拉米指出:"《政府采购协议》正在从一个无名的诸边协议成长为WTO的一个重要支柱。"由于政府采购的规模越来越大,对政府采购市场开放的要求越来越强烈,新《政府采购协议》顺应了这种趋势,其更严谨的规则、更加全面的覆盖,将对世界政府市场的一体化产生越来越重大的影响。

33个加入成员的23个成员接受了26项与政府采购相关的具体承诺。WTO成员中的中国、印度、俄罗斯、沙特等G20大国都拥有庞大的国有部门,政府采购在其国民经济中的份额高于发达成员。随着新兴成员在世界经济中的影响力和比重迅速上升,它们的政府采购市场受到更大的关注,将《政府采购协议》的覆盖范围扩展到这些成员,成为现有《政府采购协议》成员的最重要的目标之一。

四、中国加入《政府采购协议》的谈判

(一)中国政府加入WTO的承诺

在入世谈判中,谈判方希望中国早日加入《政府采购协议》,为了回应WTO

成员对中国加入《政府采购协议》的期盼,在“中国加入工作组报告书”第339段明确表示:“中国代表答复表示,中国将自加入时起成为《政府采购协议》观察员,并将尽快通过提交附录1出价,开始加入该协定谈判。”

(二)中国加入谈判的进展

2007年底,中国提交了第一份出价清单;2010年7月,提交第二份出价清单;2011年11月,提交第三份出价清单;2012年11月,提交第四份出价清单;2014年1月,提交第五份出价清单;2014年12月22日提交第六份出价清单;2019年10月20日,提交第七份出价清单。经过多次改进,中国的出价清单形式上已与GPA参加方完全一致。出价清单内容逐步改进,出价范围大幅扩展,目前的出价范围已与GPA参加方具有相当可比性。这展现了中国加入GPA的诚意。

(三)加入《政府采购协议》对中国经济的影响

1. 有利方面。通过互惠市场准入,中国获得进入其他成员方政府采购市场的机会;借助《政府采购协议》促进我国政府采购体制的改革和完善。

2. 不利方面。开放规模庞大的政府采购市场,意味着中国相关产业在这一市场上将遭遇更激烈的国际竞争,可能失去部分原有的市场;《政府采购协议》规则在国内的实施将对中国现行的政府采购制度提出更高的要求。

第二节　民用航空器贸易协议

一、协议产生背景与宗旨

第二次世界大战以后,随着国际贸易的扩大和旅游事业的发展,航空事业日益兴旺,民用航空器贸易发展迅速,在世界和各国经济和贸易中的地位不断提升,各国日益把航空器部门作为经济和产业政策的组成部分。世界民用飞机制造业发展迅猛,继美国和欧盟之后,加拿大、一些北欧国家及巴西等国的飞机制造业也在发展。

为了增强本国飞机制造业的竞争力,各国在民用航空器的发展中,一方面作为战略产业给予各种补贴和资助,促进本国航空器产业的发展;另一方面在民用航空器的进口上实行关税和非关税壁垒,使得民用航空器贸易出现扭曲,影响了民用航空器贸易的扩大。

为此,国际社会特别是民用航空器比较发达的国家寻求民用航空器贸易自由化,通过国际协议逐步消除民用航空器贸易上的障碍。

在东京回合中,美国和欧共体发起了关于民用航空器问题的谈判,其目的是将飞机进口关税削减为零,规范各国对飞机制造业给予的补贴和其他支持措施。经过谈判,东京回合达成《民用航空器贸易协议》,并于1980年1月1日正式生效,《1947年关贸总协定》缔约方可选择加入,但加拿大和巴西等国当时没有参加这个协议。

乌拉圭回合中,《民用航空器贸易协议》参加方曾试图对该协议的内容进行补充,扩大成员范围,由于意见分歧,最终未能取得共识。

因此,《民用航空器贸易协议》是从《1947年关贸总协定》整体接受来的协议。WTO成立后,《民用航空器贸易协议》如何与WTO法律框架相衔接,遇到了一些问题,比如如何适用WTO的争端解决机制。1999年4月,民用航空器贸易委员会主席提出了一份"《民用航空器贸易协议》议定书草案",旨在澄清该协议在WTO中的法律地位,但至今该协议参加方仍未能就此达成一致。

此外,民用航空器贸易委员会就更新1996年协调税制的税号,将"飞行器地面维护设备的模拟器"纳入《民用航空器贸易协议》附件等问题进行研讨;就美国"面向21世纪航空投资改革法案"、欧共体"航空器引擎噪音控制规定"、比利时"航空工业支持计划及大型飞行器的验证制度"等问题进行审议,但均未取得定论。

本协议的加入属于自愿,未经其他参加方同意,不得对本协议的任何条款提出保留,且其法律、法规和行政程序符合本协议的规定。任何参加方可退出本协议。目前,《民用航空器贸易协议》的参加方有32个,分别为:阿尔巴尼亚、加拿大、埃及、欧盟及其成员国(奥地利、比利时、保加利亚、丹麦、爱沙尼亚、法国、德国、希腊、爱尔兰、意大利、拉脱维亚、立陶宛、卢森堡、马耳他、荷兰、葡萄牙、罗马尼亚、西班牙、瑞典、英国)、格鲁吉亚、日本、中国澳门、黑山、挪威、瑞士、中国台北、美国。

《民用航空器贸易协议》的宗旨:期望实现民用航空器、零件及相关设备世界贸易的最大限度自由化,包括取消关税和尽最大可能地减少或消除对贸易的限制或扭曲作用;期望在全世界范围内鼓励航空工业技术的继续发展;期望为民用航空器活动及其生产者参与世界民用航空器市场的扩大提供公正和平等的竞争机会。

二、协议的主要内容

该协议由9个条款和1个附件组成,主要内容包括适用范围、有关民用航空器贸易的规则、机构设置和争端解决等。

(一)适用产品范围

1. 所有民用航空器。

2. 所有民用航空器发动机及其零件、部件。

3. 民用航空器的所有其他零件、部件及组件。

4. 所有地面飞行模拟机及其零件和部件。

在民用航空器的制造、修理、维护、改造、改型或改装中,上述产品无论是用做原装件还是替换件,都属于适用的产品范围。

(二) 贸易规则

1. 取消关税和其他费用。各参加方取消对适用产品进口征收的关税和与进口有关的其他费用;取消对民用航空器修理所征收的关税和其他费用。

2. 技术性贸易壁垒。协议规定,各参加方关于民用航空器认证要求,以及关于操作和维修程序的规格,应按《技术性贸易壁垒协议》执行。

3. 进行公平竞争。协议规定,购买者只能根据价格、质量和交货条件购买民用航空器,并有权根据商业和技术因素选择供应商。各参加方不得要求航空公司、航空器制造商或从事民用航空器购买的其他实体,购买特定来源的民用航空器,也不得为此对它们施加不合理的压力,以免对供应商造成歧视。各参加方不得以数量限制或进出口许可程序限制民用航空器的进出口。各参加方不得直接或间接要求或鼓励各级政府、非政府机构和其他机构采取与该协议不一致的措施。《补贴与反补贴措施协议》适用于民用航空器贸易。

4. 确保政策的统一性。协议规定,参加方的法律、法规和行政程序须符合该协议的规定,并将与本协议有关的法律、法规及其变化情况通知民用航空器贸易委员会。

三、协议管理与争端解决

为便于协议的实施,成立了民用航空器贸易委员会,由所有参加方代表组成。委员会的职责是:每年至少召开一次会议,为参加方就协议的运用事项进行磋商;确定是否修正协议;审查双边磋商中未能找到满意解决办法的事项;履行协议项下或各参加方所指定的职责。该委员会应每年审议协议的执行情况,并向 WTO 总理事会报告审议结果。

协议规定,如参加方认为其在该协议下的贸易利益受到另一参加方的影响,应首先通过双边磋商寻求双方可以接受的解决办法。如磋商未果,可请求民用航空器贸易委员会审议,该委员会应在 30 天内召开会议,尽快审议并做出裁决或建议。

在解决参加方之间的争端时,应适用 WTO 的争端解决程序,在细节上可做必要的修改。

第三节 信息技术协议

一、协议产生背景

信息技术产品包括计算机,仪器设备,零部件和附件,软件,半导体、半导体生产设备,电信类。

20 世纪 90 年代以后,信息技术革命出现,信息技术迅猛发展,信息技术产品贸易额不断增加,1996 年达到 6 970 亿美元,超过当年全球农产品和纺织品与服装的出口总和。扩大全球范围内信息技术产品市场并降低成本,成为世界经济和贸易扩大的关键,加大自由化也成为信息产业具有优势国家的重要战略目标。1996 年初,美国率先提出了到 20 世纪末实现信息技术产品贸易自由化的设想。

1996 年 7 月,在新西兰召开的 APEC 贸易部长会议上,美国正式提出了关于信息技术协议的建议,得到与会者的原则支持。

1996 年 9 月,美国、欧盟、日本、加拿大在美国西雅图召开四方贸易部长会议,同意在四方内部立即开始进行有关信息技术协议的谈判,争取在同年 12 月的 WTO 首届部长级会议召开前完成谈判。

1996 年 10 月,四方的专家在日内瓦就信息技术协议的产品范围进行谈判,并通过非正式会议与主要发展中国家沟通。

1996 年 12 月,WTO 首届部长级会议在新加坡举行。会前,上述四方已就有关信息技术协议的主要产品达成一致意见。部长级会议期间又举行了多次会议,最终达成了《关于信息技术产品贸易的部长宣言》,共有 29 个国家参加。该宣言由正文和附件(关税减让模式及关于产品范围的两个附表)组成。

宣言规定,该宣言如期生效的条件是,在 1997 年 4 月 1 日之前,必须有占全球信息技术产品贸易总量约 90%的参加方通知接受该宣言。

1997 年 3 月 26 日,接受宣言的 40 个国家的信息技术产品贸易,已占全球该产品贸易总量的 92.5%,该宣言如期生效。该宣言以及各参加方提交的信息技术产品关税减让表,构成《信息技术协议》(Information Technology Agreement, ITA)。1997 年 4 月 1 日生效。

该协议是 WTO 成立后达成的一个重要协议,任何 WTO 成员及申请加入 WTO 的国家或单独关税区均可参加该协议,但需要提交关税减让表、产品清单等文件,并获得《信息技术协议》已有成员的审议通过。截至 2016 年,《信息技术协议》共有 82 个参加方。

二、协议宗旨与主要内容

协议主要内容包括在《关于信息技术产品贸易的部长宣言》中，内有参加方承诺的基本原则、关税削减时间表、产品范围等。

（一）协议的宗旨

该协议的宗旨是通过取消信息技术产品关税，在世界范围内鼓励信息技术产业的技术发展，以及最大限度地实现世界信息技术产品贸易自由化。

（二）产品范围

协议涉及的产品非常广泛，占《商品名称及编码协调制度》中的近300个税号，主要包括以下几大类：

1. 计算机及软件。计算机系统、笔记本电脑、中央处理器、键盘、打印机、显示器、扫描仪、硬盘驱动器、电源等零部件；磁盘、磁带或只读光盘等介质。

2. 电信设备。电话机、可视电话、传真机、电话交换机、调制解调器、送受话器、应答机、广播电视传输接收设备、寻呼机等。

3. 半导体、半导体生产设备。各种型号和容量的芯片及晶片，包括多种生产半导体的设备和测试仪器，如蒸汽析出装置、旋转式甩干机、刻蚀机、激光切割机、锯床及切片机、离心机、注射机、烘箱及加热炉、离子注入机、显微镜、检测仪器，以及上述产品的零部件和附件。

4. 科学仪器。测量和检测仪器、分色仪、分光仪、光学射线设备等。

5. 其他产品。文字处理机、计算器、现金出纳机、自动提款机、静止式变压器、显示板、电容器、电阻器、印刷电路、电子开关连接装置、电导体、光缆、复印设备、计算机网络（局域网、广域网设备）、液晶显示屏、绘图仪、多媒体开发工具等，但不包括消费类电子产品。

（三）加入的基本原则

要想成为《信息技术协议》的参加方，必须遵守下列原则：

1. 承诺必须涵盖宣言中所列出的全部产品。

2. 全部产品必须削减至零关税。

3. 所有其他的税费必须约束在零，对于产品范围不存在例外，对于敏感产品可以延长降税实施期，但届时必须削减至零关税。

4. 在WTO成员之间，《信息技术协议》项下所有的承诺均建立在最惠国待遇基础上。

（四）约束并分阶段取消关税

协议规定，接受方在1997年7月1日前约束信息技术产品的关税，并在1997—2000年分四个阶段均等削减关税至零，每一阶段削减现行关税的25%。

第一阶段，在 1997 年 7 月 1 日前，各接受方将关税削减 25%；

第二阶段，在 1998 年 1 月 1 日前，关税进一步削减 25%；

第三阶段，在 1999 年 1 月 1 日前，关税再削减 25%；

第四阶段，在 2000 年 1 月 1 日前，削减余下的 25%，实现零关税。

（五）一些例外

1. 接受方在 1997 年 7 月 1 日前取消对进口和有关进口征收的任何种类的所有其他税费，但参加方减让表中特别规定的例外。

2. 一些发展中成员关税降至零可以延期。哥斯达黎加、印度尼西亚、韩国、马来西亚、泰国、中国台北的部分信息产品在 2000 年以后降至零，但不超过 2005 年。

（六）建立《信息技术协议》委员会

该委员会在货物贸易理事会下工作，定期举行会议。其职责是对附件中的产品进行审议、修改和增加新产品目录，并就信息产品的非关税壁垒进行协商，监督本协议的执行情况。

三、协议的执行与扩围

（一）促进信息技术产品贸易增长

根据 WTO 秘书处的数据，与 1997 年（协议生效）相比，信息技术产品出口到 2010 年就增长了近 3 倍，达到 1.4 万亿美元，占全球贸易的 9.5%，而《信息技术协议》成员方占到全球 IT 产品贸易的 96%。2014 年 IT 产品贸易额增加到 5 万亿美元。

（二）协议成员增加与扩围成功

《信息技术协议》成员已从初期的 43 个增加到 2016 年的 82 个。

1997 年《信息技术协议》生效后，其产品范围一直没有变化，对此，有竞争优势的发达成员希望扩大市场，美欧日相继提出扩大《信息技术协议》产品范围的动议，并得到部分成员的支持。《信息技术协议》扩围磋商于 2012 年 5 月启动。

2015 年 12 月 16 日，WTO 的《信息技术协议》扩围谈判参加方在 WTO 肯尼亚内罗毕部长级会议上，宣布扩围达成全面协议，并发表了《关于扩大信息技术产品贸易的部长声明》，预计每年为全球 GDP 增长贡献 1 900 亿美元。

（三）中国成为扩围的关键成员

中国加入 WTO 后 IT 产业高速发展，并成为 IT 产品第一大生产国和第一大贸易国。据 WTO 秘书处统计，2010 年中国 IT 产品进出口额分别位于世界第二位和第一位。为增强中国 IT 产品的国际竞争力、扩大中国 IT 产品的出口，促进中国的产业结构调整，中国于2012年9月在《信息技术协议》第4轮扩大范围谈判会议上，正式宣布参加《信息技术协议》扩围谈判。

2014年11月11日，在北京举行的APEC领导人非正式会议期间，中美两国达成一项旨在扩大《信息技术协议》内容的协定，达成约1万亿美元的信息技术产品交易，超过200种关税细目适用的关税税率将降至零。中美协议对《信息技术协议》实现免税扩围的目标至关重要，推动了《信息技术协议》扩围的成功。2015年第十届部长级会议期间，《信息技术协议》扩围谈判全面结束，达成了18年来世界贸易组织首个工业品关税减让协定。

思考题

1. 何谓政府采购？
2. WTO成员为何加强对《政府采购协议》的关注？
3. 《民用航空器贸易协议》的目的是什么？
4. 为何中国在《信息技术协议》扩围中起了决定性作用？

第十章

中国加入WTO
——历程、结果及影响

★ 本章要点 ★

本章介绍了中国加入世界贸易组织的原因和过程，评述了中国加入世界贸易组织的承诺和相关条款，分析并评估了中国加入世界贸易组织以来经济和贸易的发展情况。

2001年11月10日，在卡塔尔首都多哈举行的世界贸易组织第四届部长级会议，审议通过了《关于中华人民共和国加入的决定》和《中华人民共和国加入议定书》。11日晚，对外贸易经济合作部部长石广生代表中国政府签署了《中华人民共和国加入议定书》，并向世界贸易组织秘书处递交了中华人民共和国主席江泽民签署的批准书，完成了中国加入世界贸易组织的所有法律程序。2001年12月11日，中国正式成为世界贸易组织成员，开始履行入世承诺并享受世界贸易组织成员的权利。为了这一刻，中国付出了15年的努力和等待。中国加入世界贸易组织无论对中国还是世界贸易组织来说，都是一个具有历史意义的重大事件，了解中国加入世界贸易组织的过程、结果以及影响，可以更深入地认识一个现实中的世界贸易组织。

第一节　中国复关/入世的历程

一、中国申请恢复关贸总协定缔约方地位的有关问题

(一)中国与关贸总协定的历史渊源

1947年10月,当时的中国政府签署了关贸总协定,1948年1月1日,关贸总协定开始生效。4月21日,按照《临时适用议定书》中的规定,中国又作为最后文件签字国之一签署了该议定书,成为关贸总协定创始缔约方之一。1949年10月1日,中华人民共和国成立。1950年3月,台湾当局非法退出关贸总协定。1971年10月,联合国大会通过了第2758号决议,恢复中华人民共和国在联合国的合法席位。根据关贸总协定在政治上服从联合国决议的原则,1971年11月终止了台湾当局所谓的"观察员"地位。随后,中国于1972年5月成为联合国贸发会议和关贸总协定下属机构——国际贸易中心的成员。自此,中国逐步恢复了同关贸总协定的联系。

从1980年起,应中国的要求,关贸总协定正式向中国常驻联合国代表团提供关贸总协定的相关文件资料。同年8月,中华人民共和国政府官员作为中国的唯一合法代表,出席了国际贸易组织临时委员会执行委员会会议,并履行了选举权,投票选举了该委员会的执行秘书,即关贸总协定第3任总干事阿瑟·邓克尔先生。1981年,中国代表列席了关贸总协定纺织品委员会第3个《多种纤维协议》的谈判,并于当年5月获得了纺织品委员会的观察员资格。1984年1月,中国正式参加了第3个《多种纤维协议》,并成为关贸总协定纺织品委员会的成员。

1982年11月,中国首次以观察员身份派代表团列席了关贸总协定第38届缔约方大会。中国代表在发言中指出:"中国是关贸总协定的创始缔约方之一""中国与关贸总协定之间的关系正在加强,我们愿意与关贸总协定探索进一步发展关系的可能性",中国代表还与关贸总协定秘书处就恢复中国在关贸总协定缔约方地位等法律问题交换了意见。1984年2月在北京举行的关贸总协定讲习班上,中国代表表示:"中国政府注意到总协定在国际贸易中的作用并重视加强同总协定的关系。希望今后中国同总协定增进相互了解并不断扩大交往与合作"。1984年11月,作为观察员,中国获准出席关贸总协定理事会及其附属机构的会议。中国代表表示,中国的参加"将增加中国对关贸总协定活动的了解,便于中国政府就其缔约方的地位问题做出决定"。此后,中国每次都列席关贸总协定缔约方大会。

（二）中国复关要求的提出及其背景

1985年4月，中国成为关贸总协定发展中国家非正式磋商小组的成员。1986年1月10日，关贸总协定总干事邓克尔先生应中国政府邀请来华访问，中国政府正式提出，为适应对外开放政策的需要，中国希望恢复关贸总协定中的缔约方（以下简称复关）席位。1986年7月10日，中国驻日内瓦联合国常驻代表团代表钱嘉东大使向关贸总协定总干事邓克尔提交了中国政府关于恢复中国关贸总协定席位的申请，申请照会中表示，“中国政府基于中国是关贸总协定创始缔约方之一这一事实，现决定申请恢复它在关贸总协定中的席位……中国经济改革的进程有助于扩大它同缔约各方的经济和贸易联系。中国作为一个缔约方参加关贸总协定工作将有助于促进关贸总协定目标的实现”。从此，中国与关贸总协定的关系进入了一个新的历史时期，中国开始了长达10年的复关谈判。

从国内来看，进入20世纪80年代，中国的改革开放取得了喜人的成就，经济体制改革进一步深入，对外开放形成一定的规模，国内经济高速发展。从国际情况来看，世界贸易保护主义更加盛行，并且关贸总协定谈判已经进入了实质性的阶段，世界许多国家都已加入关贸总协定，并且享受关贸总协定所带来的利益。在这种情况下，恢复关贸总协定席位客观上已经成为一种必然的选择。在当时，中国的考虑主要体现在以下几个方面。

1. 发展对外经济贸易。1978年，党的十一届三中全会提出了进行经济体制改革和对外开放、对内搞活的经济政策，这大大加强了中国对外贸易在国民经济中的地位。随着对外开放的进行，对外贸易总额迅速增加，1978年，对外贸易总额约为206亿美元，1986年达到738.5亿美元。其中，与关贸总协定缔约方的贸易额约占中国对外贸易总额的85%。由于没有恢复关贸总协定缔约方席位，在国际贸易中不能获得作为关贸总协定缔约方所享受的一些权利。复关后，可使中国受益于以关贸总协定为基础的多边贸易体制，获得无条件的最惠国待遇和公正、公平与稳定的对外贸易环境，这对进一步改善中国对外经济发展的外部环境有着重要意义。

2. 促进经济体制改革的深化。例如，按关贸总协定原则与规则行事，在公平环境中竞争，可促进国内企业在国际竞争中提高经济效益，更好地参与国际分工。又如，按关贸总协定的要求，缔约方要增加其外贸制度的透明度和外贸政策法规的全国统一性，这对逐步减少贸易扭曲、消除地方贸易保护主义都有重大的作用。

3. 全面参与国际经济事务和贸易规则的制定。1980年，中国先后恢复了在国际货币基金组织和世界银行中的席位，通过这两个组织，获得了一些中、长期优惠贷款和技术援助。这对促进经济建设和对外开放起到了积极的作用，由于在协调国际经济政策方面,国际货币基金组织和世界银行与关贸总协定有密切的联系,加之获得的贷款大都与贸易有关,为了全面地参与国际经济事务,中国很自然地考虑参加关贸总协定。更为重要的是,通过复关,中国可获得参与制定世界经济和贸易政策与规则的权力。

4. 抑制贸易保护主义的泛滥。进入 20 世纪 80 年代,西方国家贸易保护主义有所加强,使中国的出口产品受到来自许多关贸总协定缔约方的不公正对待。例如,欧共体对中国许多产品有单方面的数量限制,中国的一些出口产品常常被进口国征收严于其他国家的反倾销税。中国不能利用关贸总协定有效地解决贸易争端,对方也因中国不是关贸总协定缔约方而不受关贸总协定法规的约束。因而在双边谈判时,中国经常处于不利的地位。在《多种纤维协议》中的经历使中国看到了是否作为关贸总协定缔约方的一些区别,这促使中国下决心参加关贸总协定。

因此,在当时世界各国贸易保护主义盛行的情况下,借助关贸总协定解决贸易争端的程序,可加强中国的谈判地位,有利于中方同贸易伙伴磋商和解决贸易争端,维护中国的经贸权益。

5. 建立与完善中国的商情网络。关贸总协定拥有世界经济贸易的全面信息资料,如各缔约方的贸易政策、贸易法规、双边贸易协定、贸易统计资料等。这是中国了解和收集国际经贸消息的重要场所,可通过关贸总协定及时了解各缔约方贸易政策新动向,并及时调整中国的外贸政策。

(三) 中国复关谈判的历程

1986 年 9 月,关贸总协定部长级会议在乌拉圭的埃斯特角城举行,决定进行旨在全面改革多边贸易体制的新一轮谈判,即乌拉圭回合谈判。谈判将贸易体制扩展到几个新的领域,特别是服务贸易和知识产权,并对农产品和纺织品等敏感部门的贸易进行改革。此次谈判是多边贸易体制发展史上的一次最复杂、最广泛、涉及国家和地区最多的多边贸易谈判。作为关贸总协定观察员,中国政府派出了部长级代表团与会,根据乌拉圭回合《部长宣言》规定,中国获得了全面参与乌拉圭回合多边谈判的资格。从此以后,中国政府派团参加了乌拉圭回合历次重要的谈判和期间召开的三次部长级会议,并就农产品、非农产品、服务业以及知识产权保护等方面提交了符合中国国情的具体义务承诺表,为乌拉圭回合最终取得成功做出了积极的贡献。1994 年 4 月 15 日,关贸总协定乌拉圭回合最后一次会议发表了《马拉喀什宣言》,这标志着乌拉圭回合的正式结束。中国政府代表团参加了这次关贸总协定的部长级会议,代表团团长代表中国政府同乌拉圭回合的全部参加方一起签署了乌拉圭回合的最后文件,成为世界贸易组织的“实际”创始者之一。

自中国提出恢复关贸总协定缔约方地位的申请,谈判大致可以分为以下几个阶段：

第一阶段是从 1986 年 7 月中国提出复关申请到 1989 年 5 月中美第五轮关贸总协定双边磋商达成谅解。这期间，中国与主要缔约方进行了十几次双边磋商，并就中国复关的一些核心问题基本达成了谅解，而且中国工作组连续召开 7 次会议，已基本结束了对中国外贸制度的答疑和综合评估工作，中国复关议定书基本成形，无论在多边谈判还是在双边磋商中，都已基本形成共识——1989 年底结束复关谈判。

第二阶段是从 1989 年 6 月到 1992 年 2 月第 10 次中国工作组会议召开。这一阶段，以美国为首的西方国家对华实行经济制裁，把暂时不让中国复关作为对华经济制裁的一项主要内容，加之国内经济处于治理整顿阶段，复关谈判涉及的双边磋商和以日内瓦工作组会议形式进行的多边谈判（这期间曾召开过第 8 次和第 9 次工作组会议，均为象征性例会）事实上均陷入停顿，而且还危及中国复关谈判第一阶段取得的成果。导致这一阶段复关谈判陷入停顿，除众所周知的原因外，还有以下原因：①国内为配合治理整顿而加强和重新启用一系列行政管理措施，西方国家认为这是中国改革开放的倒退。②冷战结束后释放出来的中美双边经贸纠纷（如劳改产品出口、知识产权保护、纺织品非法转口、贸易不平衡和市场准入等）成为多边解决中国复关的障碍。解决这些问题成为解决中国复关的先决条件，而且美方把双边贸易问题是否妥善解决同中国复关谈判挂钩。③乌拉圭回合因美欧农产品补贴问题陷入僵局，关贸总协定和有关各方无心关注中国复关谈判。

第三阶段是从 1992 年 2 月到 1995 年底。这一阶段复关谈判重新启动并进入权利与义务谈判的最后攻坚时期。在这期间，1992 年因邓小平同志南方谈话而引发的深化改革和"全方位"对外开放，为中国经济的高速发展注入了新的推动力；党的十四大的召开为中国经济体制改革确立了建立社会主义市场经济体制和现代企业制度的目标，并相应地出台了一系列深化改革的重大举措。

这一系列改革开放的新举措本应为及早结束中国复关谈判提供契机，但由于冷战后出现的新国际形势和乌拉圭回合形成的《建立世界贸易组织协定》生效在即，加之主要西方国家对中国复关后的影响进行了重新认识，上述的一系列因素对中国复关谈判不仅未能发挥出提供契机和推动的作用，相反，却扩大了中国复关谈判的内容，拖长了谈判时间，致使主要缔约方对中国复关谈判采取了"滚动式要价"的做法，无视中国现阶段经济发展水平，要求中国提前从发展中国家行列中"毕业"，承担发达国家在关贸总协定中所承担的义务。为增加有关各方的责任感与紧迫感，中国于 1994 年 11 月 28 日及时地做出了"1994 年底为结束中国复关实质性谈判最后期限"的重大决定，以推动主要缔约方丢掉幻想，要价适可而止，对中国复关谈判采取务实灵活的态度。但谈判仍未最终达成协议。

二、中国入世谈判的有关问题

(一)中国入世谈判的历程

自1994年复关谈判受挫至1996年中期,在这期间虽然经过中国工作组主席多次倡议和邀请,中国代表团曾4次赴日内瓦与主要成员进行了非正式磋商,但谈判僵局一直未能打破,谈判始终围绕着几个难点问题进行周旋。1995年11月,应中国政府要求,中国复关谈判工作组更名为中国入世工作组,并于1997年3月召开第一次入世工作组会议,由复关转入入世谈判,仍未取得进展。直到1997年下半年,在中美关系趋缓、香港顺利回归祖国和世界区域集团化与一体化并举的形势下,美国政府通过高层官员陆续向我国透露,美国最高层已决定调整美国对中国入世的政策,并对负责中国入世谈判的班子进行了必要的调整。1997年和1998年,江泽民主席和克林顿总统的互访对中国的入世谈判起到了积极的促进作用。1999年,朱镕基总理访美,使中美关系进入了新的发展阶段。但由于种种因素的阻挠,中美最终未能达成关于中国入世的协议,双方只是于4月10日签订了《中美农业合作协议》,但美方承诺将"坚定地"支持中国加入世界贸易组织。在中美双方领导人的积极推动和双方谈判代表团的努力下,1999年11月15日,中美双方终于达成了中国加入世界贸易组织的协议,使得中国入世进程取得了决定性的突破。

但此后入世谈判并没有如大多数人所预期的那样顺利结束,其中中国与欧盟的谈判甚至还相当艰难。欧盟在它所关心的保险、葡萄酒等部门坚持其要求,而我国在对美国谈判结束之后不愿做出更多的让步,使双方僵持不下,直到2000年12月才最终达成双边协议。在双边市场准入谈判基本完成之后(与墨西哥直到最后阶段才达成双边协议),中国入世议定书的起草又出现了意想不到的波折。这主要是由于美国认为其在双边谈判中没有能完全实现其谈判目标,比如在汽车配额的构成等问题上对我国提出了进一步的要求,而我国坚持认为议定书只是综合双边谈判已达成的协议,不应有进一步的改动,使谈判再度陷入困境。此外,在农业补贴问题上,也出现了较长时间的僵持。但在各方的共同努力下,这些困难最终被一一克服。到2001年11月11日,世界贸易组织多哈第四届部长级会议上,全体成员通过了对中国入世议定书的审议和关于批准中国入世的决定。15年的复关/入世历程画上了圆满的句号。

(二)复关/入世谈判涉及的主要问题

1. 我国入世后能否获得美国无条件的、永久的最惠国待遇。最惠国待遇原则是非歧视贸易的基石,也是贸易伙伴间开展经贸往来的基本条件。中美建交以后,双方均承诺给予对方最惠国待遇,这本来就是互惠互利的,并不存在优惠的问题。但美国以其国内立法为由,拒绝给予我国无条件的、永久的最惠国待遇,而是举行一年一度的审议,以确定中国是否符合美国给予最惠国待遇的条件,这是一种有违国际惯例的做法。虽然美国从自身的实际利益出发,每次都通过了对我国的审议,并给予我国最惠国待遇,但这种做法使中美经贸关系始终处于一种不正常、不稳定的状态,给两国间贸易带来极大的损害。加入世界贸易组织给彻底解决中美之间的最惠国待遇问题提供了一个大好机会。由于最惠国待遇原则是世界贸易组织的基本原则之一,因此,从理论上说,如果我国加入世界贸易组织,则与同为世界贸易组织成员的美国之间必须互相给予无条件的、永久的最惠国待遇。中美就中国加入世界贸易组织问题达成双边协议,美国国会给予我国无条件的、永久的最惠国待遇,长期困扰两国关系的最惠国待遇问题得到了最终的解决,这无疑为加强双方的经贸往来与合作、改善和巩固双边关系奠定了良好的基础。

2. 我国是否以发展中国家身份入世。按照世界贸易组织的规定,发展中国家可以享受差别的和特殊的优惠待遇。中国如能以发展中国家地位入世,可以获得一些优惠待遇。当然,我国坚持以发展中国家身份入世绝不是为了逃避责任,而是要按照权利和义务平衡的原则承担与自己发展水平相适应的义务。中国改革开放的目的就是尽快发展生产力,早日摆脱不发达状况,成为发达国家。改革开放以来,中国的年均经济增长率居世界首位。随着经济的高速增长,中国的经济规模不断扩大,成为世界发展中国家的经济大国。入世前的 2000 年,中国的国民生产总值为 890 404 亿元,突破 1 万亿美元,居世界第七位,中国的主要工农业产品的产量居世界前列,贸易额居世界第九位,外汇储备仅次于日本。所有这些都使中国的国际竞争力和综合国力大大提高,在国际经济体系中的作用和影响也不断加强。但只以中国改革开放以来经济建设所取得的重大成就,就不承认中国是发展中国家,既与国际通行和世界贸易组织确认的标准不符,也脱离中国的实际状况。

第一,国际货币基金组织和世界银行将中国视为发展中国家。根据世界银行(2003)世界发展报告,2001 年中国的人均 GNP 是 890 美元,是美国的 2.55%,是日本的 2.47%,是阿根廷的 12.8%,是巴西的 29%,是世界平均水平的 17.3%。根据世界银行划定的标准,2001 年中国属于中低收入国家。世界贸易组织将人均国民生产总值在 1 000 美元以下的成员视为发展中国家,显然,中国属于发展中国家之列。

第二,只依据经济发展速度和贸易地位就否定中国的发展中国家地位,是以偏概全,不符合中国的实际情况。实际上,从总体上看,由于人口多、底子薄,中国在发展过程中遇到了更多的困难:①中国人口多,就业压力大。在新增加的国民收入中,既要保证新增人口的生活需要,又要使原有人口的生活有适当改善,还要保证增加积累,扩大经济持续发展的能力。②教育水平低,人口素质不高。③二元经济结构尚未改观。城市与农村的发展水平差距较大,地区之间的经济、文化、生活水平等发展程度极不平衡。

第三,中国可以承担与经济发展水平相适应的义务。改革开放以来,中国经历了一场深刻的历史性变革。改革开放有力地推动了中国经济持续的高速发展,促进了中国人民生活水平的普遍提高,政治体制改革也在积极稳妥地推进。中国社会在经济体制、社会结构、产业模式以至人们的价值观念等各方面都发生了一系列意义深远的变化,进入一个全面的转型期:一是由高度集中的计划经济体制向市场经济体制的转化;二是从农业社会向工业社会转化;三是生活方式由温饱型向小康型转化;四是由人治社会向法治社会转化;五是价值观念向现实性、多元化方向转化;六是由封闭半封闭社会向全方位开放型社会转化。中国社会形态的转变使古老的中国焕发出空前的生机和活力,使中国的社会化程度进一步提高,社会资源配置得以进一步优化,中国进一步走向世界,参加国际经济大循环,成为世界经济体系不可分割的一部分。中国已成为最具潜力的发展中大国。

3. 我国在入世谈判中是否必须承诺逐步降低关税水平。关税减让是每个世界贸易组织成员的基本义务。关税是最常见的管理贸易的手段,关贸总协定建立的直接目的就是要逐步削减各缔约方的关税水平,使贸易能更加自由地进行。经过关贸总协定/世界贸易组织长期的努力,世界各国的关税水平都有了大幅度的下降,并大大推动了国际贸易的发展。我国要申请加入世界贸易组织,当然必须承担起最基本的义务,使自己的关税水平符合世界贸易组织的要求。因为原来的关贸总协定和世界贸易组织已经进行了八轮多边贸易谈判,世界关税总水平从40%降低到6%左右,发展中国家为10%左右,发达国家为3%,我国仍高达15%,比发展中国家平均水平还要高。由于我国不是世界贸易组织成员和关贸总协定的缔约方,没有参加40多年的谈判,所以看起来我国的关税下降幅度较大,但实际上仍比其他国家要高。

降低关税并不是单纯为了要入世,而是从自身利益和发展的需要出发。江泽民同志在党的十五大报告中关于关税的部分提出"要进一步降低关税总水平,鼓励引进先进技术和关键设备"。1994年之前,我国的关税总水平是42%,1994年降到36%,随后进一步降到23%,2001年降到15.3%,这已经接近发展中国家的平均关税水平。事实上,逐步降低关税总水平是我国改革开放的需要。如果我国的关税水平还维持在40%或30%以上,我们的对外开放就会面临一些困难。改革开放初期,我国对关税做了很多特殊的安排,外商来华投资进口设备、加工贸易原材料实行零关税,经济特区、经济技术开发区等实行特殊的关税。实行这些政策的目的是为了引进外资,发展加工贸易,发展经济特区。

这就使我国名义关税很高，而实际关税很低。1994 年，名义关税约为 42%，世界银行曾经做过估计，认为我国的实际关税水平仅有 5%。因此，我国的高关税总授人以柄，而实际关税水平是很低的。关税改革就是要把名义关税和实际关税逐步统一起来。2002 年，名义关税已经降到 15.3%，实际关税为 7.9%，名义关税与实际关税之间仍有一定差距。降低关税，就是把名义关税降下来，这是开放的实际需要。所以，降低关税是服务于对外开放的实际需要，不是因为入世才实行低关税。

在国际贸易中，关税的保护作用和职能在不断削弱，这是经济全球化的大趋势所决定的。关税的降低使生产成为全球化的生产，企业可以利用世界各国的资源，降低市场成本，获得技术优势。另外，技术的发展也使这种全球化的生产成为可能，电信与计算机的发展使全球化的生产越来越普及，特别是高新技术产业基本上是全球化的生产。入世前我国技术水平尚处在相对较低的层次上，一定要争取参与世界大跨国公司的全球化生产，成为其中的一个链条、一个生产环节。所以，这不仅是一个降税的问题，而且是一个参与经济全球化的问题。另外，单纯以关税高低来判断国家对产业保护程度的高低，是一种片面的看法。因为对一国产业的保护，关税并不是最重要的措施，而且这个措施越来越不重要。关税仅是整个税收制度的一部分，仅以关税水平的高低作为国内工业是否受到影响的一个根本性的标志，有很大的随意性和片面性。

4. 我国在入世后是否还能实行出口退税政策。出口退税是指对出口企业出口和代理出口的货物，可以在货物报关出口并完成销售后，按月报送税务机关批准退还或免征增值税和消费税。增值税和消费税属间接税的范畴，是在生产和流通环节间接地对消费征收的一种税，而出口货物是在国外消费，因此各国普遍认为应将出口货物已征的间接税退还，同时进口货物的间接税则由本国消费者承担。实行出口产品零税率、退还出口产品已征收的间接税，是各国普遍采取的一种促进出口的措施。但出口退税并不是出口补贴，也不是一种歧视性的出口优惠措施。

世界贸易组织《补贴与反补贴措施协议》明确规定："补贴是某成员境内由某一政府或任何公共机构做出财政支持或任何形式的收入支持或价格支持，由此给予的某种利益。"该协议的附录二还规定："间接税减免计划允许对在出口产品生产中的消费投入而征收的前期积累间接税进行免征、减征或延期支付。同样，退税计划允许对在出口产品生产中的消费投入而征收的进口费用进行减征或退还。"因此，出口退税只要不超过已征或应征的间接税，就不是出口补贴，出口退税完全符合世界贸易组织的规定。由此可见，我国加入世界贸易组织并不影响出口退税政策的合法性。入世后出口退税政策不仅要坚持，而且应加大实施力度，彻底实现出口产品零税率，在服务贸易出口中也实行出口零税率。

5. 中美在纺织品服装贸易问题上的分歧。在中美入世谈判中,纺织品与服装贸易一直是双方争执的问题,我国政府为维护本国的利益,始终坚持既定立场,而这主要是由于纺织品服装贸易在我国对外贸易中占据着突出地位。自改革开放以来,我国凭借廉价劳动力的优势,迅速成为世界上最大的纺织品服装出口国之一。入世前,2000 年全球纺织品服装贸易总额为 3 560 亿美元,其中 522.1 亿美元为我国出口,占 14.66%,居世界第一位。从 1986 年到 1995 年,纺织品一直是我国第一大出口商品,虽然从 1996 年起位居机电产品之后列第二位,但仍然是我国贸易顺差最大的商品,2000 年达 328 亿美元,是该年全国贸易顺差总额的 136%,即事实上弥补了其他产品上的贸易逆差。但我国纺织品出口长期受到美国和欧盟的配额限制,而且 20 世纪 90 年代以来,美欧不断压缩我国的出口配额,仅美国就 9 次扣减配额 600 万打、130 多万公斤。这种贸易保护主义措施使我国纺织品无法充分扩大在国际市场上的份额,并影响到纺织工业的发展。

加入世界贸易组织为我国解决这个问题提供了良好时机,世界贸易组织《纺织品与服装协议》要求各成员逐步取消配额限制,到 2005 年完全取消配额制度。如果我国成为世界贸易组织成员,同样应获得美欧取消配额的承诺,这也是我国政府按照世界贸易组织协议的精神提出的正当合理的要求。但是,美国以保护其国内纺织工业利益为由,坚持认为应根据 1997 年中美双边协议的规定,将其对华纺织品配额保持到 2007 年底。事实上,美国的这一要求更重要的是出于谈判策略上的考虑,希望通过对我国在这一关键领域的压力,达到迫使我国在其他部门中做出更多开放承诺的目的。我国政府则坚持自己的原则立场,强烈要求美国放弃这种歧视性的无理要价,严格按照世界贸易组织的有关协议履行义务。

6. 农业补贴问题。农业补贴是入世谈判后期出现的一个难点。这里所涉及的主要是《农业协议》第 6 条第 4 款不需减让的"黄箱"政策中的微量支持。该款规定发达国家所允许的微量水平的最大值是 5%,而发展中国家是 10%。对于针对特定产品的支持来说这一比例是指补贴额占相关年度该农产品的生产总值的比重,对于没有特定对象的补贴来说是指补贴额占相关年度农业总产值的比重。中国作为发展中国家理应有权实行最高 10%的"黄箱"补贴,但美国和由主要农产品出口国组成的凯恩斯集团要求中国承担更高的约束性承诺,即微量支持的比例应小于 10%,甚至应该和发达国家一样为 5%。

入世前我国的农业"黄箱"补贴大约只占农业生产总值的 2%,远低于对发展中国家的要求甚至是发达国家的要求。考虑到我国已承诺取消各种贸易保护措施,并且美国、欧盟等发达国家仍对农业生产给予了大量的支持,其削减幅度有限,我国要求按照发展中国家的待遇对农业生产实行"黄箱"补贴是完全有理有据的。在经过数轮谈判之后,我国做出了一定的让步,将微量支持的比例定在8.5%,高于发达国家,低于其他发展中国家。但需要说明的是,这一比例只是指“黄箱”补贴,而不包括“绿箱”补贴,比如农村义务教育投资、农业基础设施改造等,这些支持措施其实更有利于我国农业和农村的长期发展。目前我国在这些支持措施上仍有很大的余地,也就是说,不一定只有通过“黄箱”补贴才能支持农业发展。事实上,发达国家的经验已经表明,农业生产补贴的代价是非常巨大的,我国作为一个发展中国家并不具备承受这种代价的能力。如果能够把“绿箱”政策用足用好,就已经是对农业和农村发展的极大支持了。因此,争取“黄箱”补贴的权利是我国入世谈判应该坚持的原则,但我们仍然应该尽量使用产生较少扭曲作用的“绿箱”政策。

第二节 中国入世承诺简析

一、中国加入世界贸易组织法律文件的组成

我国入世承诺体现在中国加入世界贸易组织法律文件中,它包括:《关于中华人民共和国加入的决定》、《中华人民共和国加入议定书》及其附件、《中国加入工作组报告书》。中国加入世界贸易组织法律文件的主体是《建立世界贸易组织协定》,《中华人民共和国加入议定书》和《中国加入工作组报告书》现已成为《建立世界贸易组织协定》的组成部分。从名称上看,《中华人民共和国加入议定书》是确定中国与世界贸易组织权利和义务关系的法律文件,议定书的各个条款切实关系中国在世界贸易组织中的权利和义务,而《中国加入工作组报告书》只是记录工作组谈判情况的说明性文件。但实际上,《中华人民共和国加入议定书》与《中国加入工作组报告书》是内在统一的,都是中国入世法律文件的实质组成部分,彼此之间不能独立成立,也不能分割看待,并且具有相同的法律效力。

从内容上看,《中华人民共和国加入议定书》正文包括三个部分。其中:第一部分“总则”包括18个条款,为议定书的实质性内容;第二部分“减让表”申明了议定书所附关税和非关税减让表以及服务贸易具体承诺表的法律地位;第三部分“最后条款”列明了一些程序性条款。议定书共有9个附件,其中附件3、附件8和附件9是主要内容,规定中国在货物贸易方面的非关税措施的取消进度和关税减让进度以及在服务贸易领域的具体减让承诺,即中国在各个产业部门的具体开放承诺均包含在这三个附件中,这些开放承诺是研究中国加入世界贸易组织对产业发展所产生影响的基础和出发点。《中华人民共和国加入议定

书》的结构如表 10-1 所示。

表 10-1 《中华人民共和国加入议定书》的结构

序言	Preamble	
第一部分	General Provisions	总则
第 1 条	General	总体情况
第 2 条	Administration of the Trade Regime	贸易制度的实施
	(A) Uniform Administration	统一实施
	(B) Special Economic Areas	特殊经济区
	(C) Transparency	透明度
	(D) Judicial Review	司法审查
第 3 条	Non-discrimination	非歧视
第 4 条	Special Trade Arrangements	特殊贸易安排
第 5 条	Right to Trade	贸易权
第 6 条	State Trading	国营贸易
第 7 条	Non-Tariff Measures	非关税措施
第 8 条	Import and Export Procedures	进出口许可程序
第 9 条	Price Controls	价格控制
第 10 条	Subsidies	补贴
第 11 条	Taxes and Charges Levied on Imports and Exports	对进出口产品征收的税费
第 12 条	Agriculture	农业
第 13 条	Technical Barriers to Trade	技术性贸易壁垒
第 14 条	Sanitary and Phytosanitary Measures	卫生与植物卫生措施
第 15 条	Price Comparability in Determining Subsidies and Dumping	确定补贴和倾销时的价格可比性
第 16 条	Transitional Product-Specific Safeguard Mechanism	特定产品过渡性保障机制
第 17 条	Reservations by WTO Members	WTO 成员的保留
第 18 条	Transitional Review Mechanism	过渡性审议机制

续表

第二部分	Schedules	减让表
第三部分	Final Provisions	最后条款
附件1A	Information to be Provided by China in the Context of the Transitional Review Mechanism	中国在过渡期审议机制中提供的信息
附件1B	Issues to be Addressed by the General Council in Accordance with Section 18.2 of China's Protocol of Accession	总理事会依照《中国加入议定书》第18条第2款处理的问题
附件2A1	Products subject to State Trading(Import)	国营贸易产品(进口)
附件2A2	Products subject to State Trading(Export)	国营贸易产品(出口)
附件2B	Products subject to Designated Trading	指定经营产品
附件3	Non Tariff Measures subject to Phased Elimination	非关税措施取消时间表
附件4	Products and Services subject to Price Controls	实行价格控制的产品和服务
附件5A	Notification Pursuant to Article XXV of the Agreement on Subsidies and Countervailing Measures	根据《补贴与反补贴措施协议》第25条做出的通知
附件5B	Subsidies to be Phased out	需逐步取消的补贴
附件6	Products subject to Export Duty	实行出口税的产品
附件7	Reservations by WTO Members	WTO成员的保留
附件8	Schedule CLII People's Republic of China	第152号减让表——中华人民共和国
附件9	Schedule of Specific Commitments on Services, List of Article Ⅱ MFN Exemption	服务贸易具体承诺,减让表第2条最惠国豁免清单

《中国加入工作组报告书》记录了中国复关/入世谈判的简要过程、工作组成员就各项议题向中国提出的问题以及中国的回答。《中国加入工作组报告书》共8个部分、343段。报告书的一些内容纯粹是事实性的描述,并不具有法律效力,但报告书第342段所列明的各段,即“中国就某些具体事项所做承诺……已并入议定书第1条第2款”。也就是说,这些相关的段落已经构成了中国的法律承诺,并已成为《中华人民共和国加入议定书》的一部分,对议定书

未涉及或未明确的内容进行了补充。《中国加入工作组报告书》的结构如表10-2所示。

《中华人民共和国加入议定书》正文和《中国加入工作组报告书》中的承诺是中国就全面接受现有世界贸易组织规则所做的书面和法律承诺,同时也包括了一些超出现有世界贸易组织框架、专门针对中国的规则。这些内容是中国调整国内法律法规,使之与世界贸易组织规则接轨的准绳,也是中国与其他世界贸易组织成员处理经贸关系的重要法律依据。

表10-2 《中国加入工作组报告书》的结构

第一部分	Introduction	导言
1	Documentation Provided	提供的文件
2	Introductory Statements	介绍性说明
第二部分	Economic Policies	经济政策
1	Non-Discrimination(including National Treatment)	非歧视(包括国民待遇)
2	Monetary and Fiscal Policy	货币和财政政策
3	Foreign Exchange and Payments	外汇和支付
4	Balance-of-Payments Measures	国际收支措施
5	Investment Regime	投资体制
6	State-Owned and State-Invested Enterprises	国有企业和国家投资企业
7	Pricing Policies	定价政策
8	Competition Policy	竞争政策
第三部分	Framework for Making and Enforcing Policies	政策制定和执行的框架
1	Structure and Powers of the Government	政府的结构和权力
2	Authority of Sub-National Governments	地方各级政府的职权
3	Uniform Administration of the Trade Regime	贸易制度的统一实施
4	Judicial Review	司法审查
第四部分	Policies Affecting Trade in Goods	影响货物贸易的政策
A	Trading Rights	贸易权
1	General	总体情况
2	Designated Trading	指定经营

续表

B	Import Regulation	进口法规
1	Ordinary Customs Duties	正常海关关税
2	Other Duties and Charges	其他税费
3	Rules of Origin	原产地规则
4	Fees and Charges for Services Rendered	对提供的服务收取的规费和费用
5	Application of Internal Taxed to Imports	国内税对进口产品的适用
6	Tariff Exemption	关税免除
7	Tariff Rate Quotas	关税配额
8	Quantitative Import Restrictions, including Prohibitions and Quotas	进口数量限制，包括禁止和配额
9	Import Licensing	进口许可程序
10	Customs Valuation	海关估价
11	Other Customs Formalities	其他海关手续
12	Preshipment Inspection	装运前检验
13	Anti-dumping, Countervailing Duties	反倾销税和反补贴税
14	Safeguards	保障措施
C	Export Regulations	出口法规
1	Customs Tariffs, Fees and Charges for Services Rendered, Application of Internal Taxes to Exports	关税、对提供的服务收取的规费和费用、对出口产品征收的国内税
2	Export Licensing and Export Restrictions	出口许可程序和出口限制
3	Export Subsidies	出口补贴
D	Internal Policies Affecting Foreign Trade in Goods	影响货物贸易的国内政策
1	Taxes and Charges Levied on Imports and Exports	对进出口产品征收的税费
2	Industrial Policy, including Subsidies	产业政策，包括补贴
3	Technical Barriers to Trade	技术性贸易壁垒
4	Sanitary and Phytosanitary Measures	卫生与植物卫生措施

续表

5	Trade-Related Investment Measures	与贸易有关的投资措施
6	State Trading Entities	国营贸易实体
7	Special Economic Areas	特殊经济区
8	Transit	过境
9	Agricultural Policies	农业政策
10	Trade in Civil Aircraft	民用航空器贸易
11	Textiles	纺织品
12	Measures Maintained against China	针对中国保留的措施
13	Transitional Safeguards	过渡性保障措施
第五部分	Trade-Related Intellectual Property Regime	与贸易有关的知识产权制度
A	General	总体情况
1	Overview	概述
2	Responsible Agencies for Policy Formulation and Implementation	负责政策制定和执行的机构
3	Participation in International Intellectual Property Agreements	参加国际知识产权协定的情况
4	Application of National and MFN Treatment to Foreign Nationals	对外国国民适用国民待遇和最惠国待遇
B	Substantive Standards of Protection, Including Procedures for the Acquisition and Maintenance of Intellectual Property Rights	保护的实体标准，包括获得和维持知识产权的程序
1	Copyright Protection	版权保护
2	Trademarks, including Service Marks	商标，包括服务商标
3	Geographical Indications, including Appellation of Origin	地理标识，包括原产地名称
4	Industrial Designs	工业设计
5	Patents	专利
6	Plant Variety Protection	植物新品种保护
7	Layout Designs of Integrated Circuits	集成电路布图设计

续表

8	Requirements on Undisclosed Information, including Trade Secrets and Test Data	对未披露信息(包括商业秘密和试验数据)的要求
C	Measures to Control Abuse of Intellectual Property Rights	控制滥用知识产权的措施
D	Enforcement	执行
1	General	总体情况
2	Civil Judicial Procedure and Remedies	民事诉讼程序和救济
3	Provisional Measures	临时措施
4	Administrative Procedures and Remedies	行政程序和救济
5	Special Border Measures	特殊边境措施
6	Criminal Procedures	刑事程序
第六部分	Policies Affecting Trade in Services	影响服务贸易的政策
1	Licensing	许可
2	Choice of Partner	合资伙伴的选择
3	Modification of the Equity Interest	股权的调整
4	Prior Experience Requirement for Establishment in Insurance Sector	保险部门中设立商业机构的以往经验要求
5	Inspection Services	检验服务
6	Market Research	市场调查
7	Legal Services	法律服务
8	Minority Shareholder Rights	少数股持有者的权利
9	Schedules of Specific Commitments	具体承诺减让表
第七部分	Other Issues	其他问题
1	Notifications	通知
2	Special Trade Arrangements	特殊贸易安排
3	Transparency	透明度
4	Government Procurement	政府采购
第八部分	Conclusions	结论

二、中国关于市场准入的承诺分析

市场准入无疑是复关/入世谈判的重要内容,相对义务规则而言,市场准入没有准则可循,市场准入的谈判完全是基于互惠的原则,更多地取决于自身的判断以及谈判对手的要价和谈判能力。

(一)工业品

对于正在致力于实现工业化的中国来说,工业品的市场准入无疑具有重要的意义。在关税方面,中国同意约束所有的关税,工业品的平均关税降至8.9%,中国还加入《信息技术协议》,到2003年许多信息技术产品实施零关税,其他产品在其后两年实施零关税。中国同意到2005年年底以前取消所有对进口产品的配额、许可证、投标要求,以及其他非关税壁垒。这意味着中国在工业品领域的市场准入达到了一个相当高的水平,在与其他发展中国家甚至部分发达国家的比较中,中国的工业品市场准入都具有更大的广度和深度。

但是,这种变化并不是突然发生的,事实上,中国的贸易自由化改革从1992年就已经开始,不断进行的关税减让导致这一时期中国的平均关税水平下降了一半以上。在重要的制造业部门,关税减让的程度还要更高。这些关税减让是分阶段进行的,这意味着中国加入世界贸易组织所做的关税减让是渐进的而非一步到位的。中国关税改革的另外一个主要特征是关税税率等级的简化。在1992年,关税税率的标准差为32.1%(标准差越大表明不同税号间税率的差异越大),但是到了1998年,这一数字下降为13.1%。这种下降将极大地减少贸易保护的成本。中国关税改革还有一个重要特征,即在加工贸易方面引进外国投资并且进行关税豁免。根据中国海关统计,75%的进口都可以被归为8类免税或者减税商品。在1998年仅有25%的进口是作为普通贸易进行并缴纳正常关税的。这种减税或免税的存在大大降低了我们通常所说的加权平均关税税率与平均关税。同时,20世纪90年代中国在消除贸易体制中的各种非关税壁垒的种类方面已经取得了巨大的进步,在中国受到配额和许可证控制的产品总数1992年有1 247种,但到2000年实行进口许可证管理的商品只有35种,约占全年进口总额的6.6%。

(二)农业

农业最初并不是中国复关/入世谈判的重要议题,但在乌拉圭回合达成《农业协议》之后,农业问题成为美国在谈判中极为关注的一个内容。从中国的承诺来看,中国在农产品市场准入方面同样做出了巨大的让步,甚至比制造业走得更远。中国同意到2004年1月将农产品的平均关税从22%降至15%,但中国长期对小麦、玉米、大米、豆油、棉花等重要产品实施国营贸易,关税壁垒的作用有限,因此在这些产品上的关税配额承诺更有意义。中国在主要农产品的关税配额方面所做出的承诺是相当大的,这首先表现在配额内关税的超低水平,大大低于许多在乌拉圭回合谈判中做出承诺的国家。在配额数量上,不仅远高于入世前的进口量,也远高于许多世界贸易组织成员的承诺。

实际上,在加入世界贸易组织之前,中国对农产品的贸易保护也是有限的。在关税水平上,经过 1992 年、1993 年和 1997 年的自主降税,农产品的算术平均税率已经从 46.6%降至 1998 年的 21.2%,此后进一步降至 2001 年的 18.9%。在中国的改革过程中,农业保护水平处于不断下降的过程中,如农产品贸易经营权的下放、非关税壁垒的覆盖范围和实际关税水平的下降等,而在进口量不超过关税配额的情况下,多数农产品的保护水平在入世前后并没有显著的变化。这说明至少在市场准入方面,中国在农产品方面的承诺并不是一个飞跃。

(三)服务业

服务业在复关谈判的后期就已经列入谈判议程,在入世谈判中,服务贸易则是相当关键的内容。从谈判结果来看,中国承诺在入世后的几年内取消对外资进入和所有权的限制,以及大多数的对外资服务企业的歧视,这代表了在世界贸易组织中最激进的服务贸易自由化计划。中国对 149 个服务分部门的 82 个部门做出了约束承诺,承诺比例达 55%,从总体水平上看,中国的承诺水平与转型国家接近,是发展中国家中最高的。在综合考虑提供方式的情况下,中国在市场准入和国民待遇方面的承诺比例也都超过了 50%,只是略低于发达国家,远远超出了发展中大国的水平。在部门层次上,中国在分销服务、银行服务、保险服务、电信服务、专业服务等敏感部门做出了相当广泛和深入的国民待遇和市场准入承诺,甚至超出了许多外国观察者和企业的预期。

但同样,服务业的对外开放并不是一夜之间实现的。商业零售、餐饮是我国较早对外开放的服务行业,1992 年,国家同意在北京、天津、上海等城市试办中外合资或合作经营的商业零售企业。在银行、保险领域,到 2000 年初,中国已批准建立各种营业性外资银行机构 182 家,已批准建立 414 个外资金融机构代表处,已开放的允许建立营业性外资金融机构的城市有五个经济特区及北京、天津、上海、青岛等大中城市,上海浦东、深圳的部分外资银行已经获得经营人民币业务的权利。在保险业,中国允许外国保险集团投资设立保险机构。1996 年底,在上海和广州两个试点城市批准设立了 8 家营业性外资保险机构以及 152 家代表处,1999 年初,中国还批准了德国安联保险集团与上海大众汽车公司合资成立保险公司。在对外贸易领域,外商可以在中央政府批准设立的 15 个保税区内从事外贸业务,在上海浦东和深圳已开始设立中外合资外贸公司的试点。在旅游业方面,外国投资者可以合资或合作的形式建立、改造和经营饭店设施,在 12 个国家级旅游区内,允许外商开发旅游设施,合资经营旅游汽车公司,并可合资兴办国际旅行社。随着经济发展水平的提高,过去一些国家垄断的服务行业也开始向外资敞开大门,如2000年美国POSTNET公司在上海开设了一家提供邮政速递服务的特许经营店,首家中外合资电信企业——上海信天通信有限公司于2000年12月5日成立。在人们印象中是事业部门的医疗服务业,早在1997年,第一家中外合资医院"和睦家"就已开业。2000年7月,卫生部和对外贸易经济合作部联合发布了《中外合资、合作医疗机构管理暂行办法》,外资进入医疗服务业将更加名正言顺。

三、中国关于WTO规则的承诺

乌拉圭回合协议的突出特点就是"一揽子接受"(Single Undertaking),即多边贸易协议的内容同时对所有成员适用,除了部分对发展中国家的优惠待遇外,在遵守规则方面,各成员基本上是平等的,中国在这方面当然不能例外。对中国来说,这方面的主要问题在于中国未能享受部分作为发展中国家应该享受的优惠待遇,同时基于中国的特殊情况,中国还承担了一些所谓的"超世界贸易组织义务"。而这些义务正是对中国加入世界贸易组织之后的权利和义务产生重大影响的因素。

(一)农业补贴和出口补贴——发展中国家待遇问题

在复关/入世谈判中,尽管中国代表一再声明中国是一个发展中国家,理应享受世界贸易组织给予发展中国家的所有差别和更优惠待遇(《中国加入工作组报告书》第8段),但从谈判的结果来看,对于世界贸易组织下的不同协议,中国可能具有不同的身份,在某些协议或某些协议的某些条款下,中国属于发展中国家,可以享受协议中的优惠安排;在某些协议中,中国则不能作为发展中国家(但也不是发达国家)而享受应有的优惠。农业问题受这一因素影响较大。

首先,中国承诺全部取消农产品出口补贴。根据世界贸易组织《农业协议》,发达国家也只是将农产品出口补贴到2005年削减36%,发展中国家只需要削减24%,这意味着中国非但没有享受发展中国家的优惠,反而做出了远远超出发达国家水平的承诺。但对中国来说,这并不是新鲜事,因为早在1990年,中国就已经宣布取消所有出口补贴,并曾经承诺不再恢复采取出口补贴措施。尽管中国在后来的谈判中希望保留使用农产品出口补贴的权利,但美国等谈判对手显然不会允许中国在贸易自由化的道路上出现倒退。

其次,农业生产补贴的问题一度成为中国加入世界贸易组织谈判后期的焦点。根据世界贸易组织《农业协议》,发展中国家允许的微量补贴为农业生产总值或某种农产品生产总值的10%,发达国家的这一标准是5%,而美国等发达国家坚持要求中国按照发达国家的标准。在农民收入增幅连续下滑、"三农"问题日益突出的背景下,中国政府不得不在这一问题上采取强硬立场,并多次宣称

“中国必须保留提高农业补贴的权利”。最终的谈判结果将这一数字确定为8.5%,这是对双方立场的折中,但同时中国承诺不引用发展中国家可以将农业投资补贴和投入补贴不计入补贴总量的权利。20世纪90年代中后期,中国确实加大了对农业的补贴力度,并局部地影响到进口价格和进口量,但这些补贴更多的是出于宏观经济稳定的短期政策目标,而不是中国真正开始实行补贴农业的农业保护政策。而且即使有这种补贴,其数量也是相当有限的,到1999年,中国给予农业的补贴额为500亿元,约为农业产值的3.5%。因此,无论对于中国还是其谈判对手而言,中国的农业补贴问题本不应成为谈判的阻碍。对中国来说,在微量允许的范围内,中国还有一定的空间,而在不受限制的“绿箱”政策上中国还大有可为,实际上中国目前面临的主要问题并不是加大对农业的保护,而是尽快减少对农业的资源抽取。

(二)超世界贸易组织义务:过渡性保障机制和反倾销的非市场经济地位问题

歧视性保障措施一直是中国复关/入世谈判的一个焦点。尽管中国加入世界贸易组织法律文件使用了“过渡性保障措施”的称谓,但它的歧视性和对世界贸易组织基本原则的违背是显而易见的。针对中国的过渡性保障措施是目前世界贸易组织中唯一的歧视性限制措施,具有真正的“中国特殊性”。这一条款的存在使得美国和其他国家可以轻易地限制从中国的进口。事实上,过渡性保障措施的实施要求不仅低于世界贸易组织《保障措施协议》,甚至还低于针对所谓不公平贸易的《反倾销协议》和《补贴与反补贴措施协议》。在最坏的情况下,中国某种产品出口可能面对长达12年的数量限制,而且长期得不到放松,这无疑对扩大中国优势产品(包括根据《纺织品与服装协议》取消了配额的纺织品与服装)的出口构成了极大的隐患。

反倾销是中国产品出口面临的最重要贸易壁垒之一。据世界贸易组织的统计,1987—2002年中国遭受的反倾销调查高达461起,居世界之首。在1995—2002年的反倾销措施中,有近1/5是针对中国的。这显然与中国的贸易份额是不相称的,而这种不相称的一个重要原因是许多国家在实施反倾销调查时,将中国视为非市场经济国家,从而可以更轻易地将中国产品定为倾销并可提高倾销的幅度。基于中国在1992年已经确立了建立社会主义市场经济的目标,中国希望在谈判中能够获得主要进口国的市场经济地位待遇。但从美国和欧盟的考虑来看,反倾销一直是它们在大幅降低关税之后行之有效的维护国内特定产业利益的重要工具,虽然有特定保障措施这一更便利的工具,但它们也不愿放弃合法性更强的反倾销措施。而最后的谈判结果是在中国加入世界贸易组织后15年内,各成员仍然有权根据自己的标准来判断中国是否具有市场经济地位。

美国等少数成员强加给中国的超世界贸易组织义务确实为中国享受应得的利益带来了不确定性,甚至可能使中国丧失对竞争对手的比较优势,这使部分人怀疑中国在谈判中是否真正做到了权利和义务的平衡。中国在加入世界贸易组织之后不能期望借助多边贸易体制的保护伞来解决所有问题。但是,不加入世界贸易组织同样无法避免受到来自美国的双边压力,包括不能取消纺织品与服装的数量限制,而加入世界贸易组织至少给中国提供了另一种可选择的、也更公平的方式,可以比入世前更有理有据地争取中国应有的权益。

第三节　入世承诺履行及其影响

入世后,中国在恪守、践行承诺和 WTO 规则方面得到 WTO 成员的肯定和 WTO 官员的赞扬,前 WTO 总干事帕思卡尔 · 拉米对中国履行入世承诺的上乘表现,给出了“A+”的评价。

一、中国对入世承诺的恪守

(一)清理、修改和新建法规,形成新的贸易体制

入世后,中国对现存法律、行政规章和部门规定进行了系统清理。全国人大和中央政府制定和颁布、修订或废除的法律规章有 2 300 多件,19 万多件地方性法规、规章和政策文件也进行了清理。它们涉及货物贸易、服务贸易、与贸易有关的知识产权、贸易政策与措施的全国统一和透明度等各个领域,确保了中国贸易制度与 WTO 规则和中国入世承诺的一致性,以及新的法律规章体系的形成。

中国相继修订了《中华人民共和国对外贸易法》《中华人民共和国进出口商品检验法》《中华人民共和国专利法》《中华人民共和国商标法》,制定《中华人民共和国外商投资法》《中华人民共和国反倾销条例》《中华人民共和国反垄断法》等。这样,2001 年前原有部分依据法律和部分依赖行政手段管理经济贸易的旧体制,被以法律和规章为基础、透明和可预测的新的管理体制所取代。中国对外经济贸易体制已经与 WTO 规则高度接轨。

(二)按期或超前履行减少贸易限制承诺

中国按期或提前完成了入世承诺的减少贸易限制措施。2005 年 1 月 1 日,全部取消进口配额、进口许可证,按承诺执行关税管理办法。2006 年 1 月 1 日,取消了所有植物油的关税配额,到 2010 年 1 月 1 日,中国按期完成了关税减让承诺的义务,平均关税总水平降至 9.8%。其中,农产品平均关税降至 15.2%,

非农产品平均关税降至 8.9%。约束关税范围为中国税则税目的 100%。同时，中国还多批次自主降税，已经于 2018 年 11 月 1 日起，将关税总水平降至 7.5%。2023 年中国的关税总水平进一步降至 7.3%。

在服务贸易的市场准入方面，中国不但履行了全部加入承诺，而且自主开放程度超越了承诺规定的义务。服务业开放达到 104 个，开放率达到 62.5%，大大高于主要发展中成员的开放度，接近美国、欧盟和日本三个发达成员平均开放度 70.21%的水平。

（三）加强知识产权保护制度

入世后，中国逐步建立起比较完备的保护知识产权法律体系，设立知识产权法院，加大刑事打击力度。中国还专门成立了全国打击侵权假冒工作领导小组，加强修订《反不正当竞争法》《专利法》《著作权法》等法规。最高人民法院出台《关于审理侵害专利权纠纷案件应用法律若干问题的解释（二）》等与知识产权保护相关的司法解释。2014 年在北京、上海、广州设立 3 个知识产权法院。

（四）坚持履行附加的条款

尽管这些超 WTO 条款对中国贸易发展有约束作用，但作为条款达成一方的中国毅然践行，没有食言。与此同时，对不恪守这些规则的成员进行投诉。如 2016 年 12 月 11 日后，中国对不按期终止"替代国"价格条款的美国、欧盟和日本投诉到 WTO 争端解决机制。

（五）不断提高经贸法规透明度

2015 年 3 月修订《中华人民共和国立法法》，明确立法公开的原则；商务部每年编发 80 期《中国对外经济贸易文告》；为强化法规语言翻译的规范，国务院办公厅发布《关于做好与贸易相关部门规章英文翻译的通知》；认真履行向 WTO 通报的义务，仅 2014—2015 年间，中国向 WTO 通报 TBT 措施 160 项、SPS 措施 406 项，总通报数量居 WTO 成员前列。

（六）通过争端解决机制，恪守规则

入世后，中国积极进行投诉和应诉，通过抗辩维护中国正当的贸易权益，还主动发起 214 起贸易救济调查。中国作为申诉方，在 WTO 争端解决机制起诉的案件已达 10 余起，均获得胜利，接受并执行 WTO 裁决。

（七）积极参与正常的政策审议

2006 年前，中国接受每 4 年一次的政策审议。此后，中国贸易地位上升，改为 2 年接受一次政策审议。到 2018 年，中国已接受 7 次贸易政策审议。与此同时，中国也积极参与对 WTO 主要成员美国、欧盟、日本和新兴经济成员的政策审议。

（八）在日内瓦设立驻 WTO 大使馆

中国加入 WTO 后，为践行入世后中国接受的 WTO 规则，商务部设立世贸司予以应对；在日内瓦 WTO 总部，中国设立中国大使馆，负责处理中国与 WTO 的事务。

（九）积极参与新协定的谈判与执行

这些新协定包括《贸易便利化协定》《信息技术协议》《渔业补贴协定》等。

（十）中国政府领导人高度重视和支持 WTO

中国加入 WTO 后，党和国家领导人都坚决支持以 WTO 为组织和法律基础的多边贸易体制。2013 年 9 月 5 日，中国国家主席习近平在俄罗斯圣彼得堡会见 WTO 总干事阿泽维多时强调：以世界贸易组织为核心的多边贸易体制是贸易自由化便利化的基础，是任何区域贸易安排都无法替代的。一个开放、公正、透明的多边贸易体制，符合世界各国共同利益。中国是多边贸易体制坚定的支持者，将一如既往做负责任的 WTO 成员，积极参与多边贸易体制建设。

二、入世带来了重大利益

入世后，由于中国恪守 WTO 规则，获取了众多红利，经贸基础、上层建筑和国民价值观念等均获得长足进步。

（一）政府职能与整体法规建设取得明显进展

1. 调整中国政府经济职能。在中国履行承诺和恪守 WTO 规则中，中国政府逐渐构建出有效运行的基础框架，在开放转轨与发展背景下进行宏观调控、将市场机制引入政府职能的实现过程等方面确立了新的定位。

2. 对 WTO 规则历练日臻成熟。入世以后，中国经历了抓紧学习与适应规则，到学有所成、尝试运用规则阶段，再到积极参与 WTO 新规则制定与引领的过程。

3. 增强规则意识，推动商务法治建设。入世后，中国政府部门、企业和个人真实地感受到了 WTO 规则的约束性和保障性，形成了倒逼效应，逐步享受到 WTO 规则带来的红利，从而提升了自觉遵守 WTO 规则、积极利用 WTO 规则、维护 WTO 规则的意识。推动了中国商务法治的建设和不断完善。

4. 以规则巩固改革开放成果。入世后，我国建立和完善了符合 WTO 原则和市场经济总体要求的统一、公正、透明的经济法律体系，为中国特色社会主义市场经济体制不断完善和可持续发展奠定了坚实的法律基础，巩固了改革开放的成果。

5. 改善国内外经贸法律环境。通过履行入世承诺，中国企业获得了非歧视待遇，得到 WTO 成员相互之间给予的永久性最惠国待遇；提高了中国经贸政策可预见、可预测和贸易发展的稳定性，为外国企业进入中国市场和投资提供了法律保障；通过政策审议和争端解决机制，维护了境内外企业的合法权益。

（二）政府企业运用 WTO 规则能力增强

1. 建立起“四体联动”应对诉讼机制。入世后，在商务部主导下，我国建立起政府、行业协会、地方商贸主管部门和涉诉企业“四体联动”的贸易争端诉讼机制。该机制以下述方式运作：

第一，商务部条法司，作为应对贸易案件的核心团队，专门建立一个 WTO 法律处。

第二，如果案件涉及发改委、工信部、财政部、海关、农业农村部等部门，这些部门都要派出熟悉各自领域政策和法规的代表参加案件的处理。

第三，在处理案件和出庭辩论时，邀请专业律师和善于从事 WTO 案件的外国律师参加。他们组成一个应对的诉讼团队，分工合作。

2. 企业主动应诉和遵规意识提高。随着“四体联动”应对诉讼机制的建立与发展，中国企业主动应诉的意识不断提高，运用规则的意识和能力日益增强。

3. 律师队伍快速成长，执法水平接近世界。入世推动了中国律师行业的快速发展，到 2019 年底，中国律师已达到 42.3 万人。中国知识产权执法水平进入世界前列。

4. 谈判和运用规则的全面人才出现。入世后，中国高校有关 WTO 事务的院系专业增多，培养出一批具有 WTO 谈判经验、专业知识扎实、外语熟练、身心健康的全面的 WTO 谈判人才，涌现出一批为企业运用 WTO 规则、投诉和抗诉的法律专家。

（三）促进社会主义市场经济体制的建立和完善

WTO 规则实质上是市场经济体制在 WTO 成员范围内的运用和发展。中国经济体制改革的目标是建立和完善社会主义市场经济，其基本要求是充分发挥市场竞争机制的作用。

入世对中国特色社会主义市场经济体制产生四大效应：

第一，竞争和示范效应。入世后，进出口企业竞争压力加大，迫使进出口企业按照市场需求调整产品结构，按照国际标准生产，按照国际营销规则交易，应对贸易争端。与此同时，外资企业竞争优势对国内企业提供示范效应，加快竞争性市场环境的形成。这些都改变了中国整个经济的运行方式，加强了政府在经济运行中的地位和作用的改革。

第二，结构转化效应。入世后，中国单一的国有经济垄断局面被进一步冲破，民营经济得到发展机会，外资企业继续发展。随着经济高速发展、国民收入的提高，中国国民从温饱型的消费观念向享乐型的消费转变，促使产品生产从生产型向消费型的转化。

第三,体制转换效应。体制转型主要是指中国经济体制的转型。在宏观上,所有制结构的改变使政府经济管理的对象发生了变化;在微观上,所有制结构的改变加快了企业经营机制的转换。中国企业从计划经济的约束转向现代市场经济的自我适应,劳动力就业从计划安排转向自主择业,从而促进了要素流动市场的形成和政府职能的改革。

第四,重视规制效应。入世后,社会对市场经济双重作用的认识加深,为此要加强国内法治建设,抵制和化解市场经济的弱点和消极因素,以保证市场经济规律积极作用的充分发挥。2003 年 10 月,中共十六届三中全会审议通过了《中共中央关于完善社会主义市场经济体制若干问题的决定》,强调要建设统一开放、竞争有序的现代市场体系,完善宏观调控体系、行政管理体制和经济法律制度。

(四)成为世界经贸大国,国际经济功能加大

1. 成为全面发展的经贸大国,这主要表现在:

第一,第一大货物贸易国家。中国货物出口额从 2000 年的 2 500 亿美元增加到 2008 年的 1.43 万亿美元、2014 年的 2.43 万亿美元和 2018 年的 2.48 万亿美元。在世界贸易中的比重同期从 3.9%增加到 8.9%、12.3%和 12.8%,成为世界货物贸易第一大出口国家。

第二,服务贸易大国。中国对外服务贸易总额从 2001 年的 719 亿美元增长至 2008 年的 3 045 亿美元和 2018 年的 7 855 亿美元,占全球服务贸易的比重为 7%,仅次于美国(13%),已成为世界第二大服务贸易进口国和第五大服务贸易出口国。

第三,利用外资和对外投资大国。中国实际利用外资额 2001 年为 468.7 亿美元,2016 年已突破千亿美元,累计利用外资总额近 2 万亿美元。预计 2017 年到 2022 年,中国将吸收 6 000 亿美元的外来投资。中国对外投资从入世初期不足 10 亿美元提升到 2016 年接近 2 000 亿美元,中国已成为对外投资大国。

第四,外汇储备大国。入世后,中国在经常项目(主要反映国际贸易情况)和资本金融项目(主要反映国际资本流动情况)持续出现顺差,使中国国际收支出现持续的双顺差格局,为中国积累了超过 30 000 多亿美元的外汇储备。

第五,世界专利大国。美国国家科学委员会发布的《2014 年科学与工程指标》指出,2011 年中国研发支出已占 GDP 的 1.8%,占全球总量的 15%,仅次于美国的 30%。联合国教科文组织在《2015 年科学报告——面向 2030 年》中指出:2015 年中国研发支出 1.4 万亿元,占 GDP 的 2.1%,占全球比重的 20%,高于欧盟,仅次于美国。

中国专利申请量从 2011 年的 52.6 万件提升至 2014 年的 56.1 万件,约占全球专利申请总量的四分之一。2018 年中国境内专利申请达到 432.3 万件。

2. 成为世界第二大经济体。中国经济规模(GDP)在 1980 年约为 3 000 亿美元,全球排名第 8,仅为美国的 1/10;人均 310 美元,仅为美国的 1/40。2015 年中国经济规模达到 11 万亿美元,仅次于美国,约为其 60%;人均 8 000 美元。中国现已成为世界仅次于美国的第二大经济体。

3. 人民币"入篮"成为主要国际储备货币。SDR(Special Drawing Rights,特别提款权)是国际货币基金组织于 1969 年创建的一种国际准备资产和记账单位,是会员国在国际货币基金组织普通提款权的补充。SDR 是国际货币基金组织分配给会员国的一种潜在求偿权,必要时可向指定的其他会员国换取外汇以进行国际偿付。一种货币被纳入篮子要达到两个标准,即在国际贸易中使用的规范性和"可自由兑换"。在 2010 年进行的评审中,人民币被认为符合第一个标准,但达不到第二个标准。在 2015 年的评审中,人民币被认定为"可自由使用货币",2015 年 11 月 30 日,人民币"入篮"确定。新的货币篮子在 2016 年 10 月 1 日生效。其中,人民币所占比重为 10.92%,欧元下调至 30.92%,英镑下调至 8.09%,日元下降至 8.33%,美元微降至 41.73%。

人民币"入篮"有利于提高 SDR 作为国际储备资产的内在价值。对人民币来说,成为主要国际储备货币,有利于人民币国际化的顺利推进,扩大中国以本币进行贸易、投资等国际经贸活动,推动资本市场的开放,使中国经济的发展可获得源源不断的外部资金支持。

4. 国际经济辐射带动作用加大,这表现在:

第一,中国为世界提供巨大市场。入世后,中国在成为第一出口贸易大国的同时,成为第二大进口国家。2001 年到 2018 年,中国货物贸易进口额从 0.24 万亿美元增长到 2.14 万亿美元,同期在世界进口中的比重从 3.8% 上升至 10.8%。中国已成为 124 个国家及地区的头号贸易伙伴。

第二,财富国际外溢效应加大,这表现在:中国成为美国国债最大持有者;中国对外投资迅速增长,到 2014 年,中国境外机构和企业已近 30 000 家,资产近 3 万亿美元;随着中国财富的剧增、国民收入的提高,中国居民海外旅游、购物和置业活动兴起;中国对世界经济增长贡献率不断加大,2015 年对世界经济增长的贡献率达到 30%,2016 年达到 33.2%。

第三,协助 WTO 成员摆脱金融危机。2008 年全球金融危机爆发后,中国大幅度增加对国际金融机构的出资,对其他发展中成员伸出援助之手,也购买了更多发达国家债券。中国尽力扩大从其他发展中成员的进口,特别是最不发达成员的进口。中国自最不发达成员进口年平均增长 24%。

(五)提升国际分工地位,拓展分工模式

在 WTO 规则基础上,中国充分享受权利,切实履行义务,发挥比较优势,激活后发优势,全面整体参与国际分工,拓展参与国际分工模式,提升了国际分工

地位,为中国产业发展提供了良好的机遇。

1. 开始参与国际分工阶段。2001 年中国加入 WTO 后,中国进入对外开放新阶段,国内市场进一步开放,中国企业嵌入跨国公司全球价值链的程度进一步加深,部门内贸易、公司内部贸易和价值链不同环节间贸易迅速增长。2010 年后,中国以对外贸易、引进外资和对外投资三种并存的方式参与国际分工。这一阶段中国在国际分工中的角色出现两大变化:参与国际分工的方式呈现多样化和多层次化;参与国际分工从部分引领、适应全球价值链和嵌入全球价值链变为自己构建价值链。

2. 通过中国产业发展,全面整体参与国际分工。入世后,中国实体经济、服务经济和知识产权、科技创新的全面发展,利用外资和对外投资的扩大,使中国可以全面整体地参与世界分工。

中国已成为国际公认的工业门类最齐全的国家。中国几乎拥有各种制造工业,如造船、智能手机、笔记本电脑、平板电脑、芯片制造和封装、液晶面板、卫星导航、民航客机、航空发动机、智能手机芯片设计、通信设备、无人机、互联网等。此外,玩具、服装、家具、水泥、玻璃、纺织等产业也很发达,占了世界一半以上的份额。全球 500 种重要工业产品中,中国占据第一的有 220 种。

世界分工是世界贸易的发展基础,中国整体全面地参与世界分工,为中国大贸易的发展奠定了坚实的基础。

3. 通过各种形式,深度参与国际分工。

第一,通过产业优化和新兴产业崛起,提升货物分工地位。

第二,参与全球价值链,从被"俘获型"转化为自主型。

第三,结合产业能源需要,构建国际性的产能分工。截至 2017 年底,中国已同 37 个国家签署产能合作协议,初步形成涵盖亚、非、拉、欧的国际产能合作布局。

第四,开拓"一带一路"沿线国家,加强区域性的国际分工。

第五,进入国际金融领域,加深国际分工。

第六,开拓超大型产业分工。中国已出现六张超大型产业的"名片",即中国航天、中国交通、中国桥梁、中国新能源、中国电商、中国超算。中国高铁已具备在各种复杂地质条件和气候环境下运营的能力,安全可靠,技术过硬,已成为中国自主参与国际分工的"名片"。这些超大型产业的兴起,开拓了世界分工的新领域。

(六)中国成为 WTO 核心成员

中国加入 WTO 时,正值 WTO 发动的多哈回合谈判启动。入世后,中国已从多哈回合启动之初蹒跚学步的新成员,成长为举足轻重、对各个谈判领域都能发挥影响的核心成员,逐步由适应 WTO 规则走向引领 WTO 规则制定。多哈回合启动以来，中国广泛参与了农业、非农、服务、规则等领域谈判，独立或联合提交了 100 多份提案，许多提案被成员接受，成为谈判前进的基础。在 2008 年小型部长级会议上，中国首次跻身由 7 个成员构成的谈判"核心圈"，并在多个领域提出关键意见。中国在多边贸易体制舞台中心的亮相给外界留下了深刻印象，时任欧盟贸易委员的曼德尔森称赞中方"作为新加入多边核心谈判圈的谈判者，显示了推动谈判强有力的决心"，中国已成为多边贸易体制"令人印象深刻的参与者"。

随后，中国以更加积极自信的姿态，深度参与了达成巴厘岛一揽子协定的过程。在粮食安全、贸易便利化和发展领域的磋商中，中国均提出了自己的方案，为形成最终部长决议做出重要贡献。在粮食安全谈判出现僵局时，中方主动提出将和平条款作为"临时解决方案"，并为各方所接受，为解决该问题提供了出路。在巴厘岛部长级会议最后僵持不下的时刻，中国发挥了构建性的协调作用，为谈判协议的最终达成铺平了道路，受到 WTO 总干事和其他成员的充分尊重和高度赞赏。

在实施巴厘岛谈判成果的过程中，2014 年 6 月中国按期提交了《贸易便利化协定》通报，是第一批完成通报的成员。不仅如此，中国还主动承担了超过一般发展中成员承诺水平的义务。多数 WTO 成员认为，中国此举为发展中成员起到了表率作用，推动了《贸易便利化协定》的实施。

（七）对国际规则构建的认识不断提高

1. WTO 规则提供中国对外经贸交往的法律保障。随着经济全球化的发展，世贸组织成员经济交往日益频繁，相互依赖和相互合作日益紧密，互相竞争也不断加强。由于社会制度不同、发展水平各异，有关当事方的利害得失常有矛盾冲突，彼此之间的经济交往迫切需要借助 WTO 规则统一、调整和约束，做到权利与义务平衡，促进相互的经贸发展。在中国特色社会主义建设中，只有坚定履约和恪守 WTO 规则，以稳定性规则应对交往对象的经济、政治、社会等的变化，为中国对外经济交往合作保驾护航。

2. 本国国内经贸法规要与 WTO 规则适度合规。中国特色社会主义的本质决定中国对内要不断改革，对外要加大开放，两者相辅相成。一方面，中国欢迎外商来中国投资，对于外商在中国的投资、贸易活动给予法定优惠，对其合法权益给予法律保护；另一方面，要求它们遵守中国的法律，接受中国的法律管理。所有这些涉外法规既要从中国的国情出发，又要与接受的 WTO 规则保持合规和基本一致。适时修改和废止与 WTO 规则不相适应的法规，加快立法步伐，在立法中不背离 WTO 规则，为社会主义市场经济体制提供日臻完善的法律环境。

3. 以 WTO 规则维护中国经贸的正当权利。中国入世后，对外经贸的对象既有发达国家，也有新兴经济体、一般发展中国家和最不发达国家，在相互合作的同时,也会发生经贸摩擦和矛盾。在中国对外经贸交往中真正做到独立自主、平等互利,不会是一帆风顺、轻而易举的事情。借助 WTO 的各种规则,中国在履行义务的同时享受权利,运用 WTO 规则进行投诉和抗诉,维护中国经贸企业的正当权利。

4. 以 WTO 规则参与全球经济治理。WTO 是中国参与全球经济治理的理想平台,具有以下特点:

首先,WTO 具备中国积极参与全球经济治理的理想平台基质。中国积极参与全球经济治理的目标是:推动国际经济治理体系改革完善,积极引导全球经济发展,维护和加强多边贸易体制,促进国际经济秩序朝着平等公正、合作共赢的方向发展,共同应对全球性挑战。

其次,WTO 居于中国积极参与全球经济治理的主渠道地位。

再次,WTO 提供了中国积极参与全球经济治理的可靠机制。由于 WTO 居于国际法人地位,已构建起相对完善的法治规则体系,可以保证 WTO 成员权利与义务的平衡,维护正当权利的争端解决机制,成为国际法治的典范。它为中国参与全球经济治理、承担国际责任和义务奠定了坚实基础,也为中国参与其他国际经济组织治理提供了重要借鉴。

(八)国民、社会和企业出现新意识

以对外开放观念取代闭关自守意识,形成规则意识、包容意识、共赢意识、义利并重和分享等意识,在社会主义核心价值观中把这些意识与观念合并为“富强、民主、文明、和谐、自由、平等、公正、法治、爱国、敬业、诚信、友善”。中国整个社会诚信体系从 1.0 向 2.0 跨进。所谓诚信 1.0,是指传统的以道德号召、舆论谴责为主维系社会诚信的模式。诚信 2.0 有所不同,在道德号召、舆论谴责继续存在的前提下,更多依靠一套更规范、更严密制度的社会诚信体系。其中政府诚信、企业诚信、个人诚信成为主体,出现“人无信不立,业无信不兴,国无信则衰”的理念。

入世后,中国企业家逐渐形成如下精神:他(她)们具有敏锐的市场嗅觉,往往能先人一步,发现商机于未萌;富于创新精神,敢于承担风险,第一个吃“螃蟹”,时时刻刻求新求异求变;具备超强的毅力和耐力,不怕吃苦,坐得住冷板凳;专注品质,追求卓越,有把一件事做到极致的理想情怀和执着匠心;讲责任,重声誉,坚守诚信的金字招牌,“义利兼顾、以义为先,尽己所能,回馈社会”。

(九)为新型开放型经济体系奠定基础

新型开放型经济体制的确立为中国开启了第二次对外开放。第一次对外开放是指以加入 WTO 为标志的进入多边贸易体制的规则开放。第二次对外开放是在以 WTO 为组织和法律基础上的深化开放。这次对外开放与加入 WTO 的对外开放有以下不同:

第一,开放的基点转化。加入 WTO 的开放主要是中国市场本身的对外开放,从而享受国外市场对中国的开放。第二次对外开放是在国内市场开放的基础上主动拓展国外市场的开放。

第二,开放的领域扩大。入世开放的是经贸领域,第二次对外开放是层次更深、范围更广、水平更高的开放。

第三,开放的目标提高。入世开放的目标是利用经济全球化机遇,加速中国的现代化,成为世界工厂,提升中国的综合国力,提高人民生活水平。第二次对外开放是理顺、推动和引领经济全球化,构建起包容的、联动的、合作的、共赢的国际合作。

第四,开放的规则优化和升华。入世的对外开放是中国接受 WTO 规则、运用 WTO 规则、参与 WTO 新规则的制定。第二次对外开放是以多边贸易体制为基础,扩大、深化、加强中国对新规则的引领和创新。

中国第二次对外开放将为促进世界经济增长、深化地区合作打造更坚实的发展基础,创造更便利的市场融合条件,发挥经济全球化的长处,抑制经济全球化的不足,更好地造福于世界和各国人民。

思考题

1. 中国加入 WTO 的法律文件包括哪些内容?
2. 如何评价中国加入 WTO 后的经济和贸易发展情况?
3. 结合入世以来中国遭受反倾销的情况,评价“超 WTO 条款”。
4. 从中国加入 WTO 的过程来评析 WTO 的决策机制。

主要参考文献

[1]薛荣久. 世贸组织与中国大经贸发展[M]. 北京:对外经济贸易大学出版社,1997.

[2]郑志海,薛荣久. 世界贸易组织知识读本[M]. 北京:中国对外经济贸易出版社,2000.

[3]张汉林. 张汉林解读中国入世[M]. 北京:经济日报出版社,2002.

[4]张汉林. WTO 主要成员贸易政策体系与对策研究[M]. 北京:经济科学出版社,2009.

[5]王洛林. 加入 WTO 十年后的中国[M]. 北京:中国发展出版社,2012.

[6]李成钢. 世贸组织规则博弈:中国参与 WTO 争端解决的十年法律实践[M]. 北京:商务印书馆,2011.

[7]世界贸易组织秘书处. 乌拉圭回合协议导读[M]. 北京:法律出版社,2000.

[8]世界贸易组织. 乌拉圭回合多边贸易谈判法律文本[M]. 北京:法律出版社,2000.

[9]余敏友. WTO 争端解决机制概论[M]. 上海:上海人民出版社,2002.

[10]程国强. WTO 农业规则与中国农业发展[M]. 北京:中国经济出版社,2000.

[11]霍克曼·B. 世界贸易体制的政治经济学[M]. 北京:法律出版社,1999.

[12]杨荣珍. 世界贸易组织规则精解[M]. 北京:人民出版社,2000.

[13]余永定. 中国入世研究报告:进入 WTO 后的中国产业[M]. 北京:社会科学文献出版社,2000.

[14]林毅夫. 中国的奇迹:发展战略与经济改革(增订版)[M]. 上海:上海人民出版社,1999.

[15]王贵国. 世界贸易组织法[M]. 北京:法律出版社,2003.

[16]屠新泉. 中国在 WTO 中的定位、作用和策略[M]. 北京:对外经济贸易大学出版社,2005.

[17]WTO. 世界贸易报告[M]. 对外经济贸易大学中国 WTO 研究院,中国世界贸易组织研究会,译. 北京:中国商务出版社,2006-2011.

[18]WTO. Annual Report 1997~2012[OL]. www. wto. org.

[19]WTO. International Trade Statistics 2000~2012[OL]. www. wto. org.

[20] Jackson J. The World Trading System: Law and Policy of International Economic Relations[M]. Cambridge:The MIT Press,1996.

[21]Croome J. Reshaping the World Trading System[R]. Geneva:the WTO,1998.

[22]Martin W. Uruguay Round and the Developing Economies[R]. Washington D. C. :The World Bank,1995.

[23]UNCTAD. The Outcome of the Uruguay Round: an Initial Assessment-Supporting Papers to the Trade and Development Report 1994[R]. New York:United Nations,1994.